精编财务会计（第二版）

陈小平　花贵如　熊　艳　王俊杰　编著

華東理工大學出版社
EAST CHINA UNIVERSITY OF SCIENCE AND TECHNOLOGY PRESS
·上海·

图书在版编目(CIP)数据

精编财务会计 / 陈小平等编著. —2 版. —上海：
华东理工大学出版社，2020. 8（2025. 7 重印）
ISBN 978 - 7 - 5628 - 6260 - 4

Ⅰ. ①精…　Ⅱ. ①陈…　Ⅲ. ①财务会计　Ⅳ.
①F234. 4

中国版本图书馆 CIP 数据核字(2020)第 144615 号

内容简介

本书分为三部分，共十一章，第一部分即第一章，为财务会计导论；第二部分为会计要素的核算，由第二章至第十章组成，包括货币资金与应收及预付款项、存货、金融资产、长期股权投资、固定资产与无形资产、投资性房地产、负债、所有者权益、收入与费用的核算；第三部分即第十一章，为财务报告。

本书可作为高校财务会计课程的教学用书，也可作为在职人员的培训、考证教材及各类经济管理人员的自学参考书。

项目统筹 / 左金萍
责任编辑 / 赵子艳
装帧设计 / 徐　蓉
出版发行 / 华东理工大学出版社有限公司
地址：上海市梅陇路 130 号，200237
电话：021 - 64250306
网址：www.ecustpress.cn
邮箱：zongbianban@ecustpress.cn
印　刷 / 上海新华印刷有限公司
开　本 / 787 mm×1092 mm　1/16
印　张 / 21.5
字　数 / 550 千字
版　次 / 2013 年 8 月第 1 版
2020 年 8 月第 2 版
印　次 / 2025 年 7 月第 3 次
定　价 / 68.00 元

第二版前言

市场经济越发展，会计越重要。

在市场经济条件下，企业的生存与发展都离不开高质量的财务会计信息。

《精编财务会计》出版以来，已印行5次，感谢读者的厚爱。由于近几年相关会计、税收法规有诸多新增、修订，故对初版做了较大改动，是为此第二版。

《精编财务会计》(第二版)的体例与初版基本相同，变化之处主要有以下6点。

(1) 基于金融工具法规的变化，对初版的第二章金融资产(1)、第三章金融资产(2)、第五章金融资产(3)、第八章所有者权益做了调整，形成第二版的第二章货币资金与应收及预付款项、第四章金融资产、第五章长期股权投资、第九章所有者权益。

(2) 基于增值税、收入等法规的变化，对初版的第四章存货、第六章内部长期资产、第七章负债、第九章损益等做了较大调整，形成第二版的第三章存货、第六章固定资产与无形资产、第八章负债、第十章收入与费用。

(3) 基于财务报告法规的变化，对初版的第十章财务会计报告做了调整，形成第二版的第十一章财务报告。

(4) 对初版的第一章财务会计导论做了精简调整，形成第二版的第一章财务会计导论。

(5) 新增第七章投资性房地产。

(6) 其他调整、修改，如对常用会计科目表、练习题及参考答案等做了调整修改。

本书内容深入浅出、言简意赅，注重运用图表、例题加以说明，在编写过程中力求体现以下特色。

(1) 在内容设置、体系安排上注重系统性。本书的编写体系是按照会计要素的内在联系和初学者的思维与理解规律安排的，力求通俗易懂，深入浅出，便于读者理解并把握财务会计的理论与方法体系。

(2) 考虑教学过程的特点和需要，方便教学。每章设有学习内容、学习要求、课前准备、想一想、算一算、练一练、课堂互动、课后搜阅众多小栏目，并配有练习题及参考答案，以帮助读者理解、掌握教材主要内容，实现培养能力、愉快学习、拓展知识的目标。

(3) 注重严谨性和可读性。在保证概念准确性的前提下，尽量使有关问题论述得深入浅出、清晰易懂，并通过大量实例帮助读者理解有关方法及其运用。

(4) 尽量理论联系实际。以“够用、适度”为原则，构建本书理论体系，理论介绍以满足应用为限。

本书是集体智慧的结晶，分工如下：陈小平编写第一章、第十一章，并负责统稿等；花贵如、陈小平编写第二章、第九章、第十章；熊艳、陈小平编写第六章、第七章、第八章；王俊杰、陈小平编写第三章、第四章、第五章；陈清扬、何紫娴、李文铭、吴欢晨、杨程、张蔓、周树理协助编写。

本书的编写参考了国内外大量文献，在此向有关作者表示由衷的感谢。

本书的出版得到了单位领导、老师的鼎力支持，在此深表谢意。

限于作者的学识与写作水平，本书尚存许多不足之处，恳请读者批评指正。

作　者

2020.5

目　录

本书架构与学习建议

知识改变世界，会计成就未来。

财务会计是高校会计、审计、财务管理等专业的核心专业课程之一。

《精编财务会计》(第二版)是对基础会计学所涉及的基本理论、基本方法、基本技能的提升。它对会计前提、会计要素、会计等式、会计信息质量等会计理论做了进一步探讨，对重要会计业务的会计处理方法、会计报表的编制方法等基本方法、技能做了进一步阐述。

一、本书架构

企业各业务循环之间存在一定的直接或间接联系，如筹资与投资循环(资金来源与运用)和采购与付款循环有直接联系，生产与存货循环和其他所有业务循环有直接或间接的联系。同时，按照财务会计报表项目与企业业务循环的相关程度，可以建立各业务循环与其所涉及的主要财务会计报表项目之间的对应关系，请看下列图表。

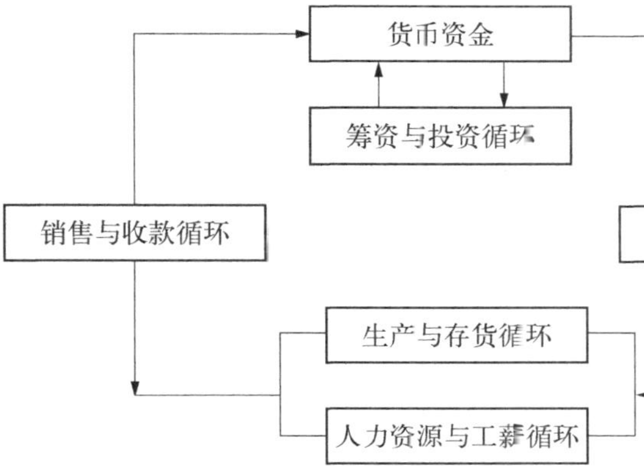

企业各业务循环之间的关系图

企业业务循环与财务会计报表项目对照简表

业务循环	资产负债表项目	利润表项目
采购与付款循环	预付款项、固定资产、在建工程、工程物资、固定资产清理、无形资产、长期待摊费用、应付票据、应付账款、长期应付款等	管理费用
生产与存货循环	存货(包括材料采购或在途物资、原材料、材料成本差异、库存商品、发出商品、商品进销差价、委托加工物资、周转材料、生产成本、制造费用、劳务成本、存货跌价准备等)	营业成本
人力资源与工薪循环	应付职工薪酬	

续 表

业务循环	资产负债表项目	利润表项目
筹资与投资循环	交易性金融资产、其他应收款、其他流动资产、其他债权投资、其他权益工具投资、债权投资、长期股权投资、递延所得税资产、其他非流动资产、短期借款、其他应付款、其他流动负债、长期借款、应付债券、递延所得税负债、其他非流动负债、实收资本(或股本)、资本公积、盈余公积、未分配利润	财务费用、资产减值损失、投资收益、营业外收入、营业外支出、所得税费用
销售与收款循环	应收票据、应收账款、长期应收款、预收款项、应交税费等	营业收入、税金及附加、销售费用

基于上述图表,财务会计教材的编写体系大致可分为两种:一是按会计要素的具体项目(或财务会计报表的项目)进行阐述,这是一种常见的体系;二是按经济业务循环进行阐述。

本书是在吸收近些年出版的财务会计教材的精华,结合《企业会计准则》等的最新精神、内容的基础上,采用上述第一种体系精心编著而成的。

本书的架构是:全书分为三部分共十一章,第一部分即第一章,为财务会计导论;第二部分为会计要素的核算,由第二章至第十章组成,包括货币资金与应收及预付款项、存货、金融资产、长期股权投资、固定资产与无形资产、投资性房地产、负债、所有者权益、收入与费用;第三部分即第十一章,为财务报告。

每章有主体内容、练习题及详细答案,还安排了学习内容、学习要求、课前准备、想一想、算一算、练一练、课堂互动、课后搜阅众多小栏目,以多种方式、方法,帮助读者提高学习效率、效果,拓展知识。

二、学习建议

1. 做好预习,培养自学能力

“凡事预则立,不预则废”。教材是根基,必须通读教材,把教材读懂、读透;通过预习,找出课程学习中的难点,在课堂学习中重点关注,以提高学习效率。本书各章都有“本章提点”小栏目,对需预习的内容做了提示。

2. 把握重点

学习财务会计的重点是抓住两条主线。

一条主线即上述企业生产经营业务循环(供应→生产→销售,简称供产销)过程,具体业务有:① 原材料的购进(采购)(包括固定资产、金融资产等的购进)→② 生产部门材料领用(成本的归集)→③ 加工生产产品(产品成本的结转)→④ 产成品入库(库存商品)→⑤ 销售产品(收入、利润、成本的处理)→⑥ 结转利润→⑦ 年末经营成果形成与分配→⑧ 计算税费→⑨ 编制会计报表。

另一条主线是企业的资金运动过程,即股东投资→资金运营(购料、生产、资金的对外投资)→资金收回(销售)→资金分配耗用(分红、股利、工资)。在这一条主线中,由股东投资相应展开到所有者权益的核算;由资金运营展开到固定资产、无形资产、原材料等的核算,其中投资又可以展开到长期股权投资核算、金融资产核算等;由资金收回展开到销售业务的核算;由资金分配耗用展开到工资薪金的发放、股利的分配、利润和所得税的计算等。

这两条主线的业务,都可以按取得(增加、来源、归集等)时的核算→资产负债表日(期末计价、折旧、摊销等)的核算→处置(减少、结转、分配等)的核算来处理。

3. 注重理解

注重理解是在读懂、读透教材的基础上，将重点、难点内容化繁为简、变难为易。

(1) 在学习过程中一定要注重理解和区别不同的概念。比如以下常见的概念就要注意理解和区别。

账面余额：某账户的余额。

固定资产：

账面净值＝固定资产的折余价值＝固定资产原价(账面余额)－计提的累计折旧

账面价值＝固定资产原价－计提的累计折旧－计提的减值准备

无形资产：

账面余额(账户余额)＝入账价值＝无形资产的账面原价

账面净值＝账面余额－累计摊销

账面价值＝账面余额－累计摊销－计提的减值准备

其他资产：

只涉及账面价值和账面余额(账户余额)的概念，账面价值都是账面余额减去计提的减值准备后的金额；账面余额都是各自账户结余的金额。

交易性金融资产的账面余额＝账面价值

(2) 学习控股合并形成的长期股权投资时，首先要了解一些企业合并的理论知识，注意分清是同一控制的控股合并还是非同一控制的控股合并；在此基础上，分清两种控股合并方式下长期股权投资的入账价值的不同点，其后的账务处理就不难了。

(3) 财务会计教材按上述第一种体系编写，会将紧密联系的相关账户(如应收账款和主营业务收入)人为地分离，影响其逻辑性，也会造成一些内容的重复。因此，读者应注意将前后有联系的知识归并起来，完整地学习理解。

4. 善于总结，多做练习

只有多总结和练习才能将教材读薄、记牢重点知识、灵活运用。

(1) 对借贷记账法的总结。

有基础的读者都知道，编制会计分录即填制记账凭证时的规则是“有借必有贷、借贷必相等”。而对于一个账户来说，通常也是“有借必有贷”，借贷如相等，期初余额、期末余额必定相等；损益类账户的借贷发生额相等，期初期末相等(为零)，此类账户也称虚账户；借贷如不等，期初余额、期末余额必定不同。

会计等式左边是资产，右边是权益(广义的)，因此，习惯上，资产(费用、成本、损失)类账户的增加就记在左边(借方)，减少记在反方向(右边、贷方)，余额一般记在增加的一方(借方)；权益(收入、利得、利润)类账户的增加就记在右边(贷方)，减少记在反方向(左边、借方)，余额一般也记在增加的一方(贷方)。有少量的抵减账户是特殊的，其记账方向与被抵减账户正相反，如累计折旧(抵减账户)与其被抵减账户“固定资产”的记账方向相反，余额方向也相反。

企业所有的会计业务可归纳为两类：

① 影响(涉及)会计等式两边的业务，为同增或同减类业务；

② 影响(涉及)会计等式一边的业务，为有增有减类业务。

例如,用银行存款购买材料的业务,是原材料增加、银行存款减少的业务,只影响资产,属于影响(涉及)会计等式一边的业务,为有增有减类业务。原材料增加记借方,银行存款记贷方,编制会计分录为"借:原材料,贷:银行存款"。

学习时,要掌握账户的性质(如资产类),分析业务类型及增减变动情况,才能记对账。

有的初学者在编制会计分录时易犯错,作者建议在编制会计分录时:

① 先确定熟悉科目的方向,如银行存款,这个科目增加记在借方,减少记在贷方,对应科目就记在反方向;

② 应收应付弄不清,想想谁欠谁?人家欠你的记在借方,你欠人家的肯定记在贷方;

③ 多用丁字账进行平衡、分析、计算。

(2) 哪些资产的减值可以转回、哪些不能转回?

企业计提的应收款项和存货的减值以后价值回升可以转回。

固定资产、无形资产、长期股权投资等长期资产计提的减值不允许转回。

交易性金融资产等,期末采用公允价值计量,不存在计提减值的核算。

(3) 本书各章通过练习题、想一想、算一算、练一练、课堂互动等形式为读者提供了大量的练习资料,读者可以根据需要选择练习。

5. 参考相关书籍和期刊,打开眼界,扩大知识面

在本书学习中,要知道会计业务的处理及其原因(怎么做?为什么?);要准备相关的税法知识和财务管理知识。本书的"课后搜阅"为读者提供了许多资料的标题或关键词,可多加利用。

第一章　财务会计导论

本章提点

一、学习内容

1. 财务会计的基本概念。
2. 会计核算的基础理论。
3. 会计要素与会计等式。

二、学习要求

1. 识记：财务会计的基本概念。
2. 领会：会计要素与财务会计的基础理论。
3. 应用：会计业务的类型及其对会计等式的影响。

三、课前准备

1. 复习基础会计的内容：会计对象、会计要素、会计等式、会计科目、账户等。
2. 预习账户的分类、会计计量、权责发生制、会计业务类型及其对会计等式的影响。
3. 准备"课堂互动"的材料。

注释：

识记：能认识有关概念、原则、方法等，并能表述和判断其是与非。这是较低层次目标的要求。

领会：在识记的基础上，能全面把握有关基本概念、基本原则、基本方法等，并能表述其基本内容和基本道理，分析相关问题的区别和联系。这是较高层次目标的要求。

应用：在领会的基础上，能运用基本概念、基本原则、基本方法等去处理某些问题，进行计算和分析。这是最高层次目标的要求。

第一节　财务会计概论

一、财务会计及其特点

经济越发展，会计越重要。会计信息是国际通用的一种商业语言，是建立市场经济秩序的基石。根据会计所服务的对象，现代会计可分为财务会计和管理会计两大体系。财务会计（简称"会计"）是指基于会计准则等会计法规制度的要求，按照一定的程序，对已发生的会计业务，进行记账、算账和定期编制财务报告等，以反映企业的财务状况、经营成果和现金流量，并提供给财务报告使用者的一个经济管理信息系统。

财务会计与管理会计相比较，主要有以下几个特点。

第一，财务会计的服务对象主要是企业外部的各利益主体，它包括不参与企业经营管理，但企业经营好坏对他们有重大影响的投资人、债权人和其他信息使用者，同时也为企业内部管理服务。

第二，财务会计作为一个信息系统，由数据输入、加工与处理、信息输出等环节组成，有一套比较科学的、规范的、定性的会计处理程序与方法。

第三，财务会计的信息加工处理必须遵从一定的会计规范。外部信息使用者凭借以财务报告为主要载体的企业财务会计信息，评价比较同一时期不同企业以及同一企业不同时期的财务状况、经营业绩。这就要求企业财务会计信息的口径一致，具有可比性。

第四，财务会计信息的加工处理、财务报告的提供要遵守有关法规、公认的会计准则和会计制度，并须经过注册会计师审计，以保护外部使用者的利益。

第五，财务会计一般是按特定的时间，定期向企业外部各利益相关方提供信息，履行规定的报告义务。

二、会计对象、会计要素、会计等式

(一) 会计对象

会计对象是指财务会计核算和监督的内容，即核算、监督什么。由于会计核算主要从价值量上反映企业(单位)的经营活动情况，会计监督也主要采用价值指标来进行。因此，会计对象是企业用货币表现的经营活动，不能用货币表现的经营活动，不是会计对象。企业的经营活动一般表现为一定的资金运动，资金运动及其所反映的经营活动就是财务会计核算和监督的内容，即财务会计对象。

课后搜阅　资金循环、资金周转、资金运动的特点。

(二) 会计要素

会计要素是对财务会计对象按经济特性所做的基本分类，是构成会计对象具体内容的主要因素，又是会计报表的框架基础，因此又称为会计对象要素或会计报表要素。

会计要素有六个：资产、负债、所有者权益、收入、费用和利润。由于财务报告中最主要的是资产负债表和利润表，因此，会计要素也就是构成这两张会计报表的要素。构成资产负债表的要素有资产、负债和所有者权益三项，为静态要素，反映企业财务状况信息(即静态信息)；构成利润表的要素有收入、费用和利润三项，为动态要素，反映企业经营成果信息(即动态信息)。财务状况反映企业一定日期资产等的存量情况，而经营成果则反映企业一定期间资产等的增量或减量。

(三) 会计等式

会计等式是指反映各项会计要素之间基本关系的数学表达式。会计等式揭示了会计要素之间的内在联系。会计要素、会计等式的具体内容见本章第三节。

三、会计科目、账户、会计分录、报表项目

(一) 会计科目

会计科目是在将会计对象划分为会计要素的基础上，根据核算和管理的需要，对会计要素

的具体内容进行分类核算的名称或标志。会计科目用于记账凭证。

设置会计科目，就是根据会计对象的具体内容和经济管理的要求，事先规定分类核算的项目。在设置会计科目时，需要将会计对象中具体内容相同的归为一类，设立一个会计科目，凡是具备这类信息特征的经济业务，都应该在这个科目下进行核算。例如，根据资产这一会计要素的特征以及经济管理的要求，可以设置库存现金、银行存款、原材料、固定资产、无形资产等会计科目，这样才能够对资产这一会计要素的具体内容进行核算。会计科目是对会计要素的具体内容进行分类的标志，在每一会计科目名称的项下，都要有明确的含义、核算范围。通过设置会计科目，对会计要素的具体内容进行科学的分类，可以为会计信息的使用者提供科学的、详细的分类指标体系。

在会计核算的各种方法中，设置会计科目占有重要位置。它决定着账户的开设、报表结构设计，是一种基本的会计核算方法。

我国实际工作中，会对会计科目事先加以规定，然后依据规定的会计科目，填制、审核凭证，设置、登记账簿，编制财务报告。从这点来看，会计科目是对会计对象的具体内容进行分类核算和监督的依据，也是会计所应提供的核算指标。

会计科目主要有如下分类。

(1) 按经济内容的性质(反映的会计对象要素)不同分为六大类，即资产类、负债类、共同类、所有者权益类、成本类、损益类，收入和费用要素的大部分内容同属于损益类，费用要素的成本单分为成本类。

(2) 按提供核算指标的详细程度和统驭关系不同分为总分类科目与明细分类科目，例如，

总分类科目：应收账款

明细分类科目：应收账款——成才公司

——成长公司

总分类科目又称为一级科目，是对会计要素的具体内容进行总括分类、提供总括信息的会计科目。总分类科目一般由政府主管部门统一制定。

明细分类科目又称为二级科目，或明细科目，是对总分类科目做进一步分类，提供更详细、更具体会计信息的科目，它是反映会计要素的具体内容的科目。除会计准则规定设置的以外，单位可以根据经济管理的需要和经济业务的具体内容自行设置。

注意：有的总分类科目不需设置明细科目，如本年利润。

练一练 熟记常用的会计科目(见附录)。

(二) 账户

账户是根据会计科目设置的、具有一定格式和结构、用于分类反映会计要素具体内容增减变动情况及其结果的载体。科目仅仅是分类核算的名称或标志，而核算的具体数据资料则要通过账户记录取得。所以，设置科目以后，还必须根据科目开设账户，用来对各项经济业务进行分类记录。

账户具有一定的结构和格式。由于会计要素的变化，从数量上看不外是增加和减少两种情况，因此，账户在结构上分为两个基本部分，分别记录增加和减少的数额。账户的结构通常划分为左、右两方，每一方再根据实际需要分成若干栏，用来登记有关资料。账户的格式可以各种各样，但一般来说，对任何一种账户格式的设计，应包括下列内容：① 账户的名称，即科

目;② 日期和摘要,即经济业务发生的时间和内容概要;③ 凭证号数,即账户记录的依据;④ 增加和减少的金额及余额。

账户左、右两方的主要内容是记录期初余额、本期增加额、本期减少额及期末余额。本期增加额和减少额是指在一定的会计期间(月、季或年)内,账户在左、右两方分别登记的增加金额合计数和减少金额合计数,又可以将其称为本期增加发生额和本期减少发生额。本期增加发生额和本期减少发生额相抵后的差额,加上期初余额就是本期的期末余额。如果将本期的期末余额转入下一期,就是下一期的期初余额。上述四项金额的关系可以用下列公式来表示:

期初余额+本期增加发生额=本期减少发生额+期末余额

发生额是期间指标,它说明某类事项在某一期间金额增减变动的总量。余额是时点指标,它说明某类事项在某一时日金额增减变动的结果。

账户的左、右两方是按相反方向来记录增加额和减少额的,也就是说,如果规定在左方记录增加额,就应该在右方记录减少额;反之,如果在右方记录增加额,就应该在左方记录减少额。各账户的左、右两方中,哪一方记录增加额,哪一方记录减少额,取决于所采用的记账方法和各账户所记录的经济内容。例如,借贷记账法规定,账户的结构为左借右贷;因资产在会计等式的左方,权益在其右方,故习惯将资产增加记在该类账户的左(借)方,减少记在右(贷)方;权益增加则记在该类账户的右(贷)方,减少记在左(借)方。账户的余额,一般在记录增加额的一方。根据账户余额所在的方向来判断账户的性质,成为借贷记账法的一个重要特征。借表示增加还是贷表示增加,则取决于账户的性质及结构。

在借贷记账法下,上述等式变换为

资产类账户:借方期初余额+借方本期发生额=贷方本期发生额+借方期末余额;

权益类账户:贷方期初余额+贷方本期发生额=借方本期发生额+贷方期末余额。

收入、费用(成本)类账户的借方本期发生额等于贷方本期发生额,期初、期末通常没有余额。

算一算 资料:SY企业部分账户数据如下。(金额单位:元)

账户名称	期初余额	借方本期发生额	贷方本期发生额	期末余额
库存现金	2 500	41 000	38 500	?
固定资产	2 480 000	?	150 000	3 650 000
短期借款	?	480 000	750 000	800 000
应付账款	400 000	380 000	?	150 000
盈余公积	180 000	20 000	14 500	?

要求:根据上列账户中的有关数据并结合各账户的类型计算每个账户的未知数据。

1. 账户的分类

(1) 账户按会计要素(即经济内容)分类,一般分为资产账户、负债账户、所有者权益账户、收益账户和成本费用账户。

(2) 账户按用途和结构分类,可分为盘存账户、资本账户、结算账户、期间账户、跨期摊提账户、成本计算账户、计价对比账户、财务成果账户、调整账户等。

所谓账户的用途,是指设置和运用账户的目的,即通过账户记录提供什么核算指标。所谓账户的结构，是指在账户中如何登记经济业务，以取得所需要的各种核算指标，即账户左方登记什么，右方登记什么，期末账户有无余额，如有余额在账户的哪一方，表示什么。例如，固定资产账户和累计折旧账户，按其反映的经济内容都属于资产类账户，而且都是用以反映固定资产的账户。但是，这两个账户的用途和结构又是不同的。固定资产账户是按其原始价值反映固定资产增减变动及其结存情况的账户，增加记在左方，减少记在右方，期末余额记在左方表示企业现有固定资产的原始价值。而累计折旧账户则是用来反映固定资产由于损耗而引起的价值减少，即累计提取折旧情况的账户，计提折旧的增加记在右方，已提折旧的减少或注销记在左方，期末余额记在右方表示现有固定资产的累计折旧。

为了更好地理解、掌握和运用账户，了解上述两种账户分类之间的联系，现将两种账户分类进行对比（仅列部分常用的），如表 1.1 所示。

表 1.1　两种账户分类的联系

按用途和结构分类	按经济内容分类				
	资产账户	负债账户	所有者权益账户	收益账户	成本费用账户
盘存账户	库存现金 库存商品 固定资产				
资本账户			实收资本 盈余公积		
结算账户	应收账款 预付账款 其他应收款	应付账款 预收账款 其他应付款			
期间账户				主营业务收入 营业外收入	主营业务成本 销售费用 营业外支出 所得税费用
跨期摊提账户	长期待摊费用	应付利息			
成本计算账户	材料采购				生产成本
计价对比账户			本年利润		
财务成果账户			本年利润		
调整账户	累计折旧 坏账准备 材料成本差异				

（3）账户按其提供指标的详细程度分类，可以分为总分类账户和明细分类账户。

总分类账户是对会计对象的具体内容进行总括核算的账户，提供总括核算指标，如原材料、固定资产等，简称总账、一级账。

明细分类账户是对会计对象的具体内容进行明细核算的账户，提供明细核算指标，如固定资产——机器设备等。

总分类账户对其所属明细分类账户具有统驭和控制作用，明细分类账户总是隶属于某总分类账户，起补充说明作用。

如果某一总分类账户所属的明细分类账户较多，为了便于控制，还可增设二级账户。二级账户是介于总分类账户和明细分类账户之间的账户。它也是由单位根据管理的实际需要和经济业务的具体内容自行确定的。

(4) 账户的其他分类。账户除了按上述标准进行分类以外,还可以按其他标准分类,如按其列入会计报表的不同分类、按有无期末余额分类等。

账户按其列入会计报表的不同,可分为资产负债表账户和利润表账户。资产负债表账户是指为编制资产负债表提供数据资料的账户。资产负债表账户包括资产、负债和所有者权益三类,分别与资产负债表中的这三类项目对应。利润表账户是指为编制利润表提供数据资料的账户。利润表账户包括收益和成本费用两类,这些账户是根据利润表的项目设置的。

账户按有无期末余额分为期末有余额的账户(即实账户,一般是资产账户、负债账户、所有者权益账户,包括借方余额账户、贷方余额账户)和期末无余额的账户(即虚账户,一般是收益账户和费用账户)。

账户按会计主体分类,分为表内账户(上述账户均是)和表外账户(如代管商品物资账户等)。

研究账户的分类,是为了从相互联系的账户中探求其相互区别,认识设置和运用账户的规律性。账户分类标准是依据账户具有的一些特征确定的,每一个账户都带有若干个特征,因此,每一个账户都可以按不同的标准加以分类。例如,原材料账户,① 从会计要素来看,它属于资产账户,反映企业在生产经营过程中必不可少的流动资产;② 从用途和结构来看,它属于盘存账户,反映企业实际的库存材料价值,而且是左方登记材料的增加额,右方登记材料的减少额,余额记在左方;③ 从提供指标的详细程度来看,它属于总分类账户,总括地反映企业材料的增减变动及结存情况;④ 从列入会计报表来看,它属于资产负债表账户,账户的期末余额应作为企业资产的一部分,列入资产负债表;⑤ 从有无期末余额来看,它属于借方余额账户,反映库存材料的实际价值;⑥ 从会计主体来看,它属于表内账户,代表着本企业可以控制或拥有的经济资源。总之,借助账户的分类,可以揭示账户的特征,有利于加深对账户的认识。

想一想 1. 坏账准备、材料成本差异的被调整账户分别是哪一个?
2. 取消待摊费用和预提费用科目后该如何记账?

2. 账户的对应关系与对应账户

采用借贷记账法,在某项经济业务发生时,总会在有关账户之间形成应借、应贷的关系,这就是账户的对应关系,发生对应关系的账户即对应账户。

3. 账户与科目的关系

账户与科目是既有联系,又有区别的两个不同概念。

(1) 联系。账户与科目都是对会计对象的具体内容(会计要素)进行科学分类,两者设置口径一致、性质相同。科目是账户的名称,也是设置账户的依据;账户是科目的具体运用。科目的性质决定了账户的性质。账户的分类和科目的分类内容一致。

(2) 区别。账户有其结构和格式,可用来连续、系统、全面地记录反映某种经济业务的增减变化及其结果。科目仅仅是账户的名称,不存在结构。

在实际工作中对于账户和科目这两个概念,经常可以不加区分地相互通用。

(三) 会计分录

在各项经济业务登记到账户之前,都要先根据经济业务的内容,运用借贷记账法的记账规则,确定所涉及的账户及其应借、应贷的方向和金额,这就是编制会计分录。会计分录(即记账公式)是指对某项经济业务事项标明其应借、应贷的科目(账户)及其金额的一种分类记录方式,简称分录。在实际工作中,这项工作是通过填制记账凭证来完成的。

在实际运用借贷记账法的记账规则(有借必有贷,借贷必相等)登记经济业务时,一般要按两个步骤进行。首先,需要分析经济业务的内容,确定它涉及的要素是增加还是减少,是资产要素的变化,还是负债或所有者权益要素的变化;哪些要素增加,哪些要素减少,抑或都是增加,都是减少,等等。其次,根据上述分析,确定该项经济业务应记入相关账户的借方还是贷方,以及各账户应记金额。凡是涉及资产及成本费用的增加,负债及所有者权益的减少,收入的减少、转销,都应该记入各该类账户的借方;凡是涉及资产及成本费用的减少、转销,负债及所有者权益的增加,收入的增加,都应该记入各该类账户的贷方。或者说,借字表示资产的增加、成本费用的增加、负债及所有者权益的减少、收入的结转或减少,贷字表示资产的减少、成本费用的结转或减少、负债及所有者权益的增加、收入的增加,如图 1.1 所示。

借　　　　账户名称	贷
资产的增加 负债的减少 所有者权益的减少 成本费用的增加 收入的结转或减少	资产的减少 负债的增加 所有者权益的增加 成本费用的结转或减少 收入的增加
资产的期末余额	负债的期末余额 所有者权益的期末余额

图 1.1　借贷记账法下的账户结构

为了教学方便,经常用简化格式——“丁”字账或“T”型账户来说明账户结构。

(四) 报表项目

报表项目是对财务报表的具体内容进行分类的名称或标志。报表主要是由报表项目组成的,报表项目反映的是经济指标。

报表项目的内容、口径多数与账户(科目)相同;报表项目的数据来源于账户,有的根据总账账户的金额直接填列,有的根据总账账户金额汇总填列,有的是经过分析调整计算后填列的。具体内容见第十一章财务报告。

四、会计核算的环节

1. 会计确认

企业在经营过程中会发生各种各样的经济活动,但这些经济活动及其所产生的经济信息并非全部属于会计核算的内容。如企业职工的构成与管理人员素质的变化等,显然不能用货币形式进行可靠的定量,因而不属于会计核算的内容。又如企业与客户签订下年度的销售合同,由于合同所记录的内容尚未实际发生,因而也不属于会计核算的内容。因此,在实际进行会计核算之前,需要对企业所发生的经济活动及其所发生的经济信息进行分析,把非会计核算的内容排除在外;对影响会计要素的内容,则需进一步明确影响的时间以及应于何时在会计报表中揭示。

会计确认是按照规定的标准和方法,辨认和确定经济信息是否作为会计信息进行正式记录并列入财务报表的过程,会计核算过程实质上是一个信息变换、加工和传输的过程,会计确认是信息变换的关键环节。

会计信息的确认分为初次确认和再次确认。

(1) 初次确认。初次确认是指对输入会计核算系统的原始经济信息进行确认,这类原始经济信息的载体就是伴随经济业务发生的原始凭证,初次确认要依据会计目标或会计核算的特定规范要求,筛掉多余的或不可接受的数据,将有用的原始数据进行分类,运用复式记账法编制记账凭证,将经济数据转化为会计信息,并登记有关账簿。

(2) 再次确认。再次确认是指对会计核算系统输出的经过加工的会计信息进行的确认。再次确认是指依据管理者的需要,确认账簿资料中的哪些内容应列入财务报表,或是在财务报表中应揭示多少财务资料和何种财务资料。很明显,初次确认与再次确认任务不同,初次确认决定着经济信息能否转换成会计信息进入会计核算系统,而再次确认则是对经过加工的信息再提纯,经过确认和再确认,可以保证会计信息的真实性和有用性。

会计确认需遵循以下四个标准:

① 可定义性,即一个项目要符合某一会计要素的定义;

② 可计量性,即一个项目具有相关的可计量属性,能可靠地予以计量;

③ 相关性,即会计确认的信息对用户决策有用;

④ 可靠性,即会计确认的信息是真实、可核和中立的。

某一经济业务被确认为会计业务,必须同时符合上述四个标准。

2. 会计计量

会计计量是根据被计量对象的计量属性,选择运用一定的计量属性(基础)和计量单位,确定应记录项目金额的会计处理过程。会计计量包括两方面的内容:被计量对象的实物数量计量、被计量对象的货币表现。会计计量主要以货币为计量手段,有时还用到其他辅助性的计量手段,例如,明细分类账中就大量采用“实物单位计量”以提供非货币信息。

会计确认与会计计量是不可分割的。没有确认,就不能加以计量;不能计量,确认也就失去意义。例如,编制记账凭证既是会计确认的过程,同时也是会计计量的过程。会计计量贯穿会计工作的始终。只有经过计量,应输入的数据才能被正式记录,输出的数据才能最终列入财务报表。

(1) 会计计量单位

计量单位是指计量尺度的量度单位。会计计量以货币计量为主,以实物量度和劳动量度为辅助量度。

(2) 会计计量属性

计量属性是指所用量度的经济属性,即按什么标准来记账,如历史成本等。

① 历史成本。历史成本即资产按照购置该项资产支付的货币或与之等价的金额,或是按照为购置资产而付出的代价的价值计量;负债按照以债务为交换而收到的款项金额,或是按照在正常经营中为偿还负债将要支付的现金等价物的金额计量。

② 重置成本(现行成本)。重置成本即资产按照现在购买同一或类似资产所需支付的现金或现金等价物的金额计量;负债按照现在偿付该项债务所需支付的现金或现金等价物的金额计量。

③ 可变现净值。可变现净值即资产按照现在正常变卖资产所能得到的现金或现金等价物的金额计量;负债按照现在正常经营中为偿还债务将支付的现金或现金等价物的金额计量。

④ 现值。现值即资产按照预计从其持续使用和最终处置中所产生的未来净现金流入量

的折现金额计量；负债按照预计期限内需要偿还的未来净现金流出量的折现金额计量。

⑤ 公允价值。公允价值是指市场参与者在计量日发生的有序交易中，出售一项资产所能收到或转移一项负债所需支付的价格。其中，市场参与者是指相关资产或负债的主要市场中，同时具备以下特征的买方和卖方：市场参与者应相互独立，不存在关联方关系；市场参与者应当熟悉情况，能够根据可取得的信息对相关资产或负债以及交易具备合理认知；市场参与者应当有能力并自愿进行交易。有序交易是指在计量日前一段时期内相关资产或负债具有惯常市场活动的交易。

企业在对会计要素进行计量时，一般应当采用历史成本；采用重置成本、可变现净值、现值、公允价值计量的，应当保证所确定的会计要素金额能够取得并可靠计量。历史成本通常反映的是资产或者负债过去的价值，而重置成本、可变现净值、现值和公允价值通常反映的是资产或者负债的现时成本或者现时价值，是与历史成本相对应的计量属性。当然这种关系不是对立的，当前环境下某项资产的价值或负债的公允价值也许就是未来环境下该项资产或负债的历史成本。

(3) 会计计量模式

会计计量模式是计量单位与计量属性的有机结合。计量单位主要解决名义货币单位或不变币值(一般购买力)货币单位的选择问题，计量属性主要解决同一计量对象的不同货币表现问题。

可用的四种计量模式是历史成本/名义货币单位；历史成本/不变购买力货币单位；现行成本/名义货币单位；现行成本/不变购买力货币单位。

历史成本/名义货币单位会计计量模式，是目前采用的传统会计计量模式。它以币值稳定为前提，不考虑物价变动对会计信息的影响。

历史成本/不变购买力货币单位、现行成本/名义货币单位、现行成本/不变购买力货币单位三种会计计量模式的目的都是为了消除物价变动对会计的影响，体现资本保全的要求，都属于物价变动会计模式。

3. 会计记录

会计确认、计量的结果不仅要通过会计记录反映，而且会计确认和计量都包含在会计记录之中。会计记录是对会计对象进行记录的手段，在传统的手工记账程序下，它主要包括下列专门方法(即会计核算方法)：设置会计科目及账户、复式记账、填制与审核凭证、登记账簿、成本计算、财产清查、编制会计报表(属第十一章所述的财务报告)。

(1) 设置会计科目及账户。设置会计科目及账户是对会计对象的具体内容进行分类核算的方法。基于会计对象包含的不同特点和经济管理的不同要求，选择一定的标准进行分类，并事先规定分类核算的项目，在账簿中开设相应的账户，这样就可以取得所需要的核算指标。

(2) 复式记账。复式记账是对每一项经济业务，都要以相等的金额同时在两个或两个以上的相关账户中进行记录的方法。复式记账要使得每一项经济业务所涉及的两个或两个以上的账户之间产生一种平衡关系，这样就可以了解和掌握经济业务的内容，检查会计记录的正确性。同时，采用复式记账记录各项经济业务，就能够全面、系统地反映各项经济业务之间的联系，反映经济活动的全貌。

(3) 填制与审核凭证。填制与审核凭证是为会计记录提供完整的、真实的原始资料，保证账簿记录正确、完整的方法。会计凭证是记录经济业务和明确经济责任的书面证明，是登记账簿的依据。会计凭证分为原始凭证和记账凭证。对于已发生的经济业务，都必须由经办人或单位填制原始凭证,并签名盖章。所有审核后的并认为是正确无误的原始凭证,才能作为填制记账凭证和登记账簿的依据。所以,填制与审核凭证是保证会计资料真实性、正确性的有效手段。

(4) 登记账簿。登记账簿是根据填制和审核无误的记账凭证,在账簿上进行全面、连续、系统记录的方法。账簿是用来记录经济业务发生的簿籍。登记账簿应该以记账凭证为依据,按照规定的会计科目开设账户,并将记账凭证中反映的经济业务分别计入有关账户。这样,账簿记录就将会计凭证中分散记录的经济业务内容进行了进一步的分类、汇总,使之系统化,能够更加适应经济管理的需要。所以,登记账簿是会计核算的主要方法。

(5) 成本计算。成本计算实际上是一种会计计量活动,它所要解决的是会计核算对象的货币计价问题。因此广义的成本计算存在于各种经济活动之中,任何一项经济活动只要纳入会计的核算系统就都有一个货币计价问题,而货币计价也就是确定用何种成本入账的问题。所谓成本计算就是对应计入一定对象上的全部费用进行归集、计算,并确定各该对象的总成本和单位成本的会计方法。通过成本计算,可以正确地对会计核算对象进行计价,可以考核经济活动中物化劳动和活劳动的耗费程度,为在经营管理中正确计算盈亏提供数据资料。

(6) 财产清查。财产清查是通过实物盘点、往来款项的核对来检查财产和资金实有数额的方法。在财产清查中发现的财产、资金账面数与实存数不符的情况,应该及时调整账簿记录,使账面数与实存数保持一致,并查明账实不符的原因,明确责任。清查中发现的积压和残毁物资以及往来账款中的呆账、坏账,要积极清理和加强财产管理。因此,财产清查是保证会计核算资料的真实性、正确性的一种手段。

(7) 编制会计报表。编制会计报表是根据账簿记录的数据资料,采用一定的表格形式,概括地、综合地反映各单位在一定时期内经济活动过程和结果的一种方法。编制会计报表是对日常核算的总结,是在账簿记录基础上对会计核算资料的进一步加工整理。会计报表提供的资料是进行会计分析、会计检查的重要依据。

上述各种会计核算方法相互联系、密切配合,构成了一个完整的方法体系。在会计核算方法体系中,就其工作程序和工作过程来说,主要是填制与审核凭证、登记账簿和编制会计报表。在一个会计期间所发生的经济业务,都要通过这三个阶段进行会计处理,将大量的经济业务转换为系统的会计信息。这个转换过程,即从填制与审核凭证到登记账簿,直至编制会计报表周而复始的核算过程,就是一般所谓的会计循环。其基本内容是经济业务发生后,经办人员要填制或取得原始凭证,经会计人员审核完整后,按照设置的会计科目,运用复式记账编制记账凭证,并据以登记账簿;要依据账簿记录对生产经营过程中发生的各项费用进行成本计算,并依据财产清查对账簿记录加以核实,在保证账实相符的基础上,定期编制会计报表。会计循环示意图如图 1.2 所示。

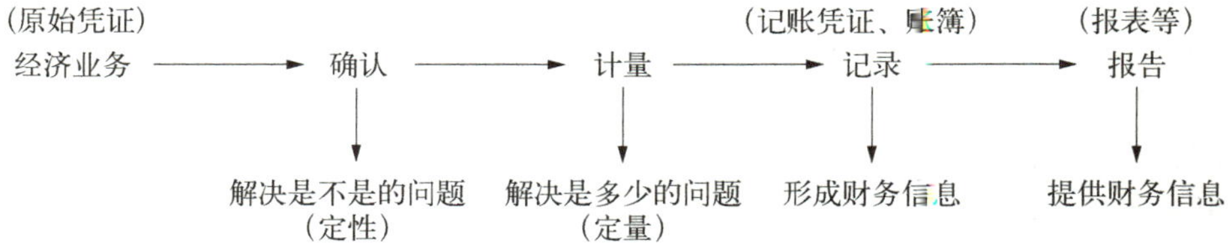

图 1.2　会计循环示意图

4. 会计报告

会计作为一种信息系统,以货币为主要计量单位,对企业的财务状况和其他经济业务系统地加以确认，并分析解释经济活动产生的结果，为会计信息使用者提供必要的信息。会计信息使用者所需信息主要包括两方面，一是在某一特定时期内，企业的经营成果如何，营利能力如何；二是在某一特定日期，企业的财务状况如何。企业主要通过资产负债表、利润表、现金流量表，来满足会计信息使用者的需要。

课后搜阅　纸质版或电子版的会计证账表。

第二节　会计核算的基础理论

一、会计核算的基本假设

面临复杂且变化不定的社会经济环境，会计核算不得不做出一些合理的假设，对会计核算的对象及环境做出基本的规定，以建立会计核算的基本前提。会计核算的基本假设（前提）是指会计准则中规定的各种方法适用的前提条件，它是对会计核算所处的时间、空间环境所做的合理设定。会计核算的基本前提是人们在长期的会计实践中根据有限的事实和观察逐步总结形成的。一般认为，会计核算的基本假设有四个：会计主体、持续经营、会计分期和货币计量。

（一）会计主体

会计主体又称为会计实体、会计个体，是会计为之服务的特定单位。会计主体这一前提，界定了会计核算的空间范围。只有明确了会计主体，才能划定会计所要处理的各项交易或事项的范围，才能把握会计处理的立场，才能将会计主体的经济活动与会计主体所有者的经济活动区分开来。

会计主体与经济上的法人不是一个概念。作为一个法人，其经济上必然是独立的，因而法人一般应该是会计主体，但是构成会计主体的并不一定都是法人。会计主体可以是独立的法人，也可以是非法人。例如，会计主体可以是一个企业，也可以是企业内部某一单位或企业内部为管理需要而设立的某一个特定的部分；可以是单一企业，也可以是由几个企业组成的企业集团。再如，独资企业与合伙企业通常不具有法人资格，它们所拥有的财产和所负担的债务，在法律上仍视为业主或合伙人的财务与债务，但在会计核算中，则把它们作为独立的会计主体来处理。

想一想　会计主体与会计对象的关系。

（二）持续经营

持续经营是指在可以预见的将来，企业将会按照当前的规模和状态继续经营下去，所持有的资产将正常营运，所负担的债务将正常偿还，不会破产。会计人员能以企业持续、正常的生产经营活动为前提进行会计核算。会计核算上所使用的一系列会计处理方法都是建立在持续经营的基础上。例如，在资产和负债的分类方面，由于假定企业持续经营，才有流动资产、固定资产和流动负债、长期负债之分。若企业即将清理，则持续经营的前提就不成立，编制会计报表就应根据资产的清算价值进行，负债则根据立即清偿的金额报告，一些公认的会计处理方法也将缺乏存在的基础。

(三) 会计分期

会计分期是指将企业持续经营的生产经营活动划分为一个个连续的、长短相同的期间,即会计期间。

企业生产经营活动从时间上来看是持续不断的,其资产、负债、所有者权益、收入、费用和利润不断变化,直到停业时才会停止变化。因此,从理论上讲,企业的盈亏直至停业时才能准确无误地加以确定。但是,会计信息的使用者无不需要及时了解和掌握企业的生产经营活动情况。为此,会计上必须把连续不断的企业经济活动人为地划分为若干个相等的期间,以分期结算账目、编制报表、提供信息。

会计期间通常为一年,称为会计年度。世界各国企业的会计年度起止日期并不统一。会计年度可以采用历年制,与公历年度一致,也可以采用非历年制。非历年制常见的有营业年制,即以营业淡季为起止日期。

从理论上讲,将会计年度的起止日期定在淡季比较适宜。因为在淡季,会计要素的变化较小,便于对会计要素进行计量,且淡季业务较少,会计人员有比较充裕的时间办理结算业务。其局限性是资产负债表所反映的财务状况缺乏代表性。

我国企业的会计期间分为年度、半年度、季度和月度,均采用公历日期。这主要考虑到我国的计划年度和财政年度采用的是公历年度,会计年度与计划年度、财政年度一致,有利于国家的计划管理、财政管理和税收征管工作。

会计分期对会计核算的影响如下。

(1) 由于会计分期产生了本期与非本期的区别,从而产生了权责发生制和收付实现制。

(2) 由于会计分期才产生了应收、应付、摊销、预提等会计处理方法,导致会计核算上必须使用判断和估计。

现行的公历月份有大月、小月、平月、闰月之分,会影响会计等信息的可比性。为此,本书作者提出了调整建议,以增强会计等信息的可比性。

课后搜阅 1. 关于调整公历年内日期安排的建议。
2. 世界各国的会计年度。

(四) 货币计量(隐含币值稳定前提)

用货币来反映一切经济业务是会计核算的基本特征,因而也是会计核算的一个重要的前提条件。货币计量是指会计主体在会计核算过程中采用货币作为统一的计量单位,记录、核算会计主体的财务状况和经营成果。选择货币作为共同尺度,以数量的形式反映会计主体的经营状况及经营成果,是商品经济发展的产物。会计计量是会计核算的关键环节,是会计记录和会计报告的前提,货币则是会计计量的统一尺度。企业经济活动中凡是能够用这一尺度计量的,就可以进行会计反映,凡是不能用这一尺度计量的,则不必进行会计反映。

货币计量实际上是对经济活动进行货币估价,而货币估价的习惯做法是以历史成本计价。不言而喻,采取历史成本计价,就必须假定货币本身的价值稳定不变,或者变动的幅度不大,可以忽略不计。也就是说货币计量前提实际上还包括另一个重要前提,即币值稳定前提。在以币值稳定为前提的条件下,对财产物资采用历史成本原则进行计价是目前通行的一种选择。我国的《企业会计准则》规定以人民币为记账本位币,业务以外币为主的企业,可以选定某种外币作为记账本位币，但编制的财务报告应当折算为人民币。在境外设立的中国企业向国内报送的财务报告应当折算为人民币。在有多种货币存在的条件下，要将有关外币用某种汇率折算为记账本位币，以此登记账簿，编制会计报表。

二、会计记账基础

企业应当以权责发生制为基础进行会计确认、计量和报告，而不应以收付实现制为基础。权责发生制也称为应计制或应收应付制，它是以收入、费用是否发生而不是以款项是否收付为标准来确认收入和费用的一种记账基础。根据权责发生制的要求，收入的归属期间应是创造收入的会计期间，费用的归属期间应是费用所服务的会计期间。即凡是当期已经实现的收入和已经发生或应当负担的费用，不论款项是否收付，都应该作为当期的收入和费用；凡是不属于当期的收入和费用，即使款项已在当期收付，也不应该作为当期的收入和费用。例如，销售款未收，应该作为当期的收入；预收销售款，不应该作为当期的收入；应付未付的借款利息，应该作为当期的费用；预付下期租金，不应该作为当期的费用。

收付实现制是与权责发生制相对应的一种确认基础。收付实现制也称为现金制或现收现付制，它是以款项的实际收付为标准来确认本期收入和费用的一种方法。

目前，我国的行政事业单位预算会计通常采用收付实现制，行政事业单位财务会计通常采用权责发生制。

由于权责发生制和收付实现制确定收入和费用的基础不同，因此，在同一时期对同一业务计算的收入和费用额有可能相同，也有可能不同。

课堂互动　假设A(出租方、收款方)、B(承租方、付款方)有一租赁业务，租期为3个月，租金为3万元，租金可在首月初或租期届满时一次收付，或分别在3个月月中各收付1万元。

要求：分别用权责发生制、收付实现制编制A、B的相关会计分录。

三、会计信息的质量要求

根据基本准则规定，对会计信息质量的要求包括可靠性、相关性、可理解性、可比性、实质重于形式、重要性、谨慎性和及时性(前四项是首要质量要求，后四项是次要质量要求)。

(1) 可靠性。会计核算应当以实际发生的交易或事项为依据，如实反映企业的财务状况、经营成果和现金流量。在符合重要性和成本效益原则的前提下，保证会计信息的完整性。包括在财务报告中的会计信息应当是中立的，无偏的。可靠性是对会计工作和会计信息质量最基本的要求。

(2) 相关性。相关性又称有用性。企业提供的会计信息应当与财务报告使用者的经济决策需要相关，有助于财务报告使用者对企业过去、现在或者未来的情况做出评价或者预测。会计信息质量的相关性要求，需要企业在确认、计量和报告会计信息的过程中，充分考虑使用者的决策模式和信息需要。

(3) 可理解性。企业编制的财务报告、提供的会计信息应当清晰明了，便于财务报告使用者理解和使用。会计信息毕竟是一种专业性较强的信息产品，在强调会计信息的可理解性要求的同时，还应假定使用者具有一定的有关企业经营活动和会计方面的知识，并愿意付出努力去研究这些信息。

(4) 可比性。同一企业不同时期发生的相同或者相似的交易或事项,应当采用一致的会计政策,不得随意变更(即符合时间上、纵向的可比要求)。确需变更的,应当在附注中说明。不同企业发生的相同或者相似的交易或事项,应当采用规定的会计政策、确保会计信息口径一致、相互可比(即符合空间上、横向的可比要求)。可比性的要求并不意味着企业所选择的会计核算方法不能做任何变更,在符合一定条件的情况下,企业可以变更会计核算方法,但应在企业财务报告中做相应披露。

(5) 实质重于形式。实质重于形式要求企业应当按照交易或事项的经济实质进行会计确认、计量和报告,不应仅以交易或事项的法律形式为依据。例如,融资租入的固定资产,视为承租企业的资产。

(6) 重要性。企业在会计核算过程中对交易或事项应当区别其重要程度,采用不同的核算方式。凡对资产、负债、损益等有较大影响,并进而影响使用者做出合理判断的重要会计事项,必须按规定的会计方法和程序进行处理,并在财务报告中单独予以充分披露;而对于次要的会计事项,在不影响会计信息真实性和不至于误导使用者做出正确判断的前提下,可适当合并、简化处理。重要性的应用需要依赖职业判断,企业应当根据所处环境和实际情况,从项目的性质和金额大小两方面加以判断。

(7) 谨慎性。谨慎性也称稳健性或审慎性,是指企业在进行会计核算时,应当保持必要的谨慎,不得多计资产或收益、少计负债或费用,也不能计提秘密准备。企业会计人员在面临不确定性因素需做出职业判断时,应当保持必要的谨慎,充分估计各种风险和损失,做到既不高估资产或收益,也不低估负债或费用,合理核算可能发生的费用和损失。谨慎性的应用不允许企业设置秘密准备。如企业故意低估资产或收益,或故意高估负债或者费用,则不符合会计信息的可靠性和相关性要求。

(8) 及时性。它是指会计核算应当及时进行,不得提前或延后,保证会计信息与所反映的对象在时间上保持一致,以免使会计信息失去时效。会计信息的价值在于帮助所有者或者其他利益相关者做出经济决策,具有时效性。实务中可能会要求在会计信息的及时性和可靠性之间权衡,以投资者及财务报告使用者的经济决策需要为判断标准。

第三节　会计要素与会计等式

一、会计要素

1. 资产

资产是过去的交易、事项形成并由企业拥有或控制的资源,该资源预期会给企业带来经济利益。它包括各种财产、债权和其他权利。资产可以是货币的,也可以是非货币的;可以是有形的,也可以是无形的。它是企业进行业务活动的物质基础,其特征有以下三点:① 资产是过去的交易、事项形成的,即已经发生或完成的交易或事项所导致的结果,因此,作为资产的资源,是客观存在的。② 资产是企业拥有或控制的。拥有是指有所有权(产权),可以按照自己的意愿使用或处置。控制是指虽不拥有所有权,但实际上为企业所支配,如融资租入固定资产。③ 资产预期会给企业带来经济利益。带来的经济利益表现为增加企业的资产,直接的或间接的。不能给企业带来经济利益的,不能作为资产,例如,报废的机器设备、毁损的商品等,应作为损失。

将一项资源确认为资产，首先需要符合资产的定义。除此之外，还需要同时满足以下两个条件：与该资源有关的经济利益很可能流入企业；该资源的成本或价值能够可靠地计量。

会计上通常按其流动性将资产分为流动资产和非流动资产（即长期资产）两大类。① 流动资产。预期将在一年内（或者超过一年的一个营业周期[①]内）变现或耗用的资产，为流动资产，主要有库存现金、银行存款、应收及预付款项、存货等。② 非流动资产。非流动资产是流动资产以外的资产。它主要包括长期投资、固定资产、无形资产和其他资产等。

课后搜阅 交易与事项、资金与资本。

2. 负债

负债（债权人权益）是指过去的交易、事项形成的现时义务，履行该义务预期会导致经济利益流出企业。负债必须按期偿还，它反映了企业与债权人之间的一种债务债权关系，债权人对企业的资产有求偿权。其特征有以下三点：① 负债是过去的交易或事项形成的，即已经发生或完成的交易或事项所导致的结果。② 负债是企业的现时义务，即这种义务是客观存在的，而非潜在的。③ 负债的偿还预期会导致经济利益流出企业，经济利益流出企业通常表现为资产减少。

将一项资源确认为负债，首先需要符合负债的定义。除此之外，还需要同时满足以下两个条件：与该义务有关的经济利益很可能流出企业；未来流出经济利益的金额能够可靠地计量。

会计上通常按其偿还期限的长短将其分为流动负债和长期负债（即非流动负债）两大类。流动负债是指将在一年内偿还的债务，主要有短期借款、应付票据、应付账款、应付职工薪酬、应交税费等。长期负债是指偿还期在一年以上的债务，主要有长期借款、应付债券等。

3. 所有者权益

所有者权益（即净资产、留剩权益、产权）是指所有者在企业资产中享有的经济利益，是所有者对企业净资产的要求权。所有者因将其依法可支配的财产投入企业，从而在企业资产中享有经济利益，表现为有权分享企业利润、有经营管理权、有权分享剩余财产等。在数量上，所有者权益＝资产－负债。

股份有限公司的所有者权益叫作股东权益，独资企业的所有者权益叫作业主权益，合伙企业的所有者权益叫作伙权。

所有者权益与负债，都是企业资产的资金来源，但两者有本质区别（亦即所有者权益的特征）。① 所有者权益一般不存在还本问题，但负债要还本。② 负债要付息，但企业并无必须向其所有者分派利润的法定义务；另外，债权人无权分享企业的利润。③ 所有者权益体现的是所有权与经营权的关系，而负债体现的是债权债务关系。④ 企业清算时，应先偿还债务，而后才能分派剩余财产，故所有者权益是一种剩余权益。

会计上通常按其来源分为投入资本、直接计入所有者权益的利得和损失以及留存收益。

（1）投入资本。投入资本主要由所有者投入，包括实收资本（股本）和资本公积。

（2）直接计入所有者权益的利得和损失。这是指不应计入当期损益、会导致所有者权益发生增减变动、与所有者投入资本或者向所有者分配利润无关的利得或者损失。利得是指由

① 营业周期（以制造企业为例）是指从企业用货币资金购入原材料等开始，经过投入生产、制造出产成品、出售，到收回货币资金为止的这一段时间。

企业非日常活动所形成的、会导致所有者权益增加、与所有者投入资本无关的经济利益流入；损失是指由企业非日常活动所发生的、会导致所有者权益减少、与向所有者分配利润无关的经济利益流出。利得和损失有的计入当期损益，有的则直接计入所有者权益。

(3) 留存收益。留存收益来源于企业的利润，包括盈余公积和未分配利润。

所有者权益只是在整体上、抽象的意义上与企业的资产保持数量关系，与企业特定的、具体的资产并无直接关系，并不与企业具体的资产项目发生对应关系。

4. 收入

收入是指企业在销售商品、提供劳务及让渡资产使用权等日常业务中形成的，与所有者投入资本无关的经济利益的总流入。经济利益流入表现为资产增加，或者负债减少，或者两者兼而有之，最终会使所有者权益增加。企业应当合理确认收入的实现，并将实现的收入按时入账。

收入的特点如下：收入是从企业的日常业务中形成的，而不是从偶发的交易或事项中产生的；收入是与所有者投入资本无关的经济利益的总流入；企业取得收入，必然导致所有者权益增加。但是，并非所有的由资产增加或负债减少而引起的所有者权益增加都是企业的收入，如接受投资。

按照企业经营业务的主次，可将收入分为主营业务收入和其他业务收入。

5. 费用

费用是指企业为销售商品、提供劳务等日常业务所发生的，与向所有者分配利润无关的经济利益流出。经济利益流出表现为资产减少，或者负债增加，或者两者兼而有之。企业发生费用，必然导致所有者权益减少。

费用的特点如下：费用是企业在日常活动中形成的；费用是与向所有者分配利润无关的经济利益的总流出；费用会导致所有者权益减少。

费用(广义的)按其经济用途不同，可以分为生产成本和期间费用(狭义的)。生产成本是指企业为生产一定种类和数量的产品所发生的费用，即产品的制造成本，包括直接材料、直接人工和制造费用。期间费用是指企业发生的不能直接计入产品主产成本而应直接计入当期损益的费用，包括销售费用、管理费用和财务费用。

费用与成本的联系为成本是对象(如产品)化的费用，是按照产品品种等成本计算对象对当期发生的费用进行归集而形成的。

费用与成本的区别为费用是资产的耗费，它与一定的会计期间相联系，而与生产哪一种产品无关；成本与一定种类和数量的产品相联系，而不论发生在哪一个会计期间。

企业的产品销售后，其生产成本就转化为销售当期的费用，称为产品销售成本或主营业务成本。

必须合理确认本期的费用，使费用与收入相配比，以确定各会计期间的净损益。

6. 利润

利润是指企业在一定会计期间的经营成果。全部收入减去全部费用的结果就是利润(如果是负数就是亏损)。利润的实现表现为所有者权益增加，而亏损的发生则表现为所有者权益减少。利润反映的是收入减去费用、利得减去损失之后的净额的概念，因此，利润的确认主要依赖收入和费用以及利得和损失的确认。

利得、损失为企业非日常经营活动所产生。利得分为直接计入当期损益(作为营业外收入)的利得(如接受捐赠)和直接计入所有者权益(作为其他综合收益)的利得(如其他权益工具投资的增值)。损失通常作为营业外支出,直接计入当期损益(如捐赠)。

经营(财务)成果主要是指企业在一定时期内通过从事生产经营活动而在财务上所取得的结果,具体表现为盈利或亏损。经营成果的计算和处理一般包括利润的计算、所得税的计算、利润分配或亏损弥补等。

利润分为营业利润、利润总额(税前利润)和净利润(税后利润)。它是评价企业经济效益的主要指标。

会计要素的划分,是设置会计科目和账户、构筑基本会计报表框架的依据,在会计核算上具有重要的意义。

课后搜阅　支出与损失。

二、会计等式

1. 第一会计等式

资产、负债、所有者权益三者之间在数量上有如下关系:

资产＝负债＋所有者权益

这是最基本的会计等式,通常称为第一会计等式,也叫静态会计等式。它是复式记账、试算平衡和编制资产负债表的理论基础,在会计核算中占有极为重要的地位。

因为负债(即债权人权益)和所有者权益(狭义的权益)之和等于权益(广义的权益),故又有资产＝权益,此等式也曾经表述为资金占用＝资金来源。

权益代表资产的来源,而资产则是权益的存在形态,两者实际上是企业资本这同一事物的两个不同方面或两种不同的表现形式。没有无权益的资产,也没有无资产的权益。两者之间客观上存在着必然相等的关系。即从数量上看,有一定数额的资产,必然有同等数额的权益;反之亦然。在任一时点,企业的全部资产必定等于负债与所有者权益之和。故将上述会计等式称为会计恒等式。无论企业发生什么样的交易或事项,都应保持上述恒等关系。

2. 第二会计等式

收入、费用、利润三者之间在数量上有如下关系:

收入－费用＝利润

这个等式是对会计基本等式的补充和发展,称作第二会计等式,也称为动态会计等式。

3. 第三会计等式

六个会计要素在数量上有如下关系:

资产＝负债＋所有者权益＋(收入－费用)

或

费用＋资产＝负债＋所有者权益＋收入

或

资产＝负债＋所有者权益＋利润

这个等式是第一会计等式与第二会计等式的综合,称作第三会计等式,它动态地反映了企业财务状况和经营成果之间的关系。

一般地，企业成立之初或会计期初，会计等式为

资产＝负债＋所有者权益

会计(经营)期间内，会计等式为

资产＝负债＋所有者权益＋(收入－费用)

或

费用＋资产＝负债＋所有者权益＋收入

或

资产＝负债＋所有者权益＋利润

会计期末，会计等式恢复为基本等式的形式，即

资产＝负债＋所有者权益

4．经济业务的归类及其对会计等式的影响

企业的经济业务(即会计事项)复杂多样，但从其对资产、负债和所有者权益影响的角度考察，依据资产＝负债＋所有者权益等式，经济业务可归纳为九种类型，即资产项目此增彼减类业务，资产和负债同时增加类业务，资产和所有者权益同时增加类业务，资产和负债同时减少类业务，资产和所有者权益同时减少类业务，负债增加、所有者权益减少类业务，负债减少、所有者权益增加类业务，负债项目此增彼减类业务，所有者权益项目此增彼减类业务。

这九种基本的会计事项，使得会计基本等式两边发生同增或同减的数额变化或是会计基本等式一边发生此增彼减的数额变化，但均不会破坏资产、负债及所有者权益之间的数量恒等关系。

明确会计事项的类型，对于会计核算，尤其是复式记账的运用有重要的意义。

依据资产＝权益这一等式，经济业务可进一步概括为以下四种类型。

(1) 引起资产项目之间此增彼减，增减金额相等的经济业务。这类业务会导致资产形态的转化，但不会引起资产总额的变动，不涉及权益项目。资产与权益的总额仍保持平衡，会计等式保持相等。

(2) 引起权益项目之间此增彼减，增减金额相等的经济业务。这类业务会导致资金来源渠道的转化，但不会引起权益总额发生变动，不涉及资产项目。资产与权益的总额仍保持平衡，会计等式保持相等。

(3) 引起资产项目和权益项目同时增加，双方增加的金额相等的经济业务。双方总额虽然均发生变动，但资产与权益的总额仍保持平衡，会计等式保持相等。

(4) 引起资产项目和权益项目同时减少，双方减少的金额相等的经济业务。双方总额虽然均发生变动，但资产与权益的总额仍保持平衡，会计等式保持相等。

在会计期间内企业一方面取得了各类收入，另一方面也必然会发生与取得收入相关的各种费用。在取得收入、发生费用的同时，会有以下变动情况。

(1) 取得了收入，会表现为资产和收入同时增加，或者是在增加收入时减少负债。

(2) 发生了费用，会表现为费用的增加和资产的减少，或者是增加费用时增加负债。

(3) 在会计期末，将收入减去费用计算出的利润按规定程序进行分配以后，其留归企业部分(盈余公积和未分配利润)会增加所有者权益；反之，如若发生亏损又会减少所有者权益。

由于上述收入、费用的变动仍为资产、负债及所有者权益的变动形式，其业务类型也未脱离上述的四种类型。因此，变化后的基本会计等式依然恒等，不会被破坏。

上述四类经济业务可再归纳为两类：

(1) 影响(涉及)会计等式两边的业务，为同增或同减类业务；

(2) 影响(涉及)会计等式一边的业务，为有增有减类业务。

想一想　分析并指出下列业务的类型(属于同增或同减或有增有减)。

(1) 收到投资者投入资金100万元。

(2) 以盈余公积30万元转增资本。

(3) 向银行取得60万元的流动借款，其中50万元直接用于偿还之前欠的货款，余款存入银行。

本章练习题

一、单项选择题

1. 下列对会计基本假设的表述中恰当的是(　　)。
   A. 货币计量为确认、计量和报告提供了必要的手段
   B. 一个会计主体必然是一个法律主体
   C. 持续经营和会计分期确定了会计核算的空间范围
   D. 会计主体确立了会计核算的时间范围
2. 企业的资产按取得时的实际成本计价，这满足了(　　)要求.
   A. 可靠性　　B. 明晰性　　C. 历史成本　　D. 相关性
3. 从会计信息成本效益看，对所有会计事项应采取分轻重主次和繁简详略进行会计核算，而不应采用完全相同的会计程序和处理方法。其体现的会计信息质量要求是(　　)。
   A. 谨慎性　　B. 可比性　　C. 相关性　　D. 重要性
4. 在物价持续下跌的情况下，存货采用先进先出法计价，体现了(　　)的会计信息质量要求。
   A. 重要性　　B. 谨慎性　　C. 及时性　　D. 可理解性
5. 企业对于已经发生的交易或事项，应当及时进行会计确认、计量和报告，不得提前或者延后，这体现的是(　　)要求。
   A. 及时性　　B. 相关性　　C. 谨慎性　　D. 重要性
6. 会计信息应当清晰明了，便于财务报告使用者理解和使用。这体现的是(　　)要求。
   A. 相关性　　B. 可靠性　　C. 及时性　　D. 可理解性
7. 我国企业会计准则规定，企业的会计核算应当以(　　)为基础。
   A. 权责发生制　　B. 实地盘存制　　C. 永续盘存制　　D. 收付实现制
8. 下列做法中，不符合实质重于形式要求的是(　　)。
   A. 企业将签订了售后租回协议的商品确认收入
   B. 企业融资租入的固定资产作为企业自己的资产核算
   C. 企业对建造合同按照完工百分比法确定收入
   D. 关联方关系的确定

二、多项选择题

1. 下列计价方法中，采用历史成本计量属性的有(　　)。

A. 发出存货计价所使用的个别计价法
B. 期末存货计价所使用的可变现净值法
C. 发出存货计价所使用的先进先出法
D. 存货计价所使用的计划成本法

2. 根据资产定义，下列各项中不属于资产特征的有( )。
A. 资产是企业拥有或控制的经济资源
B. 资产预期很可能会给企业带来未来经济利益
C. 资产是由企业过去的交易或事项形成的
D. 资产能够可靠地计量

3. 关于费用会计要素，下列说法中正确的有( )。
A. 支付管理人员工资属于费用
B. 费用可能表现为资产的减少，或负债的增加，或两者兼而有之
C. 费用会导致企业所有者权益减少
D. 出售固定资产发生的净损失属于费用

4. 下列各项中，属于利得或损失的有( )。
A. 交易性金融资产的公允价值变动
B. 处置无形资产产生的净收益
C. 处置金融资产产生的净收益
D. 其他债权投资的公允价值变动

5. 下列各项中，体现会计核算谨慎性质量要求的有( )。
A. 将融资租入固定资产视作自有资产核算
B. 采用双倍余额递减法对固定资产计提折旧
C. 对固定资产计提减值准备
D. 将长期借款利息予以资本化

6. 下列有关会计主体的说法中正确的有( )。
A. 法律主体一定是会计主体
B. 基金管理公司管理的证券投资基金，也可以成为会计主体
C. 对于拥有子公司的母公司来说，企业集团应作为一个会计主体来编制财务报表
D. 会计主体一定是法律主体

7. 全面执行企业会计准则体系的企业所编制的财务报表包括( )。
A. 资产负债表　B. 利润表　C. 现金流量表　D. 附注

8. 下列符合可理解性要求的有( )。
A. 会计记录应当清晰明了
B. 在凭证处理和账簿登记时，应当确有依据
C. 账户的对应关系要清楚，文字摘要应完整
D. 在编制财务报表时，项目勾稽关系要清楚，内容要完整

三、计算分录选择题(要求先写出计算过程、会计分录，再选择；之后各章要求相同)

1. 下列各项中可以引起资产和所有者权益同时发生变化的是( )。
A. 用税前利润弥补亏损
B. 权益法下年末确认被投资企业当年实现的盈利
C. 资本公积转增资本
D. 将一项房产用于抵押贷款

2. 下列项目中，能同时影响资产和负债发生变化的是( )。
A. 宣告现金股利
B. 支付现金股利
C. 接受投资者投入设备
D. 支付股票股利

3. 下列各项业务中，能使企业资产和所有者权益总额同时增加的是( )。
A. 其他权益工具投资公允价值增加
B. 提取法定盈余公积
C. 资本公积转增资本
D. 分派股票股利

四、实务题

1. 资料：CD公司5月31日的资产总计375 000元，负债总计112 000元，该公司6月份发生如下经济业务：
(1) 用银行存款购入全新机器一台，价值30 000元；
(2) 投资人投入原材料，价值10 000元；

(3) 以银行存款偿还所欠供应单位账款 5 000 元;

(4) 收回 A 所欠账款 8 000 元,存入银行;

(5) 债权人将一笔长期负债 50 000 元转为对公司的投资;

(6) 按规定将 20 000 元资本公积转为实收资本。

要求:(1) 根据 6 月份发生的经济业务,说明经济业务对会计要素的影响;

(2) 计算 6 月末 CD 公司的资产总额、负债总额和所有者权益总额。

2. 资料:某企业 6 月份发生以下经济业务:支付上个月电费 5 000 元;收回上个月的应收账款 10 000 元;收到本月的营业收入款 8 000 元;支付本月应负担的办公费 900 元;支付下季度保险费 1 800 元;应收营业收入 25 000 元,款项尚未收到;预收客户货款 5 000 元;负担上季度已经预付的保险费 600 元。

要求:按权责发生制与收付实现制分别计算损益(盈亏)。

第二章　货币资金与应收及预付款项

本 章 提 点

一、学习内容

1. 货币资金。
2. 应收账款。
3. 应收票据。
4. 预付账款和其他应收款。
5. 坏账准备。

二、学习要求

1. 识记：货币资金、应收及预付款项的概念与内容。
2. 领会：货币资金、应收账款增减等的账务处理。
3. 应用：应收票据贴现、应收款项减值的核算。

三、课前准备

1. 预习现金清查、银行存款的核对，其他货币资金、现金折扣、应收票据贴现和坏账准备的核算。
2. 准备“课堂互动”的材料。

第一节　货币资金

在企业的生产经营活动中，货币收支贯穿企业整个生产经营活动，如购销货款的收付、工资的发放、费用的支出和税金的解缴等。为此，企业必须经常保持一定数量的货币资金，以保证企业生产经营的正常需要。货币资金作为流通手段和支付手段，具有极强的流动性和收付经常性，因此，必须遵循货币资金管理的有关规定，加强对货币资金的管理、核算和监督，确保货币资金的安全与完整，加速资金周转，提高资金的使用效率。

货币资金是企业用于经营周转的、以货币形态存在的资产，是流动性最强的一项流动资产，包括现金、银行存款和其他货币资金。

一、现金

现金有广义和狭义之分。狭义的现金是指通常存放于企业财会部门、由出纳人员经管、用以日常零星开支的现金。广义的现金即货币资金，是指随时可作为流通和支付手段的票证，它包括现金、银行存款和其他符合现金定义的票证。在我国,会计核算上所说的现金是指狭义的现金,包括库存的人民币和外币等。

企业应当严格遵守国家有关现金的管理制度,正确进行现金收支的核算,监督现金使用的合法性与合理性。

(一) 现金的核算

为了总括地反映现金的收入、支出和结存情况,企业应当设置"库存现金"主体科目(科目、账户两者通常不加以区分),借方登记现金的增加,贷方登记现金的减少,期末余额在借方为企业实际持有的现金;相关科目(对应科目)有"银行存款""其他业务收入""管理费用""其他应收款"等,学习时应注意分析、掌握,之后不再单独提示、列出。

1. 现金增加(收到现金)的核算

(注:以 XP 公司为会计主体;会计分录金额单位一般与例题、习题相同,不需写"元""万元")

例 2.1 (1) 3 月 3 日,签发现金支票 5 000 元,从银行提取现金备用。会计分录如下(元)。

借:库存现金 5 000

　　贷:银行存款 5 000

(2) 3 月 3 日,收到出售废旧材料现款 260 元。会计分录如下(元)。

借:库存现金 260

　　贷:其他业务收入 260

2. 现金减少(支付现金)的核算

例 2.1 续 (3) 3 月 3 日,购买办公用品支付现金 320 元。会计分录如下(元)。

借:管理费用 320

　　贷:库存现金 320

(4) 3 月 3 日,某采购员预借差旅费 800 元,以现金支付。会计分录如下(元)。

借:其他应收款——某采购员 800

　　贷:库存现金 800

根据上述会计分录(记账凭证)登记库存现金 T 型账户(丁字账)并计算期末余额如图 2.1 所示,其他对应账户的登记、计算从略。本书只列举少量账户,其他的读者可以自行设置、登记。

借方	库存现金		贷方
期初余额	2 110		
(1)	5 000	(3)	320
(2)	260	(4)	800
本期发生额	5 260	本期发生额	1 120
期末余额	6 250		

图 2.1 库存现金 T 型账户

课堂互动 上述四项业务,各属哪类业务(同增、同减、有增有减)?应分别编制哪种专用记账凭证(现收、现付、银收、银付、转账)?对会计等式、现金流量及报表的影响如何?

(举一反三:以后针对每项会计业务,都可以进行此类课堂互动,故不再重复提及)

企业应当设置库存现金总账和库存现金日记账,分别进行企业现金的总分类核算和明细分类核算。库存现金日记账由出纳人员根据收付款凭证,按照业务发生顺序逐笔登记。每日终了,应当在库存现金日记账上计算出当日的现金收入合计额、现金支出合计额和结余额,并将库存现金日记账的账面结余额与实际库存现金额相核对,保证账款相符;月度终了,库存现金日记账的余额应当与库存现金总账的余额核对,做到账账相符。通过登记库存现金日记账,可以反映现金增减和结存状况,加强现金的管理。

(二) 现金的清查

为保证账实相符,及时发现或防止现金收付差错事故以及贪污、盗窃等非法行为,企业必须经常对现金进行清查盘点。出纳员必须做到"日清月结",必要时企业还可以组织清查小组定期或不定期地对现金进行清查。一般采用实地盘点法,对于清查的结果应当编制现金盘点报告单。清查内容包括是否挪用现金,是否存在白条顶库、超限额留用现金,以及账实是否相符。财产清查的结果有账实相符或账实不符。账实相符时不需进行账务处理;账实不符时则需要以实存数为准调整账面数额,盘盈即调增,盘亏则调减。若发现账款不符,应查明原因,及时处理。清查中,如果现金的实存数小于账存数,会计上称为现金短款(即盘亏);如果现金的实存数大于账存数,则称为现金长款(即盘盈)。现金清查中出现的长、短款,在未查明原因做出处理前,应通过"待处理财产损溢"主体科目进行核算,待查明原因并报经批准后再转入有关科目。(后续银行存款财产清查的核算类同,不再赘述)

(1) 盘亏时,属于应由责任人赔偿或保险公司赔偿的,计入其他应收款;属于无法查明原因的,计入管理费用。现金盘亏的账务处理如图 2.2 所示。

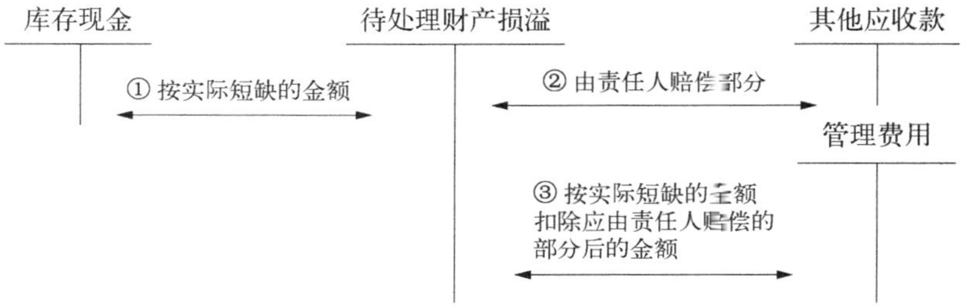

图 2.2 现金盘亏的账务处理

课堂互动 以图 2.1 为例,解释账户的对应关系与对应账户;编制会计分录。

(也可做另一种课堂互动:根据已编制的某套会计业务分录,讨论如何画账务处理图或登记"丁"字账。以后不再重复提及)

为节省篇幅,本书只选择列示部分会计业务的账务处理图,其他的读者可以自行练习画出。

(2) 盘盈时,属于应支付给有关人员或单位的,计入其他应付款;属于无法查明原因的,计入营业外收入。现金盘盈的账务处理如图 2.3 所示。

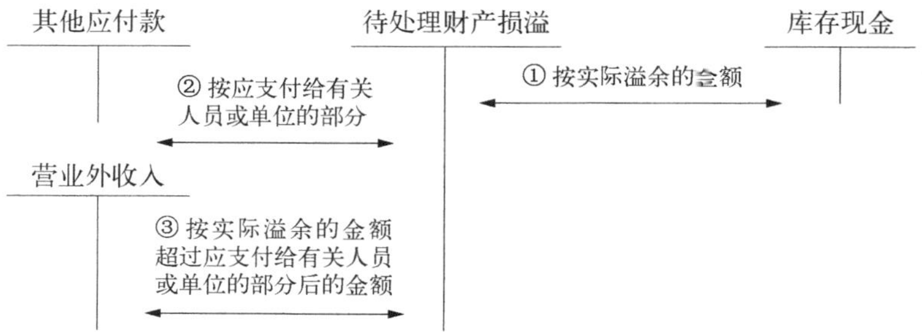

图 2.3 现金盘盈的账务处理

例 2.2 4月2日,发现现金长款23元,原因待查。会计分录如下(元)。

借:库存现金 23

贷:待处理财产损溢——待处理流动资产损溢 23

4月3日,发现现金短款12元,原因待查。会计分录如下(元)。

借:待处理财产损溢——待处理流动资产损溢 12

贷:库存现金 12

4月6日,经查长款原因不明,经批准作营业外收入;短款系出纳员责任,决定由出纳员赔偿。会计分录如下(元)。

借:待处理财产损溢——待处理流动资产损溢 23

贷:营业外收入 23

借:其他应收款——应收现金短缺款(××个人) 12

贷:待处理财产损溢——待处理流动资产损溢 12

借:库存现金 12

贷:其他应收款——应收现金短缺款(××个人) 12

上述后面两笔分录也可合为一笔。

借:库存现金 12

贷:待处理财产损溢——待处理流动资产损溢 12

(三) 备用金的核算

企业财会部门付给各职能部门作零星开支的款项称为备用金。备用金一般通过"其他应收款"主体科目进行核算,或单独设置"备用金"主体科目核算。具体做法有以下两种。

(1) 先领后报,实报实销。非经常使用的备用金,可以根据需要预借,事毕及时凭单据报销,多退少补,结清货款。例如,某采购员预支差旅费,出差回来,实报820元,补付现金20元。会计分录如下(元)。

借:管理费用 820

贷:库存现金 20

其他应收款——某采购员 800

(2) 定额备用金。对于经常周转使用的备用金,财会部门可以根据各部门或个人的实际需要核定备用金定额,付给现金,各部门凭单据按实际开支报销,同时补足定额备用金。

例 2.3 公司购销部经核定定额备用金为3 000元。拨付备月金时会计分录如下(元)。

借:其他应收款——备用金——购销部 3 000

或备用金——购销部 3 000

贷:银行存款(或库存现金) 3 000

购销部门实际开支2 200元,向财会部门报销,经审核无误,托销并补足其备用金。会计分录如下(元)。

借:管理费用 2 200

贷:银行存款(或库存现金) 2 200

企业的备用金也是现金的一部分,必须执行现金管理的有关规定。因为企业的备用金具有专门的指定用途,且体现企业同各部门之间的资金往来关系,所以必须单独进行核算。为加强对备用金的管理,企业应建立健全备用金领用、保管、报销等手续制度和管理责任制,明确责任,杜绝隐患。

想一想 追加或减少或撤销某个部门的定额备用金,该编制怎样的会计分录?

二、银行存款

结算是指企业(或单位、个人)之间因商品(劳务)交换和分配等活动所引起的货币收付行为。结算可分为现金结算和支付结算,支付结算又分为票据转让与转账。支付结算是指企业(或单位、个人)在社会经济活动中使用票据、信用卡和汇兑、托收承付、委托收款等结算方式进行货币给付及其资金清算的行为,其主要功能是完成资金从一方当事人向另一方当事人的转移。

支付结算的主体有银行、非银行金融机构和企业等,其中,银行是支付结算和资金清算的中介机构,支付结算为银行等金融机构的中间业务。

票据包括支票、本票、汇票(包括银行汇票、商业汇票)。

转账结算方式包括汇兑、托收承付、信用证、委托收款、信用卡。

银行存款是企业存放在银行或其他金融机构的货币资金。企业各项经济业务往来除了按现金管理条例规定的范围收付现金外,都必须办理转账结算。因此,企业要开展业务经营,都必须首先在当地银行开立账户并存入足够的资金保证支付。

(一)银行存款的核算

为了总括地反映企业银行存款的增减变化及结存情况,企业应当设置"银行存款"主体科目进行总分类核算。银行存款增加时,借记"银行存款"科目,贷记相关科目;银行存款减少时,借记相关科目,贷记"银行存款"科目。余额在借方,为企业存在银行或其他金融机构的各种款项,表示企业银行存款的实存数。

1. 银行存款增加的核算

例 2.4 (1) 3 月 4 日,收回应收账款 30 000 元,存入银行。会计分录如下(元)。

借:银行存款	30 000	
贷:应收账款		30 000

(2) 3 月 5 日,销售商品 100 000 元,销项税额 13 000 元,货款税款已收存银行。会计分录如下(元)。

借:银行存款	113 000	
贷:主营业务收入		100 000
应交税费——应交增值税(销项税额)		13 000

2. 银行存款减少的核算

例 2.5 (1) 3 月 3 日,购进原材料 20 000 元,进项税额 2 600 元,厂方代垫运杂费 600 元,货款、税款和运杂费已用银行存款支付,商品尚未到达。会计分录如下(元)。

借:材料采购	20 600	
应交税费——应交增值税(进项税额)	2 600	
贷:银行存款		23 200

(2) 3 月 9 日,由银行代发职工工资 43 500 元。会计分录如下(元)。

借:应付职工薪酬	43 500	
贷:银行存款		43 500

(银行本票、银行汇票、信用卡、商业汇票和其他涉及银行存款核算的业务见后续相关章节)

为了随时掌握银行存款的收付情况,便于同银行核对账目,企业除设置"银行存款"账户进行总分类核算外,还必须设置"银行存款日记账"进行明细分类核算。"银行存款日记账"应按开户银行和其他金融机构、存款种类等分别设置,进行序时核算。"银行存款日记账"采用订本式账簿,其内容结构和登记方法与现金日记账基本相同。

出纳员根据记账凭证和银行收款、付款凭证，按经济业务发生的先后顺序逐日逐笔进行登记，每天终了时应结出余额，“银行存款日记账”定期与“银行对账单”核对，至少每月核对一次，保证账实相符。

（二）银行存款的核对

企业的银行存款日记账余额与银行对账单余额往往不一致，其原因有两项：一是双方记账错误；二是由于存在未达账项。所谓未达账项，是指企业和银行之间，由于结算凭证的传递和双方入账时间不一致，产生的一方已入账而另一方尚未入账的款项。未达账项可归纳为以下四种类型。

（1）银行已记收、企业未记收的金额。

（2）企业已记收、银行未记收的金额。

（3）银行已记付、企业未记付的金额。

（4）企业已记付、银行未记付的金额。

对于银行存款日记账与银行对账单中出现的不符情况，应查明原因，及时处理。对于未达账项，应编制补记式或冲销式（还原式）“银行存款余额调节表”，或用直接调整法进行调整，以核对双方的账面余额是否相符。

例 2.6　假设 A 为企业的银行存款日记账余额，30 000 元；B 为银行对账单余额，36 000 元；C 为银行已记收、企业未记收的金额，2 000 元；D 为企业已记收、银行未记收的金额，1 000 元；E 为银行已记付、企业未记付的金额，3 000 元；F 为企业已记付、银行未记付的金额，8 000 元。

1. 用补记式银行存款余额调节表进行调整

补记式：$A+C-E=B+D-F$，30 000＋2 000－3 000＝36 000＋1 000－8 000。

调整后企业账户余额＝调整后银行账户余额，29 000＝29 000。

银行存款余额调节表（补记式）如表 2.1 所示。

表 2.1　银行存款余额调节表（补记式）

×年 10 月

项　　目	金　额	项　　目	金　额
企业的银行存款日记账余额 加：银行已收、企业未收款项 减：银行已付、企业未付款项	30 000 2 000 3 000	银行对账单余额 加：企业已收、银行未收款项 减：企业已付、银行未付款项	36 000 1 000 8 000
调节后余额	29 000	调节后余额	29 000

2. 用冲销式银行存款余额调节表进行调整

冲销式：$A-D+F=B-C+E$，30 000－1 000＋8 000＝36 000－2 000＋3 000。

调整后企业账户余额＝调整后银行账户余额，37 000＝37 000。

银行存款余额调节表（冲销式）如表 2.2 所示。

表 2.2　银行存款余额调节表（冲销式）

×年 10 月

项　　目	金　额	项　　目	金　额
企业的银行存款日记账余额 减：企业已收、银行未收款项 加：企业已付、银行未付款项	30 000 1 000 8 000	银行对账单余额 减：银行已收、企业未收款项 加：银行已付、企业未付款项	36 000 2 000 3 000
调节后余额	37 000	调节后余额	37 000

3. 直接调整法

(1) 从企业方开始调整

$$A+C-E-D+F=B$$

$$30\,000+2\,000-3\,000-1\,000+8\,000=36\,000$$

(2) 从银行方开始调整

$$B+D-F-C+E=A$$

$$36\,000+1\,000-8\,000-2\,000+3\,000=30\,000$$

调节后的双方相等,一般表明双方记账没有差错;如果不等,表明记账有误,应进一步查明原因进行更正。银行存款余额调节表不能作为企业记账的依据,对于银行已经入账而本企业尚未入账的业务和本企业已经入账而银行尚未入账的业务,均不需做账务处理。待以后收到有关业务凭证后,再做账务处理。另外,应该引起重视的是对于一些长期悬置的未达账项,应及时查阅有关凭证、账簿及相关资料,查明原因,和银行取得联系并予以解决。

采用补记式调节法,可以得到一项有用的信息,即调节后的余额是企业当时实际可以使用的款项。因此,企业一般采用这一方法。

练一练 公司3月份发生与银行存款有关的业务如下。

(1) ① 3月28日,收到A公司开出的480万元转账支票,交存银行。该笔款项系A公司违约支付的赔款,公司将其计入当期损益。

② 3月29日,开出转账支票支付B公司咨询费360万元,并于当日交给B公司。

(2) 3月31日,公司银行存款日记账余额为432万元,银行对账单余额为664万元。经逐笔核对,发现以下未达账项。

① 3月28日收到的A公司赔款登记入账,但银行尚未记账。

② B公司尚未将3月29日收到的支票送存银行。

③ 公司委托银行代收C公司购货款384万元,银行已于3月30日收妥并登记入账,但公司尚未收到收款通知。

④ 3月份发生借款利息32万元,银行已扣减存款,但公司尚未收到银行的付款通知。

要求:

(1) 编制上述业务(1)的会计分录。

(2) 根据上述资料编制银行存款余额调节表。

三、其他货币资金

其他货币资金是指企业除现金、银行存款以外的各种货币资金。其他货币资金的性质同现金、银行存款一样同属于货币资金,但是由于存放地点和用途不同,在会计上要分别进行核算。其他货币资金主要包括银行汇票存款、银行本票存款、信用卡存款、信用证保证金存款、外埠存款、存出投资款、在途货币资金等。

为了反映和监督其他货币资金的收支和结存情况,企业应设置"其他货币资金"主体科目,用来核算与监督其他货币资金的增减变动与结算情况。该科目的借方登记其他货币资金的增加数,贷方登记其他货币资金的减少数,期末余额在借方表示其他货币资金的结余数。在该科目下应设置"银行汇票存款""银行本票存款""信用卡存款""信用证保证金存款""外埠存款"

“存出投资款”“在途货币资金”等明细科目进行明细核算。其他货币资金账务处理如图 2.4 所示。

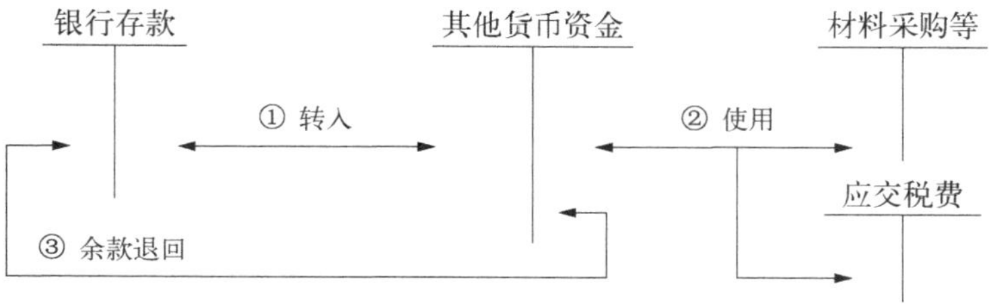

图 2.4　其他货币资金账务处理

(一) 银行汇票存款

付款企业填写“银行汇票申请书”、将款项交存银行时，借记“其他货币资金——银行汇票”科目，贷记“银行存款”科目；企业持银行汇票购货、收到有关发票账单时，借记“材料采购”或“原材料”“库存商品”“应交税费——应交增值税（进项税额）”等科目，贷记“其他货币资金——银行汇票”科目；企业采购完毕收回剩余款项时，借记“银行存款”科目，贷记“其他货币资金——银行汇票”科目。收款企业收到银行汇票、填制进账单到开户银行办理款项入账手续时，根据进账单及销货发票等，借记“银行存款”科目，贷记“主营业务收入”“应交税费——应交增值税（销项税额）”等科目。

(二) 银行本票存款

付款企业填写“银行本票申请书”、将款项交存银行时，借记“其他货币资金——银行本票”科目，贷记“银行存款”科目；企业持银行本票购货、收到有关发票账单时，借记“材料采购”或“原材料”“库存商品”“应交税费——应交增值税（进项税额）”等科目，贷记“其他货币资金——银行本票”科目。收款企业收到银行本票、填制进账单到开户银行办理款项入账手续时，根据进账单及销货发票等，借记“银行存款”科目，贷记“主营业务收入”“应交税费——应交增值税（销项税额）”等科目。

(三) 信用卡存款

企业应填制“信用卡申请表”，连同支票和有关资料一并送存发卡银行，根据银行盖章退回的进账单第一联，借记“其他货币资金——信用卡存款”科目，贷记“银行存款”科目；企业用信用卡购物或支付有关费用，收到开户银行转来的信用卡存款的付款凭证及所附发票账单时，借记“管理费用”等科目，贷记“其他货币资金——信用卡存款”科目；企业信用卡在使用过程中，需要向其账户续存资金的，借记“其他货币资金——信用卡存款”科目，贷记“银行存款”科目；企业如不需要继续使用信用卡时，应持信用卡主动到发卡银行办理销户；如有余款转入企业基本存款户，不得提取现金，借记“银行存款”科目，贷记“其他货币资金——信用卡存款”科目。

(四) 信用证保证金存款

企业填写“信用证申请书”、将信用证保证金交存银行时，应根据银行盖章退回的“信用证申请书”回单,借记“其他货币资金——信用证保证金存款”科目,贷记“银行存款”科目。企业接到开证行通知时,根据供货单位信用证结算凭证及所附发票账单,借记“材料采购”或“原材料”“库存商品”“应交税费——应交增值税(进项税额)”等科目,贷记“其他货币资金——信用证保证金存款”科目;企业将未用完的信用证保证金存款余额转回开户银行时,借记“银行存款”科目,贷记“其他货币资金——信用证保证金存款”科目。

(五) 外埠存款

企业将款项汇往外地时,应填写汇款委托书,委托开户银行办理汇款。汇入地银行以汇款单位名义开立临时采购账户,该账户的存款不计利息、只付不收、付完清户,除了采购人员可从中提取少量现金外,一律采用转账结算。企业将款项汇往外地开立采购专用账户时,根据汇出款项凭证,编制付款凭证,进行账务处理,借记“其他货币资金——外埠存款”科目,贷记“银行存款”科目;收到采购人员转来的供应单位发票账单等报销凭证时,借记“材料采购”或“原材料”“库存商品”“应交税费——应交增值税(进项税额)”等科目,贷记“其他货币资金——外埠存款”科目;企业采购完毕收回剩余款项时,根据银行的收账通知,借记“银行存款”科目,贷记“其他货币资金——外埠存款”科目。

(六) 存出投资款

企业向证券公司划出资金时,应按实际划出的金额,借记“其他货币资金——存出投资款”科目,贷记“银行存款”科目;购买股票、债券等时,借记“交易性金融资产”等科目,贷记“其他货币资金——存出投资款”科目。

(七) 在途货币资金

企业月终收到所属单位汇出款通知时,借记“其他货币资金——在途货币资金”科目,贷记“其他应收款——××单位”科目;收到汇款后,根据银行通知,借记“银行存款”科目,贷记“其他货币资金——在途货币资金”科目。

例 2.7 公司 1 月份发生的有关业务如下,请编制相应的会计分录。

(1) 申请办理银行汇票和银行本票,将银行存款 30 000 元转为银行汇票存款,40 000 元转为银行本票。

(2) 将银行存款 50 000 元存入信用卡,并通过信用卡支付业务招待费 1 500 元,15 日收到信用卡存款的利息 60 元。

(3) 向银行交纳信用证保证金 30 000 元,并通过信用证保证金采购 120 000 元的材料,增值税税额为 15 600 元,材料已验收入库。

(4) 在外埠开立临时采购账户,委托银行将 50 000 元汇往采购地,18 日采购 40 000 元原材料,增值税税额为 5 200 元,材料入库,采购结束后将外埠存款清户,余款退回。

(5) 将银行存款 500 000 元划入某证券公司准备进行短期股票投资,25 日购入 200 000 元的股票。

(6) 月终收到 A 单位汇出款通知,汇出货款 100 000 元,2 天后收到汇款,根据银行通知入账。

会计分录如下(元)。

(1) 借: 其他货币资金——银行汇票存款	30 000	
贷: 银行存款		30 000
借: 其他货币资金——银行本票存款	40 000	
贷: 银行存款		40 000

（2）借：其他货币资金——信用卡存款	50 000	
贷：银行存款		50 000
借：管理费用	1 500	
贷：其他货币资金——信用卡存款		1 500
借：其他货币资金——信用卡存款	60	
贷：财务费用		60
（3）借：其他货币资金——信用证保证金存款	30 000	
贷：银行存款		30 000
借：原材料	120 000	
应交税费——应交增值税（进项税额）	15 600	
贷：其他货币资金——信用证保证金存款		30 000
银行存款		105 600
（4）借：其他货币资金——外埠存款	50 000	
贷：银行存款		50 000
借：原材料	40 000	
应交税费——应交增值税（进项税额）	5 200	
贷：其他货币资金——外埠存款		45 200
退回余款 4 800 元：		
借：银行存款	4 800	
贷：其他货币资金——外埠存款		4 800
（5）借：其他货币资金——存出投资款	500 000	
贷：银行存款		500 000
借：交易性金融资产	200 000	
贷：其他货币资金——存出投资款		200 000
（6）借：其他货币资金——在途货币资金	100 000	
贷：其他应收款——A 单位		100 000
2 天后：		
借：银行存款	100 000	
贷：其他货币资金——银行本票存款		100 000

第二节　应收账款

一、应收账款概述

应收账款是指企业因销售商品、提供劳务等业务，应向购货单位或接受劳务单位收取的款项及代垫的运杂费，是企业因销售商品、提供劳务等经营活动所形成的债权。

应收账款是因销售活动形成的债权，不包括应收职工欠款、应收债务人的利息等其他应收款；应收账款是流动资产性质的债权，不包括长期的债权，如购买长期债券；应收账款是本企业应收客户的款项，不包括本企业付出的各类保证金，如投标保证金和租入包装物保证金。

通常情况下，按历史成本计价的原则，应收账款的入账价值应根据买卖双方成交时的实际发生额计价入账。但在实际的商业活动中，由于存在商业折扣和现金折扣，使交换价格发生变动，从而影响应收账款价值的确定，因此，计价时还需要考虑商业折扣和现金折扣等因素。

(一) 商业折扣

商业折扣是指企业根据市场供需情况，或针对不同顾客，在商品标价上给予的扣除。它是企业最常用的促销手段之一。通常以百分数来表示，如5%、10%等。商业折扣一般在交易发生时即已确定。它仅仅是确定实际销售价格的一种手段，不需在购销双方的账上反映，双方均按折扣后的金额做购销处理，故商业折扣对应收账款的入账价值没有影响。

(二) 现金折扣

现金折扣是债权人为鼓励债务人在规定的期限内付款而向债务人提供的债务扣除。现金折扣通常发生在以赊销方式销售商品及提供劳务的交易中。企业为了鼓励客户提前偿付货款，通常与债务人达成协议，债务人在不同期限内付款可享受不同比例的折扣。通常用符号“折扣率/付款期限”来表示现金折扣。

例如，买方在10天内付款可按售价给予2%的折扣，用符号“2/10”表示；在10天后20天内付款按售价给予1%的折扣，用符号“1/10”表示；超过20天在30天内付款，则不给予折扣，用符号“n/30”表示。“2/10，1/20，n/30”表示：信用期限30天，如果在10天内付款可享受2%的现金折扣，如果在10天至20天内付款可享受1%的现金折扣，如果在20天至30天内付款无现金折扣，超过30天付款，则属于违约拖欠账款。

现金折扣发生在销售之后，且对于销售企业来说其实际能收到的款项视购买方付款期限的不同而不同。因此，在有现金折扣的情况下，应收账款入账金额的确定有两种处理方法，一种是总价法(总额法)，另一种是净价法(净额法)。

(1) 总价法。总价法是按未扣减现金折扣前的赊销金额入账，销售方给予客户的现金折扣作为一种理财费用，在实际发生时作为财务费用核算。

(2) 净价法。净价法是将扣减最大现金折扣后的金额作为实际售价，并据以确认应收账款的入账价值。这种方法是把客户取得折扣视为正常现象，认为客户一般都会提前付款，而将由于客户超过折扣期限而多收入的金额，视为提供信贷获得的收入冲减财务费用。

我国要求企业采用总价法。

算一算

1. 某企业销售一批商品，增值税专用发票上注明的价款为60万元，适用的增值税税率为13%，为购买方代垫运杂费2万元，款项尚未收回。该企业确认的应收账款为多少万元？

2. 某企业在10月8日销售商品100件，增值税专用发票上注明的价款为10 000元，增值税税额为1 300元。企业为了及早收回货款而在合同中规定的现金折扣条件为“2/10，1/20，n/30”。假定计算现金折扣时不考虑增值税。如买方10月17日付清货款，该企业实际收款金额应为多少元？

二、应收账款的核算

为了反映和监督应收账款的增减变动及其结存情况，企业应设置“应收账款”主体科目。不单独设置“预收账款”科目的企业，预收的账款也在“应收账款”科目核算。“应收账款”科目的借方登记应收账款的增加，贷方登记应收账款的收回及确认的坏账损失，期末余额一般在借方，反映企业尚未收回的应收账款；如果期末余额在贷方，则反映企业预收的账款。

企业销售商品、提供劳务发生应收账款，在没有商业折扣的情况下，按应收的全部金额入账。存在商业折扣的情况下，应按扣除商业折扣后的金额入账。存在现金折扣的情况下采用总价法入账，发生的现金折扣作为财务费用处理。存在两种折扣的情况下，由于商业折扣发生在现金折扣之前，应按扣除商业折扣后的金额采用总价法入账。进行有关会计核算时，借记"应收账款"科目，按实现的营业收入，贷记"主营业务收入"等科目，按专用发票上注明的增值税税额，贷记"应交税费——应交增值税（销项税额）"等科目。

企业代购货单位垫付的包装费、运杂费，借记"应收账款"科目，贷记"银行存款"等科目。

企业应收账款改用应收票据结算，在收到承兑的商业汇票时，借记"应收票据"科目，贷记"应收账款"科目。应收账款账务处理如图2.5所示。

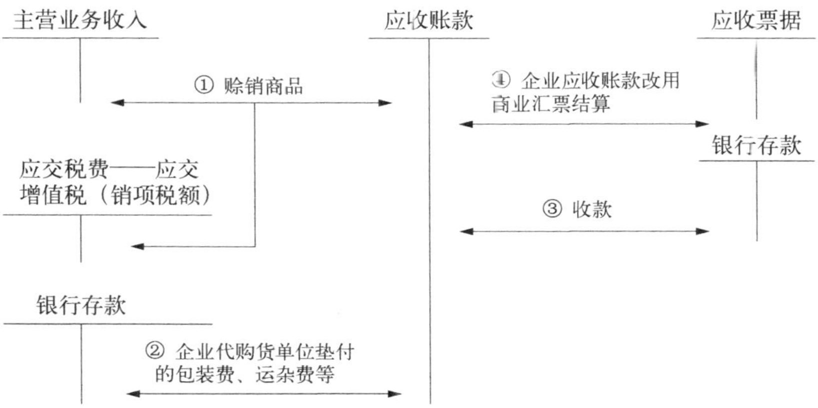

图2.5 应收账款账务处理

例2.8 公司向乙企业销售一批产品，其售价金额为20 000元，由于是批量销售，给予10%的商业折扣，适用增值税税率为13%。有关账务处理如下（元）。

借：应收账款——乙企业　　20 340

　贷：主营业务收入　　18 000

　　应交税费——应交增值税（销项税额）　　2 340

收到货款时，

借：银行存款　　20 340

　贷：应收账款——乙企业　　20 340

例2.9 公司向丁企业赊销一批商品，其售价金额为200 000元，规定的现金折扣条件为2/10,1/20,n/30，按售价计算现金折扣金额，适用增值税税率为13%，以银行存款代垫运杂费2 000元，总价法与净价法的有关账务处理如表2.3所示。

表2.3 总价法与净价法的有关账务处理

时　间	方向及科目	总价法	净价法
销售商品时	借：应收账款	228 000	224 000
	贷：主营业务收入	200 000	196 000
	应交税费——应交增值税（销项税额）	26 000	26 000
	银行存款	2 000	2 000

续　表

时　间	方向及科目	总价法	净价法
10 天内收款	借：银行存款	224 000	224 000
	财务费用	4 000	
	贷：应收账款	228 000	224 000
10～20 天收款	借：银行存款	226 000	226 000
	财务费用	2 000	
	贷：应收账款	228 000	224 000
	财务费用		2 000
20 天后收款	借：银行存款	228 000	228 000
	贷：应收账款	228 000	224 000
	财务费用		4 000

课堂互动　总价法与净价法对利润、报表的影响有无不同？

第三节　应收票据

一、应收票据概述

(一) 应收票据的概念

应收票据是指企业因销售商品、提供劳务而收到的商业汇票。商业汇票是一种载有一定付款日期、付款地点、付款金额和付款人的支付凭证。由于商业汇票有付款人承兑的书面付款承诺，因此具有较强的法律效力，并可进行转让、贴现等，具有较强的变现能力。

承兑就是承诺兑付，是付款人在汇票上签章表示承诺将来在汇票到期时承担付款义务的一种行为。

商业汇票的付款期限，最长不得超过六个月。定日付款的汇票付款期限自出票日起计算，并在汇票上记载具体到期日；出票后定期付款的汇票付款期限自出票日起按月计算，并在汇票上记载；见票后定期付款的汇票付款期限自承兑或拒绝承兑日起按月计算，并在汇票上记载。商业汇票的提示付款期限为自汇票到期日起 10 日。

(二) 应收票据的分类

1. 商业汇票按其承兑人不同，分为商业承兑汇票和银行承兑汇票

商业承兑汇票是指由付款人签发并承兑，或由收款人签发交由付款人承兑的汇票。商业承兑汇票的付款人收到开户银行的付款通知时，应在当日通知银行付款。付款人在接到通知日的次日起三日内(遇法定休假日顺延)未通知银行付款的，视同付款人承诺付款，银行将于付款人接到通知日的次日起的第四日(遇法定休假日顺延)上午开始营业时，将票款划给持票人。付款人提前收到由其承兑的商业汇票时，应通知银行于汇票到期日付款。银行在办理划

款时，付款人存款账户不足支付的，银行应填制付款人未付票款通知书，连同商业承兑汇票邮寄持票人开户银行转交持票人。

银行承兑汇票是指由在承兑银行开立存款账户的存款人（也就是出票人）签发，由承兑银行承兑的票据。企业申请使用银行承兑汇票时，应向其承兑银行按票面金额的万分之五交纳手续费。银行承兑汇票的出票人应于汇票到期前将票款足额交存其开户银行，承兑银行应在汇票到期日或到期日后的见票当日支付票款。银行承兑汇票的出票人于汇票到期前未能足额交存票款时，承兑银行除凭票向持票人无条件付款外，对出票人尚未支付的汇票金额按照每天万分之五计收利息。

2．商业汇票按其是否计息分为带息商业汇票和不带息商业汇票

带息商业汇票是指自出票日至票据到期日要按票面金额和规定的票面利率计算利息的商业汇票。在票据到期日付款人除支付票面金额外，还要加付一定的利息。

不带息商业汇票是指自出票日至到期日不计算利息的商业汇票，在票据到期时，付款人只需按票面金额支付即可。

3．商业汇票按其是否有追索权分为带追索权的商业汇票和不带追索权的商业汇票

追索权是指出让方（企业）在转让应收款项（如应收票据、应收账款）后，受让方在应收款项遭拒付或逾期时，向该应收款项出让方索取应收金额的权利。

一般而言，带追索权的商业汇票是指商业承兑汇票，不带追索权的商业汇票是指银行承兑汇票。

二、取得票据及票据到期的核算

根据会计准则的规定，应收票据在取得时一律按面值入账。通常，带息商业汇票的面值为现值，不带息商业汇票的面值为终值。这一规定对会计信息质量有些负面影响，但是，考虑到不带息商业汇票的期限一般较短（不超过 6 个月），用现值记账，计算麻烦而且其折价还要逐期摊销，过于烦琐。因此，不带息商业汇票也按其面值（即终值而非现值）入账。

为了反映和监督企业商业汇票的取得、转让、贴现及到期收回的情况，企业应设置“应收票据”主体科目进行总分类核算。该账户属资产类账户 借方登记应收票据的面值及按期确认的应计利息，贷方登记转让、贴现、到期收回或到期未能收回票款而转入应收账款的金额。期末余额在借方，反映期末持有的应收票据的账面价值。

另外，企业还应设置“应收票据备查簿”逐笔登记每笔应收票据的种类、号数、出票日期、交易合同号、付款人、承兑人、背书人的姓名或单位名称等与该票据有关的资料。应收票据到期结清余款后，应在备查簿中逐笔注销。

应收票据取得的原因不同，其会计处理亦有所区别。因债务人抵偿以前欠的货款而取得的应收票据，借记“应收票据”科目，贷记“应收账款”科目；因企业销售商品、提供劳务等而收到开出、承兑的商业汇票，借记“应收票据”科目，贷记“主营业务收入”“应交税费——应交增值税（销项税额）”等科目。商业汇票到期收回款项时，应按实际收到的金额，借记“银行存款”科目，贷记“应收票据”科目。商业承兑汇票到期，承兑人违约拒付或由于财务发生困难无力支付票款，企业在收到银行退回的商业承兑汇票、委托收款凭证、未付款通知书或拒付款证明时，将到期票据的票面金额转入“应收账款”账户，并于期末计提坏账准备。应收票据账务处理如图 2.6 所示。

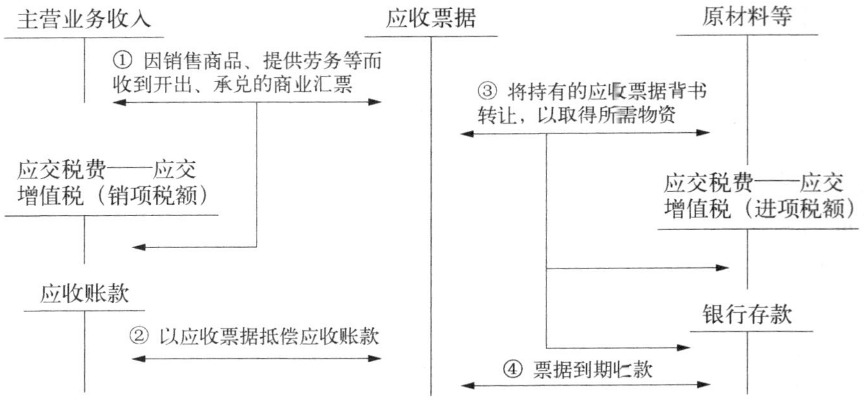

注：将持有的应收票据背书转让，以取得所需物资，银行存款的发生额也可能在贷方。

图 2.6　应收票据账务处理

（一）不带息商业汇票

例 2.10　公司销售一批商品给乙企业，商品已发出，货款为 100 000 元，增值税税额为 13 000 元，按合同约定 3 个月后付款，乙企业开出一张不带息 3 个月到期的商业承兑汇票给公司，面值 113 000 元。公司应做如下会计处理(元)。

借：应收票据——商业承兑汇票　　113 000

　贷：主营业务收入　　100 000

　　应交税费——应交增值税(销项税额)　　13 000

3 个月后，票据到期，收到款项 113 000 元，存入银行。

借：银行存款　　113 000

　贷：应收票据　　113 000

如该票据到期后，乙企业因财务困难无力支付票款，公司应将该票据金额转入“应收账款”账户

借：应收账款——乙企业　　113 000

　贷：应收票据——商业承兑汇票　　113 000

（二）带息商业汇票

1. 利息的计算

票据利息的计算公式为

应收票据利息＝应收票据的票面金额×票面利率×期限

公式中“票面利率”如未单独注明，一般均指年利率；“期限”是指出票日至到期日的时间间隔。其表示方式有按月表示和按日表示两种。

(1) 票据期限按月表示时，应以到期月份中与出票日相同的那一天为到期日。如 3 月 10 日签发的三个月票据，其到期日应为 6 月 10 日。若为月末签发的票据，则不论月份大小，以到期月份的月末那一天为到期日。如 2 月 28 日签发的三个月票据，其到期日应为 5 月 31 日，与此同时计算利息使用的利率要换成月利率，即利率与期限的计算口径应保持一致。

(2) 票据期限按日表示时，应从出票日起按实际经历天数计算。通常出票日和到期日，只能计算其中的一天，即“算头不算尾”或“算尾不算头”或“头尾都算再减一天”。

例如，求 3 月 18 日出票、60 天票据的到期日。

①“算头不算尾”

3 月：31－17＝14(天)；

4 月：30 天；

5 月：16 天；

合计：60 天，到期日为 5 月 17 日。

②“算尾不算头”

3 月：31－18＝13(天)；

4 月：30 天；

5 月：17 天；

合计：60 天，到期日为 5 月 17 日。

③“头尾都算再减一天”

3 月：31－17＝14(天)；

4 月：30 天；

5 月：17 天；

合计：61 天，61－1＝60(天)，到期日为 5 月 17 日。

同时计算利息使用的利率要换成日利率，按日计息。为了方便起见，常把一年定为 360 天。

算一算　4 月 15 日签发的 90 天票据，其到期日是哪天？

2. 利息的核算

企业收到的带息应收票据，除按不带息应收票据进行核算外，还应于期末按应收票据的面值和确定的票面利率、期限计算应计票据利息，增加应收利息的账面价值，同时，冲减“财务费用”。到期不能收回的带息应收票据，转入“应收账款”后，期末不再计提利息，其所包含的利息，在有关备查簿中登记，待实际收到时再冲减收到的当期财务费用。

例 2.11　某年 9 月 1 日销售一批产品给乙企业，产品已发出，专用发票上注明的销售收入为 10 000 元，增值税税额为 13 000 元，收到乙企业交来的商业承兑汇票一张，期限为 6 个月，票面利率为 5%。应做如下账务处理(元)。

(1) 收到票据时，

借：应收票据——商业承兑汇票	113 000	
贷：主营业务收入		100 000
应交税费——应交增值税(销项税额)		13 000

(2) 当年 12 月 31 日计提利息，

票据利息＝113 000×5%÷12×4≈1 883.33(元)

借：应收利息	1 883.33	
贷：财务费用		1 883.33

(3) 次年票据到期收回款项，

收款金额＝113 000×(1＋5%÷12×6)＝115 825(元)

尚未计提的票据利息＝113 000×5%÷12×2≈941.67(元)

借：银行存款	115 825	
贷：应收票据——商业承兑汇票		113 000
应收利息		1 883.33
财务费用		941.67

(4) 若票据到期，付款单位无力支付，

借：应收账款　　114 883.33
　　贷：应收票据　　113 000
　　　　应收利息　　1 883.33

(5) 以后收到票款时，

借：银行存款　　115 825
　　贷：应收账款　　114 883.33
　　　　财务费用　　941.67

三、商业汇票贴现的核算

按照我国会计准则，企业持未到期的商业汇票向银行贴现，符合金融资产终止确认条件的(将金融资产所有权上几乎所有的风险和报酬转移给转入方)，应终止确认该金融资产，如银行承兑汇票的贴现；不符合金融资产终止确认条件的，如商业承兑汇票，作为取得短期借款处理，因贴现而产生的或有负债，通过报表披露予以反映。

商业汇票贴现是指持票人因急需资金，将未到期的商业汇票背书后转让给银行，银行受理后，从票据到期值中扣除按银行的贴现率计算确定的贴息后，将余额即贴现净值支付给企业的业务活动，它是企业融通资金的途径之一。背书是指持票人在票据背面签字，签字人称为背书人，背书人对票据的到期付款可能承担连带责任。在贴现时，企业付给银行的利息称为贴现利息，银行计算贴现利息的利率称为贴现率。企业从银行获得的票据到期值扣除贴现利息后的余额，称为贴现所得。其计算公式为

不带息票据的到期值＝票据的面值

带息票据的到期值＝票据的面值×(1＋票面利率×期限)

贴现期＝票据期限－企业已持有票据期限

(异地贴现的另加 3 天划款时间)

贴现利息＝票据到期值×贴现率×贴现期

贴现所得＝票据到期值－贴现利息

由于票据的票面利率与银行贴现率的差异以及贴现期的影响，票据贴现实收金额与票面金额会产生差异，对这种差异，会计上应作为财务费用处理。

1. 不带追索权票据贴现的账务处理

(1) 不带息票据贴现

借：银行存款　　(贴现所得)
　　财务费用　　(贴现利息)
　　贷：应收票据　　(账面余额)

(2) 带息票据贴现

借：银行存款　　(贴现所得)
　　财务费用　　(借方小于贷方的差额)
　　贷：应收票据　　(账面余额)
　　　　应收利息　　(已提未收利息)
　　　　财务费用　　(借方大于贷方的差额)

例 2.12　公司因急需资金，于 6 月 7 日将一张 5 月 8 日签发、120 天期限、票面价值为 50 000 元的异地不带息银行承兑汇票向银行申请贴现，贴现率为 10%，要求计算贴现所得并编制相关会计分录。

会计处理如下。

票据到期日为9月5日(5月份23天,6月份30天,7月份31天,8月份31天,9月份5天);企业持有天数为30天。

票据到期值=50 000元

贴现期=120－30＋3=93(天)

贴现利息=50 000×10%÷360×93≈1 292(元)

贴现所得=50 000－1 292=48 708(元)

会计分录如下(元)。

借:银行存款	48 708
财务费用	1 292
贷:应收票据	50 000

例2.13　公司5月31日将4月15日签发的60天到期、票面利率为10%、票据面值为600 000元的异地带息银行承兑票据贴现,贴现率为12%。要求计算贴现所得并编制相关会计分录。

会计处理如下。

4月15日签发,60天到期,则票据到期日为6月14日。

票据到期值=600 000＋600 000×10%÷360×60=610 000(元)

贴现利息=610 000×12%÷360×(60－46＋3)≈3 457(元)

贴现所得=610 000－3 457=606 543(元)

会计分录如下(元)。

借:银行存款	606 543
贷:应收票据	600 000
财务费用	6 543

2. 带追索权票据贴现的账务处理

(1) 不带息票据贴现

借:银行存款	(贴现所得)
财务费用	(贴现利息)
贷:短期借款	(账面余额)

(2) 带息票据贴现

借:银行存款	(贴现所得)
财务费用	(借方小于贷方的差额)
贷:短期借款	(账面余额)
应收利息	(已提未收利息)
财务费用	(借方大于贷方的差额)

贴现票据到期,贴现企业应在备查簿中注销该票据。付款人按期付款给贴现银行,则企业应做如下账务处理。

借:短期借款	(账面余额)
贷:应收票据	(账面余额)

例2.14　公司收到购货单位交来的12月31日签发的带息商业票据一张,金额为900 000元,承兑期限为5个月,票面利率为4%,次年1月31日持汇票向银行申请贴现,带追索权,贴现率为5%,要求计算贴现所得并编制相关会计分录。

会计处理如下。

12月31日签发,5个月到期,则票据到期日为5月31日。

票据到期值=900 000＋900 000×4%×5÷12=915 000(元)

贴现利息=915 000×5%×4÷12=15 250(元)

贴现所得＝915 000－15 250＝899 750(元)

会计分录如下(元)。

借：银行存款	899 750	
财务费用	15 250	
贷：短期借款		915 000
借：短期借款	915 000	
贷：应收票据		915 000

如果贴现的商业承兑汇票到期，承兑人的银行账户不足支付，银行即将已贴现的票据退回申请贴现的企业，同时从贴现企业的账户中将票据款划走。此时，贴现企业应按所付票据本息转作"应收账款"，借记"应收账款"科目，贷记"银行存款"科目；同时，借记"短期借款"科目，贷记"应收票据"科目。如果贴现企业的银行存款账户余额不足，银行将作为逾期贷款处理，企业应借记"应收账款"科目，贷记"应收票据"科目。

想一想　例 2.13 中，贴现的如果是商业承兑汇票，到期时承兑人无力支付，贴现企业的银行存款余额只有 20 万元时，应编制怎样的会计分录？

企业持有的应收票据不得计提坏账准备，待到期不能收回的应收票据转入应收账款后，再按规定计提坏账准备。如有确凿证据表明企业所持有的未到期应收票据不能够收回或收回的可能性不大时，应将其账面余额转入应收账款，并计提相应的坏账准备。

四、商业汇票转让的核算

企业可以将持有的未到期商业汇票背书转让，以取得所需物资等。背书是指在票据背面或者黏单上记载有关事项并签章的票据行为。背书转让的背书人应当承担票据责任。企业将持有的商业汇票背书转让以取得所需物资时，按应计入取得物资成本的金额，借记"材料采购"或"原材料""库存商品"等科目，按专用发票上注明的可抵扣的增值税税额，借记"应交税费——应交增值税(进项税额)"科目，按商业汇票的票面金额，贷记"应收票据"科目，按已提未收的利息，贷记"应收利息"科目，如有差额，借记或贷记"银行存款"等科目。

例 2.15　3 月 15 日，公司收到乙公司寄来的一张 3 个月期的商业承兑汇票，面值为 1 695 000 元，抵付以前欠的产品货款。4 月 15 日公司将票据背书转让，以取得 A 材料，该材料金额为 1 500 000 元，适用增值税税率为 13%。公司应做如下会计处理(元)。

借：应收票据	1 695 000	
贷：应收账款		1 695 000
借：原材料	1 500 000	
应交税费——应交增值税(进项税额)	195 000	
贷：应收票据		1 695 000

课后搜阅　《中华人民共和国票据法》。

第四节　预付账款与其他应收款

一、预付账款

预付账款是指企业按照购货合同或劳务合同的规定，预先支付给供货方或提供劳务方的款项。

为加强对预付账款的管理，企业一般应设置“预付账款”主体科目进行核算。预付账款业务不多的企业，也可不设置“预付账款”科目，而将预付的货款记入“应付账款”科目的借方。但在编制会计报表时，仍然要将“预付账款”和“应付账款”的金额分开列示。

预付账款按实际付出的金额入账。预付货款时，借记“预付账款”科目，贷记“银行存款”科目；收到预定的货物时，按发票账单上注明的金额，借记“原材料”等科目，按专用发票上注明的增值税借记“应交税费——应交增值税(进项税额)”，按应付的金额贷记“预付账款”；补付货款时，借记“预付账款”科目，贷记“银行存款”科目；收到对方退回多付的款项时，借记“银行存款”科目，贷记“预付账款”科目。

企业的预付账款如有确凿证据表明其不符合预付账款的性质，或者因供货单位或劳务供应方破产、撤销等原因已无法再收到所购货物或劳务的，应将原计入预付账款的金额转入其他应收款，并于期末计提相应的坏账准备。除转入“其他应收款”的预付账款外，预付账款不得计提坏账准备。

例 2.16　公司向乙公司采购材料 5 000 吨，单价 10 元，所需支付的款项总额为 50 000 元。按照合同规定公司向乙公司预付货款的 50%，验收货物后补付其余款项。公司应做如下会计处理(元)。

(1) 预付 50%的货款时，

借：预付账款——乙公司	25 000	
贷：银行存款		25 000

(2) 收到乙公司发来的 5 000 吨材料，验收无误，增值税专用发票记载的货款为 50 000 元，增值税税额为 6 500 元。公司以银行存款补付所欠款项 31 500 元。

借：原材料	50 000	
应交税费——应交增值税(进项税额)	6 500	
贷：预付账款——乙公司		56 500
借：预付账款——乙公司	31 500	
贷：银行存款		31 500

例 2.17　公司 3 月 6 日预付给 B 公司 11 300 元，拟购买甲材料；3 月 15 日收到 9 000 元的甲材料，增值税税额为 1 170 元。假设：(1) 3 月 23 日收到对方退还的款项 1 130 元，已存入银行；或(2) 3 月 26 日收到对方补发的 1 000 元材料，增值税税额为 130 元。公司应做如下会计处理(元)。

3 月 6 日	借：预付账款——B 公司	11 300	
	贷：银行存款		11 300
3 月 15 日	借：材料采购——甲材料	9 000	
	应交税费——应交增值税(进项税额)	1 170	
	贷：预付账款——B 公司		10 170
	借：原材料——甲材料	9 000	
	贷：材料采购——甲材料		9 000

或者合二为一，

借：原材料——甲材料		9 000	
应交税费——应交增值税(进项税额)		1 170	
贷：预付账款——B 公司			10 170
3 月 23 日	借：银行存款	1 130	
	贷：预付账款——B 公司		1 130
或 3 月 26 日	借：原材料——甲材料	1 000	
	应交税费——应交增值税(进项税额)	130	
	贷：预付账款——B 公司		1 130

练一练 公司3月6日预付给B公司10 170元，拟购买甲材料；3月15日收到10 000元的甲材料，增值税税额为1 300元。假设：(1) 3月23日退还甲材料1 000元；或(2) 3月23日补付1 130元。公司应做怎样的账务处理？

二、其他应收款

其他应收款是指企业除应收账款、应收票据、预付账款等以外的其他各种应收、暂付款项。它包括应收的各种赔款、罚款；应收的出租包装物的租金；应向职工收取的各种垫付款项；备用金(向企业各职能科室、车间等拨出的备用金)；存出保证金，如支付的押金；预付账款转入；其他各种应收、暂付款项。

企业应设置“其他应收款”主体科目对其他款项进行核算并按债务人名称设置明细账。“其他应收款”科目的借方登记其他应收款的增加；贷方登记其他应收款的收回；期末余额一般在借方，反映企业尚未收回的其他应收款项。

例2.18 公司材料物资因火灾毁损，应向保险公司收取赔偿款20 000元。会计分录如下(元)。

借：其他应收款——×保险公司　　20 000

　　贷：待处理财产损溢——待处理流动资产损溢　　20 000

上述保险公司赔款如数收到。会计分录如下(元)。

借：银行存款　　20 000

　　贷：其他应收款——×保险公司　　20 000

例2.19 公司以银行存款替副总经理垫付应由其个人负担的医疗费5 000元，拟从其工资中扣回。会计分录如下(元)。

(1) 垫支时，

借：其他应收款　　5 000

　　贷：银行存款　　5 000

(2) 扣款时，

借：应付职工薪酬　　5 000

　　贷：其他应收款　　5 000

例2.20 公司租入一批包装物，以银行存款向出租方支付押金10 000元。会计分录如下(元)。

借：其他应收款——存出保证金　　10 000

　　贷：银行存款　　10 000

租入包装物按期如数退回，公司收到出租方退还的押金10 000元，已存入银行。会计分录如下(元)。

借：银行存款　　10 000

　　贷：其他应收款——存出保证金　　10 000

第五节　坏账准备

企业的应收款项，可能会因购货人拒付、破产、死亡等原因而无法收回。这些无法收回的应收款项就是坏账。因坏账而导致的损失为坏账损失。

企业应当在资产负债表日对应收款项(应收账款、其他应收款)的账面价值进行检查，有客观证据表明该应收款项发生减值的，应当将该应收款项的账面价值减记至预计未来现金流量的现值，按减记的金额计提坏账准备，确认信用减值损失。

企业应当设置“坏账准备”主体科目，核算应收款项的坏账准备计提、转销等情况。企业当期计提的坏账准备应当计入信用减值损失。“坏账准备”科目的贷方登记当期计提的坏账准备金额；借方登记实际发生的坏账损失金额和冲减的坏账准备金额；期末余额一般在贷方，反映企业已计提但尚未转销的坏账准备。

信用减值损失是指因资产的账面价值高于其可收回金额而确认的损失。“信用减值损失”主体科目核算企业根据资产减值等准则计提各项资产减值准备所形成的损失，本科目应当按照信用减值损失的项目进行明细核算。企业根据资产减值等准则确定资产发生的减值的，按应减记的金额借记本科目，贷记“坏账准备”“存货跌价准备”“长期股权投资减值准备”“持有至到期投资减值准备”“固定资产减值准备”“在建工程减值准备”“工程物资减值准备”“无形资产减值准备”等科目。企业计提坏账准备、存货跌价准备、持有至到期投资减值准备等后，相关资产的价值又得恢复，应在原已计提的减值准备金额内，按恢复增加的金额借记“坏账准备”“存货跌价准备”“持有至到期投资减值准备”等科目，贷记“信用减值损失”科目。固定资产、无形资产等信用减值损失一经确认，在以后会计期间不得转回。这能限制一些企业通过计提秘密准备来人为调节利润。

期末，应将“信用减值损失”科目的余额转入“本年利润”科目，结转后“信用减值损失”科目中无余额。

我国企业会计准则规定，应收账款的减值应采用备抵法进行核算。备抵法是采用一定的方法按期估计坏账损失，计入当期费用，同时建立坏账准备金，待坏账实际发生时，冲销已提的坏账准备金和相应的应收款项。采用这种方法，坏账损失计入同一期间的损益，体现了配比原则的要求，在报表上列示了应收款项净额，避免了企业虚盈实亏，使报表使用者能了解企业应收款项的可变现金额。

坏账准备可按以下公式计算：

当期应计提的坏账准备＝当期按应收款项计算的应提坏账准备金－“坏账准备”科目的贷方余额（或＋“坏账准备”科目的借方余额）

如当期计算的坏账准备金额大于“坏账准备”科目的贷方余额，应按其差额提取坏账准备；如当期计算的坏账准备金额小于“坏账准备”科目的贷方余额，应按其差额冲减已计提的坏账准备；如当期计算的坏账准备金额为零，应将“坏账准备”科目的余额全部清零；如期末调整前“坏账准备”科目的余额在借方，则当期应计提的坏账准备为当期按应收款项计算的应提坏账准备金加上“坏账准备”科目的借方余额。

企业估计坏账损失的方法有应收款项余额百分比法、账龄分析法、销货百分比法及个别认定法等。本书介绍使用应收款项余额百分比法。

应收款项余额百分比法是根据会计期末应收款项的余额和估计的坏账率估计坏账损失、计提坏账准备的方法。其计算公式为

当期应提坏账准备金＝应收账款余额×估计坏账率

在该方法下，计提坏账准备的基数包括应收账款和其他应收款的余额，不包括应收票据、预付账款余额。

企业计提坏账准备时，按应减记的金额，借记“信用减值损失——计提的坏账准备”科目，贷记“坏账准备”科目。冲减多计提的坏账准备时，借记“坏账准备”科目，贷记“信用减值损失——计提的坏账准备”科目。

企业确实无法收回的应收款项按管理权限报经批准后作为坏账转销时，应当冲减已计提

的坏账准备,借记“坏账准备”科目,贷记“应收账款”“其他应收款”等科目。

已确认并转销的应收款项以后又收回的,应当按照实际收到的金额增加坏账准备的账面余额,借记“应收账款”“其他应收款”等科目,贷记“坏账准备”科目;同时,借记“银行存款”科目,贷记“应收账款”“其他应收款”等科目。也可以按照实际收回的金额,借记“银行存款”科目,贷记“坏账准备”科目。

应收款项减值账务处理如图 2.7 所示。

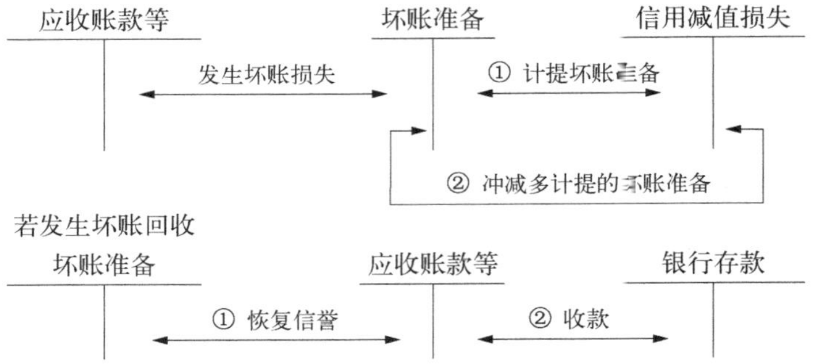

图 2.7 应收款项减值账务处理

例 2.21 20×8 年年末,公司对应收账款初次进行减值测试,确定按 10%计提坏账准备,应收账款余额为 100 万元。20×9 年确认应收账款实际发生坏账损失 3 万元,年末应收账款余额为 120 万元。20×0 年 9 月 20 日收到上年已转销的坏账 2 万元,已存入银行;年末应收账款余额为 105 万元。公司应做如下会计处理(元)。

20×8 年年末,

借:信用减值损失——计提的坏账准备　　100 000

　　贷:坏账准备　　100 000

20×9 年确认坏账 3 万元,

借:坏账准备　　30 000

　　贷:应收账款　　30 000

20×9 年年末,“坏账准备”科目应保持贷方余额 12 万元(1 200 000×10%);计提坏账准备前,“坏账准备”科目余额为贷方 7 万元(100 000−30 000),本年年末需补提坏账准备 5 万元(120 000−70 000),应做如下会计分录。

借:信用减值损失——计提的坏账准备　　50 000

　　贷:坏账准备　　50 000

20×0 年 9 月 20 日收到上年已转销的坏账 2 万元,已存入银行,

借:应收账款　　20 000

　　贷:坏账准备　　20 000

借:银行存款　　20 000

　　贷:应收账款　　20 000

或者

借:银行存款　　20 000

　　贷:坏账准备　　20 000

20×0 年年末,“坏账准备”科目应保持贷方余额 10.5 万元(1 050 000×10%);计提坏账准备前,“坏账准备”科目余额为贷方 14 万元(120 000+20 000),本年年末应冲减坏账准备 3.5 万元(140 000−105 000)。应做如下会计分录。

借:坏账准备　　35 000

　　贷:信用减值损失——计提的坏账准备　　35 000

例 2.22 甲企业为增值税一般纳税人,增值税税率为 13%。采用备抵法核算坏账。12 月 1 日,“应收账款”

科目借方余额为500万元,“坏账准备”科目贷方余额为25万元,计提坏账准备的比例为期末应收账款余额的5%。

12月份,发生如下5项相关业务。

(1) 12月5日,向乙企业赊销一批商品,按商品价目表标明的价格计算的金额为1 000万元(不含增值税),由于是成批销售,甲企业给予乙企业10%的商业折扣。

(2) 12月9日,一客户破产,根据清算程序,有应收账款40万元不能收回,确认为坏账。

(3) 12月11日,收到乙企业的销货款500万元,存入银行。

(4) 12月21日,收到上年已转销为坏账的应收账款10万元,存入银行。

(5) 12月30日,向丙企业销售一批商品,增值税专用发票上注明的售价为100万元,增值税税额为13万元。甲企业为了及早收回货款而在合同中规定的现金折扣条件为2/10,1/20,n/30。假定现金折扣不考虑增值税。

要求:

(1) 编制上述业务的会计分录;

(2) 计算本期应计提的坏账准备并编制会计分录。

(“应交税费”科目要求写出明细科目和专栏名称,答案中的金额单位用万元表示)

(1) 会计分录如下(万元)。

① 借:应收账款　1 017
　　贷:主营业务收入　900
　　　　应交税费——应交增值税(销项税额)　117

② 借:坏账准备　40
　　贷:应收账款　40

③ 借:银行存款　500
　　贷:应收账款　500

④ 借:应收账款　10
　　贷:坏账准备　10
　借:银行存款　10
　　贷:应收账款　10

⑤ 借:应收账款　113
　　贷:主营业务收入　100
　　　　应交税费——应交增值税(销项税额)　13

(2) 本期应计提的坏账准备=(500+1 017−40−500+113)×5%−(25−40+10)=59.5(万元)

会计分录如下(万元)。

借:信用减值损失——计提的坏账准备　59.5
　贷:坏账准备　59.5

练一练　某企业从第1年开始计提坏账准备,坏账准备计提比例为1%,年末应收账款余额为60万元。第2年发现有800元的应收账款无法收回,确认为坏账损失;年末应收账款余额为72万元。第3年4月20日,接银行通知,企业上年度已冲销的800元坏账又收回,款项已存入银行;年末应收账款余额为50万元。要求编制相应的会计分录。

本章练习题

一、单项选择题

1. 现金清查过程中,无法查明原因的现金短款,经批准应该记入(　　)科目。

A. 管理费用 B. 财务费用 C. 其他应收款 D. 营业外支出

2. 当发现有待查明原因的现金短缺时,应贷记( )。

A. 待处理财产损溢 B. 库存现金

C. 其他应收款 D. 管理费用

3. 银行汇票存款通过( )科目核算。

A. 银行存款 B. 其他货币资金 C. 应付票据 D. 应收票据

4. "应收票据"账户核算的是( )。

A. 银行汇票 B. 银行本票 C. 商业汇票 D. 支票

5. 一张8月10日出票、期限为3个月的商业汇票,则到期日为( )。

A. 11月10日 B. 11月8日 C. 11月7日 D. 11月6日

6. 不带息票据的到期值等于( )。

A. 面值+利息 B. 面值

C. 面值+面值×利率×时间 D. 到期值-贴现利息

7. 某企业销售一批商品,增值税专用发票上标明的价款为1 000万元,适用的增值税税率为13%,为购买方代垫运杂费20万元,款项尚未收回。该企业确认的应收账款为( )万元。

A. 1 000 B. 1 020 C. 1 150 D. 1 130

8. "应收票据"在取得时的入账价值应为( )。

A. 票据面值 B. 票据到期价值

C. 票据面值加应计利息 D. 票据贴现额

9. 预付货款不多的企业,可以将预付的货款直接计入( )的借方,而不单独设置"预付账款"账户。

A. "应收账款"账户 B. "其他应收款"账户

C. "应付账款"账户 D. "应收票据"账户

10. 在已经计提了坏账准备的情况下,已确认的坏账又收回时,应借记"银行存款"科目,贷记( )科目。

A. 坏账准备 B. 银行存款 C. 管理费用 D. 营业外收入

11. 下列项目中,按照规定,销售企业应当作为财务费用处理的是( )。

A. 销售方发生的销售折让 B. 销售方发生的商业折扣

C. 购货方获得的现金折扣 D. 购货方放弃的现金折扣

12. 企业已贴现的带息商业承兑汇票,由于承兑人的银行账户不足支付,银行将商业汇票退还给企业,并从贴现企业的银行账户中扣款,银行扣款的金额是( )。

A. 票据票面金额 B. 票据到期价值

C. 票据贴现净额 D. 票据票面金额加上贴现利息

13. 一张5月26日签发的30天的票据,其到期日为( )。

A. 6月25日 B. 6月26日 C. 6月27日 D. 6月24日

14. 下列说法中,不正确的是( )。

A. 签发商业汇票必须以合法的商品交易为基础,禁止签发无商品交易的汇票

B. 使用商业汇票的单位可以在银行开立账户,也可以不在银行开立账户

C. 商业汇票可以背书转让

D. 商业汇票的付款期限由交易双方商定,但最长不得超过6个月

15. 对企业的应收账款来说,采用应收款项余额百分比法提取坏账准备,是根据会计期末( )乘以估计坏账率来提取的。

A. 应收账款总账账户余额

B. 应收账款所属明细账借方余额和预收账款所属明细账借方余额之和

C. 应收账款总账账户余额和应收票据总账账户余额

D. 应收账款总账账户余额和其他应收款总账账户余额

二、多项选择题

1. 企业进行现金清查时发现现金短缺100元，应由出纳员赔偿，正确的分录是（　　）。

A. 借：待处理财产损溢　100
　　贷：库存现金　100

B. 借：其他应收款　100
　　贷：库存现金　100

C. 借：营业外支出　100
　　贷：库存现金　100

D. 借：其他应收款　100
　　贷：待处理财产损溢　100

2. 银行存款支出日记账对应的借方账户可能为（　　）。

A. 库存现金　B. 应付账款　C. 原材料　D. 长期借款

3. 下列业务中属于银行存款减少的是（　　）。

A. 把库存现金存入银行　B. 采购原材料支付款项

C. 交纳增值税　D. 将商业汇票拿到银行贴现

4. 关于商业汇票，下列说法正确的有（　　）。

A. 商业汇票的付款期限最长不得超过6个月

B. 商业汇票按其承兑人不同，分为商业承兑汇票和银行承兑汇票

C. 商业汇票只适用于赊销

D. 仅局限于同一票据交换区域内

5. 下列各项中，会引起应收账款账面价值发生变化的有（　　）。

A. 计提坏账准备　B. 收回应收账款

C. 确认坏账　D. 收回已转销的坏账

6. 下列各项业务中，应记入“坏账准备”科目贷方的有（　　）。

A. 冲减多计提的坏账准备　B. 当期确认的坏账损失

C. 当期应补提的坏账准备　D. 已转销的坏账当期又收回

7. 关于“预付账款”账户，下列说法正确的有（　　）。

A. “预付账款”账户属于资产性质的账户

B. 预付货款不多的企业，可以不单独设置“预付账款”账户，将预付的货款计入“应付账款”账户的借方

C. “预付账款”账户贷方余额反映的是应付供货单位的款项

D. “预付账款”账户核算企业因销售业务产生的往来款项

8. 下列项目中应通过“其他应收款”科目核算的有（　　）。

A. 拨付给企业各内部单位的备用金　B. 应收的各种罚款

C. 预付的各种押金　D. 应向职工收取的各种垫付款项

9. 下列各项中，不构成应收账款入账价值的有（　　）。

A. 赊销商品的价款　B. 收取的包装物押金

C. 代购货方垫付的运杂费　D. 销售货物发生的商业折扣

10. 下列各种情况，进行会计处理时，应记入“坏账准备”科目借方的有（　　）。

A. 期末“坏账准备”账户余额为贷方，且大于计提前坏账准备余额

B. 已转销的坏账当期又收回

C. 当期确认的坏账损失

D. 冲减多计提的坏账准备

11. 按规定，不能用“应收票据”科目及“应付票据”科目核算的票据包括（　　）。

A. 银行本票存款　B. 银行承兑汇票　C. 外埠存款　D. 商业承兑汇票

12. 按现行规定，采用备抵法核算坏账损失的企业，下列不计提坏账准备的有(　　)。

A. 其他应收款　　B. 应收票据　　C. 预付账款　　D. 应收利息

13. 企业将带息应收票据贴现时，影响贴现利息计算的因素有(　　)。

A. 票据的面值　　B. 票据期限　　C. 票据的种类　　D. 贴现率

14. 企业进行坏账核算时，估计坏账损失的方法有(　　)。

A. 应收款项余额百分比法　　B. 账龄分析法

C. 销货百分比法　　D. 直接转销法

三、计算分录选择题

1. 某企业销售一批商品，增值税专用发票上标明的价款为 50 万元，适用的增值税税率为 13%，为购买方代垫运杂费为 3 万元，款项尚未收回。该企业确认的应收账款为(　　)万元。

A. 50　　B. 53　　C. 56.5　　D. 59.5

2. A 公司 12 月 31 日应收甲公司账款 1 000 万元，该账款预计的未来现金流量现值为 960 万元，此前已对该账款计提了 15 万元的坏账准备，则 12 月 31 日 A 公司为该笔应收账款应计提的坏账准备为(　　)万元。

A. 1 000　　B. 40　　C. 25　　D. 15

3. 甲公司 20×1 年 12 月 31 日应收账款余额为 200 万元(没有其他应收款项)，"坏账准备"科目贷方余额为 5 万元；20×2 年发生坏账 8 万元，已核销的坏账又收回 2 万元。20×2 年 12 月 31 日应收账款余额为 120 万元(其中，未到期应收账款为 40 万元，估计损失 1%；过期 1 个月应收账款为 30 万元，估计损失 2%；过期 2 个月的应收账款为 20 万元，估计损失 4%；过期 3 个月的应收账款为 20 万元，估计损失 6%；过期 3 个月以上应收账款为 10 万元，估计损失 10%)。

要求：根据上述资料，不考虑其他因素，回答下列第(1)题和第(2)题。

(1) 甲公司 20×2 年 12 月 31 日计提坏账准备前"坏账准备"科目的余额是(　　)万元。

A. 5　　B. −1(借方)　　C. −3(借方)　　D. 3

(2) 甲公司 20×2 年应提取的坏账准备是(　　)万元。

A. 5　　B. 4　　C. 3　　D. −5

4. 企业年末应收 A 公司的账款余额为 600 万元，已提坏账准备 80 万元，经单独减值测试，确定该应收账款的未来现金流量现值为 550 万元，则年末企业应确认的该信用减值损失为(　　)万元。

A. 50　　B. −50　　C. 30　　D. −30

5. 某企业 9 月 1 日收到一张面额 10 万、利率 6% 的商业承兑汇票，期限为 6 个月，则年末的资产负债表上"应收票据"项目的金额为(　　)万元。

A. 10.6　　B. 10.2　　C. 10.3　　D. 10.5

6. 甲企业销售一批产品，每件 1 000 元，若客户购买 200 件以上(含 200 件)，每件可得到 100 元的商业折扣。某客户 11 月 10 日购买该企业产品 200 件，按规定现金折扣条件为 2/10，1/20，n/30，适用的增值税税率为 13%。假定计算现金折扣时不考虑增值税。该企业于 11 月 15 日收到该笔款项时，应该给予客户的现金折扣为(　　)元。

A. 0　　B. 3 600　　C. 4 000　　D. 4 068

四、实务题

1. 公司 12 月份发生如下业务。

(1) 销售一批商品给 A 企业，货款为 100 000 元，增值税税额为 13 000 元，收到商业汇票一张。

(2) 销售一批商品给 B 企业，价款为 20 000 元，增值税税额为 2 600 元。委托银行收款，款项已经收到。

(3) 销售一批商品给 C 企业，价款为 10 000 元，增值税税额为 1 300 元，收到转账支票一张。

(4) 归还以前欠 D 公司的材料款 50 000 元。

(5) 汇往外地 10 000 元，开立采购专户。

(6) 在外地采购一批原材料，价款为 8 000 元，增值税税额为 1 040 元，多余款项转回本企业开户行，材料已验收入库。

(7) 从银行提取库存现金 50 000 元备发工资。

(8) 银行代为支付本季度的水电费 2 000 元。

要求：编制相关会计分录。

2. XY 公司发生以下经济业务。

(1) 向 B 单位销售产品，货款为 2 万元，增值税税额为 0.26 万元，共计 2.26 万元。取得不带息商业承兑汇票一张，面值为 2.26 万元。

(2) 向 C 公司销售产品，货款为 6 万元，增值税税额为 0.78 万元，共计 6.78 万元。取得期限为 3 个月的带息银行承兑汇票一张，出票日期为 11 月 1 日，票面利息为 10%。

(3) B 单位承兑的商业汇票到期，企业收回款项 2.26 万元，存入银行。

(4) 向 D 公司销售产品，货款为 4 万元，增值税税额为 0.52 万元，共计 4.52 万元。取得期限为 2 个月的带息商业承兑汇票一张，出票日期为 12 月 1 日，票面利息为 9%。

(5) 12 月 31 日，计提 C 公司和 D 公司商业汇票利息。

(6) 向 C 公司销售产品所收的银行承兑汇票到期，企业收回款项，面值为 6.78 万元，利息为 1 695 元，共计 6.949 5 万元。

(7) 向 D 公司销售产品的商业承兑汇票到期，D 公司无力偿还票款。[参看业务(4)]

(8) 向 E 单位销售产品，货款为 4.5 万元，增值税税额为 0.585 万元，共计 5.085 万元。收取期限为 4 个月的商业承兑汇票一张，面值为 5.085 万元，出票日期为 3 月 1 日。

(9) 向异地 F 企业销售产品，货款为 8 万元，增值税税额为 1.04 万元，共计 9.04 万元。收取期限为 3 个月的商业承兑汇票一张，面值为 9.04 万元，票面利率为 10%，出票日期为 4 月 1 日。

(10) 6 月 13 日，将持有的 F 企业带息的商业承兑汇票一张到银行贴现，面值为 9.04 万元，票面利率为 10%，期限为 3 个月，出票日期为 4 月 1 日，银行贴现率为 12%。

(11) 企业将持有的账面价值为 1.13 万元的商业汇票背书转让，以取得货款为 1 万元、增值税税额为 1 300 元的材料。

要求：根据以上经济业务编制会计分录。

3. X 公司采用“应收款项余额百分比法”核算坏账损失，坏账准备的提取比例为 2%。有关资料如下：

(1) 12 月应收账款期初余额为 100 万元，坏账准备贷方余额为 2 万元；

(2) 12 月 7 日，向 B 公司销售产品 210 件，单价为 1 万元，增值税税率为 13%，单位销售成本为 0.6 万元，销售货款未收到；

(3) 12 月 20 日，因产品质量问题，B 公司退回 10 件商品，A 公司同意退货，并办理了退货手续和开具红字专用发票；

(4) 12 月 24 日发生坏账损失 3 万元；

(5) 12 月 29 日收回前期已确认的坏账 2 万元，并存入银行；

(6) 年末计提坏账准备。

要求：根据以上经济业务编制会计分录。

4. YQ 公司为一般纳税人，适用的增值税税率为 13%。某年发生如下经济业务。

(1) 4 月 20 日向 B 公司赊销一批商品，该批商品价税合计为 50 000 元，销售成本为 40 000 元，现金折扣条件为 2/10，n/30，销售时用银行存款代垫运杂费 500 元。

(2) 5 月 20 日，B 公司用银行存款支付上述代垫运杂费 500 元，并开出一张面值为 50 000 元、票面利率为 6%、期限为 4 个月的带息商业汇票抵付上述货款和增值税。

(3) 8 月 16 日，将 B 公司的商业汇票到银行贴现，银行贴现率为 7%。

(4) 用银行存款向甲公司预付材料款 10 000 元。

(5) 收到甲公司发来的材料，材料价款为 20 000 元，增值税税额为 2 600 元。材料采用实际成本法核算。

(6) 开出转账支票补付应付甲公司不足材料款。

(7) 某生产车间核对的备用金定额为3 000元,以现金拨付。

(8) 上述生产车间报销日常管理支出2 500元。

(9) 租入一批包装物,以银行存款向出租方支付押金2 000元。

要求:编制上述业务的会计分录(需计算的业务要列出计算过程)。

第三章 存 货

本 章 提 点

一、学习内容

1. 存货概述。
2. 原材料。
3. 库存商品。
4. 其他存货。
5. 存货期末计价。

二、学习要求

1. 识记：存货及其分类、存货成本的内容。
2. 领会：存货盘存制度、存货收发的计价、存货按实际成本的核算。
3. 应用：存货按计划成本的核算、存货期末的计价。

三、课前准备

1. 预习存货成本的构成、存货盘存制度、原材料按计划成本的核算、库存商品售价金额核算法、存货期末的计价。
2. 准备“课堂互动”的材料。

第一节 存货概述

一、存货及其分类

（一）存货的确认

存货是指企业在日常生产经营管理过程中持有以备出售的产成品或商品、处在生产过程中的在产品、在生产过程或提供劳务过程中耗用的材料和物料等。它包括商品、原材料、在产品、半成品、产成品、其他存货等。

存货的概念是相对的，判断企业的一项资产是不是企业的存货，主要看其用途，是否在一年内或长于一年的一个营业周期内出售或耗用。例如，汽车对汽车制造厂而言是一项存货，而对别的企业而言则是一项固定资产；房屋建筑物在房地产企业是一项存货，对其他企业来讲通常作为固定资产。

存货同时满足下列两个条件，才能予以确认。

(1) 与存货有关的经济利益很可能流入企业。企业在确认存货时,需要判断与存货相关的经济利益是否很可能流入企业。通常情况下,取得存货的所有权是与存货相关的经济利益很可能流入本企业的一个重要标志。例如,根据销售合同已经售出(取得现金或收取现金的权利)的存货,其所有权已经转移,与其相关的经济利益已不能再流入本企业,此时,即使该项存货尚未运离本企业,也不能再确认为本企业的存货。又如,委托代销商品,由于其所有权并未转移至受托方,因而委托代销的商品仍应当确认为委托企业存货的一部分。总之,企业在判断与存货相关的经济利益能否流入企业时,主要结合该项存货所有权的归属情况进行分析确定。

(2) 存货的成本能够可靠地计量。作为企业资产的组成部分,要确认存货,企业必须能够对其成本进行可靠的计量。存货的成本能够可靠地计量必须以取得确凿、可靠的证据为依据,并且具有可验证性。如果存货成本不能可靠地计量,则不能确认为一项存货。例如,企业承诺的订货合同,由于并未实际发生,不能可靠确定其成本,因此就不能确认为购买企业的存货。又如,企业预计发生的制造费用,由于并未实际发生,不能可靠地确定其成本,因此不能计入产品成本。

(二) 存货的分类

1. 按存货的经济用途分类

(1) 商品存货。商品存货是指商品流通企业为销售而购入的物品。企业在转售之前,这些物品的原有实物形态一般保持不变。

(2) 产品存货。产品存货是指制造业购入的原材料等经过生产加工后,构成产品实体的各种物资,这类存货主要有产成品、半成品、在产品。产成品是指企业已经完成全部生产工艺过程、检验合格、可供销售的产品;半成品是指已经过一定生产过程并已验收合格交半成品仓库的、仍需继续加工的中间产品;在产品是指正在各生产阶段加工或装配的产品。

(3) 材料存货。材料存货是指制造业购入的直接用于生产制造,并在企业的生产制造过程中改变其原有的实物形态或原有的使用功能,然后再出售的物品。这类存货主要包括原料及主要材料、辅助材料、外购半成品、修理用备品备件、燃料、随产品出售的包装物品等。

(4) 其他存货。其他存货是指除以上存货外,供企业一般耗用的物品和为生产经营服务的辅助性物品。主要有以下三类。

① 包装物。包装物是指为包装本企业产品而储备的和在销售过程中周转使用的各种包装容器,如箱、桶、坛等。

但是,下列包装物,在会计上不作为包装物存货进行核算:各种包装用的不成形的材料,如纸、绳、铁丝、铁皮等,应作为原材料进行核算;企业在生产经营过程中用于储存和保管产品或商品、材料、半成品的包装物,应作为低值易耗品进行核算。

② 低值易耗品。低值易耗品是指不能作为固定资产的各种用具物品,如工具、管理用具、玻璃器皿和在经营过程中周转使用的容器等。其特点是单位价值较低、使用期限相对于固定资产较短、在使用过程中基本保持其原有实物形态不变。

包装物和低值易耗品统称为周转材料。周转材料是指企业能够多次使用、不符合固定资产定义、逐渐转移其价值但仍保持原有形态、不确认为固定资产的材料。

③ 委托加工材料。委托加工材料是指委托外单位加工的各种材料物资。

2. 按存货存放地点分类

(1) 库存存货。库存存货是指已验收合格并入库的各种存货。

(2) 在途存货。在途存货是指货款已经支付、正在运输途中的存货，以及已经运抵企业但尚未验收入库的存货。

(3) 加工中的存货。加工中的存货是指本企业正在加工(制造)中的存货，以及委托其他单位加工的存货。

(4) 委托代销商品。委托代销商品是指企业委托外单位销售、存放在外单位的存货。

3. 按存货来源分类

按存货的来源(取得方式)可将存货分为外购存货、自制存货、委托加工存货、投资者投入的存货、接受捐赠取得的存货、通过债务重组取得的存货、非货币性交换取得的存货、盘盈的存货等。

二、存货成本的确定

存货应当按照成本进行初始计量。存货成本包括采购成本、加工成本和其他成本。

不同存货的成本构成内容不同。原材料、商品、低值易耗品等通过购买而取得的存货的初始成本由采购成本构成；产成品、在产品、半成品、委托加工物资等通过进一步加工而取得的存货的初始成本由采购成本、加工成本以及使存货达到目前场所和状态所发生的其他成本构成。

1. 存货的采购成本

存货的采购成本包括购买价款、相关税费、运输费、装卸费、保险费和其他可归属于存货采购成本的费用。

存货的购买价款是指企业购入的材料或商品的发票账单上列明的价款，但不包括按规定可以抵扣的增值税税额。

存货的相关税费是指企业购买存货发生的进口税费、消费税、资源税和不能抵扣的增值税进项税额以及相应的教育费附加等应计入存货采购成本的税费。

其他可归属于存货采购成本的费用是指采购成本中除上述各项以外的可归属于存货采购的费用，如在存货采购过程中发生的仓储费、包装费，运输途中的合理损耗，入库前的挑选整理费用等。

商品流通企业在采购商品的过程中发生的运输费、装卸费、保险费和其他可归属于存货采购成本的费用等进货费用，应当计入存货采购成本，也可以先行归集，期末根据所购商品的销售情况进行分摊。对于已售商品的进货费用，计入当期损益；对于未售商品的进货费用，计入期末存货成本。企业采购商品的进货费用金额较小的，可以在发生时直接计入当期损益。

2. 存货的加工成本

存货的加工成本是指在存货的加工过程中发生的追加费用，包括直接人工和按照一定方法分配的制造费用。

直接人工是指企业在生产产品和提供劳务过程中发生的直接从事产品生产和劳务提供人员的职工薪酬。

制造费用是指企业为生产产品和提供劳务而发生的各项间接费用。

3. 存货的其他成本

存货的其他成本是指除采购成本、加工成本以外的，使存货到达目前场所和达到目前状态所发生的其他支出。企业设计产品发生的设计费用通常应计入当期损益，但是为特定客户设计产品所发生的、可直接确定的设计费用应计入存货的成本。

存货的来源不同,其成本的构成内容也不同。实务中具体按以下原则确定。

(1) 购入的存货,其成本包括买价、运杂费(包括运输费、装卸费、保险费、包装费、仓储费等)、运输途中的合理损耗、入库前的挑选整理费用(包括挑选整理中发生的工、费支出和挑选整理过程中所发生的数量损耗,并扣除回收的下脚废料价值)以及按规定应计入成本的税费和其他费用。

(2) 自制的存货包括自制原材料、自制包装物、自制低值易耗品、自制半成品及库存商品等,其成本包括直接材料、直接人工和制造费用等的各项实际支出。

(3) 委托外单位加工完成的存货,包括加工后的原材料、包装物、低值易耗品、半成品、产成品等,其成本包括实际耗用的原材料或者半成品、加工费、装卸费、保险费、委托加工的往返运输费等以及按规定应计入成本的税费。

(4) 投资者投入的存货,其成本应当按照投资合同或协议约定的价值确定,合同或协议约定价值超过公允价值的,应按公允价值入账。

(5) 通过提供劳务取得的存货,其成本按提供劳务人员的直接人工和其他直接费用以及可归属于该存货的间接费用确定。

(6) 通过非货币资产交换和债务重组等取得的存货的成本,分别按照相关准则确定。

下列费用不应计入存货成本,而应在其发生时计入当期损益。

(1) 非正常消耗的直接材料、直接人工和制造费用,应在发生时计入当期损益,不应计入存货成本。例如,由于自然灾害而发生的直接材料、直接人工和制造费用,由于这些费用的发生无助于使该存货到达目前场所和达到目前状态,不应计入存货成本,而应确认为当期损益。

(2) 仓储费用指企业在存货采购入库后发生的储存费用,应在发生时计入当期损益。但是,在生产过程中为达到下一个生产阶段所必需的仓储费用应计入存货成本。例如,某种酒类产品生产企业为使生产的酒达到规定的产品质量标准,而必须发生的仓储费用,应计入酒的成本,而不应计入当期损益。

(3) 不能归属于使存货到达目前场所和达到目前状态的其他支出,应在发生时计入当期损益,不得计入存货成本。

课后搜阅 《企业会计准则第1号——存货》。

三、发出存货成本的确定

存货总是在不断地进与出,由此形成企业生产经营过程中的存货流转。存货流转包含实物流转和成本流转两个方面,实物流转与成本流转不一定同步。

同一存货由于进的时间、地点不同,其单位成本往往不一致,在确定发出存货成本和期末存货成本时,就存在一个选用哪个单位成本计价的问题。企业应根据各类存货的性质、存货管理要求等实际情况合理确定(假定)存货实物流转顺序,在此基础上确定存货成本流转顺序并选择发出存货成本的计价方法。对于性质和用途相同的存货,应当采用相同的成本计算方法确定发出存货的成本。发出存货的计价方法一经选定,不得随意变更。企业的存货可以按实际成本核算,具体方法有个别计价法、先进先出法、加权平均法等,商品流通企业还可以采用毛利率法、售价金额核算法等;也可以按计划成本核算,存货采用计划成本核算的,会计期末应将存货计划成本调整为实际成本。

课后搜阅 个别计价法、先进先出法、加权平均法等。

四、存货盘存制度

(一) 永续盘存制

永续盘存制(永续盘存法)又称账面盘存制(账面盘存法),是指平时对存货增加数和减少数都需根据会计凭证连续地记入有关账簿,并随时结出账面结存数额的存货盘存制度。

即　　期末数额=期初数额+本期增加数额-本期减少数额

永续盘存制下,本期减少数按本期领料单及其他出库单等登记的出库数量入账;如果采用一次加权平均法(常用方法),单价=[(期初结存额+本期增加额)/(期初结存量+本期增加量)],再用减少数量乘以单价算出减少金额。

永续盘存制的优点是通过账簿记录中的账面结存数,结合不定期的实地盘点,将实际盘存数与账存数相核对,可以查明溢余或短缺的原因;通过账簿记录可以随时反映每一种存货收入、发出和结存的动态,可以随时反映存货是否过多或不足,以便及时合理地组织货源,加速资金周转。永续盘存制的缺点是存货明细记录的工作量较大,存货品种规格繁多的企业更是如此。该盘存制度在各企业被广泛采用。

(二) 实地盘存制

实地盘存制(实地盘存法)又称定期盘存制(定期盘存法),是指平时对存货只登记收入数,不登记发出数,月末根据实地盘点数确定存货期末账面余额,倒推算出存货的发出数额,并据以登记入账。

即　　本期减少数=期初数+本期增加数-期末盘存数

期末余额=期末盘存数×单位成本

本期减少额=期初余额+本期增加额-期末余额

实地盘存制下,期末(定期)先盘存,确定期末数量,再确定本期减少数。

由于出库数不一定等于售出数,有些是已出库未销售,有些是已销售未出库。因此,期末应按照存货的法定所有权和企业是否拥有存货所有权上的主要风险和报酬,对存货的数量进行调整,以确定期末盘存数。

实地盘存制的优点是核算简单,能减少存货的日常核算工作量。其缺点是:不能随时结出存货的结存数,不利于存货的计划和控制;容易掩盖存货管理中存在的自然和人为的损失。由于倒计成本,使非正常销售或耗用的存货损失、差错,甚至偷盗等原因所引起的短缺,全部计入了发出存货的成本。所以实地盘存制的实用性较差,仅适用于价值低、品种杂、进出频繁的材料物资、鲜活商品等。

永续盘存制和实地盘存制的区别就在于前者记录本期减少数,后者不记录本期减少数,因此导致确定存货期末结存数量的方法不同。永续盘存制下,期末结存数量是根据账面数(期初数、收入数、发出数)计算确定的;实地盘存制下,期末结存数量是根据实地盘点(如点数、称重、丈量等)确定的。

算一算 某原材料账面期初余额为10 000元,本期增加额为5 000元,采用永续盘存制确定的本期减少额为12 000元。采用实地盘存制确定的期末实存额为4 000元。问两种方法确定的本期减少额之间相差多少元?

例3.1 资料:公司为一般纳税人。

甲材料期初结存数量为1 000件,单价为50元,本期发生下列经济业务。

(1) 购进甲材料800件,单价为55元,用银行存款支付全部款项。

(2) 购进甲材料1 200件,单价为54元,用银行存款支付全部款项。

(3) 发出甲材料1 200件,用于产品生产。

(4) 购进甲材料1 500件,单价为58元,用银行存款支付全部款项。

(5) 发出甲材料2 000件,用于产品生产。

(6) 期末盘存数量为1 300件(账实相符)。

要求:分别按照永续盘存制和实地盘存制编制购进和发出(采用先进先出法计算发出材料成本)的会计分录(不通过"材料采购"账户)。

会计分录如下(元)。

永续盘存制:

(1) 借:原材料——甲材料　44 000
　　应交税费——应交增值税(进项税额)　5 720
　　贷:银行存款　49 720

(2) 借:原材料——甲材料　64 800
　　应交税费——应交增值税(进项税额)　8 424
　　贷:银行存款　73 224

(3) 50×1 000+55×200=61 000(元)

借:生产成本　61 000
　　贷:原材料——甲材料　61 000

(4) 借:原材料——甲材料　87 000
　　应交税费——应交增值税(进项税额)　11 310
　　贷:银行存款　98 310

(5) 55×600+54×1 200+58×200=109 400(元)

借:生产成本　109 400
　　贷:原材料——甲材料　109 400

根据上述会计分录(记账凭证)登记原材料——甲材料T型账户(丁字账),并计算期末余额如下,其他对应账户的登记、计算从略。

借方		原材料(甲)	贷方
期初余额	50 000		
(1)	44 000	(3)	61 000
(2)	64 800	(5)	109 400
(4)	87 000		
本期发生额	195 800	本期发生额	170 400
期末余额	75 400		

实地盘存制(平时只需记录购进业务):

(1) 借:原材料——甲材料　44 000
　　应交税费——应交增值税(进项税额)　5 720
　　贷:银行存款　49 720

（2）借：原材料——甲材料　　64 800

　　应交税费——应交增值税（进项税额）　　8 424

　　贷：银行存款　　73 224

（3）借：原材料——甲材料　　87 000

　　应交税费——应交增值税（进项税额）　　11 310

　　贷：银行存款　　98 310

（4）期末余额＝1 300×58＝75 400（元）

发出材料数量：1 000＋800＋1 200＋1 500－1 300＝3 200（件）

发出材料成本：50 000＋44 000＋64 800＋87 000－75 400＝170 400（元）

或：50×1 000＋55×800＋54×1 200＋58×200＝170 400（元）

借：生产成本　　170 400

　贷：原材料——甲材料　　170 400

课堂互动　按永续盘存制，用期末一次加权平均法计算上例发出材料成本并编制会计分录（不通过“材料采购”账户）。

五、存货清查

存货清查是通过一定的方法来确定存货的实际库存数量，并与账面数量进行核对，确定存货是否账实相符、查明账实不符原因的一种会计核算方法。由于存货的种类繁多、形态各异，而且体积、重量、价值、存放方式也都不一样，所以存货的清查方法通常有实地盘点法和技术推算法两种。

实地盘点法是对各项实物通过逐一清点或用计量工具确定其实存数量的方法。这种方法使用范围较广泛，大部分存货都采用这种方法。

技术推算法是通过量方、计尺等技术方法推算有关存货实有数量。这种方法适用于大量成堆难以逐一清点的存货清查。

存货清查的程序应按下列步骤进行。

首先，要由清查人员协同材料物资保管人员在现场对材料物资采用上述相应的清查方法进行盘点，确定其实有数量。

其次，对盘点的结果要如实地登记在“盘存单”上，并由盘点人员和实物保管人员签章，以明确经济责任。该盘存单是记录实物盘点结果的书面证明。

最后，根据“盘存单”和相应的存货账簿的记录情况填制“实存账存对比表”，该表是在清查后进行账务处理的重要原始凭证。

财产清查结果有账实相符与账实不符，账实不符即出现了盘盈、盘亏。当实存数大于账存数时称为盘盈；当实存数小于账存数时称为盘亏。

财产清查结果的账务处理是对账实不符的处理，原则是以实存数额为准，调整账面数额。一般分以下两个步骤进行：

第一，根据“实存账存对比表”，及时调整账簿记录，使各项财产物资的实存数与账存数一致。

第二，待查明原因，明确责任以后，再根据审批后的处理决定，进行转销处理。

企业盘盈、盘亏的存货，报经批准以前应先通过“待处理财产损溢——待处理流动资产损溢”主体科目核算。

盘盈时，

借：原材料(库存商品等)

贷：待处理财产损溢——待处理流动资产损溢

盘亏时，

借：待处理财产损溢——待处理流动资产损溢

贷：库存商品

[原材料

应交税费——应交增值税(进项税额转出)]

注：购入存货发生盘亏，不可能再出售，也就不可能向买方收取增值税。由于一般纳税人企业在存货购进时已记进项税额，准备抵扣销项税，所以发生损失后要将其转出，不能再抵扣销项税额，从而应由企业作为一项损失承担该项税额。

报经有关部门批准以后，再根据不同的情况进行相应的处理，不同情况下使用的科目如表3.1所示。

表3.1 不同情况下使用的科目

类型	原因			
	自然因素	保管不善	人为因素	意外因素
盘盈	管理费用			
盘亏	管理费用	管理费用	管理费用	营业外支出
			其他应收款	

转销盘盈时，

借：待处理财产损溢——待处理流动资产损溢

贷：管理费用

转销盘亏时，

借：管理费用

其他应收款

营业外支出

贷：待处理财产损溢——待处理流动资产损溢

练一练 资料：公司为增值税的一般纳税人，在3月份的盘点中发现A材料盘盈100千克，每千克10元；B材料盘亏200千克，每千克20元。该盘点已填列盘点表，并报上级审批意见。经查，A材料盘盈属季节性空气潮湿度加大造成的。B材料200千克中有150千克属保管不善造成的，其中，应由保险公司承担100千克的赔偿，仓库保管员承担10千克赔偿，40千克由公司负担；另50千克为发生洪水时造成的短少。审批意见已下达。

要求：编制会计分录。

第二节 原材料

原材料是指企业在生产过程中经过加工改变其形态或性质并构成产品主要实体的各种原料、主要材料和外购半成品，以及不构成产品实体但有助于产品形成的辅助材料。原材料具体包括原料及主要材料、辅助材料、外购半成品(外购件)、修理用备件(备品备件)、包装材料、燃料等。原材料的日常收发及结存,可以按实际成本核算,也可以按计划成本核算。采用实际成本核算,不能反映材料成本是节约还是超支,从而不能反映和考核有关业务部门人员的经营业绩。因此这种方法通常适用于原材料收发业务较少的企业。在实务工作中,对于原材料收发业务较多并且计划成本资料较为健全、准确的企业,一般可以采用计划成本进行原材料收发的核算。

一、按实际成本核算

原材料按实际成本计价核算时,其增减(收发)及结存,无论总分类核算还是明细分类核算,均按照实际成本计价。使用的主体科目有“原材料”“在途物资”等,“原材料”科目的借方、贷方及余额均以实际成本计价,不存在成本差异的计算与结转问题。

“原材料”科目用于核算库存各种材料的收发与结存情况。在原材料按实际成本核算时,本科目的借方登记入库材料的实际成本,贷方登记发出材料的实际成本,期末余额在借方,反映企业库存材料的实际成本。

“在途物资”科目用于核算企业采用实际成本(进价)进行材料、商品等物资的日常核算。货款已付尚未验收入库的各种物资(即在途物资)的采购成本,本科目应按供应单位和物资品种进行明细核算。本科目的借方登记企业购入的在途物资的实际成本,贷方登记验收入库的在途物资的实际成本,期末余额在借方,反映企业在途物资的采购成本。

(一)原材料增加的核算

1. 外购原材料

增值税一般纳税企业,购入存货取得的增值税专用发票上注明的增值进项税额可以抵扣。在会计核算时,在购进阶段,进行账务处理时应实行价、税分离,价、税分离的依据是增值税专用发票(或海关提供的完税凭证)上注明的增值税和价款。属于价款的部分计入购入货物的成本,属于增值税的部分计入进项税额。由于支付方式不同,原材料入库的时间与付款的时间可能一致,也可能不一致,在会计处理上也有所不同。

(1) 对于发票账单与材料同时到达的采购业务,企业在支付货款或开出、承兑商业汇票,材料验收入库后,应根据发票账单等结算凭证确定材料的成本。发生此类业务时,应根据入库材料的实际成本借记“原材料”科目,根据入库材料的增值税借记“应交税费”科目,根据实际付款金额贷记“银行存款”“其他货币资金”等科目,或根据已承兑的商业汇票贷记“应付票据”科目,如果赊欠,则贷记“应付账款”科目。

例 3.2　公司为增值税一般纳税人,某日购入甲材料一批,已验收入库。取得的增值税专用发票上注明的原材料价款为 30 000 元,增值税进项税额为 3 900 元,发票等结算凭证已收到,货款已通过银行转账支付。

会计分录如下(元)。

借:原材料——甲材料	30 000
应交税费——应交增值税(进项税额)	3 900
贷:银行存款	33 900

(2) 对于货款已经支付或已开出承兑的商业汇票,结算凭证已到,但材料尚未到达(或尚未验收入库)的业务,应根据有关结算凭证中记载的已付款材料的价款借记“在途物资”科目,根据已付款材料的增值税借记“应交税费”科目,根据实际付款金额贷记“银行存款”等科目;待材料入库时,再从“在途物资”科目转入“原材料”科目。

续例 3.2 假设购入材料的发票账单等结算凭证已到,货款也已支付,但材料尚未运到。

在收到发票账单等结算凭证时,

借:在途物资——甲材料　　30 000

　应交税费——应交增值税(进项税额)　　3 900

　　贷:银行存款　　33 900

上述材料验收入库时,

借:原材料　　30 000

　　贷:在途物资　　30 000

(3) 材料已经验收入库,但发票账单等结算凭证未到,在这种情况下,可暂不进行总分类核算,只将收到的原材料登记明细分类账。待发票账单到达后,按发票账单所记载的有关金额进行总分类核算;如果发票账单月末仍然未到达,应按暂估价记账,借记"原材料"科目,贷记"应付账款——暂估应付账款"科目,下月初再用红字冲回。

例 3.3 公司采用委托收款结算方式从红星公司购入乙材料一批,材料已验收入库,月末发票账单尚未收到,合同价为 83 000 元。会计分录如下(元)。

月末按合同价暂估价入账,

借:原材料——乙材料　　83 000

　　贷:应付账款——暂估应付账款　　83 000

下月初用红字冲回,

借:原材料——乙材料　　83 000(红字)

　　贷:应付账款——暂估应付账款　　83 000(红字)

次月 5 日收到相关发票账单,价款为 80 000 元,增值税税额为 10 400 元。购进材料支付的运费 500 元(其中可抵扣的增值税按 9%计算为 45 元),验单后上述款项已通过银行支付。

借:原材料——乙材料　　80 455

　应交税费——应交增值税(进项税额)　　10 445

　　贷:银行存款　　90 900

(4) 采用预付货款方式采购材料,其核算应分为两个阶段,第一阶段是预付货款,第二阶段是结算货款。预付货款时,借记"预付账款"科目,贷记"银行存款"科目;结算货款时,借记"原材料""应交税费——应交增值税(进项税额)"科目,贷记"预付账款"科目;补付货款时,借记"预付账款"科目,贷记"银行存款"科目;退回余款时,借记"银行存款"科目,贷记"预付账款"科目。

(5) 外购材料过程中发生溢余或短缺。在这种情况下企业外购原材料可能发生溢余或短缺,如果验收入库的原材料数量大于结算凭证中所记的原材料数量,为购进原材料溢余;反之,称为购进原材料短缺。购进原材料溢余或短缺时,应及时查明原因做出处理,并根据不同的处理结果分别予以核算。

定额内合理的途中损耗,计入材料的采购成本,所购原材料的总成本不变,单位成本上升。

能确定由供应单位、运输单位、保险公司或其他过失人负责赔偿的,应向有关单位或责任人索赔,自"在途物资"账户转入"应收账款"或"其他应收款"账户。

凡尚待查明原因和需要批准才能转销处理的损失,应将其他损失从"在途物资"账户转入"待处理财产损溢"账户,查明原因后再分别处理。属于应由供应单位、运输单位、保险公司或其他过失人负责赔偿的,应向有关单位或责任人索赔,自"待处理财产损溢"账户转入"应收账款"或"其他应收款"账户;属于自然灾害造成的损失,应按扣除残料价值和保险公司赔偿后的净损失,从"待处理财产损溢"账户转入"营业外支出——非常损失"账户;属于无法收回的其他损失,报经批准后,将其从"待处理财产损溢"账户转入"管理费用"账户。

企业购进原材料发生溢余时，未查明原因的溢余材料一般只作为代保管物资在备查簿中登记，作为进货业务入账核算。待查明原因后再进行相应处理。

例 3.4　公司从甲单位购入 B 种材料一批 40 吨，增值税专用发票上注明的货款为 15 000 元，增值税为 1 950 元，发票等结算凭证已到，企业已预付该材料货款 16 400 元，且以银行存款补付不足部分，材料已验收入库，发现短缺 1 吨，经查明为运输途中合理损耗。会计分录如下(元)。

(1) 材料验收入库时，

借：在途物资——B 材料	15 000	
应交税费——应交增值税(进项税额)	1 950	
贷：预付账款——甲单位		16 950
借：原材料——B 材料	15 000	
贷：在途物资——B 材料		15 000

如上述 1 吨短缺在入库时未查明，则会计分录为

借：原材料——B 材料	14 625	
待处理财产损溢——待处理流动资产损溢	375	
贷：在途物资——B 材料		15 000

(2) 补付不足货款时，

借：预付账款——甲单位	550	
贷：银行存款		550

2. 自制材料或委托外单位加工材料

自制或委托外单位加工的材料，其成本的归集在“生产成本”或“委托加工物资”账户进行。在材料完工并验收入库时，应按其实际成本，借记“原材料”等账户，贷记“生产成本”或“委托加工物资”账户。

3. 投资者投入的原材料

投资者投入的原材料，按双方协议价值确认，如果对方提供了相关的增值税专用发票，还要确认增值税进项税额。借记“原材料”“应交税费——应交增值税(进项税额)”等账户，贷记“实收资本(或股本)”“资本公积——资本(股本)溢价”账户。

(二) 原材料减少的核算

原材料减少(发出、耗用等)的核算，平时一般只登记明细账，反映收发结存数量和金额，月末再根据发料凭证，按领用部门和用途，汇总编制“发料凭证汇总表”进行总分类的核算。

减少的原材料应按其用途计入相关的成本费用。直接用于产品生产的原材料计入生产成本，车间一般耗用计入制造费用，管理部门耗用计入管理费用，销售部门耗用计入销售费用，对外销售计入其他业务成本，企业进行固定资产新建、改扩建工程耗用计入在建工程等。

编制的会计分录如下：

借：生产成本——基本生产成本(某产品)
　　生产成本——辅助生产成本(某部门、某产品)
　　制造费用
　　管理费用
　　销售费用
　　其他业务成本
　　在建工程等
　　贷：原材料——某材料

例 3.5 公司 4 月对 A 材料采用先进先出法计算本月发出材料成本和月末结存材料成本，如表 3.2 所示。4 月 15 日的会计分录(其他分录省略)如下(元)：

借：生产成本等　　3 220

　贷：原材料　　3 220

表 3.2 A 材料明细账

年		凭证	摘要	收入			发出			结存		
月	日			数量/件	单价/元	金额/元	数量/件	单价/元	金额/元	数量/件	单价/元	金额/元
4	1	略	月初结存							100	9.4	940
	10		购入	300	9.5	2 850				100 300	9.4 9.5	3 790
	15		领用 340				100 240	9.4 9.5	940 2 280	60	9.5	570
	20		购入	100	9.7	970				60 100	9.5 9.7	1 540
	25		领用 80				60 20	9.5 9.7	570 194	80	9.7	776
	30		合计	400		3 820	420		3 984	80	9.7	776

采用月末一次加权平均法计算本月发出材料成本和月末结存材料成本，如表 3.3 所示。

表 3.3 A 材料明细账

年		凭证	摘要	收入			发出			结存		
月	日			数量/件	单价/元	金额/元	数量/件	单价/元	金额/元	数量/件	单价/元	金额/元
4	1	略	月初结存							100	9.4	940
	10		购入	300	9.5	2 850				400		
	15		领用 340				340			60		
	20		购入	100	9.7	970				160		
	25		领用 80				80			80		
	30		合计	400		3 820	420	9.52①	3 998.4②	80	9.52	761.6③

① 加权平均单价＝(940＋3 820)÷(100＋400)＝9.52。

② 发出材料成本＝420×9.52＝3 998.4。

③ 期末结存材料成本＝80×9.52＝761.6。

采用移动加权平均法计算本月发出材料成本和月末结存材料成本，如表 3.4 所示。

表 3.4 A 材料明细账

年		凭证	摘要	收入			发出			结存		
月	日			数量/件	单价/元	金额/元	数量/件	单价/元	金额/元	数量/件	单价/元	金额/元
4	1		月初结存							100	9.4	940
	10		购入	300	9.5	2 850				400	9.475①	3 790
	15		领用 340				340	9.475	3 221.5②	60	9.475	568.5
	20		购入	100	9.7	970				160	9.62③	1 538.5
	25		领用 80				80	9.62	769.6④	80	9.62	768.9
	30		合计	400		3 820	420		3 991.1	80	9.62	768.9⑤

① 第一次购入材料的移动加权平均单价＝(940＋2 850)÷(100＋300)＝9.475。

② 第一次领用材料成本＝340×9.475＝3 221.5。

③ 第二次购入材料的移动加权平均单价＝(568.5＋970)÷(60＋100)≈9.62。

④ 第二次领用材料成本＝80×9.62＝769.6。

⑤ 期末结存材料成本＝1 538.5－769.6＝768.9

想一想　上述三种方法，用哪一种能少体现资产与利润？

二、按计划成本核算

原材料采用计划成本核算时，其增减及结存，无论是总分类核算还是明细分类核算，均按照计划成本计价。使用的主体科目有“材料采购”“原材料”“材料成本差异”等。

“材料采购”借方登记采购材料的实际成本，贷方登记入库材料的实际成本，期末余额在借方，为企业在途材料的采购成本。

“原材料”用于核算库存各种材料的收发与结存情况。在材料采用计划成本核算时，本科目的借方登记入库材料的计划成本，贷方登记发出材料的计划成本，期末余额在借方，反映企业库存材料的计划成本。

“材料成本差异”反映企业已入库各种材料的实际成本与计划成本的差异，借方登记超支(不利)差异及发出材料应负担的节约差异，贷方登记节约(有利)差异及发出材料应负担的超支差异。[或者借方登记超支差异，贷方登记节约差异及发出材料应负担的成本差异(超支用蓝字，节约用红字)]期末余额如在借方，为企业库存材料的实际成本大于计划成本的差异(即超支差异)；余额如在贷方，为企业库存材料实际成本小于计划成本的差异(即节约差异)。月末，计算本月减少原材料应负担的成本差异并进行分摊，根据领用原材料的用途计入相关资产的成本或者当期损益，将减少原材料的计划成本调整为实际成本。

期末编制资产负债表时，应以原材料账户的余额(计划成本)加上材料成本差异账户的借方余额或减去材料成本差异账户的贷方余额(即原材料的实际成本)填列在存货项目中。

原材料按计划成本核算的账务处理如图 3.1 所示。

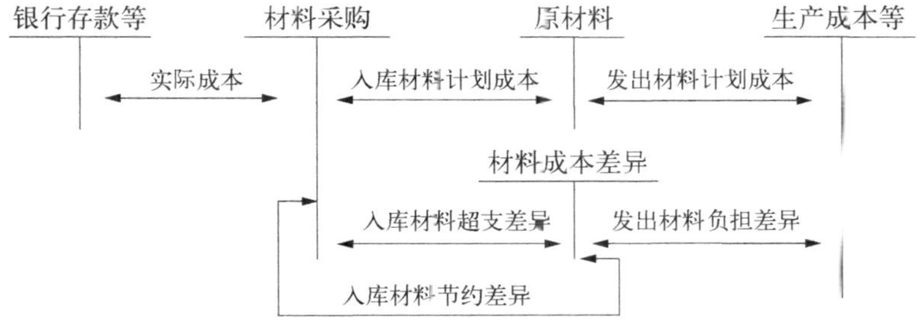

图 3.1　原材料按计划成本核算的账务处理

想一想　按会计要素分类，材料成本差异属于哪种账户？若按用途与结构分类，又属于哪种账户？

(一) 原材料增加的核算

原材料按计划成本核算，购入原材料，无论是否已验收入库，都必须先通过“材料采购”科目进行核算,确定材料采购的实际成本。

借:材料采购——××(金额为实际成本)

　　应交税费——应交增值税(进项税额)

　　贷:银行存款(或应付账款等)

验收入库时,按计划成本结转到“原材料”科目,同时确认计划成本与实际成本之间的差异,差异通过“材料成本差异”科目核算。

实际成本大于计划成本(超支差异)时,

借:原材料(金额为计划成本)

　　材料成本差异(超支差异)

　　贷:材料采购(金额为实际成本)

实际成本小于计划成本(节约差异)时,

借:原材料(金额为计划成本)

　　贷:材料采购(金额为实际成本)

　　　　材料成本差异(节约差异)

实际成本=计划成本(无差异,特殊情况,不做进一步讨论)

借:原材料(金额为计划成本)

　　贷:材料采购(金额为实际成本)

(二)原材料减少的核算

材料减少时,按计划成本计价。根据原材料的用途不同分别计入“生产成本”“制造费用”“管理费用”等账户。

借:生产成本(计划成本)

　　制造费用(计划成本)

　　管理费用(计划成本)

　　贷:原材料(计划成本)

(三)期末分摊材料成本差异

平时原材料减少时,是按计划成本结转的,各成本费用账户记录的均是计划成本。在期末,要将减少材料的计划成本调整为实际成本,即将材料成本差异在发出存货和期末存货之间进行分摊。

分摊差异的具体步骤如下。

(1)计算材料成本差异率(不含暂估价原材料)。

$$材料成本差异率=\frac{月初结存材料的成本差异+本月收入材料的成本差异}{月初结存材料的计划成本+本月收入材料的计划成本}$$

(2)计算发出存货应分配的材料成本差异。

$$发出存货应分配的材料成本差异=发出材料的计划成本\times材料成本差异率$$

(3)将发出存货的材料成本差异转入相关的账户中,将计划成本调整为实际成本。

如果是超支差异,

借：生产成本(蓝字)
　　制造费用等(蓝字)
　　贷：材料成本差异(蓝字)

如果是节约差异，

借：生产成本(红字)
　　制造费用等(红字)
　　贷：材料成本差异(红字)

或　借：材料成本差异(蓝字)
　　　贷：生产成本(蓝字)
　　　　　制造费用等(蓝字)

例 3.6　公司月初库存某种材料 1 000 件，每件计划成本为 100 元，材料成本差异分配率为 −2%；5 日以商业承兑汇票方式购入该种材料 2 000 件，每件买价为 100 元，运费为 4 000 元，专用发票列明应支付货税款共计 230 000 元，其中税款为 26 000 元；20 日以转账支票方式购进该种材料 1 000 件，专用发票列明每件买价为 99 元，另应支付的增值税为 12 870 元；本月发出材料汇总表列明，产品生产领用该种材料 1 500 件，生产部门一般性消耗 500 件，企业厂部领用 120 件。根据上列资料，做会计分录如下(元)。

(1) 5 日购进材料时，

借：材料采购	204 000
应交税费——应交增值税(进项税额)	26 000
贷：应付票据——商业承兑汇票	230 000
借：原材料	200 000
材料成本差异	4 000
贷：材料采购	204 000

(2) 20 日购进材料时，

借：材料采购	99 000
应交税费——应交增值税(进项税额)	12 870
贷：银行存款	111 870
借：原材料	100 000
贷：材料采购	99 000
材料成本差异	1 000

(3) 发出材料时，

借：生产成本	150 000
制造费用	50 000
管理费用	12 000
贷：原材料	212 000

(4) 月末分配结转材料成本差异，材料成本差异率及分配的有关计算如下。

月初材料成本差异额为 1 000×100×(−2%)=−2 000(元)

本月购进材料成本差异额为

[(2 000×100+4 000)−2 000×100]+1 000×(99−100)=3 000(元)

材料成本差异率=(−2 000+3 000)÷(100 000+300 000)×100%=0.25%

本月领用材料应负担的成本差异为

产品生产领用=1 500×100×0.25%=375(元)

生产单位一般消耗=500×100×0.25%=125(元)

厂部领用=120×100×0.25%=30(元)

借：生产成本——基本生产成本　　375
　　制造费用　　125
　　管理费用　　30
　　贷：材料成本差异　　530

根据上述会计分录(记账凭证)登记原材料、材料成本差异T型账户(丁字账)并计算期末余额如下，其他对应账户的登记、计算从略。

借方	原材料(计划成本)		贷方
期初余额	100 000	(3)	320 000
(1)	200 000		
(2)	100 000		
本期发生额	300 000	本期发生额	320 000
期末余额 (计划成本)	80 000		

借方	材料成本差异		贷方
期初余额		2 000(节约)	
(1)	4 000	(2)	1 000
		(4)	530
本期发生额	4 000	本期发生额	1 530
期末余额	470(超支)		

课堂互动　根据例3.6，讨论下列互不相干的问题。

1. 若材料成本差异率为－1%，应怎样进行账务处理？
2. 若按实际成本核算、用月末一次加权平均法，应怎样进行账务处理？
3. 资产负债表中，存货项目应填列的金额是多少？

本书如无特别说明，以后均采用实际成本对存货进行日常核算。

(四)原材料按计划成本计价的优缺点及适用范围

原材料按计划成本计价的方法具有以下一些优点。

(1)有利于考核采购部门的工作业绩。基于实际成本与计划成本的对比，可以对采购部门进行考核，促使其降低采购成本，节约开支。

(2)可以剔除材料价格变化对产品成本的影响，有利于分析车间材料消耗节约或超支的原因，考核经营效率。

(3)可以加速和简化材料收发凭证的计价和材料明细分类账的登记。在计划成本法下，材料明细账可以通过数量和计划单位成本，随时求得材料收入、支出、结存的金额，月末通过“材料成本差异”账户计算和调整发出与结存的实际成本，简便易行。

计划成本计价适用于在一定时期内价格不会大幅变动、实际成本相对稳定的原材料。当原材料的实际物价变动幅度较大时，计划成本将较大地脱离实际成本，使得计划成本的优点不复存在，而且频繁地修改计划成本，除了增加工作量之外，也降低了原材料数据的可比性。

第三节　库存商品

一、库存商品概述

库存商品是指企业已完成全部生产过程、合乎标准并已验收入库，可以按照合同规定的条件送交订货单位，或可以作为商品对外销售的产品以及外购或委托加工完成验收入库用于销售的各种商品。

库存商品具体包括库存产成品、外购商品、存放在门市部准备出售的商品、发出展览的商品、寄存在外的商品、接受来料加工制造的代制品和为外单位加工修理的代修品等。已完成销售手续，但购买单位在月末未提取的产品，不应作为企业的库存商品，而应作为代管商品处理，单独设置代管商品备查簿进行登记。

库存商品可以采用实际成本核算，也可以采用计划成本核算，其方法与原材料相似。采用计划成本核算时，库存商品实际成本与计划成本的差异，可单独设置“产品成本差异”主体科目核算。为了反映和监督库存商品的增减变动及其结存情况，企业应当设置“库存商品”主体科目，借方登记验收入库的库存商品成本，贷方登记发出的库存商品成本，期末余额在借方，为库存商品的实际成本或计划成本。

二、库存商品的核算

（一）库存商品增加

1. 完工产品验收入库

企业自行生产的存货的初始成本包括投入的原材料或半成品、直接人工和按照一定方式分配的制造费用。制造费用是指企业为生产产品和提供劳务而发生的各项间接费用，在生产车间只生产一种产品的情况下，归集的制造费用可直接计入该产品成本；在生产多种产品的情况下，应采用与该制造费用相关性较强的方法对其进行合理分配。通常采用的方法有生产工时比例法、生产工人工资比例法和按年度计划分配率分配法等，还可以按照耗用原材料的数量或成本、直接成本及产品产量分配制造费用。

库存商品生产完成并验收入库时，应按实际成本，借记“库存商品”科目，贷记“生产成本——基本生产成本”科目。

2. 外购商品验收入库

企业购入的商品可以采用进价或售价核算。采用售价核算的，商品售价和进价的差额，可通过“商品进销差价”主体科目核算。

借：库存商品（进价）
　　应交税费——应交增值税（进项税额）
　　贷：银行存款

或　借：库存商品（售价）
　　应交税费——应交增值税（进项税额）
　　贷：银行存款
　　　　商品进销差价（售价与进价的差额）

（二）销售商品

企业销售商品、确认收入时，应结转其销售成本，借记“主营业务成本”等科目，贷记“库存商品”科目。

商品流通企业的库存商品还可以采用售价金额核算法和毛利率法进行日常核算。

1. 售价金额核算法

售价金额核算法是指以售价金额反映商品增减变动及结存情况的核算方法。采用这一方法时，平时商品的购进、储存、销售均按售价记账，售价与进价的差额通过“商品进销差价”主体账户核算,期末计算商品进销差价率和本期已销商品应分摊的进销差价,并据以调整本期销售成本。企业的商品进销差价率各期之间是比较均衡的,因此,也可以采用上期的商品进销差价率计算分摊本期的商品进销差价。年度终了,应对商品进销差价进行核实调整。

对于从事商业零售业务的企业(如百货公司、超市等),由于经营商品种类、品种、规格等繁多,而且要求按商品零售价格标价,采用其他成本计算结转方法均较困难,因此广泛采用这一方法。

有关计算公式如下所示。

$$\text{商品进销差价率}=\frac{\text{期初库存商品进销差价}+\text{本期购入商品进销差价}}{\text{期初库存商品售价}+\text{本期购入商品售价}}\times 100\%$$

本期销售商品的实际成本=本期商品销售收入-本期已销商品应分摊的商品进销差价

期末结存商品的实际成本=期初库存商品的进价成本+本期购进商品的进价成本-本期销售商品的实际成本

会计处理如下所示。

商品增加时,

借:材料采购(实际成本)

　　应交税费——应交增值税(进项税额)

　　贷:银行存款等

借:库存商品(售价)

　　贷:材料采购(实际成本)

　　　　商品进销差价(肯定在贷方)

商品销售时,

借:银行存款等

　　贷:主营业务收入(售价)

　　　　应交税费——应交增值税(销项税额)

平时结转已销商品成本,

借:主营业务成本(售价)

　　贷:库存商品(售价)

期末按本月商品进销差价率计算已销商品应分摊的商品进销差价,调整主营业务成本,

借:商品进销差价

　　贷:主营业务成本

期末编制资产负债表时,应以库存商品账户的余额(售价)减去商品进销差价账户的贷方余额(即库存商品的实际成本)填列在存货项目中。

想一想　按会计要素分类,商品进销差价属于哪种账户?若按用途与结构分类,又属于哪种账户?

例 3.7　公司 4 月初"库存商品"余额为 110 000 元,"商品进销差价"余额为 10 000 元,本月购进该商品的成本为 75 000 元,售价为 90 000 元,本月销售 100 000 元,有关计算如下。

商品进销差价率=(10 000+15 000)÷(110 000+90 000)×100%=12.5%

已销商品应分摊的进销差价=100 000×12.5%=12 500(元)

本月销售商品的实际成本=100 000-12 500=87 500(元)

期末结存商品的实际成本＝100 000＋75 000－87 500＝100 000－12 500＝87 500(元)

会计分录如下(元)。

(1) 商品验收入库时，

借：库存商品 90 000

　　贷：材料采购 75 000

　　　　商品进销差价 15 000

(2) 销售商品时，

借：银行存款(或应收账款等) 117 000

　　贷：主营业务收入 100 000

　　　　应交税费——应交增值税(销项税额) 17 000

(3) 按售价结转销售成本时，

借：主营业务成本 100 000

　　贷：库存商品 100 000

(4) 期末调整主营业务成本，

借：商品进销差价 12 500

　　贷：主营业务成本 12 500

根据上述会计分录(记账凭证)登记库存商品、商品进销差价、主营业务成本 T 型账户(丁字账)并计算期末余额如下，其他对应账户的登记、计算从略。

借方　　库存商品(售价)　　贷方

期初余额	110 000		
(1)	90 000	(3)	100 000
本期发生额	90 000	本期发生额	100 000
期末余额	100 000		

借方　　商品进销差价　　贷方

		期初余额	10 000
		(1)	15 000
(4)	12 500		
本期发生额	12 500	本期发生额	15 000
		期末余额	12 500

借方　　主营业务成本　　贷方

(3)	100 000	(4)	12 500
本期发生额	100 000	本期发生额	12 500
期末余额	87 500 (尚未结转的 实际销售成本)		

2. 毛利率法

毛利率法是指根据本期的销售净额乘以本期(或上期)毛利率匡算本期销售毛利，再据以计算发出存货和期末结存存货成本的一种方法。这一方法是商品流通企业，尤其是商业批发企业常用的计算本期商品销售成本和期末库存商品成本的方法。商品流通企业同类商品的毛利率大致相同，采用这种存货计价方法既能减轻工作量，又能满足对存货管理的需要。

计算公式如下：

销售净额＝商品销售收入－销售退回与折让

＝销售成本＋销售毛利

销售成本＝销售净额－销售毛利
＝销售净额×销售成本率
销售毛利＝销售净额－销售成本
＝销售净额×毛利率
毛利率＝销售毛利/销售净额×100％
＝(销售净额－销售成本)/销售净额×100％
＝1－销售成本/销售净额×100％
＝1－销售成本率

毛利率与销售成本率存在互补关系。

例3.8 公司4月初有1 800万元某类存货，本月购进3 000万元该类商品，本月销售净额为3 600万元，该类商品毛利率为20％。本月已销存货和月末库存存货的成本计算如下。

销售毛利＝3 600×20％＝720(万元)

本月销售成本＝3 600－720＝2 880(万元)

库存商品成本＝1 800＋3 000－2 880＝1 920(万元)

算一算 某商品流通企业存货的日常核算采用毛利率法计算发出存货成本。本年度4月份实际毛利率为30％；5月份期初存货成本为1 000万元，本月购入2 500万元该类商品，当月销售收入为3 000万元，则5月末存货成本为多少万元？

第四节 其他存货

一、包装物

(一) 包装物概述

包装物是指为了包装本企业商品而储备的各种包装容器，如桶、箱、瓶、坛、袋等。其核算内容包括生产过程中用于包装产品作为产品组成部分的包装物；随同商品出售而不单独计价的包装物；随同商品出售而单独计价的包装物；出租或出借给购买单位使用的包装物。

(二) 包装物的核算

企业应设置“周转材料——包装物”主体科目，核算包装物的增减变动及其价值损耗、结存等情况。

企业可按包装物的种类进行明细核算。

企业购入、自制验收入库的包装物，以及对包装物的清查盘点，比照“原材料”科目的相关规定进行处理。

对于生产领用包装物，应根据领用包装物的实际成本或计划成本，借记“生产成本”科目，贷记“周转材料——包装物”“材料成本差异”等科目。随同商品出售而不单独计价的包装物，应于包装物发出时，按其实际成本计入销售费用。随同商品出售且单独计价的包装物，一方面应反映其销售收入，计入其他业务收入；另一方面应反映其实际销售成本，计入其他业务成本。

各种包装材料，如纸、绳、铁丝、铁皮等，应在“原材料”科目内核算；用于储存和保管产品、材料而不对外出售的包装物，应按照价值大小和使用年限长短，分别在“固定资产”“周转材料——低值易耗品”科目核算，不用“周转材料——包装物”科目核算。

1. 包装物增加的核算

借：周转材料——包装物

　　贷：银行存款（或应付账款等）

2. 包装物减少的核算

（1）生产领用包装物，

借：生产成本

　　贷：周转材料——包装物

（2）随同商品销售并单独计价，

借：银行存款

　　贷：其他业务收入

　　　　应交税费——应交增值税（销项税额）

借：其他业务成本

　　贷：周转材料——包装物

（3）随同商品销售但不单独计价，

借：销售费用

　　贷：周转材料——包装物

（4）出租包装物，

借：银行存款等

　　贷：其他业务收入

借：其他业务成本（结转、分摊的包装物成本等）

　　贷：周转材料——包装物

（5）出借包装物，

借：销售费用（结转、分摊的包装物成本等）

　　贷：周转材料——包装物

3. 包装物押金的核算

收到押金时，由于押金是一项暂收款，所以计入“其他应付款”科目。

借：银行存款

　　贷：其他应付款

退回押金时，押金应计入“银行存款”科目。

借：其他应付款

　　贷：银行存款

对于逾期未退回的包装物，押金予以没收，没收的押金计入“其他业务收入”科目，同时计算应交的增值税和消费税。

二、低值易耗品

（一）低值易耗品概述

低值易耗品是指单位价值在规定限额下，或使用年限在一年以内的不能作为固定资产的生产(劳动)工具,通常被视同存货,作为流动资产进行核算和管理。如一般工具、专用工具、管理用具、劳动保护用品、其他用具、玻璃器皿,以及在经营过程中周转使用的包装容器等。

(二)低值易耗品的核算

为了反映低值易耗品的增减变化及其结存情况,一般企业应设置“周转材料——低值易耗品”主体科目,借方登记低值易耗品的增加,贷方登记低值易耗品的减少,期末余额在借方,表示期末结存低值易耗品的金额。在采用五五摊销法核算时,还需在“周转材料——低值易耗品”主体科目下设置“在库”“在用”和“摊销”三级明细科目。

1. 低值易耗品增加的核算

借:周转材料——低值易耗品

　　贷:银行存款(应付账款等)

2. 低值易耗品减少的核算

低值易耗品减少的核算,应视领用情况和管理需要,采用适当的摊销方法进行会计处理。低值易耗品在领用时,与原材料的领用手续类似,应填制“领用单”办理领用手续,交财会部门据以入账。与原材料核算不同的是,原材料是在领用后一次消耗而转入成本费用的,而低值易耗品的价值是随着使用过程逐步分期(分次)转移到费用成本中去的。根据各种低值易耗品的特点,如价值的大小、使用期限的长短以及每月领用和报废的数额是否均衡等,一般可采用以下的摊销方法记入有关账户。

(1)一次摊销法。一次摊销是指在低值易耗品领用时,将其价值一次转入相关成本费用等账户的摊销方法。

借:制造费用等

　　贷:周转材料——低值易耗品

这种方法手续简便,适用于价值较低、使用期短、一次领用数量不多的物品。

(2)分期摊销法。分期(分次)摊销法适用于可供多期(多次)反复使用的低值易耗品。采用分期摊销法,需先计算单期(单次)的摊销额,再分期(分次)进行确认,记入费用、成本科目。五五摊销法是常用的分期摊销法,是指在领用低值易耗品时摊销其价值的一半,在报废时再摊销其价值的另一半并注销其总成本的一种摊销方法。如果有收回的残料残值,则冲减相关成本费用账户。

例 3.9 公司的基本生产车间领用一批专用工具,实际成本为 10 000 元,不符合固定资产定义,采用五五摊销法进行摊销。应做如下会计处理(元)。

(1)领用专用工具,

借:周转材料——低值易耗品——在用	10 000	
贷:周转材料——低值易耗品——在库		10 000

(2)领用当月摊销其价值的一半,

借:制造费用	5 000	
贷:周转材料——低值易耗品——摊销		5 000

(3)报废当月摊销其价值的另一半,

借:制造费用	5 000	
贷:周转材料——低值易耗品——摊销		5 000

同时:

借：周转材料——低值易耗品——摊销　　10 000
　　贷：周转材料——低值易耗品——在用　　10 000

三、委托加工物资

（一）委托加工物资概述

委托加工物资是指企业委托外单位加工的各种材料、商品等物资。

企业委托外单位加工物资的成本包括加工中实际耗用物资的成本、支付的加工费用及应负担的运杂费等；支付的税金包括委托加工物资（指属于消费税应税范围的加工物资）所应负担的消费税等。

（二）委托加工物资的核算

为了核算委托加工物资的增减变动及其结存情况，企业应设置“委托加工物资”主体科目，借方登记委托加工物资的实际成本，贷方登记加工完成验收入库的物资的实际成本和剩余物资的实际成本，期末余额在借方，即企业尚未完工的委托加工物资的实际成本和发出加工物资的运杂费等。

由受托方代收代交的消费税，物资收回后用于直接销售的，消费税不能抵扣，应计入物资的成本（借记“委托加工物资”科目）；物资收回后用于继续加工的，消费税可以抵扣（借记“应交税费——应交消费税”科目），不计入成本。消费税额按以下公式计算确定。

应交消费税税额＝应税消费品的计税价格×消费税税率
＝[（材料实际成本＋加工费）－（1－消费税税率）]×消费税税率

委托加工物资业务在会计处理上主要包括发出委托加工物资、支付加工费和税金、收回加工物资等几个环节。委托加工物资的账务处理如图 3.2 所示。

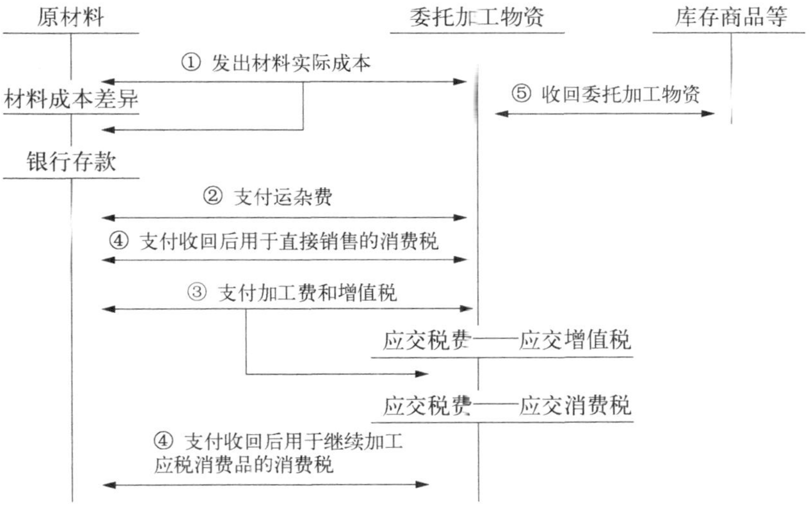

图 3.2　委托加工物资的账务处理

例 3.10　公司委托乙企业加工一批材料（属于应税消费品）。原材料成本为 20 000 元，支付的加工费为 3 400 元（不含增值税），消费税税率为 10%，材料加工完成并已验收入库，加工费用等已经支付。双方适用的增值税税率为13%。有关账务处理如下(元)。

(1) 发出委托加工材料

借:委托加工物资——乙企业	20 000	
贷:原材料		20 000

(2) 支付加工费和税金

消费税组成计税价格=(20 000+3 400)÷(1-10%)=26 000(元)

受托方代收代交的消费税税额=26 000×10%=2 600(元)

应交增值税税额=3 400×13%=442(元)

① 材料收回后用于连续生产应税消费品

借:委托加工物资——乙企业	3 400	
应交税费——应交增值税(进项税额)	442	
——应交消费税	2 600	
贷:银行存款		6 442

② 材料收回后直接用于销售

借:委托加工物资——乙企业	6 000(3 400+2 600)	
应交税费——应交增值税(进项税额)	442	
贷:银行存款		6 442

(3) 加工完成,收回委托加工材料

① 材料收回后用于连续生产应税消费品

借:原材料	23 400(20 000+3 400)	
贷:委托加工物资——乙企业		23 400

② 材料收回后直接用于销售

借:库存商品	26 000(20 000+6 000)	
贷:委托加工物资——乙企业		26 000

练一练 某企业将生产甲产品(应税消费品)所需原材料委托B企业加工。3月10日发出材料的实际成本为51 950元,应付加工费为7 000元,消费税税率为10%,收回后将用于加工应税消费品甲产品;3月21日收回加工物资并验收入库,另支付往返运杂费150元,加工费及代扣代交的消费税均未结算;两企业均为增值税一般纳税人,税率为13%。

要求:编制相关会计分录。

第五节 存货期末计价

一、存货期末计价概述

会计期末(资产负债表日),存货应当按照成本与可变现净值孰低计价,即用成本与可变现净值两者之中较低者作为期末存货的成本。当成本低于可变现净值时,期末存货按成本计价,不做调整;当成本高于可变现净值时,期末存货按可变现净值计价,应将成本调低至可变现净值,计提存货跌价准备,确认减值损失。以前减记存货价值的影响因素已经消失的,减记的金额应当予以恢复,并在原已计提的存货跌价准备金额内转回,转回的金额计入当期损益。如果导致本期存货可变现净值高于其成本的影响因素不是以前减记该存货价值的影响因素,则不允许将该存货跌价准备金额转回。

“成本”指存货的历史成本(实际成本),即调整前存货的账面价值。

“可变现净值”是以存货的估计售价减去至完工时估计将要发生的成本、估计的销售费用以及相关税金后的金额。

可变现净值=估计售价-至完工时估计将要发生的成本-估计的销售费用及税金

存货存在下列情况之一的,通常表明存货的可变现净值低于成本。

(1) 该存货的市场价格持续下跌,并且在可预见的未来无回升的希望。

(2) 企业使用该项原材料生产的产品的成本大于产品的销售价格。

(3) 企业因产品更新换代,原有库存原材料已不适应新产品的需要,而该原材料的市场价格又低于其账面成本。

(4) 因企业所提供的商品或劳务过时,或消费者偏好改变而使市场的需求发生变化,导致市场价格逐渐下跌。

(5) 其他足以证明该项存货实质上已经发生减值的情形。

存货存在下列情形之一的,通常表明存货的可变现净值为零。

(1) 已霉烂变质的存货。

(2) 已过期且无转让价值的存货。

(3) 生产中已不再需要,并且已无使用价值和转让价值的存货。

(4) 其他足以证明已无使用价值和转让价值的存货。

二、可变现净值的确定

1. 企业确定存货的可变现净值时应考虑的因素

企业确定存货的可变现净值,应当以取得的确凿证据为基础,并且考虑持有存货的目的、资产负债表日后事项的影响等因素。

(1) 存货可变现净值的确凿证据。存货可变现净值的确凿证据是指对确定存货的可变现净值有直接影响的客观证明。存货的采购成本、加工成本和其他成本及以其他方式取得的存货的成本,应当以取得的外来原始凭证、生产成本资料、生产成本账簿记录等作为确凿证据;产成品或商品的市场销售价格、与产成品或商品相同或类似商品的市场销售价格、销售方提供的有关资料等。

(2) 持有存货的目的。由于企业持有存货的目的不同,确定存货可变现净值的计算方法也不同。如用于出售的存货和用于继续加工的存货,其可变现净值的计算就不相同。因此,企业在确定存货的可变现净值时,应考虑持有存货的目的。企业持有存货的目的,一是持有以备出售,如商品、产成品,其中又分为有合同约定的存货和没有合同约定的存货;二是将在生产过程或提供劳务过程中耗用,如材料等。

(3) 资产负债表日后事项的影响。在确定资产负债表日存货的可变现净值时,不仅要考虑资产负债表日与该存货相关的价格与成本波动,而且还应考虑未来的相关事项。

2. 不同情况下存货可变现净值的确定

(1) 用于出售的材料等,应当以市场价格减去估计的销售费用和相关税费等后的金额作为其可变现净值。这里的市场价格是指材料等的市场销售价格。

(2) 用于出售的产成品、商品等,没有销售合同约定的,其可变现净值为产成品或商品的一般销售价格(即估计售价)减去估计的销售费用和相关税费等后的金额。有销售合同或者劳务合同的存货,其可变现净值应当以合同价格而不是估计售价减去估计的销售费用和相关税费等后的金额确定。如果企业销售合同所规定的标的物尚未生产出来,但持有专门用于该标的物生产的材料,其可变现净值也应当以合同价格作为计价基础。

(3) 需要经过加工的材料存货,如原材料、在产品、委托加工材料等,由于持有该材料的目的是用于生产产成品,而不是出售,该材料存货的价值将体现在用其生产的产成品上。因此,在确定需要经过加工的材料存货的可变现净值时,需要以其生产的产成品的可变现净值与该产成品的成本进行比较,如果该产成品的可变现净值高于其成本,则该材料应当按照其成本计价,不做调整。如果材料价格的下降表明以其生产的产成品的可变现净值低于成本,则该材料应当按可变现净值计价并做调整。其可变现净值是以该材料所生产的产成品的估计售价减去至完工时估计将要发生的成本、估计的销售费用以及相关税费后的金额。

例 3.11 公司年末库存某材料的账面价值为 60 万元,市价为 55 万元,用于生产某机器,假设不发生其他购买费用。由于材料市价下降,某机器的市价由 150 万元下降为 135 万元,将该批材料加工成机器尚需投入 80 万元[即机器的生产成本为 60+80=140(万元)],估计销售费用及税金为 3 万元。

根据上述资料,可按以下步骤确定该批材料的可变现净值。

① 计算用该批材料所生产的产成品的可变现净值

机器的可变现净值=机器估计售价-估计销售费用及税金
=135-3=132(万元)

② 比较机器的可变现净值与其成本

机器的可变现净值 132 万元小于其成本 140 万元,即该批材料应当按可变现净值计价。

③ 计算该批材料的可变现净值,并确定其期末价值

材料的可变现净值=机器的估计售价-将该批材料加工成机器尚需投入的成本-估计销售费用及税金
=135-80-3=52(万元)

材料的可变现净值 52 万元小于其成本 60 万元,因此该材料的期末价值应为其可变现净值 52 万元,即材料应按 52 万元列示在年末资产负债表的存货项目之中。

三、存货期末计价的账务处理

如上所述,当期末存货成本高于其可变现净值时,应将成本调低至可变现净值,即通过计提存货跌价准备的方式来调减存货的账面价值,使之与可变现净值一致。

企业应当设置“存货跌价准备”主体科目,用于核算存货期末价值的增减变动业务。“存货跌价准备”账户是原材料等存货的备抵账户,其贷方登记计提的存货跌价准备金额,借方登记实际发生的存货跌价损失金额和冲减的存货跌价准备金,期末余额一般在贷方,表示企业已计提但尚未转销的存货跌价准备金。

每个会计期末,需先计算出成本大于可变现净值的差额,作为应计提的存货跌价准备,然后与“存货跌价准备”账户的期初余额进行比较,若应提数大于已提数,应予补提,借记“资产减值损失——计提的存货跌价准备”科目,贷记“存货跌价准备”科目。反之,应予以冲减,借记“存货跌价准备”科目,贷记“资产减值损失——计提的存货跌价准备”科目。

以前减记存货价值的影响因素已经消失的,减记的金额应当予以恢复,并在原已计提的存货跌价准备金额内转回(将存货跌价准备的余额冲减至零为限),转回的金额计入当期损益,借记“存货跌价准备”科目,贷记“资产减值损失——计提的存货跌价准备”科目。

结转已销(已耗)存货成本时,对于已计提存货跌价准备的,借记“存货跌价准备”科目,贷记“主营业务成本”“其他业务成本”等科目。

例 3.12　公司月初库存产品 5 件，每件成本为 4 000 元，已经计提的存货跌价准备合计为 3 000 元。当月将其中 3 件以每件 5 000 元的价格出售，适用的增值税税率为 13%，货款未收到。公司的相关账务处理如下（元）。

借：应收账款　16 950

　　贷：主营业务收入　15 000

　　　　应交税费——应交增值税（销项税额）　1 950

借：主营业务成本　12 000

　　贷：库存商品　12 000

借：存货跌价准备　1 800（3 000÷20 000×12 000）

　　贷：主营业务成本　1 800

（上述两笔分录可以合二为一）

例 3.13　公司采用"成本与可变现净值孰低法"进行期末存货计价，有关资料如下表。

	调整前的账面价值/万元	存货的可变现净值/万元
第 1 年年初	60	61
第 1 年年末	65	62
第 2 年年末	67	63
第 3 年年末	63	61
第 4 年年末	66	68

要求：根据资料编制年末存货计价的会计分录。

会计分录如下（元）。

第 1 年年末，应计提的存货跌价准备为 65－62＝3（万元）。

借：资产减值损失——计提的存货跌价准备　30 000

　　贷：存货跌价准备　30 000

第 2 年年末，应计提的存货跌价准备为 4 万元，由于前期已计提 3 万元（调整前余额），本期应补提 1 万元。

借：资产减值损失——计提的存货跌价准备　10 000

　　贷：存货跌价准备　10 000

第 3 年年末，应计提的存货跌价准备为 2 万元，由于调整前余额已有 4 万元，本期应冲销 2 万元。

借：存货跌价准备　20 000

　　贷：资产减值损失——计提的存货跌价准备　20 000

第 4 年年末，应计提的存货跌价准备为 0 元，需将调整前的余额 2 万元全部冲转。

借：存货跌价准备　20 000

　　贷：资产减值损失——计提的存货跌价准备　20 000

练一练　编制例 3.11 的会计分录。

本章练习题

一、单项选择题

1. 乙工业企业为增值税一般纳税企业，适用的增值税税率为 13%。本月购进原材料 1 000 千克，购买价款为 50 000 元，增值税税额为 6 500 元；发生的保险费为 360 元，入库前的挑选整理费用为 130 元；验收入库时发现数量短缺 1%，经查属于运输途中的合理损耗。乙工业企业该批原材料实际单位成本为每千克（　　）元。

A. 50.64　　B. 50.87　　C. 50　　D. 51

2. 下列各项支出中,一般纳税企业不应计入存货成本的是(　　)。
A. 购入存货时发生的增值税进项税额　　B. 入库前的挑选整理费
C. 购买存货而发生的运输费用　　D. 购买存货而支付的进口关税

3. 下列会计处理中,不正确的是(　　)。
A. 为特定客户设计产品发生的可直接确定的设计费用计入相关产品成本
B. 因自然灾害造成的存货净损失计入营业外支出
C. 以存货抵偿债务结转的相关存货跌价准备冲减资产减值损失
D. 商品流通企业采购商品过程中发生的采购费用应计入存货采购成本

4. 工业企业下列存货的相关损失项目中,应计入损失的是(　　)。
A. 收发过程中由计量差错引起的存货盈亏　　B. 责任事故造成的存货净损失
C. 购入存货运输途中发生的合理损耗　　D. 自然灾害造成的存货净损失

5. 下列项目中,确定已签订不可撤销销售合同产品的可变现净值时(假设合同数量大于存货持有数量),需要考虑的因素是(　　)。
A. 产品的账面成本　　B. 产品的市价
C. 估计发生的销售产品的费用及相关税费　　D. 估计发生的销售材料的费用及相关税费

6. 20×1 年 12 月 25 日,宏达公司与永冠公司签订了一份不可撤销的销售合同,双方约定,20×2 年 3 月 20 日,宏达公司应按每台 62 万元的价格向永冠公司提供乙产品 6 台;乙产品的成本为 375 万元。20×1 年 12 月 31 日,宏达公司还没有生产该批乙产品,但持有的库存 C 材料专门用于生产该批乙产品 6 台,其成本为 144 万元,市场销售价格总额为 152 万元。将 C 材料加工成乙产品尚需发生加工成本 230 万元,不考虑其他相关税费。20×1 年 12 月 31 日 C 材料的账面价值为(　　)万元。
A. 144　　B. 152　　C. 372　　D. 142

7. 东方公司采用成本与可变现净值孰低计量期末存货,按单项存货计提存货跌价准备。某年 12 月 31 日,东方公司库存 A 材料的成本为 35 万元,该批材料专门用于加工生产甲产品,预计加工完成该产品尚需发生加工费用 11 万元,预计甲产品不含增值税的销售价格为 50 万元,成本为 46 万元,销售费用为 6 万元。假定该库存材料未计提存货跌价准备,不考虑其他因素。该年 12 月 31 日,东方公司库存 A 材料应计提的存货跌价准备为(　　)万元。
A. 2　　B. 4　　C. 9　　D. 15

8. A 公司为一般纳税企业,采用实际成本法进行存货的日常核算。8 月 8 日购入一批原材料,取得的增值税专用发票上记载的货款是 200 万元,增值税税额为 26 万元,全部款项已用银行存款支付,材料已验收入库。下列有关购入材料的会计分录正确的是(　　)。
A. 借记"在途物资"226,贷记"银行存款"226
B. 借记"原材料"200,"应交税费——应交增值税(进项税额)"26,贷记"银行存款"226
C. 借记"材料采购"200,"应交税费——应交增值税(进项税额)"26,贷记"银行存款"226
D. 借记"在途物资"200,"应交税费——应交增值税(进项税额)"26,贷记"银行存款"226

9. 某企业为增值税一般纳税人,购入材料一批,增值税专用发票上标明的价款为 500 万元,增值税税额为 65 万元,另支付材料的保险费 6 万元、包装物押金 4 万元。该批材料的采购成本为(　　)万元。
A. 500　　B. 510　　C. 506　　D. 575

10. 某批发商业企业采用毛利率法对存货计价,第一季度某商品的实际毛利率为 30%,5 月 1 日该存货成本为 1 800 万元,5 月购入该存货,成本为 4 200 万元,销售商品收入 4 500 万元,发生销售退回 450 万元,则 5 月末该存货结存成本为(　　)万元。
A. 3 165　　B. 2 850　　C. 1 950　　D. 3 300

11. 某企业采用计划成本进行材料的日常核算。月初结存材料的计划成本为 80 万元,实际成本为 100 万元。当月购入材料一批,实际成本为 130 万元,计划成本为 120 万元。当月领用材料的计划成本为 100 万元,当月领用材料应负担的材料成本差异为(　　)万元。

A. 超支 5　　B. 节约 5　　C. 超支 15　　D. 节约 15

12. 某一般纳税企业委托外单位加工一批消费税应税消费品，材料成本为 150 万元，加工费为 15 万元(不含税)，受托方增值税税率为 13%，受托方代扣代交消费税 18 万元。该批材料加工后委托方直接出售，则该批材料加工完毕入库时的成本为(　　)万元。

A. 163.5　　B. 183　　C. 158.5　　D. 155

二、多项选择题

1. 下列选项中属于企业存货确认条件的有(　　)。

A. 与该存货有关的经济利益很可能流入企业　　B. 该存货的成本能够可靠计量

C. 存货未来的经济利益可以预计　　D. 存货必须存放在企业内部

2. 下列项目中，不应当计入存货成本的有(　　)。

A. 增值税一般纳税企业购买物资所发生的增值税进项税额

B. 非正常消耗的直接材料、直接人工和制造费用

C. 不能归属于使存货到达目前场所和达到目前状态的其他支出

D. 在生产过程中为达到下一个生产阶段所必需的仓储费用

3. 下列各项中，期末应反映在企业资产负债表"存货"项目的有(　　)。

A. 生产成本　　B. 委托代销商品　　C. 发出商品　　D. 材料成本差异

4. 企业委托外单位加工材料收回后用于连续生产的，其发生的下列支出中，应计入委托加工物资成本的有(　　)。

A. 加工费　　B. 发出材料和收回加工物资发生的运输费用

C. 发出材料的实际成本　　D. 受托方代收代交的消费税

5. 下列各种物资中，应当作为企业存货核算的有(　　)。

A. 委托代销商品　　B. 发出商品　　C. 受托代销商品　　D. 工程物资

6. 下列有关存货会计处理的表述中，正确的有(　　)。

A. 因自然灾害造成的存货净损失，计入营业外支出

B. 由于收发计量差错引起的存货盈亏，计入管理费用

C. 一般纳税人进口原材料交纳的增值税，计入相关原材料的成本

D. 由相关责任人承担的存货亏损，计入其他应收款

7. 下列事项中，影响企业利润总额的有(　　)。

A. 因自然灾害造成的存货净损失

B. 由于收发计量差错引起的存货盈亏

C. 入库前发生的挑选整理费用

D. 结转商品销售成本时，将相关存货跌价准备调整为主营业务成本

8. 年底，中材公司库存甲材料的账面价值(成本)为 780 万元，市场购买价格总额为 740 万元，假设不发生其他购买费用，用甲材料生产的 A 产品的可变现净值为 1 250 万元，A 产品的成本为 1 150 万元。中材公司的下列会计处理正确的有(　　)。

A. 计提存货跌价准备 40 万元

B. 不应计提存货跌价准备

C. 计提存货跌价准备后材料的账面价值为 740 万元

D. 甲材料期末应按成本计价

9. 下列税金中，应计入存货成本的有(　　)。

A. 由受托方代扣代交的委托加工直接用于对外销售的商品负担的消费税

B. 由受托方代扣代交的委托加工继续用于生产应纳消费税的商品负担的消费税

C. 进口原材料交纳的进口关税
D. 一般纳税人进口原材料交纳的增值税

10. 下列各项中,关于企业存货的表述正确的有(　　)。
A. 存货应按照成本进行初始计量
B. 存货成本包括采购成本、加工成本和其他成本
C. 存货期末计价应按照成本与可变现净值孰低计量
D. 存货采用计划成本核算的,期末应将计划成本调整为实际成本

11. "材料成本差异"科目借方核算的内容有(　　)。
A. 入库材料成本超支差异　　B. 入库材料成本节约差异
C. 结转发出材料应负担的超支差异　　D. 结转发出材料应负担的节约差异

三、计算分录选择题

1. 甲公司12月31日库存B材料的成本为110万元,市场售价为90万元。B材料是专门用于生产乙产品的。由于B材料的市场销售价格下降,市场上用B材料生产的乙产品的市场价格也发生下降,用B材料生产的乙产品的市场价格总额由260万元下降为230万元,将B材料加工成乙产品尚需投入140万元,估计乙产品销售费用及税金为8万元,估计B材料销售费用及税金为5万元。12月31日B材料的可变现净值为(　　)万元。
A. 80　　B. 82　　C. 75　　D. 90

2. 某股份有限公司采用移动加权平均法计算发出材料的实际成本,并按成本与可变现净值孰低法对期末存货计价。该公司12月1日A种材料的结存数量为150千克,账面实际成本为30 000元;12月4日购进该材料300千克,每千克单价为140元(不含税);12月10日发出A材料350千克;12月15日又购进该材料500千克,每千克单价为150元(不含税);12月19日发出A材料300千克,12月27日发出A材料100千克。年末A材料的可变现净值为每千克210元。(计算过程中全部取整数)
要求:根据上述资料,不考虑其他因素,回答下列各题。
(1) 该公司12月10日结存A材料的实际成本为(　　)元。
A. 72 000　　B. 20 000　　C. 10 000　　D. 16 000
(2) 该公司12月31日A材料的账面价值为(　　)元。
A. 17 500　　B. 30 400　　C. 42 000　　D. 75 200

3. A公司某年发生的交易和事项如下。
(1) A公司委托B公司加工一批甲材料,A公司发出原材料的实际成本为50 000元。完工收回时支付加工费2 000元(不含增值税)。该材料属于消费税应税物资,同类物资在B公司目前的销售价格为80 000元。A公司收回材料后将直接对外销售。A公司已收回该材料,并取得增值税专用发票。
(2) A公司委托C公司加工一批应税消费品,使用的乙材料成本为500 000元,加工费为50 000元(不含增值税),受托方代收代交的消费税为50 000元。该批材料加工后委托方用于连续生产应税消费品;假设A、B、C公司均为增值税一般纳税人,适用的增值税税率为13%,消费税税率为10%。
要求:根据上述资料,不考虑其他因素,回答下列各题。
(1) 委托加工的甲材料收回后的入账价值是(　　)元。
A. 52 000　　B. 57 778　　C. 60 000　　D. 59 340
(2) 乙材料加工完毕入库时的成本为(　　)元。
A. 590 000　　B. 555 000　　C. 585 000　　D. 550 000

4. 某企业为增值税一般纳税人。本月购入原材料200千克,收到的增值税专用发票注明价款800万元,增值税税额为104万元。另发生运输费用10万元(运费增值税税率为9%),途中保险费用为2万元。原材料运抵企业后,验收入库198千克,运输途中发生合理损耗2千克。该原材料入账价值为(　　)万元。
A. 803.19　　B. 812　　C. 811.10　　D. 916

5. A公司对存货采用单个存货项目计提存货跌价准备，存货的相关资料如下。

(1) 20×1年年末库存商品甲的账面余额为300万，已计提存货跌价准备30万元。按照一般市场价格预计售价为380万元，预计销售费用和相关税金为10万元。

(2) 20×1年9月26日，A公司与B公司签订了一份不可撤销的销售合同，双方约定，20×2年3月10日，A公司应按每台56万元的价格向B公司提供乙产品6台。20×1年12月31日，A公司乙产品的账面价值(成本)为448万元，数量为8台，单位成本为56万元，20×1年12月31日，乙产品的市场销售价格为每台60万元。假定乙产品每台的销售费用和税金为1万元。

要求：根据上述资料，不考虑其他因素，回答下列各题。

(1) 下列各项中，不应作为A公司年末资产负债表存货项目列示的是(　　)。

A. 正在加工环节制造但尚未完工入库的在产品

B. 已经签订合同的在库产成品

C. 为外单位加工修理的代修品

D. 尚未提货的已销售产品

(2) 下列各项关于库存商品甲的表述中，不正确的是(　　)。

A. 可变现净值为370万元　　B. 应转回存货跌价准备30万元

C. 应计提存货跌价准备30万元　　D. 2×11年年末的账面价值为300万元

(3) 20×1年12月31日乙产品的账面价值为(　　)万元。

A. 453　　B. 447　　C. 442　　D. 445

四、实务题

1. 资料：已知某商品流通企业4月某商品存货的购进、销售、盘存情况如下，月末实地盘存数量为398件，发出存货的计价方法采用全月一次加权平均法，单位成本计算精确到分。

日　期	摘　要	数量/件	单位金额/元
4月1日	期初结余	200	10(进价)
4月5日	购进	500	11(进价)
4月6日	销售	600	13(售价)
4月10日	购进	700	9(进价)
4月15日	购进	700	8.5(进价)
4月22日	销售	1 300	13(售价)
4月28日	购进	200	12(进价)

要求：分别采用永续盘存制和实地盘存制，计算本期销售收入、本期购货成本、本期可供销售商品成本合计、本期销售成本、本期销售毛利。

2. 甲公司在财产清查中发现毁损L材料300千克，实际单位成本为100元，经查属于材料保管员的过失造成的，按规定由其个人赔偿20 000元，残料已办理入库手续，价值2 000元。

要求：编制会计分录。

3. 某工业企业为增值税一般纳税企业，材料按计划成本计价核算。甲材料计划单位成本为每千克10元。该企业某年4月份有关资料如下。

(1) “原材料”账户月初余额为40 000元，“材料成本差异”账户月初贷方余额为500元，“材料采购”账户月初借方余额为10 600元(上述账户核算的均为甲材料)。

(2) 4月5日，企业上月已付款的甲材料1 000千克如数收到，已验收入库。

(3) 4月15日，从外地A公司购入甲材料6 000千克，增值税专用发票注明的材料价款为59 000元，增值税

税额为 7 670 元,企业已用银行存款支付上述款项,材料尚未到达

(4) 4 月 20 日,从 A 公司购入的甲材料到达,验收入库时发现短缺 40 千克,经查明为途中定额内自然损耗。按实收数量验收入库。

(5) 4 月 30 日,汇总本月发料凭证,本月共发出甲材料 7 000 千克,全部用于产品生产。

要求:根据上述业务编制相关的会计分录,并计算本月材料成本差异率、本月发出材料应负担的材料成本差异及月末结存材料的实际成本。

4. 某公司为增值税一般纳税企业,适用的增值税税率为 13%,材料采用实际成本进行日常核算。该公司某年 6 月末结存存货 100 万元,全部为丙产品。6 月末存货跌价准备余额为零。该公司按月计提存货跌价准备。7 月份发生如下经济业务。

(1) 购买一批原材料,增值税专用发票上注明价款为 180 万元,增值税税额为 23.4 万元,公司已开出承兑的商业汇票。该原材料已验收入库。

(2) 用原材料对外投资,该批原材料的成本为 40 万元,双方协议作价为 60 万元(假定协议价是公允的)。

(3) 销售一批丙产品,销售价格为 100 万元(不含增值税税额),实际成本为 80 万元,提货单和增值税专用发票已交购货方,货款尚未收到。该销售符合收入确认条件。销售过程中发生相关费用 2 万元,均用银行存款支付。

(4) 在建工程(厂房)领用一批外购原材料,该批原材料实际成本为 20 万元,应由该批原材料负担的增值税为 2.6 万元。

(5) 本月领用 70 万元原材料用于生产丙产品,生产过程中发生加工成本 10 万元,均为职工薪酬(尚未支付)。本月产成品完工成本为 80 万元,月末无在产品。

(6) 月末发现盘亏原材料一批,经查属自然灾害造成的毁损,已按管理权限报经批准。该批原材料的实际成本为 10 万元,增值税税额为 1.3 万元。

(7) 7 月末结存的原材料的可变现净值为 50 万元,丙产品的可变现净值为 90 万元。7 月末无其他存货。

要求:

(1) 编制上述经济业务相关的会计分录("应交税费"科目要求写出明细科目及专栏名称)。

(2) 计算 7 月末资产负债表中"存货"项目的金额。(答案以万元为单位)

5. 某企业为增值税一般纳税人,增值税税率为 13%。原材料采用实际成本核算,原材料发出采用月末一次加权平均法计价。运输费不考虑增值税。4 月,与 A 材料相关的资料如下。

(1) 1 日,"原材料——A 材料"科目余额为 20 000 元(共 2 000 千克,其中含 3 月末验收入库但因发票账单未到而以 2 000 元暂估入账的 A 材料 200 千克)。

(2) 5 日,收到 3 月末以暂估价入库 A 材料的发票账单,货款为 1 800 元,增值税税额为 234 元,对方代垫运输费 400 元,全部款项已用转账支票付讫。

(3) 8 日,以汇兑结算方式购入 A 材料 3 000 千克,发票账单已收到,货款为 36 000 元,增值税税额为 6 120 元,运输费用为 1 000 元。材料尚未到达,款项已由银行存款支付。

(4) 11 日,收到 8 日采购的 A 材料,验收时发现只有 2 950 千克。经检查,短缺的 50 千克确定为运输途中的合理损耗,A 材料验收入库。

(5) 18 日,持银行汇票 80 000 元购入 A 材料 5 000 千克,增值税专用发票上注明的货款为 49 500 元,增值税税额为 6 435 元,另支付运输费用 2 000 元,材料已验收入库,剩余票款退回并存入银行。

(6) 21 日,基本生产车间自制 A 材料 50 千克验收入库,总成本为 600 元。

(7) 30 日,根据"发料凭证汇总表"的记录,4 月份基本生产车间为生产产品领用 A 材料 6 000 千克,车间管理部门领用 A 材料 1 000 千克,企业管理部门领用 A 材料 1 000 千克。

要求:

(1) 计算 4 月份发出 A 材料的单位成本。

(2) 根据上述资料,编制 4 月份与 A 材料有关的会计分录。

("应交税费"科目要求写出明细科目和专栏名称,答案中的金额单位用元表示)

第四章　金融资产

本章提点

一、学习内容

1. 金融资产的定义和分类。
2. 交易性金融资产。
3. 其他债权投资与其他权益工具投资。
4. 债权投资。
5. 金融资产减值。

二、学习要求

1. 识记：金融资产的概念与核算内容。
2. 领会：交易性金融资产、债权投资的核算。
3. 应用：其他债权投资、其他权益工具投资、金融资产减值的核算。

三、课前准备

1. 预习实际利率法、典型业务核算例题。
2. 准备“课堂互动”的材料。

第一节　金融资产及其分类

一、金融工具

金融工具是指形成一个企业的金融资产，并形成其他主体的金融负债或权益工具的合同。金融工具可以分为基础金融工具和衍生金融工具。

基础金融工具包括企业持有的现金、存放于金融机构的款项、普通股，以及代表在未来期间收取或支付金融资产的合同权利或义务等，如应收账款、应付账款、其他应收款、其他应付款、存出保证金、存入保证金、客户贷款、客户存款、债券投资、应付债券等。

衍生金融工具亦称衍生产品、派生产品，是由基础产品和工具衍生而来的，例如，由股票衍生出来的股票期权；由股票指数衍生出来的股指期货。正常情况下，衍生产品的价格变化与基础产品的价格变化具有联动关系。远期合同是常见的衍生工具。

金融工具包括金融资产、金融负债和权益工具。

金融资产通常是指企业的下列资产：库存现金、银行存款、应收账款、应收票据、股权投资、债权投资等。

金融负债通常是指企业的下列负债：应付账款、应付票据、应付债券等。

从发行方看，权益工具通常指企业发行的普通股、认股权等。

二、金融资产的定义

金融资产是指企业持有的现金、其他方的权益工具以及符合下列条件之一的资产。

(1) 从其他方收取现金或其他金融资产的合同权利。例如，企业的银行存款、应收账款、应收票据和贷款等均属于金融资产。但是预付账款不是金融资产，因其产生的未来经济利益是商品或服务，不是收取现金或其他金融资产的权利。

(2) 在潜在有利条件下，与其他方交换金融资产或金融负债的合同权利。例如，企业持有的看涨期权或看跌期权等。

(3) 将来需用或可用企业自身权益工具进行结算的非衍生工具合同，且企业根据该合同将收到可变数量的自身权益工具。

(4) 将来需用或可用企业自身权益工具进行结算的衍生工具合同，但以固定数量的自身权益工具交换固定金额的现金或其他金融资产的衍生工具合同除外。

本章不涉及以下金融资产：① 货币资金(即现金、银行存款、其他货币资金)；② 应收款项；③ 长期股权投资(即企业对外能够形成控制、共同控制和重大影响的股权投资)。

三、金融资产的分类

(一) 企业管理金融资产的业务模式

企业管理金融资产的业务模式，是指企业如何管理其金融资产以产生现金流量。业务模式决定企业所管理金融资产现金流量的来源是收取合同现金流量、出售金融资产还是两者兼有。

(1) 以收取合同现金流量为目标的业务模式。在此业务模式下，企业管理金融资产旨在通过在金融资产存续期内收取合同付款来实现现金流量，而不是通过持有并出售金融资产产生整体回报。

(2) 以收取合同现金流量和出售金融资产为目标的业务模式。在此业务模式下，企业的关键管理人员认为收取合同现金流量和出售金融资产对于实现其管理目标而言都是不可或缺的。

(3) 其他业务模式。如果企业管理金融资产的业务模式，不是以收取合同现金流量为目标，也不是既以收取合同现金流量又出售金融资产来实现其目标，该金融资产应当归类为以公允价值计量且其变动计入当期损益的金融资产。

企业确定其管理金融资产的业务模式时，应当注意以下几个方面。

(1) 企业应当在金融资产组合的层次上确定管理金融资产的业务模式，而不必按照单个金融资产逐项确定业务模式。

(2) 一个企业可能会采用多个业务模式管理其金融资产。例如，企业持有一组以收取合同现金流量为目标的投资组合，同时还持有另一组既以收取合同现金流量为目标又以出售该金融资产为目标的投资组合。

(3) 企业应当以企业关键管理人员决定的对金融资产进行管理的特定业务目标为基础，确定管理金融资产的业务模式。

(4) 企业的业务模式并非企业自愿指定，而是一种客观事实，通常可以从企业为实现其目标而开展的特定活动中得以反映。

(5) 企业不得以按照合理预期不会发生的情形为基础确定管理金融资产的业务模式。

(二) 金融资产合同现金流量的特征

金融资产合同现金流量的特征，是指金融工具合同约定的、反映相关金融资产经济特征的现金流量属性。企业将金融资产分为以摊余成本计量的金融资产和以公允价值计量且其变动计入其他综合收益的金融资产，其合同现金流量特征应当与基本借贷安排相一致。即相关金融资产在特定日期产生的合同现金流量仅为对本金和以未偿付本金金额为基础的利息的支付。

(三) 金融资产的具体分类

企业应当根据其管理金融资产的业务模式和金融资产合同现金流量的特征，对金融资产进行合理分类，一般分为以下三类。

(1) 以公允价值计量且其变动计入当期损益的金融资产，简称交易性金融资产，属于流动资产。在初始确认时，如果能够消除或显著减少会计错配，企业可以将金融资产指定为交易性金融资产。该指定一经做出，不得撤销。

(2) 以公允价值计量且其变动计入其他综合收益的金融资产，简称其他债权投资(其他权益工具投资)，属于长期资产。金融资产同时符合下列条件的，应当归类为其他债权投资(其他权益工具投资)：① 企业管理该金融资产的业务模式既以收取合同现金流量为目标又以出售该金融资产为目标；② 该金融资产的合同条款规定，在特定日期产生的现金流量，仅为对本金和以未偿付本金金额为基础的利息的支付。

(3) 以摊余成本计量的金融资产，简称债权投资，属于长期资产。金融资产同时符合下列条件的，应当归类为债权投资：① 企业管理该金融资产的业务模式是以收取合同现金流量为目标；② 该金融资产的合同条款规定，在特定日期产生的现金流量，仅为对本金和以未偿付本金金额为基础的利息的支付。

(四) 金融资产分类的特殊规定

权益工具投资的合同现金流量评估一般不符合基本借贷安排，因此只能归类为交易性金融资产。然而在初始确认时，企业可以将非交易性权益工具投资指定为其他权益工具投资，并按规定确认股利收入。该指定一经做出，不得撤销。企业投资其他上市公司股票或者非上市公司股权的，都可能属于这种业务。

初始确认时，企业可基于单项非交易性权益工具投资，将其指定为其他权益工具投资，其公允价值的后续变动计入其他综合收益，不需计提减值准备。除了获得的股利(明确代表投资成本部分收回的股利除外)计入当期损益外，其他相关的利得和损失(包括汇兑损益)均应计入其他综合收益，且后续不得转入当期损益。处置时，之前计入其他综合收益的累计利得或损失应当从其他综合收益中转出，计入留存收益。

(五) 金融资产的重分类

企业改变其管理金融资产的业务模式时，应当按照规定对所有受影响的相关金融资产进行重分类。企业对金融资产(即非衍生债权资产)可以在交易性金融资产、其他债权投资(其他权益工具投资)和债权投资之间进行重分类。

应注意的是,如果企业管理金融资产的业务模式没有变更,而金融资产的条款发生变更但未导致终止确认时,不允许重分类。金融资产条款发生变更导致金融资产终止确认的,不属于重分类,企业应当终止确认原金融资产,同时按照变更后的条款确认一项新的金融资产。

企业对金融资产进行重分类,应当自重分类日起采用未来适用法进行相关会计处理,不得对以前已经确认的利得、损失(包括减值损失或利得)或利息进行追溯调整。

第二节 交易性金融资产

一、交易性金融资产概述

下列投资产品通常应当归类为交易性金融资产。

(1) 股票。股票的合同现金流量源自收取被投资企业未来股利分配及其清算时获得剩余收益的权利。由于股利及获得剩余收益的权利均不符合《企业会计准则》关于本金和利息的定义,因此股票不符合本金加利息的合同现金流量特征。在不考虑特殊指定的情况下,企业持有的股票应当归类为交易性金融资产。

(2) 基金。常见的股票型基金、债券型基金、货币基金或混合基金,通常投资于动态管理的资产组合,投资者从该类投资中所取得的现金流量既包括投资期间基础资产产生的合同现金流量,也包括处置基础资产的现金流量。基金一般情况下不符合本金加利息的合同现金流量特征。企业持有的基金通常应当归类为交易性金融资产。

(3) 可转换债券。可转换债券除按一般债权类投资的特性到期收回本金、获取约定利息或收益外,还嵌入了一项转股权。通过嵌入衍生工具,企业获得的收益在基本借贷安排的基础上,会产生基于其他因素变动的不确定性。根据《企业会计准则》规定,企业持有的可转换债券不再将转股权单独分拆,而是将可转换债券作为一个整体进行评估,由于可转换债券不符合本金加利息的合同现金流量特征,企业持有的可转换债券应当归类为交易性金融资产。

二、交易性金融资产的取得

企业取得交易性金融资产(增加)时,应当将该金融资产取得时的公允价值作为其初始确认金额,记入"交易性金融资产——成本"主体科目,所支付价款中包含了已宣告但尚未发放的现金股利,或已到付息期但尚未兑付的债券利息的,应当单独确认为应收项目,记入"应收股利"或"应收利息"主体科目。

取得交易性金融资产所发生的相关交易费用应当在发生时计入"投资收益"主体科目。交易费用是指可直接归属于购买、发行或处置金融工具而新增的外部费用,包括支付给代理机构、咨询公司、券商等的手续费和佣金及其他必要支出。

例 4.1 3月2日,公司委托某证券公司从上海证券交易所购入A上市公司股票100万股,公允价值为1 000万元,将其归类为交易性金融资产,另支付相关交易费用,金额为2万元。会计分录如下(万元)。

借:交易性金融资产——成本	1 000	
投资收益	2	
贷:其他货币资金——存出投资款(为简化,下文改用"银行存款")		1 002

三、交易性金融资产的现金股利和利息

企业持有交易性金融资产期间对被投资单位宣告发放的现金股利或企业在资产负债表日（即月末，常指年末、半年末）按分期付息、一次还本债券投资的票面利率计算的利息收入，应当确认为应收项目，记入“应收股利”或“应收利息”科目，并记入投资收益。收到的股票股利不做账务处理，但应在备查簿中登记，以反映所增加的股份数，并调减每股成本。

例 4.2　1 月 3 日，公司购入丙公司发行的公司债券，该笔债券于上年 7 月 1 日发行，面值为 2 500 万元，票面利率为 4%，债券利息按年支付。公司将其划分为交易性金融资产，支付价款为 2 600 万元（其中包含半年的债券利息 50 万元），另支付交易费用 30 万元；6 月 30 日，确认半年的利息收益为 50 万元；7 月 3 日，收到债券利息 100 万元。会计分录如下（万元）。

1 月 3 日，购入丙公司的公司债券。

借：交易性金融资产——成本　　2 550

　　应收利息　　50

　　投资收益　　30

　　贷：银行存款　　2 630

6 月 30 日，确认半年的利息收益为 50 万元。

借：应收利息　　50

　　贷：投资收益　　50

7 月 3 日，收到债券利息 100 万元。

借：银行存款　　100

　　贷：应收利息　　100

取得交易性金融资产所支付价款中包含的尚未收到的债券利息 50 万元，应当记入“应收利息”科目，不记入“交易性金融资产——成本”科目。7 月 3 日，收到的 100 万元债券利息，其中 50 万元为投资前的，已作为一项债权资产（应收利息），不应确认为投资收益，投资收益只能确认 50 万元，即投资半年的利息。

四、交易性金融资产的期末计量

资产负债表日，交易性金融资产应当按照公允价值计量，公允价值与账面余额之间的差额计入当期损益。企业应当在资产负债表日按照交易性金融资产公允价值与其账面余额的差额，借记或贷记“交易性金融资产——公允价值变动”科目，贷记或借记“公允价值变动损益”科目。

例 4.3　接例 4.2，假定 6 月 30 日，该笔债券的市价为 2 580 万元；12 月 31 日，该笔债券的市价为 2 560 万元。会计分录如下（万元）。

（1）6 月 30 日，确认该笔债券的公允价值变动损益时，

借：交易性金融资产——公允价值变动　　30

　　贷：公允价值变动损益　　30

（2）12 月 31 日，确认该笔债券的公允价值变动损益时，

借：公允价值变动损益　　20

　　贷：交易性金融资产——公允价值变动　　20

6 月 30 日，该笔债券的公允价值为 2 580 元，账面余额为 2 550 万元，公允价值比账面余额多 30 万元，记入“公允价值变动损益”科目的贷方，为未实现的利得；12 月 31 日，该笔债券的

公允价值为2 560元,账面余额为2 580万元,公允价值比账面余额少20万元,应记入"公允价值变动损益"科目的借方,为未实现的损失。

算一算 公司于3月10日,购买A公司股票100万股,成交价格为每股9元,作为交易性金融资产,购买该股票另支付手续费等2.5万元;5月10日,收到A公司按每10股派2元的现金股利;6月30日该股票公允价值为每股10元,则6月30日交易性金融资产的账面余额为多少万元?

五、交易性金融资产的处置

出售交易性金融资产时,应将金融资产出售时的公允价值与其初始入账金额之间的差额确认为投资收益,同时调整公允价值变动损益。

企业应按实际收到的金额,借记"银行存款"等科目,按金融资产的账面余额,贷记"交易性金融资产"科目,按其差额,贷记或借记"投资收益"科目。同时,将原计入金融资产的公允价值变动转出,借记或贷记"公允价值变动损益"科目,贷记或借记"投资收益"科目。

例4.4 接例4.3,假定7月24日,公司出售所持有的丙公司债券,售价为2 595万元,另支付交易费用30万元。会计分录如下(万元)。

借:银行存款　　2 565(2 595—30)
　　投资收益　　15
　　贷:交易性金融资产——成本　　2 550
　　　　　　　　　　——公允价值变动　　30

同时,将未实现的利得转为已实现利得,

借:公允价值变动损益　　30
　　贷:投资收益　　30

六、典型业务核算举例

例4.5 某年1月1日,公司从二级市场购入某公司发行的债券102万元(含尚未兑付的利息2万元),另发生交易费用2万元。该债券面值为100万元,剩余期限为2年,票面利率为4%,每半年付息一次,将其划分为交易性金融资产。

其他资料如下:

(1) 1月5日,收到该债券去年下半年的利息2万元;

(2) 6月30日,该债券的公允价值为115万元(不含利息);

(3) 7月5日,收到该债券上半年利息;

(4) 12月31日,该债券的公允价值为110万元(不含利息);

(5) 次年1月5日,收到该债券去年下半年的利息;

(6) 次年3月31日,出售债券,取得价款118万元(含1季度利息1万元),另发生交易费用2万元。

假定不考虑其他因素,账务处理如下(万元)。

(1) 1月1日,购入债券,

借:交易性金融资产——成本　　100
　　应收利息　　2
　　投资收益　　2
　　贷:银行存款　　104

(2) 1月5日,收到该债券去年下半年的利息,

借：银行存款　　2

　　贷：应收利息　　2

(3) 6 月 30 日，期末计量，

借：交易性金融资产——公允价值变动　　15

　　贷：公允价值变动损益　　15

借：应收利息　　2

　　贷：投资收益　　2

(4) 7 月 5 日，收到该债券上半年利息，

借：银行存款　　2

　　贷：应收利息　　2

(5) 12 月 31 日，期末计量，

借：公允价值变动损益　　5

　　贷：交易性金融资产——公允价值变动　　5

借：应收利息　　2

　　贷：投资收益　　2

(6) 次年 1 月 5 日，收到该债券去年下半年的利息，

借：银行存款　　2

　　贷：应收利息　　2

(7) 次年 3 月 31 日，出售债券，

借：银行存款　　116(118－2)

　　公允价值变动损益　　10

　　贷：交易性金融资产——成本　　100

　　　　　　　　　　——公允价值变动　　10

　　　　投资收益　　16

例 4.6　5 月 13 日，公司支付价款 106 万元从二级市场购入乙公司发行的股票 10 万股，每股价格为 10.60 元(含已宣告但尚未发放的现金股利 0.60 元)，另支付交易费用 1 000 元。公司将持有的乙公司股权划分为交易性金融资产，且持有乙公司股权后对其无重大影响。公司其他相关资料如下：

(1) 5 月 23 日，收到乙公司发放的现金股利；

(2) 6 月 30 日，乙公司股票市价为每股 13 元；

(3) 12 月 31 日，乙公司股票市价为每股 11 元；

(4) 次年 1 月 5 日，将持有的乙公司股票全部售出，每股售价 15 元，另支付交易税费 2 500 元。

假定不考虑其他因素，公司的账务处理如下(万元)。

(1) 5 月 13 日，购入乙公司股票，

借：交易性金融资产——成本　　100

　　应收股利　　6

　　投资收益　　0.1

　　贷：银行存款　　106.1

(2) 5 月 23 日，收到乙公司发放的现金股利，

借：银行存款　　6

　　贷：应收股利　　6

(3) 6 月 30 日，期末计量，

借：交易性金融资产——公允价值变动　　30

　　贷：公允价值变动损益　　30

(4) 12 月 31 日，期末计量，

借：公允价值变动损益　　20

　　贷：交易性金融资产——公允价值变动　　20

(5) 次年1月5日，全部出售乙公司股票，

借：银行存款　　149.75(150－0.25)

　　公允价值变动损益　　10

　　贷：交易性金融资产——成本　　100

　　　　　　　　　　　——公允价值变动　　10

　　　　投资收益　　49.75

第三节　其他债权投资与其他权益工具投资

一、其他债权投资与其他权益工具投资概述

（一）核算的主体科目

企业为了核算其他债权投资与其他权益工具投资，应设置“其他债权投资”“其他权益工具投资”和“其他综合收益”等主体科目。

“其他债权投资”下设“成本”“利息调整”“应计利息”“公允价值变动”四个明细账户，“成本”明细账户用来核算企业取得其他债权投资的面值；“利息调整”明细账户用来核算企业取得其他债权投资时产生的利息调整的金额及其摊销的金额；“应计利息”明细账户用来核算企业取得的到期一次付息债券的利息，取得分期付息债券的利息通过“应收利息”账户核算；“公允价值变动”明细账户用来核算其他债权投资在持有期间的公允价值变动金额。

“其他权益工具投资”下设“成本”和“公允价值变动”两个明细账户，“成本”明细账户用来核算其他权益工具投资的成本；“公允价值变动”明细账户用来核算其他权益工具投资在持有期间的公允价值变动金额。

“其他综合收益”下设“其他债权投资公允价值变动”“其他权益工具投资公允价值变动”两个明细科目，分别核算其他债权投资、其他权益工具投资期末公允价值变动金额。其贷方登记资产负债表日企业持有的该类金融资产的公允价值高于账面余额的差额而应当计入所有者权益的利得；借方登记资产负债表日企业持有该类金融资产的公允价值低于账面余额的差额而应计入所有者权益的损失。

（二）债券的定价

债券有平价购买、溢价购买和折价购买三种情况。平价购买是指购买债券的价格等于面值；溢价购买是指购买债券的价格高于面值；折价购买是指购买债券的价格低于面值。债券的买卖价格受债券面值、债券期限、票面利率（名义利率）及市场利率（实际利率）四个因素的影响，其中主要的是票面利率与市场利率。债券的发行往往需要经过一段时间，在这段时间，债券的市场利率会发生变化，而票面利率一经确定就不能变更，这就要用调整发行价格的方法来调节买卖双方的利益，使债券顺利发行。二级市场上，债券的市场利率也经常变动，也需要通过调整买卖价格的方法来调节买卖双方的利益。

债券的价值主要由两部分组成：债券到期时本金（债券面值）的现值；债券各期利息的现值。其计算公式为

$$债券价值=\frac{票面金额}{(1+市场利率)^n}+\sum_{t=1}^{n}\frac{票面金额\times票面利率}{(1+市场利率)^t}$$

式中　n——债券期限；

t——付息期数。

债券以何种价格成交，取决于债券票面利率与市场利率的关系等。例如，市场利率高于票面利率时，债券会折价买卖；市场利率低于票面利率时，债券要溢价买卖；市场利率等于票面利率时，债券按面值成交。归纳如表 4.1 所示。

表 4.1　债券票面利率与市场利率关系对债券价格的影响

买价＝面值	平价购买(发行)	市场利率＝票面利率	
买价＞面值	溢价购买(发行)	票面利率＞市场利率	对投资者而言，是为以后各期多得利息而预先付出的代价
买价＜面值	折价购买(发行)	票面利率＜市场利率	对投资者而言，是以后各期少得利息而预先得到的补偿

(三) 实际利率法

实际利率法是指按照金融资产或金融负债(含一组金融资产或金融负债)的实际利率计算其摊余成本及各期利息收入或利息费用的方法。

实际利率是指将金融资产或金融负债在预期存续期间或适用的更短期间内的未来现金流量，折现为该金融资产或金融负债当前账面价值所使用的利率。

企业在初始确认金融资产或金融负债时，就应当计算确定实际利率，并在相关金融资产或金融负债预期存续期间或适用的更短期间内保持不变。

应收利息或应计利息＝债券面值×票面利率×期限

利息收入＝期初摊余成本×实际利率×期限

溢价摊销额＝应收利息－利息收入

折价摊销额＝利息收入－应收利息

课后搜阅　资金的时间价值，利用插值法计算确定实际利率、内部收益率。

(可参阅作者编著的《财务管理教程(第二版)》，华东理工大学出版社，2012.2)

二、取得时的核算

企业取得其他债权投资、其他权益工具投资应按公允价值进行初始核算，相关交易费用计入初始成本。支付的价款中包含的已到付息期但尚未领取的债券利息、已宣告但尚未发放的现金股利，应当单独确认为应收项目。

企业取得其他权益工具投资，应按其公允价值与交易费用之和，借记“其他权益工具投资——成本”科目，按支付的价款中包含的已宣告但尚未发放的现金股利，借记“应收股利”科目，按实际支付的金额，贷记“银行存款”等科目。

企业取得其他债权投资，应按债券的面值，借记“其他债权投资——成本”科目，支付的价款中包含的已到付息期但尚未领取的利息，借记“应收利息”科目，按实际支付的金额，贷记“银行存款”等科目，按差额，借记或贷记“其他债权投资——利息调整”科目。溢价购买债券，借记“其他债权投资——利息调整”科目;折价购买债券,贷记“其他债权投资——利息调整”科目。

将债权投资的金融资产重分类为其他债权投资的,应在重分类日按其公允价值,借记“其他债权投资——成本”科目,按其账面余额,贷记“债权投资”科目,按其差额,贷记或借记“其他综合收益”科目。已计提减值准备的,还应同时结转减值准备。

想一想 应收股利、应收利息是投资企业的收益吗?

三、持有期间的核算

(一) 持有期间分得的股利

企业持有其他权益工具投资期间,被投资企业宣告发放现金股利时,应按投资比例计算应收股利,借记“应收股利”科目,贷记“投资收益”科目;实际收到现金股利时,借记“银行存款”等科目,贷记“应收股利”科目。被投资企业宣告发放股票股利时,只需备查登记。

(二) 持有期间的期末计息

资产负债表日,其他债权投资为分期付息、一次还本的债券,应按票面利率计算确定的应收未收利息,借记“应收利息”科目,按其他债权投资的期初摊余成本(通常是指期初面值与利息调整余额之和)和实际利率计算确定的利息收入,贷记“投资收益”科目,按其差额,借记或贷记“其他债权投资——利息调整”科目;收到利息时,借记“银行存款”科目,贷记“应收利息”科目;其他债权投资为到期一次还本付息的债券,应于资产负债表日,按照其他债权投资的面值和票面利率计算确定的应收利息,借记“其他债权投资——应计利息”科目,按照其他债权投资的期初摊余成本(不包括“公允价值变动”明细科目的余额)和实际利率计算确定的利息收入,贷记“投资收益”科目,按其差额,借记或贷记“其他债权投资——利息调整”科目。

(三) 持有期间的期末计价

资产负债表日,其他债权投资、其他权益工具投资,期末应当按照公允价值计量,公允价值与账面余额之间的差额计入“其他综合收益”。

具体来说,其他债权投资公允价值高于其账面余额的差额时,应借记“其他债权投资——公允价值变动”科目,贷记“其他综合收益——其他债权投资公允价值变动”科目;公允价值低于其账面余额的差额时做相反的会计分录。

其他权益工具投资公允价值高于其账面余额的差额时,应借记“其他权益工具投资——公允价值变动”科目,贷记“其他综合收益——其他权益工具投资公允价值变动”科目;公允价值低于其账面余额的差额时做相反的会计分录。

练一练 甲公司10月25日支付价款2 040万元(含已宣告但尚未发放的现金股利60万元)取得一项股权投资,另支付交易费用10万元,划分为其他权益工具投资。11月18日,收到现金股利60万元。12月31日,该项股权投资的公允价值为2 105万元。假定不考虑所得税等其他因素,甲公司因该项股权投资应直接计入其他综合收益的金额为多少万元?

四、出售时的核算

其他债权投资所产生的所有利得或损失，除减值损失、利得和汇兑损益之外，均应当计入其他综合收益，直至该金融资产终止确认或被重分类。出售（处置）该类金融资产时，应将取得的价款与该金融资产账面价值之间的差额，计入投资损益；同时，之前计入其他综合收益的累计利得或损失应当从其他综合收益中转出，计入当期损益。

其他权益工具投资，除了获得的现金股利（明确代表投资成本收回的现金股利除外）计入当期损益外，其他相关的利得和损失（包括汇兑损益）均应计入其他综合收益，且后续不得转入当期损益。出售（处置）该类金融资产时，之前计入其他综合收益的累计利得或损失应当从其他综合收益中转出，计入留存收益（盈余公积和未分配利润）。

企业只有在同时符合下列条件时，才能确认股利收入并计入当期损益：① 企业收取股利的权利已经确立；② 与股利相关的经济利益很可能流入企业；③ 股利的金额能够可靠计量。

五、典型业务核算举例

例 4.7　公司某年 5 月 20 日，购入乙公司股票 100 万股，占乙公司有表决权股份的 5%，支付价款合计 508 万元，其中佣金等交易费用为 0.6 万元，已宣告发放现金股利 7.2 万元；公司将该笔股票投资划分为其他权益工具投资。

6 月 20 日，收到乙公司发放的上年现金股利 7.2 万元。

6 月 30 日，乙公司股票收盘价为每股 5.20 元。

12 月 31 日，乙公司股票收盘价为 4.90 元。

次年 4 月 20 日，乙公司宣告发放去年现金股利 200 万元。

次年 5 月 10 日，收到乙公司发放的现金股利。

次年 10 月 10 日，以每股 4.50 元的价格将股票全部转让，同时支付交易税费 1.5 万元。

公司每年按净利润的 10%提取法定盈余公积。

公司的账务处理如下（万元）。

(1) 5 月 20 日，购入乙公司股票 100 万股。

借：其他权益工具投资——成本	500.8	
应收股利——乙公司	7.2	
贷：银行存款		508

股票单位成本＝(508－7.2)÷100＝5.008(元/股)

(2) 6 月 20 日，收到乙公司发放的上年现金股利 7.2 万元。

借：银行存款	7.2	
贷：应收股利——乙公司		7.2

(3) 6 月 30 日，确认乙公司股票公允价值变动为 19.2[(5.20－5.008)×100]万元。

借：其他权益工具投资——公允价值变动	19.2	
贷：其他综合收益——其他权益工具投资公允价值变动		19.2

(4) 12 月 31 日，确认乙公司股票公允价值变动为－30[(4.90－5.20)×100]万元。

借：其他综合收益——其他权益工具投资公允价值变动	30	
贷：其他权益工具投资——公允价值变动		30

(5) 次年 4 月 20 日，乙公司宣告发放现金股利时。

借：应收股利——乙公司	10(200×5%)	
贷：投资收益——乙公司股票		10

(6) 次年 5 月 10 日,收到乙公司发放的现金股利。

借:银行存款　10

　贷:应收股利——乙公司　10

(7) 次年 10 月 10 日,全部出售乙公司股票。

借:银行存款　448.5

　盈余公积——法定盈余公积　4.15

　利润分配——未分配利润　37.35

　其他综合收益——其他权益工具投资公允价值变动　10.8

　贷:其他权益工具投资——成本　500.8

同时,借:盈余公积——法定盈余公积　1.08

　　利润分配——未分配利润　9.72

　　贷:其他综合收益——其他权益工具投资公允价值变动　10.8

算一算　根据例 4.7,公司这笔业务的损益是多少?

例 4.8　20×1 年 1 月 1 日,公司支付价款 1 000 万元(含交易费用)购买 A 公司同日发行的 5 年期公司债券 12 500 份,债券票面价值总额为 1 250 万元,票面利率为 4.72%,于年末支付本年度债券利息(即每年利息为 59 万元),本金在债券到期时一次性偿还。合同约定,该债券的发行方在遇到特定情况时可以将债券赎回,且不需要为提前赎回支付额外款项。公司在购买该债券时预期发行方不会提前赎回,根据其管理该债券的业务模式和该债券的合同流量特征,将该债券投资归类为其他债权投资。

其他资料如下。

(1) 20×1 年 12 月 31 日,债券的公允价值为 1 200 万元(不含利息)。

(2) 20×2 年 12 月 31 日,债券的公允价值为 1 300 万元(不含利息)。

(3) 20×3 年 12 月 31 日,债券的公允价值为 1 250 万元(不含利息)。

(4) 20×4 年 12 月 31 日,债券的公允价值为 1 200 万元(不含利息)。

(5) 20×5 年 8 月 20 日,公司出售债券 12 500 份,取得价款 1 260 万元。

假定不考虑所得税、减值等因素,公司的相关账务处理如下。

计算该债券的实际利率 r:

$$59\times(1+r)^{-1}+59\times(1+r)^{-2}+59\times(1+r)^{-3}+59\times(1+r)^{-4}+(1\,250+59)\times(1+r)^{-5}=1\,000$$

计算得出 $r=10\%$,债券利息计算及公允价值变动等见表 4.2。

表 4.2　债券利息计算及公允价值变动

年份	期初摊余成本(A)	现金流入(B+面值×票面利率)	实际利息收入($C=A\times10\%$)	期末摊余成本($D=A-B+C$)	公允价值(E)	公允价值变动累计金额($F=E-D$)	当期公允价值变动额($G=F_{本期末}-F_{上期末}$)
20×1.1.1	1 000						
20×1.12.31	1 000	59	100	1 041	1 200	159	159
20×2.12.31	1 041	59	104	1 086	1 300	214	55
20×3.12.31	1 086	59	109	1 136	1 250	114	−100
20×4.12.31	1 136	59	114	1 191	1 200	9	−105
20×5.8.20	1 190	0	59①	1 249	1260	11	2
小计		236	486				

① 59 是调整数

甲公司的相关账务处理如下(万元):

(1) 20×1 年 1 月 1 日，购入 A 公司债券。

借：其他债权投资——成本	1 250	
贷：银行存款		1 000
其他债权投资——利息调整		250

(2) 20×1 年 12 月 31 日，确认 A 公司债券实际利息收入、收到利息、公允价值变动。

借：应收利息	59	
其他债权投资——利息调整	41	
贷：投资收益		100
借：银行存款	59	
贷：应收利息		59
借：其他债权投资——公允价值变动	159	
贷：其他综合收益——其他债权投资公允价值变动		159

(3) 20×2 年 12 月 31 日，确认 A 公司债券实际利息收入、收到利息、公允价值变动。

借：应收利息	59	
其他债权投资——利息调整	45	
贷：投资收益		104
借：银行存款	59	
贷：应收利息		59
借：其他债权投资——公允价值变动	55	
贷：其他综合收益——其他债权投资公允价值变动		55

(4) 20×3 年 12 月 31 日，确认 A 公司债券实际利息收入、收到利息、公允价值变动。

借：应收利息	59	
其他债权投资——利息调整	50	
贷：投资收益		109
借：银行存款	59	
贷：应收利息		59
借：其他综合收益——其他债权投资公允价值变动	100	
贷：其他债权投资——公允价值变动		100

(5) 20×4 年 12 月 31 日，确认 A 公司债券实际利息收入、收到利息、公允价值变动。

借：应收利息	59	
其他债权投资——利息调整	55	
贷：投资收益		114
借：银行存款	59	
贷：应收利息		59
借：其他综合收益——其他债权投资公允价值变动	105	
贷：其他债权投资——公允价值变动		105

(6) 20×5 年 8 月 20 日，确认出售 A 公司债券实现的损益。

借：银行存款	1 260	
投资收益	60	
其他债权投资——利息调整	59	
贷：其他债权投资——成本		1 250
其他债权投资——公允价值变动		9
借：其他综合收益——其他债权投资公允价值变动	9	
贷：投资收益		9

A公司债券的利息调整余额＝－250＋41＋45＋50＋55＝－59(万元)

A公司债券公允价值变动余额＝159＋55－100－105＝9(万元)

同时,应从其他综合收益中转出公允价值变动累计金额为9万元。

课堂互动 根据例4.8,(1)登记其他债权投资明细账,加深对此类业务的理解。

(2)若20×4年12月31日,A债券的公允价值为1 320万元(不含利息),该编制怎样的会计分录?

第四节 债权投资

一、债权投资概述

债权投资的核算主要应解决该金融资产实际利率的计算、摊余成本的确定、持有期间的收益确认及将其处置时损益的处理。

企业应设置"债权投资"主体科目核算债权投资的摊余成本,并可按债权投资类别和品种,设置"成本""利息调整""应计利息"等明细科目进行明细核算。其中"成本"明细科目反映债权投资的面值;"利息调整"明细科目反映债权投资的初始入账金额与面值的差额,以及按照实际利率法分期摊销后该差额的摊余金额;"应计利息"明细科目反映企业计提的到期一次还本付息债券投资的利息。

二、取得时的核算

企业取得债权投资时,应按该投资的面值,借记"债权投资——成本"科目;企业在发行日后或两个付息日之间购入债券时,实际支付的价款中含有自发行日或付息日至购入日之间的利息,这部分利息应分别按不同情况进行处理:到期一次付息债券的利息由于不能在一年以内收回,应计入投资成本,借记"债权投资——应计利息"科目;分期付息债券的利息一般在一年以内能够收回,不计入投资成本,可以视为短期债权,借记"应收利息"科目;按实际支付的金额,贷记"银行存款"等科目,按其差额,借记或贷记"债权投资——利息调整"科目。

企业的债权投资,应按购入时实际支付的价款作为初始投资成本,实际支付的价款包括支付的债券买价以及手续费、佣金等交易费用。"成本"明细科目仅反映债券面值,名不副实。这样,需将实际支付价款与成本(即面值)的差额计入"利息调整"。"利息调整"科目借方记录溢价与直接交易费用之和或直接交易费用大于折价的差额,称为"借差";贷方记录折价大于直接交易费用的差额,称为"贷差"。

三、持有期间的核算

资产负债表日,对于分期付息、到期一次还本债券,应按票面利率计算确定的应收未收利息,借记"应收利息"科目,按债权投资期初摊余成本和实际利率确定的利息收入,贷记"投资收益"科目,按其差额,借记或贷记"债权投资——利息调整"科目。收到利息时,借记"银行存款"等科目,贷记"应收利息"科目。

对于到期一次还本付息债券，应按票面利率计算确定的应收未收利息，借记“债权投资——应计利息”科目，按债权投资期初摊余成本和实际利率计算确定的利息收入，贷记“投资收益”科目，按其差额，借记或贷记“债权投资——利息调整”科目。

四、处置时的核算

企业处置（出售等）债权投资时，应按实际收到的金额，借记“银行存款”等科目，按其账面余额，贷记“债权投资——成本、利息调整、应计利息”科目，按其差额，贷记或借记“投资收益”科目。已计提减值准备的，还应同时结转减值准备。

五、典型业务核算举例

例 4.9 20×1 年 1 月 1 日，公司支付价款 1 000 万元（含交易费用）购入 A 公司同日发行的 5 年期公司债券 12 500 份，债券面值总额为 1 250 万元，票面利率为 4.72%，债券和本金在债券到期时一次偿还，采取单利计息方式。公司在购买债券时，预计发行方不会提前赎回，根据其管理该债券的业务模式和该债券的合同现金流量特征，将该债券投资归类为债权投资。

公司会计处理如下（万元）。

该债券的实际利率 r 的计算如下：

$$(59+59+59+59+59+1\,250)\times(1+r)^{-5}=1\,000$$

$$r=9.05\%$$

债券利息计算等见表 4.3。

表 4.3 债券利息计算

年 份	期初摊余成本 (1)	实际利息收入 (2)=(1)×9.05%	现金流入 (3)	期末摊余成本 (4)=(1)+(2)−(3)
20×1	1 000	90.5	0	1 090.5
20×2	1 090.5	98.69	0	1 189.19
20×3	1 189.19	107.62	0	1 296.81
20×4	1 296.81	117.36	0	1 414.17
20×5	1 414.17	130.83①	1 250+59×5	0

① 调整数。

(1) 20×1 年 1 月 1 日，公司购入债券时，

借：债权投资——成本 1 250

贷：银行存款 1 000

债权投资——利息调整 250

(2) 20×1 年 12 月 31 日，确认债券实际利息收入，

借：债权投资——应计利息 59

债权投资——利息调整 31.5

贷：投资收益 90.5

(3) 20×2 年 12 月 31 日，确认债券实际利息收入，

借：债权投资——应计利息 59

债权投资——利息调整 39.69

贷：投资收益 98.69

(4) 20×3 年 12 月 31 日,确认债券实际利息收入,

借:债权投资——应计利息　　59

　　债权投资——利息调整　　48.62

　　贷:投资收益　　107.62

(5) 20×4 年 12 月 31 日,确认债券实际利息收入,

借:债权投资——应计利息　　59

　　债权投资——利息调整　　58.36

　　贷:投资收益　　117.36

(6) 20×5 年 12 月 31 日,确认债券实际利息收入等,

借:债权投资——应计利息　　59

　　债权投资——利息调整　　71.83

　　贷:投资收益　　130.83

借:银行存款　　1 545

　　贷:债权投资——成本　　1 250

　　　　债权投资——应计利息　　295

课堂互动　例 4.8,若公司分类为债权投资,该怎样进行账务处理?

第五节　金融资产减值

一、金融资产减值的范围

按照相关准则的规定,企业的债权投资、其他债权投资应当以预期信用损失为基础,进行减值会计处理并确认损失准备。对于金融资产,信用损失应为企业应收取的合同现金流量与预期收取的现金流量之间差额的现值。资产负债表日,企业应当以预期信用损失为基础,对债权投资和其他债权投资计提损失准备。交易性金融资产和其他权益工具投资不计提损失准备。

预期信用损失法与过去规定的、根据实际已发生减值损失确认损失准备的方法有着根本区别。在预期信用损失法下,减值准备的计提不以减值的实际损失为前提,而是以未来可能的违约事件造成的损失的期望值来计提当前(资产负债表日)应当确认的损失准备。

损失准备是对债权投资、其他债权投资的预期信用损失计提的准备。

预期信用损失是指以发生违约的风险为权重的金融工具信用损失的加权平均值。"发生违约的风险"可以理解为发生违约的概率。

信用损失是指企业按照原实际利率折现的、根据合同应收的所有合同现金流量与预期能收取的所有现金流量之间的差额,即全部现金短缺的现值。对于企业购买或源生的已发生信用减值的金融资产,应该按照该金融资产经信用调整的实际利率折现。由于预期信用损失考虑付款的金额和时间分布,因此即使企业预计可以全额收款但收款时间晚于合同规定的到期期限,也会产生信用损失。

二、预期信用损失模型

企业应当在每个资产负债表日评估相关金融资产的信用风险自初始确认后是否已显著增加以及是否已发生信用减值,并按照下列情形分别计量其损失准备、确认预期信用损失及其

变动。

1. 初始确认后信用风险并未显著增加的金融资产

如果金融资产的信用风险自初始确认后并未显著增加，企业应当按照相当于金融资产未来12个月内预期信用损失的金额计量其损失准备，由此形成的损失准备的增加或转回金额，应当作为减值损失或利得计入当期损益。企业应按金融资产的账面余额（即未扣除减值准备）和实际利率计算利息收入。

未来12个月内的预期信用损失是指因自资产负债表日起12个月内（若金融资产的预计存续期少于12个月，则为预计存续期）可能发生的金融资产违约事件而导致的预期信用损失，是整个存续期信用损失的一部分。

2. 初始确认后信用风险已显著增加但并未发生信用减值的金融资产

如果金融资产的信用风险自初始确认后已显著增加但并没有客观证据表明已发生信用减值，企业应当按照相当于该金融资产整个存续期内预期信用损失的金额计量其损失准备。由此形成的损失准备的增加或转回金额，应当作为减值损失或利得计入当期损益。企业应按金融资产的账面余额（即未扣除减值准备）和实际利率计算利息收入。

整个存续期内的预期信用损失是指因金融资产整个存续期内所有可能发生的违约事件而导致的预期信用损失。

企业在前一会计期间已经按照相当于金融资产整个存续期内信用损失的金额计量了损失准备，但在当期资产负债表日，该金融资产已不再属于自初始确认后信用风险显著增加的情形的，企业应当在资产负债表日按照相当于未来12个月内预期信用损失的金额计量该金融资产的损失准备，由此形成的损失准备的转回金额应当作为减值利得计入当期损益。

3. 初始确认后信用风险已显著增加且已发生信用减值的金融资产

如果金融资产的信用风险自初始确认后已显著增加且有客观证据表明已发生信用减值，企业应当按照相当于该金融资产整个存续期内预期信用损失的金额计量其损失准备。对于利息收入的计算不同于处于前两阶段的金融资产，企业应按金融资产的摊余成本（账面余额减已计提减值准备，也即账面价值）和实际利率计算利息收入。

三、金融资产减值的核算

资产负债表日，企业应当对债权投资和其他债权投资的信用风险自初始确认后是否已显著增加进行评估，并按照预期信用损失的三阶段模型计量其损失准备，确认预期信用损失。债权投资计提的减值计入当期损益，借记“信用减值损失”科目，贷记“债权投资减值准备”科目。其他债权投资计提的减值计入利得和损失，借记“信用减值损失”科目，贷记“其他综合收益——信用减值准备”科目。

例4.10 某年1月1日，公司购入乙公司当日发行且可上市交易的债券100万张，支付价款9 000万元，列为债权投资。12月31日，该债券的信用风险自初始确认后明显增加，公司按整个存续期确认预计信用损失准备50万元。次年12月31日，因为债务人发生严重财务困难，该债权投资已经发生信用减值，年末按该金融工具整个存续期内确认预期信用损失准备余额150万元。假定不考虑其他因素，公司针对该笔债权投资减值的相关会计处理如下（万元）。

当年12月31日确认预期信用损失时，

借：信用减值损失 50

　贷：债权投资损失准备 50

次年 12 月 31 日,应确认预期信用损失准备余额 150 万元,因之前确认了 50 万元,本期应该确认的损失准备金额为 100 万元(150 万元－50 万元)。

借:信用减值损失　　100

　　贷:债权投资损失准备　　100

例 4.11　20×1 年 12 月 31 日,公司以 9 567 万元(与公允价值相等)购入乙公司债券,该债券还剩 5 年到期,债券面值为 10 000 万元,票面利率为 4%,购入时市场利率为 5%,每年 12 月 31 日支付当年利息,作为其他债权投资。

20×1 年 12 月 31 日,该债券的信用风险自初始确认后未明显增加,年末按未来 12 个月内确认预期信用损失准备 20 万元。

20×2 年 12 月 31 日,该债券的公允价值为 9 800 万元。该债券的信用风险明显增加,但未发生信用减值,年末按整个存续期内确认预期信用损失准备余额 50 万元。

20×3 年 12 月 31 日,该债券的公允价值为 9 500 万元。因债务人发生严重财务困难,该债券投资已经发生信用减值,年末按整个存续期内确认预期信用损失准备余额 100 万元。

20×4 年 5 月 10 日,将上述投资对外出售,售价为 9 700 万元。

假定不考虑其他因素,公司的相关会计处理如下(万元)。

债券每年的利息＝10 000×4%＝400(万元)。

(1) 20×1 年 12 月 31 日,

借:其他债权投资——成本　　10 000

　　贷:银行存款　　9 567

　　　　其他债权投资——利息调整　　433

借:信用减值损失　　20

　　贷:其他综合收益——信用减值准备　　20

20×1 年年底,该债券的账面价值为 9 567 万元,账面余额为 9 567 万元,账面净额为 9 547 万元(9 567 万元－20 万元)。

(2) 20×2 年年底,因未实际发生信用减值,应按去年年底账面余额确认当年投资收益,为 9 567×5%＝478(万元)。

借:应收利息　　400

　　其他债权投资——利息调整　　78

　　贷:投资收益　　478

借:银行存款　　400

　　贷:应收利息　　400

该债券的公允价值为 9 800 万元,在确认公允价值变动前的账面价值为 9 567＋78＝9 645(万元),需做以下调整。

借:其他债权投资——公允价值变动　　155

　　贷:其他综合收益——其他债权投资公允价值变动　　155

预期信用损失准备余额为 50 万元,之前已确认了 20 万元,本期需要确认 30 万元(50 万元－30 万元)。

借:信用减值损失　　30

　　贷:其他综合收益——信用减值准备　　30

该债券的账面价值等于公允价值,为 9 800 万元,其账面余额为 9 567 万元,账面净额为 9 567－50＝9 517(万元)。

(3) 20×3 年年底,因实际发生信用减值,故应按去年年底的账面净额(而不是账面余额)确认当年投资收益,为 9 517×5%＝476(万元)。

借:应收利息　　400

　　其他债权投资——利息调整　　76

　　贷:投资收益　　476

借：银行存款　　400

　贷：应收利息　　400

该债券的公允价值为 9 500 万元，在确认公允价值变动前的账面价值为 9 800＋76＝9 876（万元），需做以下调整。

借：其他综合收益——其他债权投资公允价值变动　　376

　贷：其他债权投资——公允价值变动　　376

预期信用损失准备余额为 100 万元，之前已确认了 50 万元，本期需要确认 50 万元（100 万元－50 万元）。

借：信用减值损失　　50

　贷：其他综合收益——信用减值准备　　50

该债券的账面价值等于公允价值，为 9 500 万元，其账面余额为 9 567＋76＝9 643（万元），账面净额为 9 643－100＝9 543（万元）。

（4）20×4 年 5 月 10 日，对外出售债券。

借：银行存款　　9 700

　其他债权投资——利息调整　　154

　其他债权投资——公允价值变动　　221

　贷：其他债权投资——成本　　10 000

　　投资收益　　75

同时，处置该金融资产时，之前计入"其他综合收益"的累计利得或损失应从"其他综合收益"中转出，计入"投资收益"账户。

借：投资收益　　121

　其他综合收益——信用减值准备　　100

　贷：其他综合收益——其他债权投资公允价值变动　　221

本章练习题

一、单项选择题

1. 下列项目中，公允价值变动不应记入"公允价值变动损益"科目的是（　　）。

A. 其他权益工具投资　　B. 以公允价值模式进行后续计量的投资性房地产

C. 交易性金融资产　　D. 交易性金融负债

2. 关于其他债权投资，下列说法正确的是（　　）。

A. 取得其他债权投资支付的价款中包含的已到付息期但尚未支付的利息，应单独确认为应收项目

B. 其他债权投资预期信用损失影响其他债权投资的账面价值

C. 其他债权投资在任何时候都要用存续期内预期信用损失计提减值

D. 其他债权投资在任何时候都要用账面余额计算利息收益

3. 其他债权投资在发生减值时，不可能涉及的会计科目是（　　）。

A. 信用减值损失　　B. 资本公积——其他资本公积

C. 其他综合收益——信用减值准备　　D. 其他债权投资——信用减值准备

4. 20×1 年 1 月 1 日，甲公司自证券市场购入面值总额为 1 000 万元的债券。购入时实际支付价款 990 万元，另外支付交易费用 10 万元。该债券发行日为 20×1 年 1 月 1 日，系分期付息、到期还本债券，期限为 5 年，票面利率为 5%，甲公司计算确定的实际利率也为 5%，每年 12 月 31 日支付当年利息。甲公司将该债券作为其他债权投资核算。20×1 年年末该项债券投资的公允价值下降为 700 万元。不考虑其他因素，则下列说法正确的是（　　）。

A. 甲公司应于 20×1 年年末借记资产减值损失 300 万元

B. 甲公司应于 20×1 年年末确认其他综合收益 300 万元

C. 20×1 年年初该项其他债权投资的账面价值为 700 万元

D. 20×1 年年末该项其他债权投资应确认的投资收益为 35 万元

5. 阳光公司于 20×3 年 3 月 1 日从证券市场购入甲公司发行在外的股票 60 万股作为其他权益工具投资，每股支付价款为 13 元(含已宣告但尚未发放的现金股利 3 元)，另支付相关费用 5 万元，阳光公司取得该项其他权益工具投资时的入账价值为(　　)万元。

A. 600　　B. 785　　C. 780　　D. 605

6. 企业购入债券作为债权投资，该债券的初始确认金额应为(　　)。

A. 债券面值　　B. 债券面值加相关交易费用

C. 债券公允价值　　D. 债券公允价值加相关交易费用

7. 企业于 20×3 年 1 月 1 日支付 85 200 元(含应收债券利息)价款购入面值为 80 000 元、20×1 年 1 月 1 日发行、票面利率为 5%、期限为 4 年、次年 1 月 1 日付息的债券作为债权投资。20×3 年 1 月 1 日购入时应记入“债权投资——利息调整”科目的金额为(　　)万元。

A. 5 200　　B. 4 000　　C. 2 000　　D. 1 200

8. 20×1 年 1 月，甲公司取得 B 公司 5%的股权，不构成重大影响，归类为其他权益工具投资进行核算。B 公司于 20×1 年 3 月宣告派发上年度现金股利，甲公司对该现金股利的会计处理是(　　)。

A. 确认投资收益　　B. 冲减财务费用　　C. 确认资本公积　　D. 冲减投资成本

9. 关于交易性金融资产的计量，下列说法中不正确的是(　　)。

A. 应将取得该金融资产的公允价值和相关交易费用之和作为初始确认金额

B. 应将取得该金融资产的公允价值作为初始确认金额，相关交易费用在发生时计入当期损益

C. 资产负债表日，企业应将交易性金融资产的公允价值变动计入当期损益

D. 处置交易性金融资产时，其公允价值与初始入账金额之间的差额应确认为投资收益，同时结转公允价值变动损益

10. 关于金融资产，下列说法中正确的是(　　)。

A. 衍生工具不能划分为交易性金融资产　　B. 长期股权投资属于金融资产

C. 货币资金不属于金融资产　　D. 企业的应收账款和应收票据不属于金融资产

11. 交易性金融资产与其他权益工具投资下的股权投资最根本的区别是(　　)。

A. 持有时间不同　　B. 投资对象不同　　C. 投资目的不同　　D. 投资性质不同

二、多项选择题

1. 企业持有的债权投资的投资收益，包括(　　)。

A. 按债权投资票面价值和票面利率计算确定的利息收入

B. 按债权投资摊余成本和实际利率计算确定的利息收入

C. 债权投资取得时发生的相关费用

D. 债权投资处置时所取得对价的公允价值与投资账面价值之间的差额

2. 下列有关金融资产重分类的表述中，不正确的有(　　)。

A. 金融资产初始归类为债权投资后不能重分类为交易性金融资产

B. 金融资产初始归类为其他权益工具投资后不能重分类为交易性金融资产

C. 金融资产初始归类为其他债权投资后不能重分类为债权投资

D. 金融资产初始归类为交易性金融资产后不能重分类为其他权益工具投资

3. 下列各项中，影响其他债权投资摊余成本的因素有(　　)。

A. 确认的信用减值准备　　B. 分期收回的本金

C. 利息调整的累计摊销额　　D. 对到期一次付息债券确认的票面利息

4. 下列金融资产中，发生的减值准备可以转回的有(　　)。

A. 长期股权投资　　B. 债权投资　　C. 应收款项　　D. 其他债权投资

5. 下列金融资产中,应按摊余成本进行后续计量的有(　　)。
   A. 交易性金融资产　　B. 债权投资
   C. 贷款和应收款项　　D. 其他债权投资
6. 下列有关债权投资,正确的处理方法有(　　)。
   A. 企业从二级市场上购入的固定利率国债、浮动利率公司债券等,符合债权投资条件的,可以划分为债权投资
   B. 购入的股权投资也可能划分为其他债权投资
   C. 债权投资通常具有长期性质,但期限较短(1 年以内)的债券投资,符合持有至到期条件的,也可将其划分为债权投资
   D. 债权投资应当将取得时的公允价值作为初始确认金额,相关交易费用计入当期损益
7. 关于购入金融资产的划分,下列说法中正确的有(　　)。
   A. 持有目的既是为了出售获利,又是为了获取合同现金流的金融资产应划分为其他债权投资
   B. 不具有控制、共同控制和重大影响,在活跃市场中没有报价且其公允价值不能可靠计量的权益工具投资应划分为其他权益工具投资
   C. 到期日固定、回收金额固定或可确定,且企业有明确意图和能力持有至到期的非衍生金融资产应划分为债权投资
   D. 不具有控制、共同控制和重大影响,在活跃市场中有报价且公允价值能够可靠计量,并准备随时出售的权益性工具,应划分为交易性金融资产
8. 下列各项中,不应计入交易性金融资产入账价值的有(　　)。
   A. 购买股票支付的买价
   B. 支付的税金、手续费等
   C. 支付的买价中包含的已到付息期但尚未领取的利息
   D. 支付的买价中包含的已宣告但尚未发放的现金股利
9. 企业核算交易性金融资产的现金股利时,可能涉及的会计科目有(　　)。
   A. 交易性金融资产　　B. 投资收益
   C. 应收股利　　D. 银行存款
10. 下列各项中,不会影响当期损益的是(　　)。
   A. 购买交易性金融资产的交易费用　　B. 购买债权投资的交易费用
   C. 其他权益工具投资的公允价值变动　　D. 处置其他权益工具投资时售价与账面价值的差额

三、计算分录选择题

1. 20×1 年年初,甲公司购买了一项公司债券,该债券票面价值为 1 500 万元,票面利率为 3%,剩余年限为 5 年,被划分为交易性金融资产,公允价值为 1 200 万元,交易费用为 10 万元,该债券在第五年兑付(不能提前兑付)时可得本金 1 500 万元。20×1 年年末按票面利率 3%收到利息。20×3 年年末将债券出售,价款为 1 400 万元,则交易性金融资产影响 20×1 年投资损益的金额为(　　)万元。
   A. 200　　B. 235　　C. 245　　D. 135
2. 甲公司 10 月 10 日自证券市场购入乙公司发行的股票 100 万股,共支付价款 860 万元,其中包括交易费用 4 万元。购入时,乙公司已宣告但尚未发放的现金股利为每股 0.16 元。甲公司将购入的乙公司股票作为交易性金融资产核算。12 月 2 日,甲公司出售该交易性金融资产,收到价款 960 万元。要求:根据上述资料,不考虑其他因素,回答下列各题。
   (1) 甲公司 10 月 10 日购入乙公司股票的入账价值是(　　)万元。
   A. 860　　B. 840　　C. 856　　D. 876
   (2) 甲公司利润表中因该交易性金融资产应确认的投资收益为(　　)万元。
   A. 100　　B. 116　　C. 120　　D. 132

3. 甲公司20×1年1月1日购入面值为100万元、利率为4%的A债券;取得时支付价款104万元(含已到付息期但尚未支付的利息4万元),另支付交易费用0.5万元,甲公司将该项金融资产划分为交易性金融资产。20×1年1月5日,收到购买时价款中所含的利息4万元,20×1年12月31日,A债券的公允价值为106万元,20×2年1月5日,收到A债券上年度的利息4万元;20×2年4月20日,甲公司出售A债券收到108万元。要求:根据上述资料,不考虑其他因素,回答下列各题。
(1) 甲公司出售A债券时利润表中应确认的投资收益金额是(　　)万元。
A. 8　B. 2　C. 6　D. 1.5
(2) 甲公司20×1年1月1日购入A债券的入账价值是(　　)万元。
A. 104.5　B. 100.5　C. 100　D. 104
(3) 甲公司持有该项交易性金融资产产生的累计损益是(　　)万元。
A. 12　B. 11.5　C. 16　D. 15.5
4. 甲公司于某年2月10日购入某上市公司股票10万股,每股价格为15.5元(其中包含已宣告发放但尚未领取的现金股利,每股0.5元),享有该公司2%的股权。甲公司购买该股票另支付手续费等10万元。甲公司购入的股票暂不准备随时变现,划分为其他权益工具投资。12月31日,该股票的每股价格为17元。12月31日,该其他权益工具投资应确认的其他综合收益金额为(　　)万元。
A. 20　B. 10　C. 5　D. −5
5. B公司于某年3月20日购买甲公司股票150万股,成交价格为每股9元,作为其他权益工具投资;购买该股票另支付手续费等22.5万元。5月20日,甲公司每10股派3.75元的现金股利。6月30日该股票市价为每股8.25元,12月30日为每股7元,预计还将持续下跌。持有该其他权益工具投资影响损益的金额为(　　)万元。
A. −266.25　B. 52.5　C. −18.75　D. 3.75
6. 甲公司于20×1年1月1日以3 060万元购入3年期到期还本、按年付息的公司债券,每年12月31日支付利息。该公司债券票面利率为5%,实际利率为4.28%,面值为3 000万元。甲公司将其确认为债权投资,于每年年末采用实际利率法和摊余成本计量,该债券20×2年12月31日的摊余成本为(　　)万元。(结果保留两位小数)
A. 3 020　B. 3 040.97　C. 3 000　D. 3 021.12
7. 甲公司1月1日从二级市场购入乙公司分期付息、到期还本的债券12万张,以银行存款支付价款1 050万元,另支付相关交易费用12万元。该债券系乙公司上年1月1日发行,每张债券面值为100元,期限为3年,票面利率为5%,每年年末支付当年度利息。甲公司拟持有该债券至到期。要求:根据上述资料,不考虑其他因素,回答下列各题。
(1) 甲公司1月1日购入乙公司债券的入账价值是(　　)万元。
A. 1 050　B. 1 062　C. 1 200　D. 1 212
(2) 甲公司1月1日购入乙公司债券时确认的利息调整的金额是(　　)万元。
A. 150　B. 162　C. 138　D. 62
(3) 甲公司持有乙公司债券至到期累计应确认的投资收益是(　　)万元。
A. 120　B. 258　C. 270　D. 318

四、实务题

1. 20×1年1月1日,甲公司从二级市场以每股15元(含交易费用每股0.1元)的价格购入乙公司发行的股票200 000股,占乙公司有表决权股份的5%,对乙公司无重大影响。甲公司将该项金融资产划分为其他权益工具投资。
20×1年5月10日,甲公司收到乙公司发放的上年现金股利40 000元。
20×1年12月31日,该股票的市场价格为每股16元。甲公司预计该股票的价格变动是暂时的。
20×2年,乙公司因违反相关证券法规,受到证券监管部门查处。受此影响,乙公司股票的价格发生下跌。

至 20×2 年 12 月 31 日，该股票的市场价格下跌到每股 9 元。

20×3 年，乙公司整改完成，加之市场宏观面好转，股票价格有所回升，至 12 月 31 日，该股票的市场价格上升到每股 11 元。

20×4 年 1 月 15 日，甲公司将该股票全部出售，实际收到价款 3 100 000 元。

假定 20×2 年和 20×3 年均未分派现金股利，不考虑其他因素。

要求：做出甲公司的相关账务处理。

2. 甲企业于 20×2 年 1 月 2 日从证券市场上购入乙企业于 20×1 年 1 月 1 日发行的 5 年期债券，该债券票面利率为 4%、实际利率为 5%，每年 1 月 5 日支付上年度的利息，到期日为 20×6 年 1 月 1 日，到期日一次归还本金和最后一次利息。甲企业购入债券的面值为 2 000 万元，实际支付价款为 1 985.54 万元，另支付相关费用 20 万元。甲企业购入后将其划分为债权投资。假定按年计提利息。

要求：编制甲企业上述有关业务的会计分录。

（答案中的金额单位用万元表示）

3. 甲公司系上市公司，按季对外提供中期财务报表，按季计提利息。某年有关业务如下。

（1）甲公司 1 月 6 日以赚取差价和债券利息为目的从二级市场购入了一批债券并将其作为其他债权投资，面值总额为 100 万元，利率为 6%，3 年期，每半年付息一次，该债券为 1 月 1 日发行。取得时实际支付的价款为 105.6 万元，另支付交易费用 2 万元，全部价款以银行存款支付。（答案中的金额单位用万元表示，保留一位小数）

（2）3 月 31 日，该债券公允价值为 108 万元。

（3）6 月 30 日，信用风险增加但未发生信用减值，预计未来 12 个月的信用损失为 20 万。

（4）6 月 30 日，按债券票面利率计算利息。

（5）7 月 16 日收到上半年的利息 3 万元。

（6）8 月 1 日，将该债券全部处置，实际收到价款 90 万元。

要求：计算债券实际利率，并对上述业务编制会计分录。

第五章　长期股权投资

本 章 提 点

一、学习内容

1. 长期股权投资的概述。
2. 长期股权投资的初始及后续核算。
3. 长期股权投资的转换及处置。

二、学习要求

1. 识记：长期股权投资的概念与核算内容。
2. 领会：长期股权投资的成本法。
3. 应用：长期股权投资的权益法。

三、课前准备

1. 预习控股合并形成的长期股权投资的核算、长期股权投资的权益法。
2. 准备“课堂互动”的材料。

第一节　长期股权投资概述

一、长期股权投资的概念

长期股权投资是企业通过投出各种资产取得被投资企业股权且不准备随时出售的投资，包括企业持有的对其子公司、合营企业及联营企业的权益性投资以及企业持有的对被投资企业不具有控制、共同控制或重大影响，且在活跃市场中没有报价、公允价值不能可靠计量的权益性投资。

二、长期股权投资的分类

1. 控制

企业能够对被投资企业实施控制的，被投资企业为本企业的子公司。控制是指有权决定一个企业的财务和经营政策，并能据以从该企业的经营活动中获取利益，通常持股比例大于50%。

2. 共同控制

企业与其他方对被投资企业实施共同控制的，被投资企业为本企业的合营企业。共同控制是指按照合同约定对某项经济活动所共有的控制，仅在与该项经济活动相关的重要财务和经营决策需要分享控制权的投资方一致同意时存在，通常持股比例各为1/2、1/3等。

3. 重大影响

企业能够对被投资企业施加重大影响的，被投资企业为本企业的联营企业。重大影响是指对一个企业的财务或经营政策有参与决策的权力，但并不能控制或者与其他方一起共同控制这些政策的制定，通常持股比例在20%(含)～50%(含)。

企业对被投资企业不具有控制、共同控制或重大影响的，被投资企业为本企业的参股企业，通常持股比例小于20%，应按照《企业会计准则第22号——金融工具确认和计量》确认和计量，不属于长股权投资。归纳如图5.1所示。

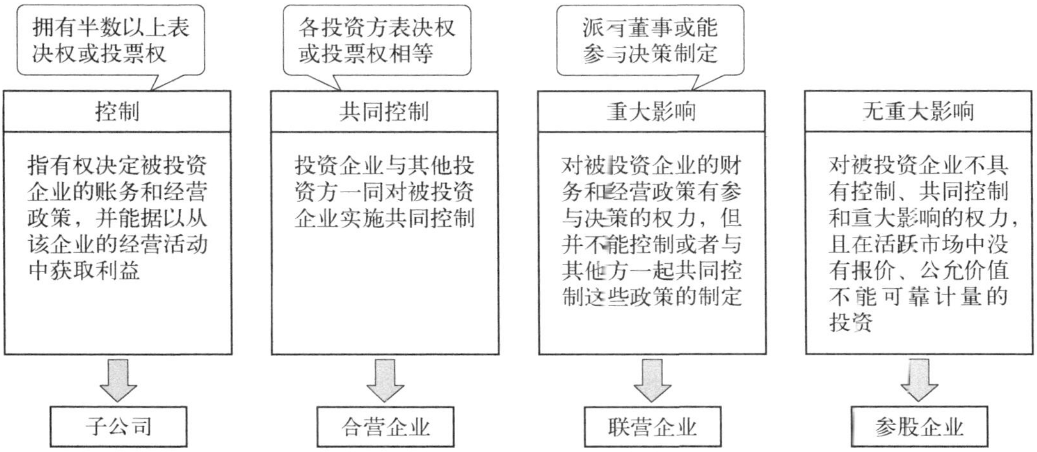

图5.1　长期股权投资的分类

三、企业合并及其分类

企业合并是指将两个或者两个以上单独的企业合并形成一个报告主体的交易或事项，实务中可以根据不同的标准将合并分为不同的类型。

1. 按合并方式划分

从本质上看，企业合并是一个企业取得对另一个企业的控制权、吸收另一个或多个企业的净资产以及将参与合并的企业相关资产、负债进行整合后成立新的企业等情况。因此，以合并方式为基础，企业合并包括控股合并、吸收合并和新设合并三种类型。

(1) 控股合并。合并方(或购买方、母公司)在企业合并中取得对被合并方(或被购买方、子公司)的控制权，被合并方在合并后仍保持其独立的法人资格并继续经营，合并方确认企业合并形成的对被合并方的投资，即A企业与B企业组成AB企业集团。

(2) 吸收合并(兼并)。合并方(或购买方)通过企业合并取得被合并方(或被购买方)的全部净资产，合并后注销被合并方的法人资格，被合并方原持有的资产、负债，在合并后成为合并方的资产、负债，即A企业与B企业组成新的A企业或新的B企业。

(3) 新设合并(创立合并)。参与合并的各方在合并后法人资格均被注销，重新注册成立一家新的企业，即A企业与B企业组成C企业。

吸收合并、新设合并只涉及一次并表业务，合并之后的新企业为单一会计主体，只需编制个别会计报表。控股合并后，母公司、子公司仍为单一会计主体，需编制个别会计报表，同时，母公司需编制以母子公司(即集团)为会计主体的合并会计报表。

2. 按合并前后是否受同一方或相同多方最终控制划分

企业控股合并形成的长期股权投资,按合并前后是否受同一方或相同多方最终控制,分为同一控制下控股合并形成的长期股权投资和非同一控制下控股合并形成的长期股权投资。

(1) 同一控制下的控股合并是指在合并前后均受同一方或相同多方较长时间最终控制的企业的控股合并。同一控制下的控股合并,合并双方的合并行为不完全是自愿的,不属于交易行为,因此不按照公允价值计量而是按照被合并方的账面价值进行初始计量。

(2) 非同一控制下的控股合并是指在合并前后不受同一方或相同多方最终控制的企业的控股合并。由于非同一控制下的控股合并是合并各方自愿进行的交易行为,因此应当以公允价值计量。

四、长期股权投资的核算方法

根据投资企业对被投资企业的影响程度及是否存在活跃市场、公允价值是否能够可靠取得等进行划分,长期股权投资的核算方法有成本法和权益法。

1. 成本法

成本法是指长期股权投资按实际成本计价的方法。长期股权投资通常应按照初始投资成本计价,一般不予变更,只有在追加或收回投资时才调整长期股权投资的成本。

投资方能够对被投资企业实施控制的长期股权投资应当采用成本法核算。

2. 权益法

权益法是指长期股权投资以初始投资成本计量后,在投资持有期间需根据投资企业享有被投资方所有者权益份额的变动对长期股权投资的账面价值进行调整的方法。

权益法适用于投资企业对被投资企业具有共同控制或重大影响的长期股权投资,即对合营企业与联营企业的长期股权投资。

在这种情况下,投资企业不编制合并财务报表,但由于在被投资企业中占有较大的份额,按照重要性原则,应对长期股权投资的账面价值进行调整,以客观地反映在被投资企业所有者权益中享有份额的变动情况。

企业应设置"长期股权投资"主体科目,核算持有的各种长期股权投资。采用成本法核算时,应在"长期股权投资"账户下,按照被投资单位设置明细账户进行明细核算;在采用权益法核算时,应在"长期股权投资"账户下,设置"投资成本""损益调整""其他综合收益"和"其他权益变动"等明细账户进行核算。

(1)"投资成本"账户核算企业取得长期股权投资时所确定的初始投资成本,以及在长期股权初始投资成本小于取得资产时应享有被投资企业可辨认净资产公允价值份额的情况下,按其差额调整初始投资成本后形成的入账价值。

(2)"损益调整"账户核算被投资企业实现利润或发生亏损、分配利润引起的所有者权益变动中,投资企业依据持股比例对投资成本的调整金额。

(3)"其他综合收益"账户核算被投资企业因确认其他综合收益引起的所有者权益变动中,投资企业按持股比例计算的应享有或应分担的份额。

(4)"其他权益变动"账户核算被投资企业除发生净损益、分配利润以及确认其他综合收益以外所有者权益的其他变动中,投资企业按持股比例计算的应享有或分担的份额。

第二节　长期股权投资的初始核算

长期股权投资在取得时应按照初始投资成本入账。长期股权投资的初始投资成本的确定应分企业合并和非企业合并两种情况确定。

一、控股合并形成的长期股权投资

（一）同一控制下控股合并形成的长期股权投资初始成本的确定

对于同一控制下的企业合并，从能够对参与合并各方在合并前及合并后均实施最终控制一方来看，最终控制方在企业合并前及合并后能够控制的资产并没有发生变化。合并方通过企业合并形成的对合并方的长期股权投资，其成本代表的是在被合并方账面所有者权益中享有的份额。

1. 合并方以支付现金、转让非现金资产或承担债务方式作为合并对价的，应当在合并日将被合并方在最终控制方合并财务报表中的净资产的账面价值的份额作为长期股权投资的初始投资成本。按照长期股权投资初始投资成本与支付的现金、转让的非现金资产以及所承担债务账面价值之间的差额，调整资本公积；资本公积不足冲减的，调整留存收益。

对于同一控制下控股合并形成的长期股权投资，企业应在合并日按取得被合并方所有者权益账面价值的份额，借记“长期股权投资”主体科目；按享有的被投资方已宣告但尚未发放的现金股利或利润，借记“应收股利”科目；按支付的合并对价的账面价值，贷记有关资产或借记有关负债科目；按其贷方差额，贷记“资本公积——资本溢价或股本溢价”科目，或按其借方差额，借记“资本公积——资本溢价或股本溢价”科目，资本公积（资本溢价或股本溢价）不足冲减的，借记“盈余公积”“利润分配——未分配利润”科目。收到股利时，借记“银行存款”科目，贷记“应收股利”科目。合并方发生的各项直接相关费用，包括审计费、评估费、咨询费、律师费等，计入管理费用。

例 5.1　某日，公司以银行存款 1 000 万元及一项土地使用权取得其母公司控制的乙公司 80%的股权，并于当日起能够对乙公司实施控制。合并日，该土地使用权的账面价值为 3 200 万元，公允价值为 4 000 万元；乙公司净资产的账面价值为 6 000 万元，公允价值为 6 250 万元。假定公司与乙公司的会计年度和采用的会计政策相同，不考虑其他因素。

公司的会计处理如下（万元）。

同一控制下长期股权投资的入账价值为 6 000×80%＝4 800（万元）

应确认的资本公积为 4 800－（1 000＋3 200）＝600（万元）

借：长期股权投资	4 800
贷：银行存款	1 000
无形资产	3 200
资本公积——资本溢价（或股本溢价）	600

2. 合并方以发行权益性证券作为合并对价的，将发行股份的面值总额作为股本，按照长期股权投资初始投资成本与所发行股份面值总额之间的差额，调整资本公积；资本公积不足冲减的，调整留存收益。

企业应在合并日按取得被合并方所有者权益账面价值的份额，借记“长期股权投资”科目；按享有被投资方已宣告但尚未发放的现金股利或利润，借记“应收股利”科目；按发行权益性证券的面值,贷记"股本"科目;按其贷方差额,贷记"资本公积——资本溢价或股本溢价"科目,或按其借方差额,借记"资本公积——资本溢价或股本溢价"科目,资本公积(资本溢价或股本溢价)不足冲减的,借记"盈余公积""利润分配——未分配利润"科目。收到股利时,借记"银行存款"科目,贷记"应收股利"科目。同时,按发行权益性证券过程中支付的手续费、佣金等费用,借记"资本公积——股本溢价"科目,贷记"银行存款"等科目,合并方发生的各项直接相关费用,包括审计费、评估费、咨询费、律师费等,计入管理费用。

例 5.2 甲公司按面值增发 1 500 万元的普通股给同一集团内的乙公司,取得乙公司持有的 A 公司 80%的股权;A 公司合并日净资产的账面价值为 2 000 万元;甲公司另支付发行股票有关费用 10 万元。甲公司的会计处理如下(万元)。

借:长期股权投资	1 600
贷:股本	1 500
资本公积——股本溢价	100
借:资本公积——股本溢价	10
贷:银行存款	10

(二)非同一控制下控股合并形成的长期股权投资初始成本的确定

非同一控制下的控股合并中,购买方应该将确定的企业合并成本作为长期股权投资的初始投资成本。企业的合并成本包括买方付出资产、发生或承担的负债、发行的权益性证券的公允价值。

对于非同一控制下控股合并形成的长期股权投资,企业应在购买日按合并成本(不含应从被投资方收取的现金股利或利润),借记"长期股权投资"科目;按享有的被投资方已宣告但尚未发放的现金股利或利润,借记"应收股利"科目;按支付合并对价的账面价值,贷记有关资产、负债科目;按其差额,借记或贷记"资产处置损益"等科目。合并方发生的各项直接相关费用,包括审计费、评估费、咨询费、律师费等,计入管理费用。债券的发行费用追加折价或冲减溢价,权益性证券的发行费用在溢价发行时冲抵溢价,如果溢价不够抵或面值发行的应冲减盈余公积和未分配利润。

"合并成本"包括购买方付出对价的(如付出资产、发生或承担的负债和发行的权益性证券)公允价值。其中,支付非货币性资产为对价的,所支付的非货币性资产在购买日的公允价值与其账面价值的差额,应作为资产处置损益,记入利润表。

非同一控制下控股合并涉及以库存商品等作为合并对价的,应按库存商品的公允价值,贷记"主营业务收入"科目,并同时结转相关的成本。涉及增值税的,还应进行相应的处理。

例 5.3 某日,公司以一台设备和银行存款 100 万元向乙公司投资(公司与乙公司不属于同一控制的两个公司),占乙公司 60%的股份,该设备的账面原价为 9 000 万元,已提折旧 1 500 万元,已计固定资产减值准备 200 万元,公允价值为 7 600 万元。不考虑其他相关税费,公司的会计处理如下(万元)。

借:固定资产清理	7 300
累计折旧	1 500
固定资产减值准备	200
贷:固定资产	9 000
借:长期股权投资	7 700(100+7 600)
贷:固定资产清理	7 300
银行存款	100
资产处置损益	300(设备公允价值 7 600—账面价值 7 300)

练一练

不同对价方式	企业合并(要求编制会计分录)	
	同一控制下(30%) (被合并方所有者权益账面价值为6 500万元,公允价值为7 000万元)	非同一控制下(80%) (被购买方可辨认净资产账面价值为6 500万元,公允价值为7 000万元)
支付银行存款6 000万元		
转让非现金资产(固定资产账面价值5 000万元、公允价值6 000万元)		
发行权益性证券1 000万股,每股面值1元,发行价每股6元		

二、非企业合并形成的长期股权投资的初始核算

非企业合并形成的长期股权投资的初始核算,依据支付资产的方式不同分为支付现金、发行权益性证券、投资者投入、非货币性资产交换和债务重组等不同方式取得的长期股权投资。

(一)非企业合并形成的长期股权投资初始成本的确定

1. 支付现金取得的长期股权投资

企业以支付现金方式取得的长期股权投资,应当将实际支付的购买价款作为初始投资成本,包括购买过程中支付的与取得长期股权投资直接相关的手续费、税金及其他必要支出。所支付的价款或对价中包含的已宣告但尚未发放的现金股利或利润,作为应收项目核算,不构成长期股权投资的成本。

2. 发行权益性证券取得的长期股权投资

企业以发行权益性证券取得的长期股权投资,应当将发行权益性证券的公允价值作为初始投资成本,不包括从被投资单位收取的已宣告但尚未发放的现金股利或利润。为发行权益性证券支付给承销机构的手续费、佣金等与权益性证券发行直接相关的费用,不构成长期股权投资的成本。将该部分费用从权益性证券的溢价发行收入中扣除,权益性证券的溢价收入不足冲减的,冲减盈余公积和未分配利润。

3. 投资者投入的长期股权投资

投资者投入的长期股权投资,是指投资者将其持有的对第三方的投资作为出资投入企业,接受投资的企业在确定所取得长期股权投资的成本时,原则上应将投资方在投资合同或协议中约定的价值作为其初始投资成本,投资各方在投资合同或协议中约定的价值不符合公允价值的除外。

4. 通过非货币性资产交换取得的长期股权投资,其初始投资成本应当按照非货币性资产交换的相关规定确定。

5. 通过债务重组取得的长期股权投资,其初始投资成本应当按照债务重组的相关规定确定。

(二) 非企业合并形成的长期股权投资的一般业务核算

企业在初始投资或追加投资时,先按照初始投资或追加投资的实际成本,增加长期股权投资的账面价值,借记“长期股权投资——成本”科目;按享有的被投资方已宣告但尚未发放的现金股利或利润,借记“应收股利”科目;按支付对价的账面价值,贷记有关资产、负债科目;按发生的直接相关费用,贷记“银行存款”等科目;按其差额,贷记“营业外收入”或借记“营业外支出”等科目。再比较初始投资成本与投资时应享有的被投资企业可辨认净资产(净资产即所有者权益)公允价值的份额(可辨认净资产的公允价值是指被投资企业可辨认资产的公允价值减去负债及或有负债公允价值后的余额,份额=被投资方可辨认净资产公允价值的总额×持股比例),若初始投资成本大于投资时应享有的被投资方可辨认净资产公允价值份额的,不调整已确认的投资成本(其性质与商誉相同,在投资期间也不摊销);若初始投资成本小于应享有的被投资方可辨认净资产公允价值份额的,需对长期股权投资的账面价值进行调整,并确认取得的投资当期的收益,借记“长期股权投资——成本”科目,贷记“营业外收入”科目。注意:两笔分录可以合并。如图 5.2 所示。

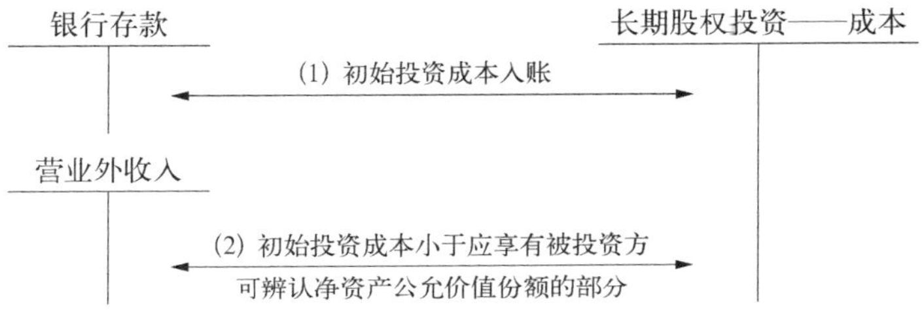

图 5.2　投资成本小于份额的账务处理

例 5.4　某日,公司以银行存款 1 000 万元取得 B 公司 30%的股权,取得投资时 B 公司可辨认净资产的公允价值为 3 000 万元。公司编制会计分录如下(万元)。

借:长期股权投资——成本　　1 000

　　贷:银行存款　　1 000

初始投资成本 1 000 万元大于投资时应享有的被投资方可辨认净资产公允价值份额 900 万元(3 000 万元×30%),不调整长期股权投资的初始投资成本,差额 100 万元相当于商誉,体现在长期投权投资成本中。如投资时 B 公司可辨认净资产的公允价值为 3 500 万元,则应进行的处理为

借:长期股权投资——成本　　1 000

　　贷:银行存款　　1 000

初始投资成本 1 000 万元小于投资时应享有的被投资方可辨认净资产公允价值份额 1 050 万元(3 500 万元×30%),要调整长期股权投资的初始投资成本,并确认当期收益。

借:长期股权投资——成本　　50

　　贷:营业外收入　　50

例 5.5　某日,公司通过增发普通股票 1 000 万股(股票面值为每股 1 元,市价为每股 5 元),取得 B 公司 20%的普通股权,并对 B 公司有重大影响。公司支付股票发行的佣金 100 万元。B 公司同日的净资产公允价值总额为 25 000 万元。

公司有关会计处理如下(万元)。

借:长期股权投资　　5 000

　　贷:股本　　1 000

　　　　资本公积——股本溢价　　4 000

借：资本公积——股本溢价　　100
　　贷：银行存款　　100

第三节　长期股权投资的后续核算

一、长期股权投资的成本法

企业采用成本法核算的长期股权投资，确认初始投资成本后，在持有期间除追加投资或收回投资外，其账面价值均不做调整①。

追加投资时，应按照追加投资的公允价值及发生的相关交易费用增加长期股权投资的账面价值。如果实际支付的价款中包含已宣告但尚未发放的现金股利或利润，应从投资成本中扣除。

被投资企业宣告分派利润或现金股利时，投资企业收到股利的情况不同，具体账务处理会有所差别，具体情况如下。

第一种情况，如果收到股利是购买时已宣告而尚未发放的股利，因为购买时已经计入"应收股利"账户借方，所以收到时直接冲减应收股利，增加银行存款，即借记"银行存款"账户，贷记"应收股利"账户。

第二种情况，如果收到的股利是长期股权投资持有期间被投资单位宣告发放的现金股利或利润，企业将应享有的部分确认为投资收益，借记"应收股利"账户，贷记"投资收益"账户。

例 5.6　公司有关投资资料如下。

(1) 20×1 年 1 月 1 日，公司以银行存款 8 000 万元从乙公司购入其持有的 A 公司 60%的股权，并取得对 A 公司的控制权，形成非同一控制下控股合并的长期股权投资。

(2) 20×1 年 3 月 20 日，A 公司宣告分配上年实现的净利润，分配现金股利 100 万元。

(3) 20×1 年 4 月 20 日，公司收到现金股利 60 万元。

(4) 20×1 年年末，A 公司实现净利润 500 万元。

(5) 20×2 年 3 月 18 日，A 公司宣告分配上年净利润，分配现金股利 200 万元。

(6) 20×2 年 4 月 18 日，收到现金股利 120 万元。

(7) 20×2 年 A 公司发生巨额亏损(非正常)。公司预计对 A 公司投资按当时市场收益率确定的未来现金流量现值为 7 800 万元。

要求：根据上述资料编制公司有关会计分录。

公司的会计处理如下(万元)。

(1) 20×1 年 1 月 1 日，取得投资时，

借：长期股权投资——A 公司　　8 000
　　贷：银行存款　　8 000

(2) 20×1 年 3 月 20 日，宣告分派现金股利时，

借：应收股利　　60(100×60%)
　　贷：投资收益　　60

(3) 20×1 年 4 月 20 日，收到现金股利时，

借：银行存款　　60
　　贷：应收股利　　60

① "长期股权投资"账户不随被投资方所有者权益变动而变动。如被投资方实现净利润、发生净亏损(正常)、资本公积的变动等，投资方均不做账务处理，不调整"长期股权投资"账户的账面价值。

(4) 20×1 年年末,A 公司实现净利润 500 万元,不做账务处理。

(5) 20×2 年 3 月 18 日,宣告分派现金股利时,

借:应收股利　　120(200×60%)

　　贷:投资收益　　120

(6) 20×2 年 4 月 18 日,收到现金股利时,

借:银行存款　　120

　　贷:应收股利　　120

(7) 20×2 年 A 公司发生巨额亏损时,公司对 A 公司的投资预计可收回金额为 7 800 万元,长期股权投资的账面价值为 8 000 万元,应计提 200 万元减值准备。

借:资产减值损失　　200

　　贷:长期股权投资减值准备　　200

二、长期股权投资的权益法

(一) 权益法核算常规

(1) 按照初始投资成本或追加投资成本确认长期股权投资的账面价值。

(2) 比较账面价值与投资时应享有的被投资方可辨认净资产公允价值的份额,对于账面价值小于投资时应享有的被投资方可辨认净资产公允价值份额的,按差额调增账面价值和取得投资当期的收益。

(3) 持有期间,随被投资方所有者权益的变动相应调增或调减长期股权投资的账面价值(调整额=被投资方所有者权益变动的总额×持股比例),并分情况进行处理。对属于因被投资方实现净损益产生的所有者权益的变动,投资方按照持股比例计算应享有的份额,增加或减少长期股权投资的账面价值,同时确认为当期投资损益;对因被投资方其他综合收益导致的所有权益的增减变动,按照持股比例计算应享有的或应分担的份额,增加或减少长期股权投资的账面价值,同时确认为其他综合收益;对被投资方除净损益和其他综合收益以外的其他因素导致的所有者权益的增减变动,按照持股比例计算应享有的或应分担的份额,增加或减少长期股权投资的账面价值,同时确认为资本公积(其他资本公积);被投资方宣告分派利润或现金股利时,投资方按持股比例计算应分得的部分,一般应冲减长期股权投资的账面价值。

(4) 持有期间,投资方应当在被投资方账面净损益的基础上,考虑以下因素的影响,并做适当调整后确认投资损益。

① 被投资方的会计政策及会计期间与投资方不一致的,应当按照投资方的会计政策及会计期间对被投资方的财务报表进行调整,在此基础上确定损益。

② 取得投资时,被投资方可辨认资产等账面价值与公允价值存在不一致的,因被投资方个别报表中的净损益是以其资产账面价值为基础持续计算的,而投资方在取得投资时,是以被投资方有关资产的公允价值为基础确定投资成本的,故投资方应以取得投资时被投资方可辨认资产公允价值为基础,按照重要性要求,以被投资方资产的公允价值为基础计算折旧额、摊销额及减值准备,对被投资方的净损益进行调整,再确认投资损益。

③ 在确认投资收益时,除考虑公允价值的调整外,对于投资方与其联营企业及合营企业之间发生的未实现内部交易损益应予抵消,即投资方与联营企业及合营企业之间发生的未实现内部交易损益按照持股比例计算归属于投资方的部分应予以抵消,在此基础上确认投资

损益。

投资方与被投资方之间的内部交易可分为顺流交易和逆流交易。顺流交易是指投资方向被投资方出售资产；逆流交易是指投资方向被投资方购买资产。当内部交易形成的资产尚未对外部独立第三方出售时，内部交易损益包含在投资方或被投资方相关资产账面价值中，形成未实现内部交易损益。

（二）具体业务的核算

1．被投资方实现净利润

被投资方实现净利润时，企业需计算应享有的份额，借记“长期股权投资——损益调整”科目（作为追加投资），贷记“投资收益”科目（确认为投资收益）。

例 5.7　公司某日取得联营企业 30％的股权，能够施加重大影响。投资时被投资企业的某项固定资产公允价值为 600 万元，账面价值为 300 万元，尚可使用年限为 10 年，净残值为零，按直线法提折旧。被投资企业当年实现净利润 300 万元。假定不考虑所得税的影响，双方采用的会计政策及会计期间相同。要求进行相关账务处理。

公司编制的会计分录为（万元）。

借：长期股权投资——损益调整　　81

　　贷：投资收益　　81

按固定资产账面价值计算扣除的折旧费用为 30 万元，按取得投资时固定资产的公允价值计算折旧费为 60 万元，调整后净利润为 300－30＝270（万元），按持股比例计算投资收益应为 270×30％＝81（万元）。

例 5.8　公司于 20×1 年 1 月取得乙公司 20％的有表决权股份，能够对乙公司施加重大影响。取得该项投资时，乙公司各项可辨认资产、负债的公允价值与其账面价值相同。20×1 年 11 月，乙公司将其成本为 600 万元的某商品以 1 000 万元的价格出售给公司，公司将取得的商品作为存货，至 20×1 年资产负债表日，公司仍未对外出售该存货。乙公司 20×1 年实现净利润 3 200 万元。假定不考虑所得税因素，要求进行相关账务处理。

公司在按照权益法确认应享有的乙公司 20×1 年的净损益时，做如下账务处理（万元）。

经调整后的净利润＝3 200－（1 000－600）×100％（未售出比例）＝3 200－400＝2 800（万元）

借：长期股权投资——损益调整　　560（2 800×20％）

　　贷：投资收益　　560

20×2 年，公司将上述商品全部出售，乙公司实现净利润 3 000 万元。假定不考虑所得税因素，公司需做如下账务处理（万元）。

经调整后的净利润＝3 000＋（1 000－600）＝3 400（万元）

借：长期股权投资——损益调整　　680（3 400×20％）

　　贷：投资收益　　680

例 5.9　公司持有乙公司 20％的有表决权股份，能够对乙公司的财务和生产经营决策施加重大影响。20×2 年，公司将其账面价值为 800 万元的商品以 1 000 万元的价格出售给乙公司，至 20×2 年资产负债表日，该批商品尚未出售给外部第三方。公司取得该项投资时，乙公司各项可辨认资产、负债的公允价值与其账面价值相同，两公司在以前未发生过内部交易。乙公司 20×2 年的净利润为 2 000 万元。假定不考虑所得税因素，要求进行相关账务处理。

公司的账务处理如下（万元）。

未实现的内部交易损益＝1 000－800＝200（万元）

调整后的净利润＝2 000－200＝1 800（万元）

借：长期股权投资——损益调整　　360（1 800×20％）

　　贷：投资收益　　360

20×3 年，乙公司将上述商品全部出售，实现净利润 3 000 万元。假定不考虑所得税因素，20×3 年年末，公司的账务处理如下(万元)。

调整后的净利润＝3 000＋(1 000－800)＝3 200(万元)

借：长期股权投资——损益调整　　640(3 200×20%)

　贷：投资收益　　640

课堂互动　依例 5.8、例 5.9，讨论：(1) 乙公司将其成本为 900 万元的某商品以 700 万元的价格出售给公司的账务处理；(2) 公司将其 800 万元的商品以 600 万元的价格出售给乙公司的账务处理。

2. 被投资方发生净亏损

被投资方发生净亏损时，企业需计算应分担的损失，借记“投资收益”科目(确认投资损失)，贷记“长期股权投资——损益调整”科目(作为投资减少)。被投资企业的净亏损也应以其各项可辨认资产等的公允价值为基础进行调整后加以确定。

由于投资企业承担有限责任，因此投资企业在确认投资损失时，应以长期股权投资的账面价值以及其他实质上构成对被投资企业净投资的长期权益减记至零为限[①]，负有承担额外损失义务的除外。其他实质上构成对被投资企业净投资的长期权益，通常是指长期性的应收项目，如企业对被投资企业的长期应收款，该款项的清偿没有明确的计划且在可预见的未来期间难以收回的，实质上构成长期权益。

企业确认应分担被投资企业发生的亏损时，应当按照以下顺序进行处理。首先，减记长期股权投资的账面价值；其次，长期股权投资的账面价值减记至零时，如果存在实质上构成对被投资企业净投资的长期权益，应以该长期权益的账面价值为限减记长期权益的账面价值，同时确认投资损失；最后，长期权益的价值减记至零时，如果按照投资合同或协议约定需要企业承担额外义务的，应按预计承担的金额确认为投资损失，同时确认预计负债。

按照以上顺序处理后，如果仍有尚未确认的投资损失，投资企业应在备查簿上登记，在被投资企业后续期间实现盈利时，在用其收益分享额弥补未确认的亏损分担额后，恢复确认收益分享额。

注意：被投资企业后续期间实现盈利的，应按与上述相反的顺序处理：先冲减在备查簿中登记的未确认的投资损失，再减记已确认预计负债的账面余额，再恢复其他实质上构成对被投资单位净投资的长期权益，最后恢复长期股权投资的账面价值，同时确认投资收益。顺序如图 5.3 所示。

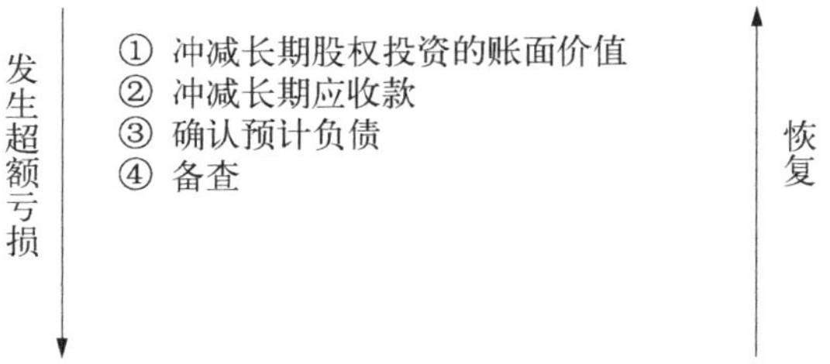

图 5.3　被投资方发生超额亏损的账务处理

① 以“长期股权投资”科目的账面价值减记至零为限，是指“长期股权投资——对××企业投资”科目由“成本”“损益调整”“其他权益变动”三个明细科目组成，账面价值减至零即意味着“对××企业投资”的这三个明细科目合计为零。

例 5.10　公司持有乙企业 40%的股权，某年 12 月 31 日长期股权投资的账面价值为 4 000 万元。乙企业当年亏损 6 000 万元。假定取得投资时被投资企业各资产公允价值等于账面价值，双方采用的会计政策、会计期间相同。公司相关账务处理如下(万元)。

应确认投资损失 2 400 万元，长期股权投资账面价值降至 1 600 万元。

借：投资收益　　2 400

　　贷：长期股权投资——损益调整　　2 400

如果乙企业当年度的亏损额为 12 000 万元，公司应分担损失 4 800 万元，确认投资损失 4 000 万元，长期股权投资账面价值减至 0，另 800 万在备查簿上登记。假如公司账上有应收乙企业长期应收款 1 600 万元，则应进一步确认损失。

借：投资收益　　4 000

　　贷：长期股权投资——损益调整　　4 000

借：投资收益　　800

　　贷：长期应收款　　800

3．被投资方分配利润

采用权益法进行长期股权投资的核算时，被投资企业分派的现金股利，应视为投资的收回。投资企业应按照被投资企业宣告分派的现金股利与持股比例计算应分得的现金股利，相应减少长期股权投资的账面价值，借记"应收股利"科目，贷记"长期股权投资——损益调整"科目。

收到被投资方宣告发放的股票股利，不进行账务处理，但应在备查簿中登记。

4．被投资方的其他综合收益变动

例 5.11　公司持有乙公司 20%的有表决权股份，能够对乙公司的财务和生产经营决策施加重大影响。某年 12 月 31 日，乙公司只有一项成本为 2 000 万元的以公允价值计量且其变动计入其他综合收益的金融资产，其公允价值升至 2 100 万元，乙公司按公允价值超过成本的差额 100 万元调增该项金融资产的账面价值，并计入其他综合收益，导致乙公司所有者权益发生变动。

公司应享有乙公司其他综合收益变动的份额为 100×20%=20(万元)，做如下账务处理(万元)。

借：长期股权投资——乙公司(其他综合收益)　　20

　　贷：其他综合收益　　20

5．被投资方的其他权益变动

在持股比例不变的情况下，被投资单位除净损益、分配利润和确认其他综合收益以外所有者权益的其他变动，企业按持股比例计算应享有的份额，借记或贷记"长期股权投资——其他权益变动"科目，贷记或借记"资本公积——其他资本公积"科目。

例 5.12　公司持有乙公司 20%的有表决权股份，能够对乙公司的财务和生产经营决策施加重大影响。某年度，乙公司接受其母公司实质上属于资本性投入的现金捐赠 500 万元，乙公司将其计入资本公积，导致所有者权益变化。

公司享有乙公司其他权益变动的份额为 500×20%=100(万元)，做如下账务处理(万元)。

借：长期股权投资——乙公司(其他权益变动)　　100

　　贷：资本公积——其他资本公积　　100

第四节　长期股权投资的转换

一、金融资产与长期股权投资的转换

长期股权投资与以公允价值计量的金融资产的转换，是指因追加投资导致的以公允价值

计量的金融资产转换为长期股权投资和处置投资导致长期股权投资转换为以公允价值计量的金融资产两种情况。

(一) 金融资产转为长期股权投资

企业持有的权益性投资在重大影响之下，按照《企业会计准则》规定，企业应将其确认为金融资产。如果企业在金融资产的持有期间，发生追加投资，导致可以对被投资企业实施共同控制、重大影响或者对被投资企业实施控制的，则企业应将该金融资产转换为长期股权投资，并分别按照共同控制、重大影响或控制，在后续计量中采用权益法或成本法进行会计核算。

1. 金融资产转为长期股权投资且按权益法核算

原持有的对被投资单位的股权投资按照金融工具确认和计量准则进行会计核算的，因追加投资等原因导致持股比例上升，能够对被投资单位施加共同控制或重大影响的，在转按权益法核算时，投资方应当按照金融工具确认和计量准则确定的原股权投资的公允价值加上为新增投资而应支付对价的公允价值，作为改按权益法核算的初始投资成本。原持有的股权投资归类为其他权益工具投资的，其公允价值与账面价值之间的差额，以及原计入其他综合收益的累计公允价值变动应当转入改按权益法核算的当期损益。

然后，比较上述计算所得的初始资本，与按照追加投资后全新的持股比例计算确定应享有被投资单位在追加投资日可辨认净资产公允价值份额之间的差额，前者大于后者的，不调整长期股权投资的账面价值；前者小于后者的，应调整长期股权投资的账面价值，并记入当期营业外收入。

例 5.13 公司 20×2—20×3 年有关投资业务如下：

(1) 20×2 年 1 月 1 日，以 610 万元(含已宣告但尚未领取的现金股利 10 万元和支付的相关费用 2 万元)购入 A 公司 10%的股权，对 A 公司没有重大影响。公司将购买的 A 公司股权指定为以公允价值计量且其变动计入其他综合收益的金融资产。

(2) 20×2 年 2 月 10 日，收到 A 公司支付的现金股利 10 万元。

(3) 20×2 年 12 月 31 日，公司持有 A 公司股权的公允价值 660 万元。

(4) 20×3 年 6 月 30 日，公司又从 A 公司的另一投资者处取得 A 公司 20%的股份，实际支付价款 1 450 万元。此次购买完成后，持股比例达到 30%，对 A 公司有重大影响。20×3 年 6 月 30 日，公司原来持有的 A 公司 10%的股份的公允价值为 700 万元。A 公司可辨认净资产公允价值为 7 000 万元。公司按 10%提取法定盈余公积。

(5) A 公司 20×3 年 7 月 1 日至 12 月 31 日实现净利润 500 万元(假设不需要调整)。

公司有关会计核算如下(万元)。

(1) 20×2 年 1 月 1 日，取得投资时，

借：其他权益工具投资——成本	600
应收股利	10
贷：银行存款	610

(2) 20×2 年 2 月 10 日，收到现金股利 10 万元时，

借：银行存款	10
贷：应收股利	10

(3) 20×2 年 12 月 31 日，确认公允价值变动，

借：其他权益工具投资——公允价值变动	60
贷：其他综合收益——其他权益工具投资公允价值变动	60

(4) 20×3 年 6 月 30 日，公司又购入 A 公司 20%的股份，形成重大影响时，

借：长期股权投资——投资成本(1 450+700)	2 150	
贷：银行存款		1 450
其他权益工具投资——成本		600
——公允价值变动		60
盈余公积		4
利润分配——未分配利润		36

同时：

借：其他综合收益——其他权益工具投资公允价值变动	60	
贷：盈余公积		6
利润分配——未分配利润		54

(5) 20×3 年 7 月 1 日至 12 月 31 日，A 公司实现净利润，

借：长期股权投资——损益调整	150	
贷：投资收益		150

2. 金融资产转为长期股权投资且按成本法核算

投资方持有的金融资产因追加投资等原因能够对被投资单位实施控制，企业应在区分同一控制和非同一控制之后，将原确认的金融资产转为长期股权投资，同时按照成本法进行后续核算。原持有的金融资产按公允价值计量的账面价值加上新增投资所支付的对价的公允价值之和，作为改按成本法核算的初始投资成本。如原持有的金融资产归类为以公允价值计量且其变动计入其他综合收益的金融资产的，其原计入其他综合收益的累计公允价值变动应当转入改按成本法核算当期的留存收益。如原持有的金融资产归类为以公允价值计量且其变动计入当期损益的金融资产的，其原计入公允价值变动损益的累计公允价值变动应当转入改按成本法核算当期的投资收益。

例 5.14　公司和乙公司分别为 C 公司控制的两个子公司。某年 4 月 1 日，公司以 1 200 万元的价款(包含相关税费)取得乙公司 10%有表决权的股份，并划分为交易性金融资产进行会计核算，在持有该项金融资产期间，累计确认公允价值变动收益 300 万元。次年 1 月 1 日，公司再次以 6 000 万元价款(含相关税费)取得乙公司 50%有表决权的股份。至此，公司累计持有乙公司 60%有表决权的股份，能够对乙公司实施控制，因此，将原作为交易性金融资产持有的乙公司 10%的股权转换为成本法核算的长期股权投资。次年 1 月 1 日，乙公司所有者权益在最终控制方 C 公司合并财务报表中的账面价值总额为 15 000 万元。公司在次年 1 月 1 日的账务处理如下(万元)。

次年 1 月 1 日公司持有乙公司 60%股权的初始投资成本为 15 000×60%=9 000(万元)。

借：长期股权投资	9 000	
贷：交易性金融资产——成本		1 200
交易性金额资产——公允价值变动		300
银行存款		6 000
资本公积——股本溢价		1 500
借：公允价值变动损益	300	
贷：投资收益		300

例 5.15　某年 2 月 1 日，公司以 1 500 万元的价款取得 D 公司 12%有表决权的股份，将其指定为以公允价值计量且其变动计入其他综合收益的金融资产；至 12 月 31 日，该项金融资产的账面价值为 2 000 万元。次年 1 月 1 日，公司再次以 6 600 万元的价款取得 D 公司 40%有表决权的股份。至此，公司累计持有 D 公司 52%有表决权的股份，能够对 D 实施控制，公司按 10%提取法定盈余公积，公司与 D 公司不存在关联方关系。

公司账务处理如下(万元)。

次年1月1日公司持有D公司52%股权的初始投资成本＝6 600＋2 000＝8 600(万元)。

借：长期股权投资	8 600
贷：其他权益工具投资——成本	1 500
其他权益工具投资——公允价值变动	500
银行存款	6 600
借：其他综合收益	500
贷：盈余公积	50
利润分配——未分配利润	450

(二) 长期股权投资转为金融资产

处置投资导致对被投资方不再具有控制、共同控制或重大影响而将剩余股权投资转换为以公允价值计量的金融资产，具体又可分为将剩余股权投资转换为以公允价值计量且其变动计入当期损益的金融资产和将剩余股权投资指定为以公允价值计量且其变动计入其他综合收益的金融资产两种情况。

处置投资导致长期股权投资转为以公允价值计量的金融资产，均应按转换日该金融资产的公允价值计量，公允价值与原采用成本法或权益法核算的股权投资账面价值之间的差额，应当计入当期投资收益。原持有的对合营企业或联营企业的长期股权投资，因采用权益法核算而确认的其他综合收益，应当在终止采用权益法核算时，采用与被投资方直接处置相关资产或负债相同的基础上进行会计处理；因采用权益法核算而确认的其他所有者权益变动，应当在终止采用权益法核算时，全部转入当期投资收益。

例5.16 公司持有B公司30%有表决权的股份，因能够对B公司的生产经营决策施加重大影响，采用权益法核算。某年3月，公司将15%的股份对外出售，出售以后，无法再对B公司施加重大影响，将剩余股权投资划归为交易性金融资产，剩余股权投资在当日的公允价值为1 800万元。出售时，该项长期股权投资的账面价值为3 200万元，其中成本为2 600万元，损益调整为400万元，其他综合收益为100万元，除净损益、其他综合收益和利润分配外的其他所有者权益变动为100万元。出售取得的价款1 800万元已收到，假定不考虑增值税等相关因素。

公司的账务处理如下(万元)。

(1) 处置15%的股权投资，

借：银行存款	1 800
贷：长期股权投资——投资成本	1 300
——损益调整	200
——其他综合收益	50
——其他权益变动	50
投资收益	200

(2) 将剩余的长期股权投资转为金融资产，

借：交易性金融资产	1 800
贷：长期股权投资——投资成本	1 300
——损益调整	200
——其他综合收益	50
——其他权益变动	50
投资收益	200

(3) 将其他综合收益转入当期损益，

借：其他综合收益	100
贷：投资收益	100

(4) 将其他权益变动转入当期损益，

借：资本公积——其他资本公积　　100

　　贷：投资收益　　100

二、长期股权投资核算方法的转换

(一) 成本法转换为权益法

因处置投资导致对被投资企业由控制转为重大影响或共同控制，应将成本法转换为权益法，其具体会计处理如下。

(1) 将剩余的长期股权投资成本与按照剩余持股比例计算的取得原投资时应享有被投资方可辨认净资产公允价值的份额进行比较，两考之间存在差额的，如果属于剩余的长期股权投资成本大于取得原投资时应享有被投资方可辨认净资产公允价值份额的差额，不调整长期股权投资的账面价值；如果属于剩余的长期股权投资成本小于取得原投资时应享有被投资方可辨认净资产公允价值份额的差额，应按其差额调整长期股权投资的账面价值，同时调整留存收益。

(2) 对于取得原投资后至处置投资交易日之间被投资方实现的净损益(扣除已发放及已宣告发放的现金股利或利润)中投资方按剩余价值持股比例计算的应享有份额，在调整长期股权投资账面价值的同时，对于在取得原投资时处置投资当期期初被投资方实现的净损益中应享有的份额，应调整留存收益；对于在处置投资当期期初至处置投资交易日之间被投资方实现的净损益中应享有的份额，应调整当期损益。

(3) 对于取得原投资后至处置投资交易日之间被投资方确认其他综合收益导致的所有者权益变动中投资方按剩余比例计算的应享有份额，在调整长期股权投资账面价值的同时，计入其他综合收益。

(4) 对于取得原投资后至处置投资交易日之间被投资方除发生净损益、分配利润以及确认其他综合收益以外所有者权益的其他变动中投资方按剩余持股比例计算的应享有份额，在调整长期股权投资账面价值的同时，计入资本公积(其他资本公积)。

例 5.17　20×0 年 1 月 1 日，公司以 3 300 万元取得 D 公司 60%的股权，款项已付，D 公司 20×0 年 1 月 1 日可辨认净资产公允价值总额为 5 000 万元(假定其公允价值等于账面价值)，公司对 D 公司具有控制权，并对该项投资采用成本法核算，公司每年均按 10%提取盈余公积。

(1) 20×0 年 D 公司实现净利润 1 800 万元，未分派现金股利。因其他债权投资公允价值变动增加其他综合收益 200 万元。

(2) 20×1 年 D 公司实现净利润 1 200 万元，未分派现金股利。

(3) 20×2 年 1 月 3 日，公司出售 D 公司 30%的股权，取得价款 2 600 万元，款项已收，当日 D 公司可辨认净资产公允价值总额为 8 200 万元。公司出售 D 公司 30%的股权后不再对 D 公司有控制权，但仍能对其施加重大影响，因此，将对 D 公司的股权投资由成本法改为权益法核算，剩余 30%股权的公允价值为 2 600 万元，假定不考虑增值税等其他因素。

公司的会计处理如下(万元)。

(1) 20×0 年 1 月 1 日，

借：长期股权投资——D 公司　　3 300

　　贷：银行存款　　3 300

(2) 20×0 年、20×1 年 D 公司实现净损益，成本法下不需要进行会计处理。

(3) 20×2 年 1 月 3 日，

① 确认处置投资的损益

借：银行存款　　2 600

　　贷：长期股权投资——D公司　　1 650

　　　　投资收益　　950

② 对剩余股权改按权益法核算

20×2年1月3日，剩余长期股权投资的账面价值为1 650万元，与原投资时应享有被投资企业可辨认净资产公允价值份额之间的差额150(1 650－5 000×30%)万元体现为商誉，该商誉的价值不需要对长期股权投资的成本进行调整。

处置投资后，按照剩余持股比例计算享有被投资企业自购买日至处置投资日期间实现的净损益的份额为900[(1 800＋1 200)×30%]万元，应调整增加长期股权投资的账面价值，同时调整留存收益；按照剩余持股比例计算享有被投资企业所有者其他权益变动中的份额60(200×30%)万元，应调整长期股权投资的账面价值，同时调整其他综合收益。

借：长期股权投资——D公司(损益调整)　　900

　　　　　　　　——D公司(其他综合收益)　　60

　　贷：盈余公积　　90

　　　　利润分配——未分配利润　　810

　　　　其他综合收益　　60

(二) 权益法转换为成本法

因追加投资等导致原持有的对联营企业或合营企业的投资转变为对子公司的投资，应将权益法改为成本法。其会计处理如下。

(1) 企业在追加投资日，原采用权益法下核算的长期股权投资的账面价值不需要调整，追加投资日新增投资的成本按照支付对价的公允价值确认，即以购买日之前所持被购买方的股权投资账面价值与购买日新增投资成本之和，作为该项投资的初始投资成本。

(2) 如果购买日之前持有被购买方的股权涉及其他综合收益或其他权益变动的，应当在处置该项投资时将与其相关的其他综合收益以及其他权益变动转入当期投资收益。

例5.18 某年1月1日，公司以2 000万元取得A公司30%的股权，款项已付，同日A公司可辨认净资产公允价值总额为6 000万元(假定其公允价值等于账面价值)，公司对该项投资采用权益法核算。

当年A公司实现净利润1 000万元，未分派现金股利。

次年1月1日，公司又支付2 400万元取得A公司30%的股权，当日A公司可辨认净资产公允价值总额为7 000万元，取得该部分股权后，公司对A公司的股权投资转为成本法核算。

公司的会计处理如下(万元)。

(1) 某年1月1日，

借：长期股权投资——A公司(投资成本)　　2 000

　　贷：银行存款　　2 000

(2) 当年年末，

借：长期股权投资——A公司(损益调整)　　300

　　贷：投资收益　　300

(3) 次年1月1日又购入30%的股权，

借：长期股权投资——A公司　　4 700

　　贷：银行存款　　2 400

　　　　长期股权投资——A公司(投资成本)　　2 000

　　　　　　　　　　——A公司(损益调整)　　300

第五节　长期股权投资的减值与处置

一、长期股权投资的减值

资产负债表日，企业应在核算确定长期股权投资账面价值的基础上，对其进行减值测试。如长期股权投资在资产负债表日存在可能的减值迹象时，即其可收回金额低于账面价值的，应当将该长期股权投资的账面价值减记至可收回金额，减记的金额确认为减值损失，计入当期损益，同时计提长期股权投资减值准备。长期股权投资减值损失一经确认，在以后会计期间不得转回。

企业计提长期股权投资减值准备，应当设置"长期股权投资减值准备"主体科目。企业按减记金额，借记"资产减值损失"账户，贷记"长期股权投资减值准备"账户。

二、长期股权投资的处置

企业持有长期股权投资的过程中，决定将所持有的对被投资单位的股权全部或者部分对外出售时，应相应结转与所受股权相对应的长期股权投资的账面价值，出售所得价款与处置长期股权投资账面价值之间的差额，应确认为处置当期的投资收益。

处置采用权益法核算的长期股权投资时，应当采用与被投资方直接处置相关资产或负债相同的基础，对相关的其他综合收益进行会计处理，对于可以转入当期损益的其他综合收益，应借记或贷记"其他综合收益"科目，贷记或借记"投资收益"项目；同时，还应将原计入资本公积的其他权益变动金额转出，计入当期损益，借记或贷记"资本公积——其他资本公积"科目，贷记或借记"投资收益"科目。

在部分处置长期股权投资时，按该项投资的总平均成本确定处置部分的成本，并按相同的比例结转已计提的长期股权投资减值准备和相关的其他综合收益、资本公积金额。

例 5.19　6 月 5 日，公司将其作为长期投资持有的 B 公司 15 000 股股票，以每股 10 元的价格全部卖出，扣除交易税费后，共取得价款 149 000 元，款项已收妥。出售日该长期股权投资账面价值为 140 000 元，其中"长期股权投资——成本"账户余额为 120 000 元，"长期股权投资——其他综合收益"账户余额为 5 000 元，"长期股权投资——其他权益变动"账户余额为 15 000 元。

公司有关会计处理如下(元)。

(1) 计算投资收益，

借：股票转让取得价款	149 000	
贷：投资账面价值		140 000
投资收益		9 000

(2) 出售全部股票，

借：银行存款	149 000	
贷：长期股权投资——成本		120 000
——其他综合收益		5 000
——其他权益变动		15 000
投资收益		9 000

同时将其他综合收益和资本公积账户的余额全部转出到投资收益。

借：其他综合收益	5 000	
资本公积——其他资本公积	15 000	
贷：投资收益		20 000

例 5.20 6 月 20 日,公司决定将其持有的 A 公司股权的 60%出售,取得价款 6 000 万元。出售时公司对 A 公司长期股权投资的账面价值为 5 000 万元,其中投资成本为 6 000 万元,减值准备为 1 000 万元。

公司有关的账务处理如下(万元)。

借:银行存款	6 000	
长期股权投资减值准备	1 000	
贷:长期股权投资——A 公司		6 000
投资收益		1 000

课后搜阅 1. 长期股权投资具体准则。

2.《企业会计准则》的相关解释。

本章练习题

一、单项选择题

1. 某企业处置一项采用权益法核算的长期股权投资,长期股权投资各明细科目的金额为成本 200 万元,损益调整借方 100 万元,其他权益变动借方 20 万元。处置该项投资收到的价款为 350 万元。处置该项投资的收益为( )万元。

A. 350 B. 320 C. 30 D. 50

2. A 公司 20×1 年年初按投资份额出资 180 万元对 B 公司进行长期股权投资,占 B 公司股权比例的 40%。当年 B 公司亏损 100 万元;20×2 年 B 公司亏损 400 万元;20×3 年 B 公司实现净利润 30 万元。20×3 年 A 公司计入投资收益的金额为( )万元。

A. 12 B. 10 C. 8 D. 0

3. 甲公司以定向增发股票的方式购买集团内另一企业持有的 A 公司 80%的股权,为取得该股权,甲公司增发了 2 000 万股的普通股,每股面值 1 元,每股的公允价值为 5 元,支付承销商佣金 50 万元,取得该股权时 A 公司净资产的账面价值为 9 000 万元,公允价值为 12 000 万元,假定甲公司和 A 公司采用的会计政策相同,甲公司取得该股权时应确认的资本公积为( )万元。

A. 5 150 B. 7 550 C. 5 200 D. 7 600

4. 甲公司和 A 公司均为 M 集团公司内的子公司,1 月 1 日,甲公司以 1 300 万元购入 A 公司 60%的普通股权,并准备长期持有,甲公司同时支付相关税费 10 万元。A 公司 1 月 1 日的所有者权益账面价值总额为 2 000 万元,可辨认净资产的公允价值为 2 400 万元,则甲公司应确认的长期股权投资初始投资成本为( )万元。

A. 1 300 B. 1 310 C. 1 200 D. 1 440

5. 甲公司持有乙公司 30%的股权,能够对乙公司施加重大影响。某年度乙公司实现净利润 8 000 万元,当年 6 月 20 日,甲公司将成本为 600 万元的商品以 1 000 万元的价格出售给乙公司,乙公司将其作为管理用固定资产并于当月投入使用,预计使用 10 年,净残值为零,采用年限平均法计提折旧。不考虑其他因素,甲公司在其个别财务报表中应确认对乙公司投资的投资收益为( )万元。

A. 2 100 B. 2 280 C. 2 286 D. 2 400

6. 2 月 1 日,甲公司以增发 1 000 万股本公司普通股股票和一台大型设备为对价,取得乙公司 25%的股权,其中,所发行的普通股面值为每股 1 元,公允价值为每股 10 元。为增发股份,甲公司向证券承销机构等支付佣金和手续费 400 万元。用作对价的设备账面价值为 1 000 万元,公允价值为 1 200 万元。当日,乙公司可辨认净资产公允价值为 40 000 万元。假定甲公司能够对乙公司施加重大影响,不考虑其他因素,甲公司该项长期股权投资的初始投资成本是( )万元。

A. 10 000 B. 11 000 C. 11 200 D. 11 600

7. A、B两家公司属于非同一控制下的独立公司。A公司于1月1日以本企业的固定资产对B公司投资，取得B公司60%的股份。该固定资产原值1 500万元，已计提折旧400万元，已提取减值准备50万元，固定资产公允价值为1 250万元。1月1日，B公司净资产的公允价值为2 000万元。假定不考虑相关税费，A公司该项股权投资的初始投资成本为(　　)万元。

A. 1 500　　B. 1 250　　C. 1 200　　D. 1 050

8. 20×1年1月2日，甲公司以货币资金2 000万元取得乙公司30%的股权，投资时乙公司各项可辨认资产、负债的公允价值与其账面价值相同，可辨认净资产公允价值及账面价值的总额均为7 000万元。甲公司取得投资后即派人参与乙公司生产经营决策，但无法对乙公司实施控制。乙公司20×1年实现净利润500万元。假定不考虑所得税因素，该项投资对甲公司20×1年度损益的影响金额为(　　)万元。

A. 50　　B. 100　　C. 150　　D. 250

9. 长期股权投资发生下列事项时，不能确认当期损益的是(　　)。

A. 权益法核算下，被投资单位实现净利润时投资方确认应享有的份额

B. 成本法核算下，被投资单位分配的现金股利中属于投资后实现的净利润

C. 收到分派的股票股利

D. 处置长期股权投资时，处置收入大于长期股权投资账面价值的差额

10. 甲公司20×1年年初以银行存款680万元作为对价取得乙公司30%的股权。当年乙公司亏损800万元；20×2年乙公司亏损2 000万元；20×3年乙公司实现净利润600万元(假定这些利润、亏损金额与投资方认定的金额相同，不需要再进行调整)。20×3年甲公司计入投资收益的金额为(　　)万元。

A. 48　　B. 32　　C. 20　　D. 0

11. 甲公司6月1日购入乙公司股票准备长期持有，占有乙公司40%的股权，12月31日，该长期股权投资明细科目的情况如下：成本为450万元，损益调整(贷方余额)为150万元，其他权益变动(借方余额)为300万元，假设12月31日该股权投资的可收回金额为540万元。12月31日下面有关计提该项长期股权投资减值准备的账务处理正确的是(　　)。

A. 借：投资收益　　210

　　贷：长期投资减值准备　　210

B. 借：资产减值损失　　100

　　贷：长期股权投资减值准备　　100

C. 借：投资收益　　60

　　贷：长期股权投资减值准备　　60

D. 借：资产减值损失　　60

　　贷：长期股权投资减值准备　　60

二、多项选择题

1. 长期股权投资采用权益法核算的，下列各项中，属于投资企业确认投资收益应考虑的因素有(　　)。

A. 被投资单位实现净利润

B. 被投资单位资本公积增加

C. 被投资单位宣告分派现金股利

D. 投资企业与被投资单位之间的未实现内部交易损益

2. 企业按成本法核算时，下列事项中不会引起长期股权投资账面价值变动的有(　　)。

A. 被投资单位以资本公积转增资本

B. 被投资单位宣告分派的属于投资前实现的现金股利

C. 确认现金股利后对长期股权投资计提减值准备

D. 被投资单位接受资产捐赠

3. 下列投资中，应作为长期股权投资核算的有(　　)。

A. 对子公司的投资

B. 对联营企业和合营企业的投资

C. 在活跃市场中没有报价、公允价值无法可靠计量的没有重大影响的权益性投资

D. 在活跃市场中有报价、公允价值能可靠计量的没有重大影响的权益性投资

4. 甲公司某年1月2日取得乙公司30%的股权,并与其他投资方共同控制乙公司,甲、乙公司当年发生的下列交易或事项中,会对甲公司个别财务报表中确认对乙公司投资收益产生影响的有(　　)。

A. 乙公司股东大会通过发放股票股利的议案

B. 甲公司将成本为50万元的产品以80万元出售给乙公司作为固定资产

C. 投资时甲公司投资成本小于应享有乙公司可辨认净资产公允价值的份额

D. 乙公司将账面价值为200万元的专利权作价360万元出售给甲公司作为无形资产

5. 甲公司为境内上市的非投资性主体,其持有其他企业股权或权益的情况如下:

(1) 持有乙公司30%的股权并能对其施加重大影响;

(2) 持有丙公司50%的股权并能与丙公司的另一投资方共同控制丙公司;

(3) 持有丁公司5%的股权但对丁公司不具有控制、共同控制和重大影响;

(4) 持有戊公司40%的股权并能对其实施控制。

下列各项关于甲公司持有其他企业股权或权益会计处理的表述中,正确的有(　　)。

A. 甲公司对乙公司的投资采用权益法进行后续计量

B. 甲公司对丙公司的投资采用成本法进行后续计量

C. 甲公司对丁公司的投资采用公允价值进行后续计量

D. 甲公司对戊公司的投资采用权益法进行后续计量

6. 下列各项涉及交易费用会计处理的表述中,正确的有(　　)。

A. 购买子公司股权发生的初始直接费用计入当期损益

B. 定向增发普通股支付的券商手续费直接计入当期损益

C. 购买交易性金融资产发生的手续费直接计入当期损益

D. 购买以摊余成本计量的金融资产发生的手续费直接计入当期损益

7. 以下说法正确的是(　　)。

A. 同一控制下企业合并按照享有被合并方所有者权益的账面价值确认长期股权投资

B. 非同一控制下企业合并按支付对价公允价值与享有被合并方所有者权益的公允价值孰高确认长期股权投资

C. 取得按权益法核算的长期股权投资按支付对价公允价值与享有被合并方所有者权益的公允价值孰高确认长期股权投资

D. 用存货作为支付方式取得非同一控制下的长期股权投资不需要确认存货收入

8. 下列投资中,不应作为长期股权投资核算的有(　　)。

A. 对子公司的股权投资

B. 购买的子公司债券

C. 在活跃市场中没有报价、公允价值无法可靠计量的没有达到重大影响的权益性投资

D. 在活跃市场中有报价、公允价值能可靠计量的没有达到重大影响的权益性投资

9. 4月20日,A公司以发行公允价值为1 400万元的本公司普通股为对价,自甲公司取得B公司70%有表决权的股份,发行股票过程中支付佣金和手续费200万元。A公司为合理确定合并价格,聘请中介机构对B公司进行评估,支付评估费用50万元。A公司与甲公司签订的股权转让合同规定,如果B公司在未来两年平均净利润超过750万元,A公司需在已支付对价基础上向甲公司另外支付银行存款400万元。A公司估计B公司未来两年的平均净利润很可能超过750万元。购买日B公司可辨认净资产公允价值总额为1 800万元。该项合并中,合并各方在合并前不存在关联方关系。下列有关该项企业合并的表述中,正确的是(　　)。

A. A公司应确认长期股权投资1 800万元　　B. A公司应确认长期股权投资1 850万元
C. 购买日合并资产负债表中确认商誉340万元　　D. 购买日合并资产负债表中确认商誉540万元

10. 在同一控制下的企业合并中，合并方取得的长期股权投资与支付的合并对价账面价值（或发行股份面值总额）的差额，可能调整（　　）。
A. 盈余公积　　B. 资本公积
C. 营业外收入　　D. 利润分配——未分配利润

11. 根据《企业会计准则第2号——长期股权投资》的规定，长期股权投资采用权益法核算时，下列各项可能会引起长期股权投资账面价值变动的有（　　）。
A. 被投资企业发生亏损　　B. 被投资企业购入土地使用权
C. 投资企业计提长期股权投资减值准备　　D. 被投资企业出售交易性金融资产

12. 企业处置长期股权投资时，正确的处理方法有（　　）。
A. 处置长期股权投资时，持有期间计提的减值准备也应一并结转
B. 采用权益法核算的长期股权投资，因被投资企业除净损益以外所有者权益的其他变动而计入所有者权益的，处置该项投资时应当将原计入所有者权益的部分按相应比例转入投资收益
C. 处置长期股权投资，其账面价值与实际取得价款的差额，应当计入投资收益
D. 处置长期股权投资，其账面价值与实际取得价款的差额，应当计入营业外收入

三、计算分录选择题

1. 甲公司和乙公司属于同一集团下的两个公司，1月1日，甲公司以一项专利权作为对价，取得乙公司70%的股权，当日乙公司所有者权益的账面价值为3 000万元，可辨认净资产公允价值为3 500万元。当日，甲公司付出的该项专利权的原价为2 500万元（已累计摊销500万元，无减值），公允价值为2 500万元，甲公司“资本公积——股本溢价”科目的余额为200万元。合并过程中，甲公司另发生相关手续费20万元。不考虑其他因素，甲公司应确认的资本公积为（　　）万元。
A. 100（借方）　　B. 100（贷方）　　C. 120（借方）　　D. 200（贷方）

2. A公司为增值税一般纳税人，适用的增值税税率为13%。20×6年1月1日，A公司将一项固定资产和承担B公司的短期借款还款义务作为合并对价换取B公司持有的C公司70%的股权。该固定资产为20×4年6月取得的一台生产经营用设备，其原值为400万元，已累计计提折旧90万元，未计提减值准备，其公允价值为300万元；B公司短期借款的账面价值和公允价值均为40万元。另为企业合并发生评估费、律师咨询费等5万元。股权购买日C公司可辨认资产的公允价值为650万元，负债公允价值为100万元。假定A公司与B公司、C公司无关联方关系，则A公司长期股权投资的入账价值为（　　）万元。
A. 60　　B. 379　　C. 355　　D. 456

3. 20×1年1月1日，A公司以银行存款1 800万元取得B公司35%的股权，能够对B公司施加重大影响，取得投资时被投资单位可辨认净资产的公允价值为6 000万元。B公司20×1年度共实现净利润600万元。不考虑其他因素，则20×1年年末A公司该项长期股权投资的账面价值为（　　）万元。
A. 2 100　　B. 2 310　　C. 2 010　　D. 1 800

四、实务题

1. A公司于20×1年1月1日以1 035万元（含支付的相关费用1万元）购入B公司股票400万股，每股面值1元，占B公司实际发行在外股份的30%，A公司采用权益法核算该项投资。20×1年1月1日B公司可辨认净资产公允价值为3 000万元（与账面价值相同）。
20×1年B公司实现净利润180万元，提取盈余公积40万元。20×2年度B公司发生亏损4 020万元，B公司因其他权益工具投资公允价值变化增加其他综合收益100万元。20×3年度B公司实现净利润500万元。假定不考虑所得税和其他事项的影响。
要求：编制A公司上述有关投资业务的会计分录。（答案中的金额单位用万元表示）

2. 甲公司有关长期股权投资的业务如下。

(1) 20×1 年 2 月 25 日，甲公司用银行存款 12 000 万元取得乙公司 60%的股权，支付的价款中包含已宣告但尚未发放的现金股利 40 万元，另支付相关税费 20 万元，并准备长期持有。乙公司的可辨认净资产公允价值为 22 000 万元。甲公司和乙公司不存在关联方关系。

(2) 20×1 年 3 月 10 日收到乙公司分派的上述股利。

(3) 20×1 年度，乙公司实现净利润 800 万元，资本公积变动 300 万元。

(4) 20×2 年 2 月 16 日，乙公司宣告分派 20×1 年度股利，分派现金股利 450 万元。

(5) 20×2 年 3 月 12 日，甲公司收到乙公司分派的现金股利。

(6) 20×2 年度，乙公司实现净利润 100 万元。甲公司判断长期股权投资存在减值迹象，经测试得出可收回金额为 11 800 万元。

(7) 20×3 年 2 月 1 日，甲公司将持有的乙公司的股票全部售出，收到价款净额 11 900 万元，款项已由银行收妥。

要求：编制甲公司上述经济业务事项的会计分录。(答案中的金额单位用万元表示)

第六章　固定资产与无形资产

本章提点

一、学习内容

1. 固定资产。

2. 无形资产。

二、学习要求

1. 识记：固定资产、无形资产的概念及其成本构成。

2. 领会：固定资产折旧、无形资产摊销的方法及会计处理。

3. 应用：固定资产建造、减值、清理的账务处理。

三、课前准备

1. 预习固定资产购建、折旧、减值、清理的账务处理，无形资产研究开发的核算。

2. 准备“课堂互动”的材料。

第一节　固定资产

一、固定资产核算概述

(一) 固定资产及其特征

固定资产是指企业为生产商品、提供劳务、出租或经营管理而持有的，使用年限超过一年，单位价值较高的有形资产。

一项资产如要作为固定资产加以确认，首先需要符合固定资产的定义，其次还要符合固定资产的确认条件，即与该固定资产有关的经济利益很可能流入企业，且该固定资产的成本能够可靠地计量。

在实际工作中，企业的经营性质、经营规模等各不相同，固定资产的标准也不可能绝对一致，各企业应结合自身的具体情况，制定适合本企业的固定资产目录、分类方法，以及每类或每项固定资产的折旧年限、折旧方法和预计残值，作为进行固定资产核算的依据。

固定资产具有如下特征。

(1) 固定资产是有形资产，即固定资产具有实物形态，人们凭五官就能感知它的存在。如机器设备、房屋建筑物等。

(2) 固定资产是长期资产，即固定资产的使用寿命较长，至少超过一年。按照划分收益性支出与资本性支出的原则,凡属与购建固定资产相关的支出,在所购建的固定资产达到预定可使用状态之前,都应将其列为资本性支出,计入固定资产的成本,反之,则应列为收益性支出,计入当期费用。

(3) 持有的目的是为了经营管理,而不是为了出售。这与企业持有存货的目的是不同的,持有固定资产通常是利用它生产商品、提供劳务、出租等,或是为了管理和职工福利的需要。

(4) 单位价值较高。一般将单位价值在1 000元以上的房屋、建筑物、机器、设备、运输工具及其他与生产经营有关的设备、工具等列为固定资产。单位价值较低的列入低值易耗品核算。

(5) 固定资产在使用过程中,保持其原有物质形态不变。固定资产可以多次参与企业的生产经营过程,而不改变其原有的物质形态,如机器设备、房屋、运输工具等,其价值在使用过程中随其磨损以折旧的方式逐渐地、部分地转入产品的生产成本(或营业成本)之中。

(二) 固定资产的分类

要加强对固定资产的管理,正确组织固定资产核算,必须对固定资产进行合理的分类。

1. 按经济用途分类

固定资产按经济用途分类,可以分为生产经营用固定资产和非生产经营用固定资产。

生产经营用固定资产,是指直接服务于企业生产经营过程的各种固定资产。如生产经营用的机器设备、房屋建筑物、生产运输工具等。

非生产经营用固定资产,是指不直接参与生产经营过程的各种固定资产,如职工食堂、职工医院、职工宿舍等。

2. 按使用情况分类

固定资产按使用情况分类,可以分为使用中的固定资产、未使用固定资产和不需用固定资产。

使用中的固定资产,是指正在使用中的生产经营性和非生产经营性固定资产。由于季节性经营或大修理等原因,暂时停止使用的固定资产仍属于企业使用中的固定资产,企业出租给其他单位使用的固定资产和内部替换使用的固定资产,也属于使用中的固定资产。

未使用固定资产,是指已完工或已购建的尚未交付使用的新增固定资产以及因进行改建、扩建等原因暂停使用的固定资产。如企业购建的尚待安装的固定资产、经营任务变更停止使用的固定资产等。

不需用固定资产,是指本企业多余或不适用,需要调配处理的各种固定资产。

3. 按所有权分类

固定资产按所有权进行分类,可以分为自有固定资产和融资租入固定资产。

自有固定资产,是指企业为了生产经营目的或其他目的而以购入或建造等方式取得的固定资产,其所有权归企业,企业自己可以自由支配使用。

融资租入固定资产,是指企业在租赁期间不拥有所有权但拥有实质控制权的各种固定资产。

4. 按固定资产的经济用途和使用情况综合分类

按固定资产的经济用途和使用情况综合分类,可以把固定资产分为以下七大类:生产经营用固定资产;非生产经营用固定资产;经营租出固定资产;不需用固定资产;未使用固定资产;融资租入固定资产;土地(指过去已经估价单独入账的土地。因征地而支付的补偿费,应计入与土地有关的房屋、建筑物的价值内，不单独作为土地价值入账。企业取得的土地使用权，应作为无形资产管理，不作为固定资产管理）。

由于企业的经营性质不同，经营规模各异，对固定资产的分类不可能完全一致。但实际工作中，企业大多采用综合分类的方法作为编制固定资产目录、进行固定资产核算的依据。

（三）固定资产的计价

固定资产应当按其成本入账。这里的成本是指历史成本，即原始价值。考虑到固定资产价值较高，使用期限较长，而且其价值会随着服务能力的下降逐渐减少，还需要揭示固定资产的折余价值。因此固定资产的计价主要有以下三种方法。

（1）按历史成本计价。历史成本亦称原始购置成本或原始价值，是指企业在购建固定资产使其达到预定可使用状态前所发生的一切合理的、必要的支出。企业新购建固定资产的计价、确定计提折旧的依据等均采用这种计价方法。

（2）按重置成本计价。重置成本也称重置价值，是指企业在当前条件下，重新购置同样的全新固定资产所发生的全部合理支出。

（3）按净值计价。固定资产净值是指固定资产原始价值减去已计提折旧后的净额，也称折余价值。它既可以反映企业实际占用在固定资产上的资金数额，又可以反映固定资产的新旧程度。这种计价方法主要用于计算盘盈、盘亏、毁损的固定资产的溢余或损失等。

（四）固定资产价值的构成

固定资产价值的构成，是指固定资产价值所包括的范围。它应包括企业为取得某项固定资产并使其达到预定可使用状态前所发生的一切合理的、必要的支出。这些支出既有直接发生的，如购置固定资产的价款、运杂费、包装费和安装成本等；也有间接发生的，如应分摊的借款利息、外币借款折算差额和应分摊的其他间接费用等。

实务中，企业取得固定资产的方式有多种，各种不同来源的固定资产，其价值构成的具体内容也不同。例如，购置的固定资产，将实际支付的买价、包装费、运输费、场地整理费、安装成本、税金及专业人员服务费等作为入账价值；自行建造的固定资产，将建造该项固定资产并使其达到预定可使用状态前所发生的必要支出作为入账价值。

二、固定资产核算的主体科目

企业一般需要设置“固定资产”“累计折旧”“在建工程”“工程物资”“固定资产清理”“固定资产减值准备”等主体科目（如有必要，还可设置“在建工程减值准备”“工程物资减值准备”科目），核算固定资产取得、计提折旧、处置等业务。

“固定资产”科目核算企业固定资产的原价，借方登记企业增加的固定资产原价，贷方登记企业减少的固定资产原价，期末借方余额，反映企业期末固定资产的账面原价。企业应当设置“固定资产登记簿”和“固定资产卡片”，按固定资产类别、使用部门和每项固定资产进行明细核算。

“累计折旧”科目属于“固定资产”的调整科目，核算企业固定资产的累计折旧，贷方登记企业计提的固定资产折旧，借方登记处置固定资产转出的累计折旧，期末贷方余额，反映企业固定资产的累计折旧额。

“在建工程”科目核算企业基建、更新改造等在建工程发生的支出，借方登记企业各项在建工程的实际支出，贷方登记完工工程转出的成本，期末借方余额反映企业尚未达到预定可使用状态的在建工程的成本。

"工程物资"科目核算企业为在建工程而准备的各种物资的实际成本,借方登记企业购入工程物资的成本,贷方登记领用工程物资的成本,期末借方余额反映企业为在建工程准备的各种物资的成本。

"固定资产清理"科目核算企业因出售、报废、毁损、对外投资、非货币性资产交换、债务重组等原因转出的固定资产价值以及在清理过程中发生的费用等,借方登记转出的固定资产净值、清理过程中支付的相关税费和其他费用以及结转固定资产清理收益等,贷方登记收回的残料价值和变价收入、结转固定资产清理损失等,期末余额反映企业尚未清理完毕固定资产清理净损益。该科目应按被清理的固定资产项目设置明细账进行明细核算。

"固定资产减值准备"科目核算企业固定资产的减值准备。贷方登记计提的固定资产减值准备,借方登记处置固定资产结转的减值准备。期末贷方余额,表示企业已计提但尚未转销的固定资产减值准备。

想一想 资产负债表中与固定资产相关的项目有哪些?如何填列?

三、取得固定资产

(一) 外购固定资产

企业外购的固定资产,应将实际支付的购买价款、相关税费,以及使固定资产达到预定可使用状态前所发生的可归属于该项资产的运输费、装卸费、安装费和专业人员服务费等,作为固定资产的取得成本。

(1) 企业购入不需要安装的固定资产,应将实际支付的购买价款、相关税费,以及使固定资产达到预定可使用状态前所发生的可归属于该项资产的运输费、装卸费和专业人员服务费等,作为固定资产成本,借记"固定资产""应交税费——应交增值税(进项税额)"科目,贷记"银行存款"等科目。

(2) 购入需要安装的固定资产,应在购入的固定资产取得成本的基础上加上安装调试成本等,作为购入固定资产的成本,先通过"在建工程"科目核算,待安装完毕达到预定可使用状态时,再由"在建工程"科目转入"固定资产"科目。

企业购入固定资产时,按实际支付的购买价款、运输费、装卸费和其他相关税费等,借记"在建工程""应交税费——应交增值税(进项税额)"科目,贷记"银行存款"等科目;支付安装费用等时,借记"在建工程"科目,贷记"银行存款"等科目;安装完毕达到预定可使用状态时,按其实际成本,借记"固定资产"科目,贷记"在建工程"科目。

企业基于产品价格等因素的考虑,以一笔款项购入多项没有单独标价的固定资产时,需按各项固定资产公允价值的比例对总成本进行分配,分别确定各项固定资产的成本。

例 6.1 公司(一般纳税人)向乙公司一次购进了三台不同型号且具有不同生产能力的设备 A、B、C,共支付款项 10 000 万元,增值税税额为 1 300 万元,包装费为 75 万元,全部以银行存款转账支付。假定设备 A、B、C 均满足固定资产的定义及确认条件,公允价值分别为 4 500 万元、3 850 万元、1 650 万元,不考虑其他相关税费,公司的账务处理如下(万元)。

(1) 确定应计入固定资产成本的金额,包括购买价款、包装费。

$$10\,000+75=10\,075(\text{万元})$$

(2) 确定设备A、B、C的价值分配比例。

A设备应分配的固定资产价值比例为

$$4\,500\div(4\,500+3\,850+1\,650)\times100\%=45\%$$

B设备应分配的固定资产价值比例为

$$3\,850\div(4\,500+3\,850+1\,650)\times100\%=38.5\%$$

C设备应分配的固定资产价值比例为

$$1\,650\div(4\,500+3\,850+1\,650)\times100\%=16.5\%$$

(3) 确定A、B、C设备各自的成本。

A设备的成本为10 075×45%=4 533.75(万元)

B设备的成本为10 075×38.5%=3 878.875(万元)

C设备的成本为10 075×16.5%=1 662.375(万元)

(4) 公司应做如下会计分录。

借：固定资产——A设备	4 533.75
——B设备	3 878.875
——C设备	1 662.375
应交税费——应交增值税(进项税额)	1 300
贷：银行存款	11 375

(3) 分期付款购买固定资产，且在合同中规定的付款期限比较长(通常在三年以上)，超过了正常信用条件时，应当以现值入账。

例6.2 公司于20×8年年初购入一台生产用设备，总价款为1 000万元，分三次付款，20×8年年末支付400万元，20×9年年末支付300万元，20×0年年末支付300万元。税法规定，增值税在约定的付款时间按约定的付款额计算交纳。假定资本市场利率为10%，无其他相关税费。

相关会计处理如下(万元)。

① 计算固定资产的入账成本。

该设备的入账成本 $=400\div(1+10\%)+300\div(1+10\%)^2+300\div(1+10\%)^3=836.96$(万元)

② 20×8年年初购入该设备时，

借：固定资产(在建工程)	836.96
未确认融资费用	163.04
贷：长期应付款	1 000

③ 每年利息费用的推算表如下。

日期	年初本金	当年利息费用	当年还款额	当年还本额
20×8年	836.96	83.70	400.00	316.30
20×9年	520.66	52.07	300.00	247.93
20×0年	272.73	27.27	300.00	272.73

④ 20×8年年末支付设备款及增值税，并认定利息费用时①，

A. 借：财务费用	83.7
贷：未确认融资费用	83.7

① 如果此设备需要安装，且20×8年全年处于安装期，利息费用可以资本化，计入固定资产成本，则此分录为

借：在建工程	83.7
贷：未确认融资费用	83.7

B. 借：长期应付款　400

　　贷：银行存款　400

C. 借：应交税费——应交增值税(进项税额)　52(400×13%)

　　贷：银行存款　52

⑤ 20×9 年年末支付设备款及增值税，并认定利息费用时，

A. 借：财务费用　52.07

　　贷：未确认融资费用　52.07

B. 借：长期应付款　300

　　贷：银行存款　300

C. 借：应交税费——应交增值税(进项税额)　39

　　贷：银行存款　39

⑥ 20×0 年年末支付设备款及增值税，并认定利息费用时，

A. 借：财务费用　27.27

　　贷：未确认融资费用　27.27

B. 借：长期应付款　300

　　贷：银行存款　300

C. 借：应交税费——应交增值税(进项税额)　39

　　贷：银行存款　39

(有关设备折旧等的账务处理，此处略)

(二) 建造固定资产

企业自行建造固定资产，应将建造该项资产达到预定可使用状态前所发生的必要支出作为固定资产的成本。

自建固定资产应先通过“在建工程”科目核算，工程达到预定可使用状态时，再从“在建工程”科目转入“固定资产”科目。企业自建固定资产，主要有自营和出包两种方式，由于采用的建造方式不同，其会计处理也不同。

1. 自营工程

自营工程是指企业自行组织工程物资采购、自行组织施工人员施工的建筑工程和安装工程。购入工程物资时，借记“工程物资”等科目，贷记“银行存款”等科目。领用工程物资时，借记“在建工程”科目，贷记“工程物资”科目。在建工程领用本企业原材料时，借记“在建工程”科目，贷记“原材料”等科目。在建工程领用本企业生产的商品时，借记“在建工程”科目，贷记“库存商品”等科目。自营工程发生的其他费用(如分配工程人员工资等)，借记“在建工程”科目，贷记“银行存款”“应付职工薪酬”等科目。自营工程达到预定可使用状态时，按其成本，借记“固定资产”科目，贷记“在建工程”科目。

例 6.3　公司为增值税一般纳税人，适用的增值税税率为 13%，在生产经营期间以自营方式建造一条产品生产线。1 月至 4 月发生的有关经济业务如下。

(1) 购入一批工程物资，收到的增值税专用发票上注明的价款为 200 万元，增值税税额为 26 万元，款项已通过银行转账支付。

(2) 工程领用工程物资 180 万元。

(3) 工程领用生产用 A 原材料一批，实际成本为 100 万元；购入该批 A 原材料支付的增值税税额为 13 万元；未对该批 A 原材料计提存货跌价准备。

(4) 应付工程人员职工薪酬 114 万元。

(5) 工程建造过程中，由于非正常原因造成部分毁损，该部分工程实际成本为 50 万元，未计提在建工程减

值准备；应从保险公司收取赔偿款5万元，该赔偿款尚未收到。

(6) 以银行存款支付工程其他支出40万元。

(7) 工程达到预定可使用状态前进行试运转，领用生产用B原材料实际成本为20万元，购入该批B原材料支付的增值税税额为2.6万元，经税务部门核定可以抵扣；以银行存款支付其他支出5万元。未对该批B原材料计提存货跌价准备。工程试运转生产的产品完工转为库存商品。该库存商品的估计售价(不含增值税)为38.3万元。

(8) 工程达到预定可使用状态并交付使用。

(9) 剩余工程物资转为生产用原材料，并办妥相关手续。

要求：根据以上资料，逐笔编制相关业务的会计分录。

编制会计分录如下(万元)。

(1) 借：工程物资	200	
应交税费——应交增值税(进项税额)	26	
贷：银行存款		226
(2) 借：在建工程	180	
贷：工程物资		180
(3) 借：在建工程	100	
贷：原材料——A原材料		100
(4) 借：在建工程	114	
贷：应付职工薪酬		114
(5) 借：营业外支出	45	
其他应收款	5	
贷：在建工程		50
(6) 借：在建工程	40	
贷：银行存款		40
(7) 借：在建工程	25	
贷：原材料——B原材料		20
银行存款		5
借：库存商品	38.3	
贷：在建工程		38.3

工程达到预定可使用状态前因进行试运转所发生的净支出，计入工程成本。企业的在建工程项目在达到预定可使用状态前所取得的试运转过程中形成的、能够对外销售的产品，其发生的成本计入在建工程成本，销售或结转为库存商品时，按实际销售收入或按预计售价冲减工程成本。

(8) 借：固定资产	370.7	
贷：在建工程		370.7(180+100+114−50+40+25−38.3)
(9) 借：原材料	20	
贷：工程物资		20

安全生产费用是指在我国境内从事矿山开采、建筑施工、危险品生产及道路交通运输的企业以及其他经济组织按照规定标准提取，在成本费用中列支，专门用于完善和改进企业安全生产条件的资金。高危行业企业是指在我国境内从事矿山开采、建筑施工、危险品生产及道路交通运输的企业以及其他经济组织。高危行业企业按照国家规定提取的安全生产费，应当计入相关产品的成本或当期损益，同时记入"专项储备"科目。企业使用提取的安全生产费形成固定资产的，应当通过"在建工程"科目归集所发生的支出，待安全项目完工达到预定可使用状态时确认为固定资产，同时，按照形成固定资产的成本冲减专项储备，并确认相同金额的累计折旧。该固定资产在以后期间不再计提折旧。

2. 出包工程

出包工程是指企业通过招标等方式将工程项目发包给建造承包商，由建造承包商组织施工的建筑工程和安装工程。企业采用出包方式进行的固定资产工程，其工程的具体支出主要由建造承包商核算，在这种方式下，“在建工程”科目主要是企业与建造承包商办理工程价款的结算科目，企业支付给建造承包商的工程价款作为工程成本，通过“在建工程”科目核算。企业预付工程款项，借记“预付账款”科目，贷记“银行存款”科目，按合理估计的发包工程进度和合同规定向建造承包商结算的进度款，借记“在建工程”科目，贷记“预付账款”等科目；工程完成时按合同规定补付的工程款，借记“在建工程”科目，贷记“银行存款”等科目；工程达到预定可使用状态时，按其成本，借记“固定资产”科目，贷记“在建工程”科目。

(三) 其他方式

(1) 投资者投入的固定资产，将投资各方协商确定的价值作为入账价值，合同或协议约定价值不公允的按公允价值入账。

(2) 企业通过非货币性资产交换、债务重组、企业合并等方式取得的固定资产，其成本应当分别按照《企业会计准则第 7 号——非货币性资产交换》《企业会计准则第 12 号——债务重组》《企业会计准则第 20 号——企业合并》等的规定确定。但是，其后续计量和披露应当执行固定资产准则的规定。

(3) 盘盈的固定资产作为前期差错处理，在按管理权限报经批准处理前，应先通过“以前年度损益调整”科目核算。

四、固定资产的后续支出

固定资产的后续支出是指固定资产在使用过程中发生的更新改造支出、修理费用等。固定资产的更新改造等后续支出，满足固定资产确认条件的，应当计入固定资产成本，如有被替换的部分，应同时将被替换部分的账面价值从该固定资产原账面价值中扣除；不满足固定资产确认条件的固定资产修理费用等，应当在发生时计入当期损益。

(一) 资本化的后续支出

(1) 企业一般应将该固定资产的原价、已计提的累计折旧和减值准备转销，将固定资产的账面价值转入在建工程，并停止计提折旧。发生的后续支出，通过“在建工程”科目核算。在固定资产发生的后续支出完工并达到预定可使用状态时，再从在建工程转为固定资产，并按重新确定的使用寿命、预计的净残值和折旧方法计提折旧。

(2) 企业发生的一些固定资产后续支出可能涉及替换原固定资产的某组成部分，当发生的后续支出符合固定资产确认条件时，应将其计入固定资产成本，同时将被替换部分的账面价值扣除。

例 6.4 公司为一般纳税企业，增值税税率为 13%。20×6 年 12 月购入一台生产设备，原价为 600 万元，采用年限平均法计提折旧，使用寿命为 10 年，预计净残值为零，20×9 年 12 月该企业对该项固定资产的某一主要部件进行更换，20×0 年 1 月购买工程物资，价款为 400 万元，增值税为 52 万元，符合固定资产确认条件，被更换的部件的原价为 300 万元，不考虑残值。

公司的账务处理如下(万元)。

对该项固定资产进行更换前的账面价值＝600－600÷10×3＝420(万元)

减去：被更换部件的账面价值＝300－300÷10×3＝210(万元)

加上：发生的后续支出 400 万元

对该项固定资产进行更换后的原价＝420－210＋400＝610(万元)

借：在建工程　　420
　　累计折旧　　180(600÷10×3)
　　贷：固定资产　　600
借：营业外支出　　210
　　贷：在建工程　　210
借：在建工程　　400
　　应交税费——应交增值税(进项税额)　　52
　　贷：银行存款　　452
借：固定资产　　610
　　贷：在建工程　　610

(二) 费用化的后续支出

与固定资产有关的修理费用等后续支出，通常不满足固定资产确认条件，应当根据不同情况分别在发生时计入当期管理费用或销售费用等，不得采用待摊或预提方式处理。

企业生产车间(部门)和行政管理部门等发生的固定资产修理费用等后续支出，借记"管理费用"科目，贷记"银行存款"等科目；企业发生的与专设销售机构相关的固定资产修理费用等后续支出，借记"销售费用"科目，贷记"银行存款"等科目。

课后搜阅　领用自产产品和自营工程会计处理。

五、固定资产折旧

(一) 固定资产折旧概述

企业应当在固定资产的使用寿命内，按照确定的方法对应计折旧额进行系统分摊，根据固定资产的性质和使用情况，合理确定固定资产的使用寿命和预计净残值。固定资产的使用寿命、预计净残值一经确定，不得随意变更。

影响折旧的因素主要有以下几个方面。

(1) 固定资产原价是指固定资产的成本。

(2) 预计净残值是指假定固定资产预计使用寿命已满并处于使用寿命终了时的预期状态，企业目前从该项资产处置中获得的扣除预计处置费用后的金额。

(3) 固定资产减值准备是指固定资产已计提的固定资产减值准备累计金额。

(4) 固定资产的使用寿命是指企业使用固定资产的预计期间，或者该固定资产所能生产产品或提供劳务的数量。

除以下情况外，企业应当对所有固定资产计提折旧。

(1) 已提足折旧仍继续使用的固定资产。

(2) 单独计价入账的土地。

在确定计提折旧的范围时，还应注意以下几点。

(1) 固定资产应当按月计提折旧，当月增加的固定资产，当月不计提折旧，从下月起计提折旧；当月减少的固定资产，当月仍计提折旧，从下月起不计提折旧。

(2) 固定资产提足折旧后，不论能否继续使用，均不再计提折旧；提前报废的固定资产，也不再补提折旧。所谓提足折旧，是指已经提足该项固定资产的应计折旧额。

(3) 已达到预定可使用状态但尚未办理竣工决算的固定资产,应当按照估计价值确定其成本,并计提折旧;待办理竣工决算后,再按实际成本调整原来的暂估价值,但不需要调整原已计提的折旧额。

(4) 处于更新改造过程中停止使用的固定资产,不计提折旧。

(5) 因大修理而停用的固定资产,照提折旧。

企业至少应当于每年年度终了时,对固定资产的使用寿命、预计净残值和折旧方法进行复核。使用寿命预计数与原先估计数有差异的,应当调整固定资产使用寿命。预计净残值预计数与原先估计数有差异的,应当调整预计净残值。与固定资产有关的经济利益预期实现方式有重大改变的,应当改变固定资产折旧方法。固定资产使用寿命、预计净残值和折旧方法的改变应当作为会计估计变更。

(二) 固定资产折旧的方法

企业应当根据与固定资产有关的经济利益的预期实现方式,合理选择固定资产折旧方法。可选用的折旧方法包括年限平均法(直线法)、工作量法、双倍余额递减法和年数总和法等。

1. 年限平均法

年限平均法是将固定资产的应计折旧额在固定资产的使用年限内平均分摊的一种折旧方法。按照这种方法计算的折旧额,每期是相等的,折旧的累计额在直角坐标系中呈一条上升的直线,又称直线法。

年限平均法的计算公式如下:

年折旧率=年折旧额/固定资产原价×100%

=(1-预计净残值率)/预计使用年限×100%

月折旧率=年折旧率/12

月折旧额=固定资产原价×月折旧率

年折旧额=(原价-预计净残值)÷预计使用年限

=原价×(1-预计净残值/原价)÷预计使用年限

=原价×年折旧率

预计净残值=预计残值-预计清理费用

预计净残值率=预计净残值/原价×100%

固定资产折旧率有个别折旧率、分类折旧率、综合折旧率。

2. 工作量法

工作量法是指根据实际工作量计算每期应提折旧额的一种方法。

工作量法的基本计算公式如下:

单位工作量折旧额=固定资产原价×(1-预计净残值率)/预计总工作量

某项固定资产月折旧额=该项固定资产当月工作量×单位工作量折旧额

3. 双倍余额递减法

双倍余额递减法是一种加速折旧法。所谓加速折旧法,是指固定资产在预计使用年限内所计提的折旧额呈递减趋势的一类折旧方法,其特点是在固定资产有效使用年限内的前期多提折旧,后期少提折旧,每期计提的折旧额,随着时间的推移而逐渐减少,从而相对加快折旧的速度,以使固定资产成本在有效使用年限中加快得到补偿。

双倍余额递减法是在不考虑固定资产残值的情况下，根据每期期初固定资产账面余额和双倍的直线法折旧率计算固定资产折旧的一种方法。由于固定资产的账面价值逐年减少，用此方法计算的折旧额也必定逐年减少。计算公式如下：

年折旧率＝2/预计使用年限×100％

月折旧率＝年折旧率/12

月折旧额＝每月月初固定资产账面净值×月折旧率

在运用上述公式计提折旧时，要注意到双倍余额递减法没有考虑固定资产的预计净残值，而实际上固定资产可能又存在残值，此其一。其二是它总是按余额的一定比率计提折旧，这样，在固定资产预计使用年限终了时，固定资产的账面折余价值与它的预计净残值就不相符。为此采用双倍余额递减法计提折旧的固定资产，应当在固定资产折旧年限到期之前两年内，将固定资产净值扣除预计净残值后的余额平均摊销，即改为直线法。

例 6.5　公司一项固定资产的原价为 100 万元，预计使用年限为 5 年，预计净残值为 0.4 万元，按双倍余额递减法计提折旧，每年的折旧额计算如下。

年折旧率＝2÷5×100％＝40％

第 1 年应提的折旧额＝100×40％＝40(万元)

第 2 年应提的折旧额＝(100－40)×40％＝24(万元)

第 3 年应提的折旧额＝(60－24)×40％＝14.4(万元)

从第 4 年起改用年限平均法(直线法)计提折旧

第 4 年、第 5 年的年折旧额＝[(36－14.4)－0.4]÷2＝10.6(万元)

每年各月折旧额根据年折旧额除以 12 来计算。

算一算　某企业 6 月 16 日自行建造的一生产车间投入使用，该生产车间建造成本为 1 200 万元，预计使用年限为 20 年，预计净残值为 10 万元。在采用双倍余额递减法计提折旧的情况下，次年该设备应计提的折旧额为多少万元？

4. 年数总和法

年数总和法又称合计年限法，也是一种加速折旧法。它是将固定资产的原值减去净残值后的净额乘以一个逐年递减的分数计算每年折旧额的一种方法，这个分数的分子代表固定资产从期初起算的尚可使用的年数，分母代表预计可使用年数的总和。

年数总和法的计算公式如下：

年折旧率＝(预计使用年限－已使用年限)/预计使用年限×(预计使用年限＋1)/2×100％

或　　年折旧率＝尚可使用年限/预计使用年限的年数总和×100％

年折旧额＝(固定资产原值－预计净残值)×年折旧率

用例 6.5 的资料，采用年数总和法计算的各年折旧额如表 6.1 所示。

表 6.1　采用年数总和法计算的各年折旧额

年份	尚可使用年限	原值－净残值/万元	变动折旧率	年折旧额/万元	累计折旧/万元
1	5	100－0.4＝99.6	5/15	33.2	33.2
2	4	99.6	4/15	26.56	59.76
3	3	99.6	3/15	19.92	79.68

续 表

年份	尚可使用年限	原值－净残值/万元	变动折旧率	年折旧额/万元	累计折旧/万元
4	2	99.6	2/15	13.28	92.96
5	1	99.6	1/15	6.64	99.6

双倍余额递减法与年数总和法都是加速折旧法，但两者有区别。双倍余额递减法在计提折旧的前期不考虑固定资产的净残值，以每期固定资产的折余价值为基数计提折旧，即折旧基数每期都在变，而折旧率不变；而年数总和法则相反，折旧基数不变，变化的是折旧率。

加速折旧法与年限平均法相比较而言，加速折旧法并不缩短固定资产的预计使用年限，但可使企业在固定资产使用早期就将应计折旧额的大部分提取，而不像年限平均法那样，每年计提一个固定的折旧数额，加速折旧法的优点也正在于此。

（三）固定资产折旧的核算

固定资产应当按月计提折旧，计提的折旧应当记入“累计折旧”科目，并根据用途计入相关资产的成本或者当期损益。企业自行建造固定资产的过程中使用的固定资产，其计提的折旧应计入在建工程成本；基本生产车间所使用的固定资产，其计提的折旧应计入制造费用；管理部门所使用的固定资产，其计提的折旧应计入管理费用；销售部门所使用的固定资产，其计提的折旧应计入销售费用；经营租出的固定资产，其应提的折旧额应计入其他业务成本。企业计提固定资产折旧时，借记“制造费用”“销售费用”“管理费用”等科目，贷记“累计折旧”科目。

实际工作中，固定资产折旧的计提是依据“当月固定资产应计提的折旧额＝上月固定资产计提的折旧额＋上月增加固定资产应计提的折旧额－上月减少固定资产应计提的折旧额”这一等式，通过编制固定资产折旧计算表来完成的。固定资产折旧计算表如表6.2所示。

表6.2　固定资产折旧计算表　　单位：元

使用部门	固定资产项目	上月折旧额	上月增加固定资产		上月减少固定资产		本月折旧额	分配费用
			原值	折旧额	原值	折旧额		
一车间	厂房 设备 其他 小计							制造费用
二车间	厂房 设备 小计							制造费用
行政管理部门	房屋建筑 运输工具							管理费用
经营租赁租出固定资产	房屋 设备 其他							其他业务成本
专设销售机构固定资产	房屋 设备 其他							销售费用
合　计								

六、固定资产清查

为保证账实相符，企业应定期或者至少于每年年末对固定资产进行清查盘点，清查一般采用实地盘点法。在固定资产清查过程中，如果发现盘盈、盘亏的固定资产，应填制固定资产盘盈盘亏报告表。清查固定资产的损溢，应及时查明原因，并按照规定程序报批处理。

（一）固定资产盘盈

企业在财产清查中盘盈的固定资产，作为前期差错处理。企业在财产清查中盘盈的固定资产，在按管理权限报经批准处理前应先通过“以前年度损益调整”科目核算。盘盈的固定资产应按重置成本确定其入账价值，借记“固定资产”科目，贷记“以前年度损益调整”科目。

例 6.6　公司在财产清查过程中，发现一台未入账的设备，重置成本为 10 000 元（假定与其计税基础不存在差异），该盘盈固定资产作为前期差错进行处理。假定公司适用的所得税税率为 25%，按净利润的 10%计提法定盈余公积。公司应做如下会计处理（元）。

（1）盘盈固定资产时，

借：固定资产　10 000

　　贷：以前年度损益调整　10 000

（2）确定应交纳的所得税时，

借：以前年度损益调整　2 500

　　贷：应交税费——应交所得税　2 500

（3）结转为留存收益时，

借：以前年度损益调整　7 500

　　贷：盈余公积——法定盈余公积　750

　　　　利润分配——未分配利润　6 750

想一想　固定资产盘盈的账务处理与存货等资产盘盈的账务处理有何不同？

（二）固定资产盘亏

企业在财产清查中盘亏的固定资产，按盘亏固定资产的账面价值，借记“待处理财产损溢”科目；按已计提的累计折旧，借记“累计折旧”科目；按已计提的减值准备，借记“固定资产减值准备”科目；按固定资产的原值，贷记“固定资产”科目。按管理权限报经批准后处理时，按可收回的保险赔偿或过失人赔偿，借记“其他应收款”科目；按应计入营业外支出的金额，借记“营业外支出——盘亏损失”科目，贷记“待处理财产损溢”科目。

七、固定资产减值

固定资产减值是指固定资产由于发生损坏、技术陈旧或其他经济原因，导致其可收回金额低于账面价值的情况。这里的可收回金额是指固定资产净额与固定资产预计未来现金流量的现值两者之中的较高者。其中，固定资产净额是指固定资产的公允价值减去处置固定资产所发生的相关税费后的金额。资产负债表日，固定资产可收回金额低于账面价值的，企业应当将该固定资产的账面价值减记至可收回金额，减记的金额确认为减值损失，计入当期损益，同时计提相应的资产减值准备，借记“资产减值损失——计提的固定资产减值准备”科目，贷记“固定资产减值准备”科目。固定资产减值损失一经确认，在以后会计期间不得转回，需要等到固定资产处置时才能转出。

例 6.7 公司于20×8年9月5日对一产品生产线进行改扩建,改扩建前该生产线的原价为900万元,已提折旧200万元,已提减值准备50万元。在改扩建过程中领用工程物资300万元,领用生产用原材料58.5万元,发生改扩建人员工资80万元,用银行存款支付其他费用61.5万元。该生产线于20×8年12月20日达到预定可使用状态。该企业对改扩建后的固定资产采用年限平均法计提折旧,预计尚可使用年限为10年,预计净残值为50万元。20×0年12月31日该生产线的可收回金额为690万元。假定固定资产按年计提折旧,固定资产计提减值准备不影响固定资产的预计使用年限和预计净残值。

要求:

(1) 编制上述与固定资产改扩建有关业务的会计分录,计算改扩建后固定资产的入账价值。

(2) 计算改扩建后的生产线20×9年和20×0年每年应计提的折旧额。

(3) 计算20×0年12月31日该生产线是否应计提减值准备,若计提减值准备,编制相关会计分录。

(4) 计算该生产线20×1年和20×2年每年应计提的折旧额。

公司的账务处理如下(万元)。

(1) 会计分录如下。

借:在建工程　650
　累计折旧　200
　固定资产减值准备　50
　　贷:固定资产　900

借:在建工程　300
　　贷:工程物资　300

借:在建工程　58.5
　　贷:原材料　58.5

借:在建工程　80
　　贷:应付职工薪酬　80

借:在建工程　61.5
　　贷:银行存款　61.5

改扩建后在建工程账户的金额=650+300+58.5+80+61.5=1 150(万元)。

借:固定资产　1 150
　　贷:在建工程　1 150

(2) 20×9年和20×0年每年计提的折旧额=(1 150-50)÷10=110(万元)。

(3) 20×0年12月31日固定资产计提减值准备前的账面价值=1 150-110×2=930(万元),可收回金额为690万元,小于930万元,应计提减值准备240(930-690)万元。

借:资产减值损失　240
　　贷:固定资产减值准备　240

(4) 20×1年和20×2年每年计提的折旧额=(690-50)÷8=80(万元)。

八、处置固定资产

固定资产的处置(减少)包括固定资产的出售、对外投资、非货币性资产交换、债务重组、捐赠、调拨、盘亏、报废、毁损等。

企业在生产经营过程中,对不堪使用、不适用或不需用的固定资产,应及时予以处置,其方法主要有出售、报废或交换新资产。

企业减少的固定资产,不论何种原因,都应按规定的程序办理审批手续,结转固定资产的账面价值,计算有关的清理收入、清理费用及残料价值,填制有关凭证,据以进行账务处理。

处置固定资产除盘亏外，均应通过"固定资产清理"科目核算。具体包括以下几个环节。

(1) 固定资产转入清理，按该项固定资产的账面价值，借记"固定资产清理"科目；按已计提的累计折旧，借记"累计折旧"科目；按已计提的减值准备，借记"固定资产减值准备"科目；按其账面原价，贷记"固定资产"科目。

(2) 发生的清理费用等，按支付的相关税费及其他费用，借记"固定资产清理"科目，贷记"银行存款""应交税费"等科目。

(3) 收回出售固定资产的价款、残料价值和变价收入等，应冲减清理支出。按实际收到的出售价款和残料变价收入等，借记"银行存款""原材料"等科目，贷记"固定资产清理""应交税费——应交增值税"等科目。

(4) 确认保险赔偿等，按应由保险公司或过失人赔偿的损失，借记"其他应收款"等科目，贷记"固定资产清理"科目。

(5) 清理净损益的处理。固定资产清理完成后的净损益，属于正常出售、转让所产生的利得或损失，借记或贷记"资产处置损益"科目，贷记或借记"固定资产清理"科目；属于已丧失使用功能正常报废所产生的利得或损失，借记或贷记"营业外支出——非流动资产报废"科目，贷记或借记"固定资产清理"科目；属于由自然灾害等非正常原因造成的损失，借记或贷记"营业外支出——非常损失"科目，贷记或借记"固定资产清理"科目。

固定资产清理的账务处理如图 6.1 所示。

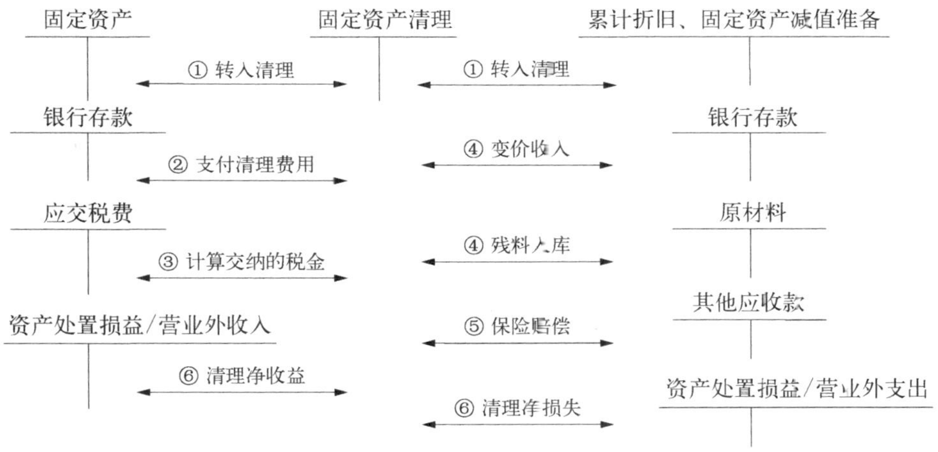

图 6.1　固定资产清理的账务处理

例 6.8　公司出售一座建筑物，原价为 200 万元，已计提折旧 100 万元，未计提减值准备，实际出售价格为 120 万元，已通过银行收回价款。公司应做如下会计处理(万元)。

(1) 将出售固定资产转入清理时，

借：固定资产清理　　100

　　累计折旧　　100

　　贷：固定资产　　200

(2) 假定销售该固定资产应交纳的增值税税率为 3%，应纳税 3.6 万元(120×3%)，收回出售固定资产的价款时，

借：银行存款　　123.6

　　贷：固定资产清理　　120

　　　　应交税费——应交增值税(销项税额)　　3.6

(3) 结转出售固定资产实现的利得时，

借：固定资产清理 20

　　贷：资产处置损益 20

练一练　丙公司因遭受水灾而毁损一座仓库，该仓库原价为400万元，已计提折旧100万元，未计提减值准备。其残料估计价值为5万元，残料已办理入库。发生的清理费用为2万元，以现金支付。经保险公司核定应赔偿损失150万元，尚未收到赔款。

要求编制丙公司会计分录。

第二节　无形资产

一、无形资产核算概述

(一) 无形资产及其特征

无形资产是指企业拥有或控制的没有实物形态的可辨认非货币性资产，包括专利权、商标权、非专利技术、著作权、特许经营权、土地使用权等，不含商誉。

无形资产具有三个主要特征。

(1) 不具有实物形态。无形资产是不具有实物形态的非货币性资产，它不像固定资产、存货等有形资产具有实物形体。

(2) 具有可辨认性。① 能够从企业中分离或者划分出来，并能单独或者与相关合同、资产或负债一起，用于出售、转让、授予许可、租赁或者交换。② 源自合同性权利或其他法定权利，无论这些权利是否可以从企业或其他权利和义务中转移或者分离。

商誉的存在无法与企业自身分离，不具有可辨认性，不列入无形资产。

(3) 属于非货币性长期资产。无形资产属于非货币性资产且能够在多个会计期间为企业带来经济利益。无形资产的使用年限在一年以上，其价值将在各个受益期间逐渐摊销。

无形资产同时满足以下条件时才能予以确认：与该资产有关的经济利益很可能流入企业；该无形资产的成本能够可靠地计量。

(二) 无形资产的种类

无形资产包括专利权、非专利技术、商标权、著作权、土地使用权、特许权等。

(1) 专利权。专利权是指国家专利主管机关依法授予发明创造专利申请人对其发明创造在法定期限内所享有的专有权利，包括发明专利权、实用新型专利权和外观设计专利权。它给予持有者独家使用或控制某项发明的特殊权利。专利权是允许其持有者独家使用或控制的特权，但它并不保证一定能给持有者带来经济效益，如有的专利可能会被另外更有经济价值的专利所淘汰等。因此，企业不应将其所拥有的一切专利权都予以资本化，作为无形资产管理和核算。只有从外单位购入的专利或者自行开发并按法律程序申请取得的专利，才能作为无形资产管理和核算。这种专利可以降低成本，或者提高产品质量，或者将其转让出去获得转让收入。

(2) 商标权。商标是用来辨认特定商品或劳务的标记。商标权是指专门在某类指定的商品或产品上使用特定的名称或图案的权利。商标经过注册登记，就获得了法律上的保护。

（3）土地使用权。土地使用权是指国家准许某一企业或单位在一定期间内对国有土地享有开发、利用、经营的权利。

（4）非专利技术。非专利技术即专有技术，或技术秘密、技术诀窍，是指先进的、未公开的、未申请专利、可以带来经济效益的技术及诀窍。非专利技术并不是专利法的保护对象，专有技术所有人依靠自我保密的方式来维持其独占权，可以用于转让和投资。

（5）著作权。著作权又称版权，制作者对其创作的文学、科学和艺术作品依法享有的某种特殊权利。著作权包括两方面的权利，即精神权利（人身权利）和经济权利（财产权利）。

（6）特许权。特许权又称经营特许权、专营权，指企业在某一地区经营或销售某种特定商品的权利或是一家企业接受另一家企业使用其商标、商号、技术秘密等的权利。

（三）无形资产的计价

无形资产应当按其成本入账。例如，① 企业从外单位购入的专利权，应按实际支付的价款作为专利权的成本。企业自行开发并按法律程序申请取得的专利权，应按照无形资产准则确定的金额作为成本。② 如果企业购买他人的商标，一次性支出费用较大的，可以将其资本化，应根据购入商标的价款、支付的手续费及有关费用作为商标的成本。③ 企业取得土地使用权，应将取得时发生的支出资本化，作为土地使用权的成本。④ 企业的非专利技术，如果是企业自己开发研究的，应将符合《企业会计准则第 6 号——无形资产》规定的开发支出资本化条件的，确认为无形资产；对于从外部购入的非专利技术，应将实际发生的支出予以资本化，作为无形资产入账。

二、无形资产核算的主体科目

为了核算无形资产的取得、摊销和处置等情况，企业应当设置“无形资产”“研发支出”“累计摊销”“无形资产减值准备”主体科目。

“无形资产”科目核算企业持有的无形资产成本，借方登记取得无形资产的成本，贷方登记出售无形资产转出的无形资产账面余额，期末借方余额为企业无形资产的成本。本科目应按无形资产项目设置明细账，进行明细核算。

“研发支出”科目核算企业进行研究与开发无形资产过程中发生的各项支出。借方登记企业自行开发无形资产发生的研发支出，贷方登记转出的研发支出；期末余额在借方，为尚未转出的研发支出。

“累计摊销”科目属于“无形资产”科目的调整科目，核算企业对使用寿命有限的无形资产计提的累计摊销，贷方登记企业计提的无形资产摊销，借方登记处置无形资产转出的累计摊销，期末贷方余额反映企业无形资产的累计摊销额。

“无形资产减值准备”科目也属于“无形资产”科目的调整科目，核算企业无形资产的减值准备。贷方登记企业计提的无形资产减值准备，借方登记处置无形资产转出的减值准备，期末贷方余额表示企业已计提但尚未转销的无形资产减值准备。本科目可按无形资产项目进行明细核算。

三、无形资产成本的构成

无形资产通常按照实际成本进行初始计量，即以取得无形资产并使之达到预定用途而发生的全部支出作为无形资产的成本。无形资产的来源不同，其成本构成也不尽相同。

1. 外购无形资产的成本

外购无形资产的成本，包括购买价款、相关税费和直接归属于使该项资产达到预定用途所发生的其他支出。其中，直接归属于使该项资产达到预定用途所发生的其他支出包括使无形资产达到预定用途所发生的专业服务费用、测试无形资产是否能够正常发挥作用的费用等，但不包括为引入新产品进行宣传发生的广告费、管理费用及其他间接费用，也不包括在无形资产已经达到预定用途以后发生的费用。

购买无形资产的价款超过正常信用条件延期支付，实质上具有融资性质的，无形资产的成本应以购买价款的现值为基础确定。实际支付的价款与购买价款的现值之间的差额作为未确认融资费用，在信用期间内采用实际利率法进行摊销，摊销金额除满足借款费用资本化条件应当计入无形资产成本外，均应当在信用期间内确认为财务费用，计入当期损益。

2. 自行研究开发无形资产的成本

企业自行研究开发无形资产所发生的支出应区分研究阶段支出和开发阶段支出。

研究是指为获取并理解新的科学或技术知识而进行的独创性的有计划调查。研究阶段是探索性的，为进一步的开发活动进行资料及相关方面的准备，已进行的研究活动将来是否会转入开发、开发后是否会形成无形资产等具有较大的不确定性。例如，研究成果或其他知识的应用研究、评价和最终选择；材料、设备、产品、工序、系统或服务替代品的研究等。

研究阶段的支出，应于发生时计入“研发支出”科目，期末再将“研发支出”科目归集的费用化支出金额转入“管理费用”科目。

开发是指在进行商业性生产或使用前，将研究成果或其他知识应用于某项计划或设计，以生产出新的或具有实质性改进的材料、装置、产品等。开发在很大程度上具备了形成一项新产品或新技术的基本条件。例如，生产前或使用前的原型和模型的设计、建造和运营等。

企业内部研究开发项目开发阶段的支出，同时满足下列条件的，才能确认为无形资产，将“研发支出”科目归集的支出金额转入“无形资产”科目。

(1) 完成该无形资产以使其能够使用或出售在技术上具有可行性。

(2) 具有完成该无形资产并使用或出售的意图。

(3) 无形资产产生经济利益的方式，包括能够证明运用该无形资产生产的产品存在市场或无形资产自身存在市场。无形资产将在内部使用的，应当证明其有用性。

(4) 有足够的技术、财务资源和其他资源支持以完成该无形资产的开发，并有能力使用或出售该无形资产。

(5) 归属于该无形资产开发阶段的支出能够可靠地计量。

开发阶段的支出，不同时符合上述条件的，应将“研发支出”科目归集的支出金额转入“管理费用”科目。

3. 投资者投入无形资产的成本

投资者投入无形资产的成本，应当按照投资合同或协议约定的价值确定，合同或协议约定价值不公允的按公允价值入账。按所确认初始成本与实收资本或股本之间的差额调整资本公积。

4. 取得土地使用权的成本

企业取得的土地使用权，通常应当按照取得时所支付的价款及相关税费确认为无形资产。

土地使用权用于自行开发建造厂房等地上建筑物时，相关的土地使用权账面价值不转入在建工程成本。土地使用权与地上建筑物分别进行摊销和提取折旧。

房地产开发企业取得的土地使用权用于建造对外出售的房屋建筑物，相关的土地使用权成本应当计入所建造的房屋建筑物成本。

企业为外购的房屋建筑物支付的价款应当在地上建筑物与土地使用权之间分配，无法合理分配的，应全部确认为固定资产。

企业改变土地使用权的用途，将其作为用于出租或增值目的时，应将其账面价值转为投资性房地产。

5. 其他来源无形资产的成本

通过非货币性资产交换、债务重组、企业合并、政府补助、接受捐赠等方式取得的无形资产，其成本的构成参见相关准则规定。

想一想　无形资产的成本采用了哪些计量属性计量？

四、取得无形资产

1. 外购的无形资产。企业购入的无形资产，按实际支付的价款作为实际成本入账，借记"无形资产"科目，贷记"银行存款"科目。

2. 企业自行研究开发的无形资产。研究阶段发生的研发支出，借记"研发支出"科目，贷记"原材料""银行存款""应付职工薪酬"等科目；结转时，借记"管理费用"科目，贷记"研发支出"科目。开发阶段发生的研发支出，借记"研发支出"科目，贷记"原材料""银行存款""应付职工薪酬"等科目。研究开发项目达到预定用途形成无形资产的，借记"无形资产"科目，贷记"研发支出"科目。将不能资本化的支出转作费用时，借记"管理费用"科目，贷记"研发支出"科目。

例 6.9　公司自行研究、开发一项技术，截至 20×9 年 12 月 31 日，发生研发支出合计 200 万元，经测试该项研发活动完成了研究阶段，从 20×0 年 1 月 1 日开始进入开发阶段，20×0 年发生开发支出 30 万元，符合开发支出资本化的条件。20×0 年 6 月 30 日，该项研发活动结束，最终开发出一项非专利技术。公司应做如下会计处理(万元)。

(1) 20×9 年发生的研发支出，

借：研发支出　　200

　　贷：银行存款等　　200

(2) 20×9 年 12 月 31 日，结转发生的属于研究阶段的研发支出，

借：管理费用　　200

　　贷：研发支出　　200

(3) 20×0 年，发生开发支出，

借：研发支出　　30

　　贷：银行存款等　　30

(4)20×0 年 6 月 30 日，该技术研发完成并满足资本化确认条件，形成无形资产，

借：无形资产　　30

　　贷：研发支出　　30

3. 投资者投入的无形资产。投资者投入的无形资产，借记"无形资产"科目，贷记"实收资本"(或"股本")科目，若有差额，则调整资本公积。

4. 购入土地使用权。企业购入土地使用权,应按实际支付的价款,借记“无形资产”科目,贷记“银行存款”等科目。

五、无形资产的摊销

企业应当于取得无形资产时分析判断其使用寿命。

(一) 使用寿命的确定

(1) 根据合同性权利或其他法定权利取得的无形资产,其使用寿命不应超过合同性权利或其他法定权利的期限。

注意:

① 预期的使用年限较短时,将较短的使用年限确定为使用寿命;

② 如果合同性权利或其他法定权利能够在到期时因续约等延续,且有证据表明企业续约不需付出大额成本,续约期应当计入使用寿命。

(2) 合同或法律没有规定使用寿命的,企业应当综合各方面因素判断,以确定无形资产能为企业带来经济利益的期限。例如,与同行业的情况进行比较、参考历史经验或聘请相关专家进行论证。

(3) 经过上述程序,仍无法合理确定无形资产为企业带来经济利益期限的,才能将其作为使用寿命不确定的无形资产。

使用寿命有限的无形资产应进行摊销。

使用寿命无限的无形资产不摊销,期末应进行减值测试。

(二) 无形资产使用寿命的复核

企业至少应于每年年终时,对无形资产的使用寿命和摊销方法进行复核。无形资产使用寿命和摊销方法的变更属于会计估计变更。

对于使用寿命不确定的无形资产,如果有证据表明其使用寿命是有限的,应作为会计估计变更处理。

(三) 使用寿命有限的无形资产的摊销

(1) 摊销起止时间。无形资产的摊销期自其可供使用(即其达到预定用途)时起至终止确认时止,即增加当月起开始摊销,处置当月不再摊销。

注意起止月份与固定资产的区别。

(2) 摊销方法。应依据从资产中获取的未来经济利益的预期实现方式来选择,并一致地运用于不同会计期间,如生产总量法等。无法可靠地确定经济利益的预期实现方式的,应当采用直线法摊销。

(3) 摊销金额和残值。无形资产的应摊销金额为其成本扣除预计残值后的金额,已计提减值准备的无形资产,还应扣除已计提的无形资产减值准备累计金额。

使用寿命有限的无形资产,其残值应当视为零,但下列情况除外。

① 有第三方承诺在无形资产使用寿命结束时购买该无形资产。

② 可以根据活跃市场得到预计残值信息,并且该市场在无形资产使用寿命结束时很可能存在。

估计无形资产的残值应以资产处置时的可收回金额为基础，残值确定以后，在持有无形资产的期间，至少应于每年年末进行复核，预计其残值与原估计金额不同的，按照估计变更进行处理。

如果无形资产的残值重新估计以后高于其账面价值的，则无形资产不再摊销，直至残值降至低于账面价值时再恢复摊销。

(4) 无形资产的摊销额一般应当计入当期损益。企业自用的无形资产，其摊销额计入管理费用；出租的无形资产，其摊销金额计入其他业务成本；某项无形资产包含的经济利益通过所生产的产品或其他资产实现的，其摊销金额应当计入相关资产成本。

有关内容归纳如图 6.2 所示。

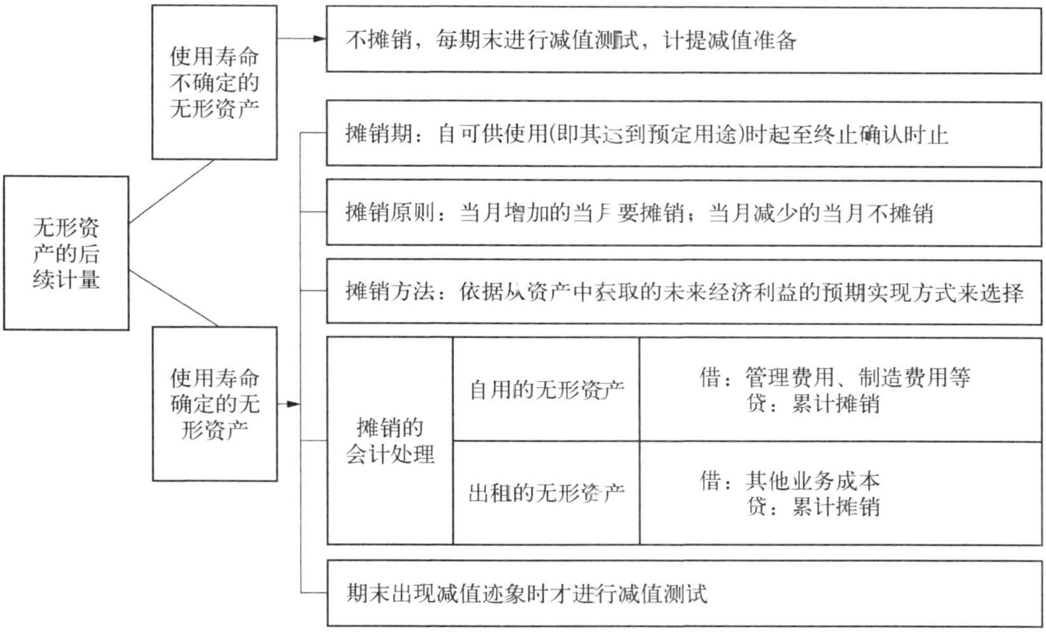

图 6.2 无形资产的后续计量

例 6.10 公司于 20×0 年 6 月 5 日购入一项专利权，实际支付价款为 27 万元。按相关法律，该专利的有效期为 10 年，已使用 2 年，企业预计使用年限为 5 年。公司的账务处理如下。

每年摊销额 = 270 000 ÷ 5 = 54 000(元)

每月摊销额 = 54 000 ÷ 12 = 4 500(元)

摊销应从 20×0 年 6 月起开始，20×0 年应摊销额为 4 500×(12－5)＝31 500(元)。

会计分录如下(元)：

借：管理费用——无形资产摊销	31 500	
贷：累计摊销		31 500

例 6.11 1 月 1 日，公司购入一块土地的使用权，以银行存款转账支付 8 000 万元，并在该土地上自行建造厂房等工程，发生材料支出 12 000 万元、工资费用 8 000 万元、其他相关费用 10 000 万元等。该工程已经完工并达到预定可使用状态。假定土地使用权的使用年限为 50 年，该厂房的使用年限为 25 年，两者都没有净残值，都采用直线法进行摊销和计提折旧。为简化核算，不考虑其他相关税费。

公司的账务处理如下(万元)。

公司购入土地使用权，使用年限为 50 年，表明它属于使用寿命有限的无形资产，在该土地上自行建造厂房，应将土地使用权和地上建筑物分别作为无形资产和固定资产进行核算，并分别摊销和计提折旧。

(1) 支付转让价款,

借:无形资产——土地使用权	8 000	
贷:银行存款		8 000

(2) 在土地上自行建造厂房,

借:在建工程	30 000	
贷:工程物资		12 000
应付职工薪酬		8 000
银行存款		10 000

(3) 厂房达到预定可使用状态,

借:固定资产	30 000	
贷:在建工程		30 000

(4) 每年分期摊销土地使用权和对厂房计提折旧,

借:管理费用	160	
制造费用	1 200	
贷:累计摊销		160
累计折旧		1 200

六、转让使用权

无形资产使用权的转让仅仅是将使用权让渡给其他单位或个人,出让方仍保留对该项无形资产的所有权,因而仍拥有使用、收益和处置的权利。受让方只能取得无形资产的使用权,在合同规定的范围内合理使用而无权转让。在转让无形资产使用权的情况下,由于转让企业仍拥有无形资产的所有权,因此,不应该注销无形资产账面价值,转让取得的收入计入其他业务收入,发生与转让有关的各种费用支出,计入其他业务成本。

企业出租无形资产取得租金收入时,借记"银行存款"等科目,贷记"其他业务收入"等科目;摊销出租无形资产的成本并发生与出租有关的各种费用支出时,借记"其他业务成本"等科目,贷记"累计摊销"科目。

七、无形资产减值

根据可获得的相关信息判断,有确凿证据表明无法合理估计其使用寿命的无形资产,应作为使用寿命不确定的无形资产。对于使用寿命不确定的无形资产,在持有期间不需要进行摊销,但应当至少在每年年度终了时进行减值测试。如经减值测试表明已发生减值的,则需要计提相应的减值准备。

使用寿命有限的无形资产,期末出现减值迹象时,也应进行减值测试。经减值测试表明已发生减值的,也需要计提相应的减值准备。

无形资产在资产负债表日,其可收回金额低于账面价值的,企业应当将该无形资产的账面价值减记至可收回金额,减记的金额确认为减值损失,计入当期损益,同时计提相应的资产减值准备,按应减记的金额,借记"资产减值损失——计提的无形资产减值准备"科目,贷记"无形资产减值准备"科目。无形资产减值损失一经确认,在以后会计期间不得转回,需要等到无形资产处置时才能转出。

算一算　20×1 年 1 月 1 日，A 公司以银行存款 666 万元购入一项无形资产，其预计使用年限为 6 年，采用直线法按月摊销，20×1 年和 20×2 年年末，A 公司预计该无形资产的可收回金额分别为 500 万元和 420 万元，假定该公司于每年年末对无形资产计提减值准备，计提减值准备后，原预计的使用年限保持不变，不考虑其他因素，计算 20×3 年 6 月 30 日该无形资产的账面净值。

课堂互动　编制上述“算一算”的会计分录。

八、处置无形资产

（1）出售、投资转让等。企业拥有的无形资产，可以依法出售、投资转让等。按税法的规定，企业转让无形资产应交纳增值税。企业出售的无形资产，按实际取得的转让收入，借记“银行存款”等科目；按已计提的累计摊销额，借记“累计摊销”科目；原已计提减值准备的，借记“无形资产减值准备”科目；按应支付的相关税费及其他费用，贷记“应交税费”“银行存款”等科目；按其账面余额，贷记“无形资产”科目；按其差额，贷记或借记“资产处置损益”科目。

练一练　甲企业出售一项商标权，所得价款为 120 万元，应交纳的增值税为 6 万元（不考虑其他税费）。该商标权的成本为 300 万元，出售时已摊销金额为 180 万元，已计提的减值准备为 30 万元。请编制相关会计分录。

（2）报废。如果无形资产预期不能为企业带来未来经济利益，不再符合无形资产的定义，则应将其报废并予以转销，其账面价值转作当期损益。转销时，应按已计提的累计摊销额，借记“累计摊销”科目；按已计提的减值准备，借记“无形资产减值准备”科目；按无形资产账面余额，贷记“无形资产”科目；按其差额，借记“营业外支出”科目。

课后搜阅　资产减值具体准则。

本章练习题

一、单项选择题

1. 购入需要安装的生产设备的增值税进项税额应计入（　　）。

A. 应交税费　　B. 固定资产　　C. 营业外支出　　D. 在建工程

2. 企业以一笔款项购入多项没有单独标价的固定资产，各项固定资产的成本应当按（　　）。

A. 各项固定资产的公允价值确定

B. 各项同类固定资产的历史成本确定

C. 各项同类固定资产的历史成本比例对总成本进行分配后确定

D. 各项固定资产的公允价值比例对总成本进行分配后确定

3. 下列企业设备更新改造的有关会计处理，说法不正确的是（　　）。

A. 更新改造时被替换部件的账面价值应当终止确认

B. 更新改造时发生的支出应当直接计入当期损益

C. 更新改造时替换部件的成本应当计入设备的成本

D. 更新改造时发生的支出符合资本化条件的应当予以资本化

4. 某公司某年6月购入设备安装某生产线。该设备的购买价格为3 000万元,增值税税额为390万元,支付保险、装卸费用30万元。该生产线安装期间,领用生产用原材料的实际成本为200万元,发生安装工人工资等费用50万元。假定该生产线10月20日达到预定可使用状态,预计使用10年,采用年限平均法计提折旧,无残值。该生产线当年计提的折旧额应为(　　)万元。(计算结集保留两位小数)

A. 56.01　　B. 54.67　　C. 55.35　　D. 82

5. 下列固定资产中,应计提折旧的是(　　)。

A. 单独计价入账的土地　　B. 经营租赁租入的房屋

C. 未提足折旧提前报废的设备　　D. 闲置的房屋

6. 某设备的账面原价为100万元,预计使用年限为4年,预计净残值为4万元,按年数总和法计提折旧。该设备在第2年应计提的折旧额为(　　)万元。

A. 28.8　　B. 30　　C. 25　　D. 24

7. 甲公司某年7月2日购入一台生产经营用机器设备,设备价款为150万,增值税税额为19.5万元,发生运输费3万元,税法规定运输费可按照7%的扣除率进行抵扣,达到预定可使用状态前发生其他支出10万元,同年7月2日该设备达到预定可使用状态。甲公司规定采用双倍余额递减法计提折旧,设备预计使用5年,预计净残值为2.91万元。甲公司该设备第2年计提的折旧额为(　　)万元。(计算结果保留两位小数)

A. 54.26　　B. 27.13　　C. 26.67　　D. 64

8. 天辰公司某年年底出售一台设备,售价60万元,发生增值税销项税税额10.2万元,该设备为20×1年3月购入,原价200万元,至出售时已经计提折旧50万元,计提减值准备25万元,天辰公司该年因出售该设备对税前利润的影响额为(　　)万元。

A. 78.5　　B. 65　　C. 68　　D. 86.18

9. 丰达公司某年3月,对某一生产线进行更新改造,该生产线原价1 000万元,至更新改造时,该生产线累计计提折旧200万元,计提减值50万元。更新改造过程中,生产线某部件不再满足经营需要,使用新部件M进行替换,M部件的入账价值为150万元,被替换部分原价100万元,该生产线同年6月30日完工,改造过程中发生人工、材料等支出共计300万元,不考虑相关税费影响。丰达公司该生产线6月30日完工时的入账价值为(　　)万元。

A. 1 125　　B. 1 130　　C. 1 200　　D. 1 275

10. 下列有关安全生产费用会计处理的表述中,不正确的有(　　)。

A. 按照国家规定提取的安全生产费用应通过“专项储备”核算

B. 对于支付安全生产检查费等费用性支出,应于使用时直接计入管理费用

C. 对于使用安全生产费用购建安全防护设备的,应确认为固定资产

D. 用安全生产费用购买的固定资产,按照形成固定资产的成本冲减专项储备,并确认相同金额的累计折旧

11. 丙公司某年9月1日,自行安装建造一条生产线,领用一批物料,其价款为456 300元,款项已通过银行支付;生产线安装时,领用本公司原材料一批,价值42 471元;领用本公司所生产的产品一批,成本为48 000元,计税价格为50 000元,增值税税率为13%,消费税税率为10%,应付安装工人的工资为10 950元;生产线于12月完工。该生产线达到预定可使用状态的入账成本为(　　)元。

A. 562 721　　B. 571 221　　C. 557 721　　D. 564 721

12. 出租的无形资产的摊销要计入(　　)。

A. 管理费用　　B. 财务费用　　C. 其他业务成本　　D. 长期待摊费用

13. 对使用寿命有限的无形资产的摊销,下列表述中正确的是(　　)。

A. 不摊销

B. 一律采用直线法进行摊销

C. 根据与该项无形资产有关的经济利益的预期实现方式确定摊销方法

D. 使用寿命有限的无形资产一律无残值

14. 正常出售无形资产的净损失要计入(　　)。
A. 管理费用　B. 营业外支出　C. 其他业务成本　D. 资产处置损益

15. 宏达公司通过签订合同取得一项无形资产，合同规定年限为6年，法律规定其使用年限为7年，宏达公司预计其使用年限为5年，企业应按(　　)年摊销该无形资产。
A. 6　B. 7
C. 5　D. 无法合理确定其摊销年限

16. 宏达公司于20×3年1月1日购入一项无形资产，其初始入账价值为300万元。该无形资产预计使用年限为10年，采用直线法摊销。20×3年12月31日，该无形资产预计可收回金额为261万元；20×4年12月31日该无形资产预计可收回金额为224万元。假定该公司计提减值准备后其原预计使用年限、摊销方法不变。该无形资产20×5年6月30日的账面价值为(　　)万元。
A. 210　B. 212　C. 225　D. 226

二、多项选择题

1. 下列有关固定资产会计处理的表述中，正确的有(　　)。
A. 固定资产盘亏产生的损失计入当期损益
B. 接受投资的固定资产按照投资合同或协议约定的价值加上应支付的相关税费入账
C. 债务重组中取得的固定资产按其公允价值及相关税费之和入账
D. 计提减值准备后的固定资产以扣除减值准备后的账面价值为基础计提折旧

2. 下列有关固定资产的说法中，正确的有(　　)。
A. 固定资产的各组成部分具有不同使用寿命或者以不同方式为企业提供经济利益，适用不同折旧率或折旧方法的，应当分别将各组成部分确认为单项固定资产
B. 与固定资产有关的后续支出均应当在发生时计入当期损益
C. 购买固定资产的价款超过正常信用条件延期支付，实质上具有融资性质的，固定资产的成本以购买价款的现值为基础确定
D. 自行建造固定资产的成本，由建造该项资产办理竣工决算手续前所发生的必要支出构成

3. 下列固定资产中，应计提折旧的固定资产有(　　)。
A. 融资租入的固定资产　B. 季节性停用的固定资产
C. 处于改扩建过程中的固定资产　D. 已提足折旧仍继续使用的固定资产

4. 关于固定资产，下列说法中正确的有(　　)。
A. 固定资产后续支出计入固定资产成本的，应当终止确认被替换部分的账面价值
B. 企业至少应当于每年年度终了时，对固定资产使用寿命和预计净残值进行复核
C. 对于特殊行业的特定固定资产，确定固定资产成本时，应当考虑预计弃置费用因素
D. 企业以一笔款项购入多项没有单独标价的固定资产，应当按照各项固定资产的公允价值比例对总成本进行分配

5. 下列各项中，会引起固定资产账面价值发生变化的有(　　)。
A. 固定资产出租　B. 计提固定资产减值
C. 固定资产报废　D. 固定资产日常维修

6. 下列有关固定资产折旧的表述不正确的有(　　)。
A. 当月增加的固定资产，当月不提折旧，从下月起计提折旧；当月减少的固定资产，当月不提折旧
B. 固定资产的折旧方法一经确定，不得变更
C. 应计折旧额是指应当计提折旧的固定资产原价扣除其预计净残值后的金额，已计提减值准备的，还应当扣除减值准备的累计金额
D. 双倍余额递减法在计提折旧时不考虑预计净残值的影响因素

7. 按照《企业会计准则》规定，下列各项中应计入无形资产成本的有(　　)。

A. 开发阶段符合资本化条件耗用自产产品的增值税销项税额
B. 为引入新产品进行宣传发生的广告费
C. 为使无形资产正常运行而发生的培训支出
D. 无形资产达到预定用途前发生的专业服务费用

8. 下列有关无形资产的会计处理中,不正确的有(　　)。
A. 转让无形资产使用权所取得的收入应计入营业外收入
B. 使用寿命不确定的无形资产,不应摊销
C. 转让无形资产所有权所发生的支出应计入其他业务成本
D. 购入的已达到可使用状态但尚未投入使用的、使用寿命确定的无形资产不应进行摊销

9. 下列有关无形资产会计处理的表述中,正确的有(　　)。
A. 自用的土地使用权应确认为无形资产
B. 使用寿命不确定的无形资产应每年进行减值测试
C. 无形资产均应确定预计使用年限并分期摊销
D. 用于建造厂房的土地使用权的账面价值应计入所建厂房的建造成本

10. 下列各项中,会引起无形资产账面价值发生增减变动的有(　　)
A. 对无形资产计提减值准备
B. 无形资产的摊销金额
C. 企业内部研究开发项目研究阶段发生的支出
D. 企业内部研究开发项目开发阶段满足资本化的部分

11. 下列有关无形资产的会计处理中,不正确的有(　　)。
A. 将自创的商誉确认为无形资产
B. 将转让使用权的无形资产的摊销额计入营业外支出
C. 将转让所有权的无形资产的账面价值转入其他业务成本
D. 将预期不能为企业带来经济利益的无形资产的账面价值转销

三、计算分录选择题

1. 甲公司为增值税一般纳税人,2 月购入设备安装某生产线,设备购买价款为 2 500 万元,增值税税额为 325 万元,支付保险、装卸费用 25 万元。生产线安装期间,领用实际成本为 100 万元的生产用原材料,发生安装工人工资等费用 33 万元。假定该生产线已达到预定可使用状态,其入账价值为(　　)万元。

A. 2 650　　B. 2 658　　C. 2 675　　D. 3 100

2. 甲公司为增值税一般纳税人,增值税税率为 13%。为提高 A 生产线的生产能力,于某年 3 月 31 日进行改良,11 月份完工,改良期间领用外购原材料,其价款为 50 万元(不含税) 发生其他相关支出共计 32 万元。此次改良估计能使甲设备延长使用寿命 3 年。根据 3 月月末的账面记录,该生产线的账面原值为 200 万元,已计提的折旧为 80 万元,已计提减值准备 30 万元。若被替换部分的账面原值为 50 万元,则该企业该年 11 月份改良后该生产线的价值为(　　)万元。

A. 158　　B. 149.5　　C. 150　　D. 232

3. 甲公司为工业企业,于 6 月 30 日将一项生产设备提前报废,该设备账面原值为 60 万元,预计净残值为零,预计使用年限为 5 年,采用年数总和法计提折旧。该设备截至报废日已使用 2.5 年,报废时发生清理费用 0.5 万元,取得残值收入 1.5 万元,则该设备报废时对企业当期税前利润的影响额为(　　)万元。

A. 16　　B. 17　　C. 18　　D. 23

4. 某项固定资产的账面原价为 8 万元,预计使用年限为 5 年,预计净残值为 0.5 万元,按年数总和法计提折旧。公司在该固定资产投入使用的第 3 年年末进行检查时发现,该设备可能发生减值,当时的公允价值减去处置费用后的净额为 1.8 万元,未来持续使用以及使用寿命结束处置时形成的现金流量现值为 1.6 万元,则该项固定资产在第 3 年年末的账面价值为(　　)元。

A. 14 400　　B. 15 000　　C. 16 000　　D. 18 000

5. 甲公司是一家上市公司。20×1 年年初开始研究开发的某专利产品项目于 20×3 年 4 月 20 日获得成功，并于 20×3 年 7 月 1 日申请取得相应的专利权。该专利产品研究开发过程中发生的费用记录如下：20×1 年至 20×2 年 3 月末的研究过程中发生材料费用 100 万元、人工费用 900 万元、其他各种杂费 50 万元，20×2 年 4 月转入开发阶段，开发费用为材料费用 300 万元、人工费用 700 万元、借款费用 40 万元、其他杂费 60 万元。假定开发支出均符合资本化条件。20×3 年度发生的开发费用为材料费用 100 万元、人工费用 300 万元、借款费用 10 万元、其他费用 30 万元。专利申请、注册以及其他的法律费用共计 120 万元。该项专利权法律保护年限为 15 年，甲公司估计受益年限为 5 年，但该无形资产预期价值实现方式无法可靠确定，则甲公司 20×3 年度应确认的无形资产摊销费用为（　　）万元。

A. 122　　B. 166　　C. 271　　D. 46.67

6. 甲公司 20×9 年年末以 300 万元的价格对外转让一项无形资产。该项无形资产系甲公司 20×5 年 1 月 1 日以 360 万元的价格购入，购入时该无形资产预计使用年限为 10 年，法律规定的有效使用年限为 12 年。转让时该无形资产已使用 5 年，转让该无形资产应交的增值税税额为 15 万元，假定不考虑其他相关税费，该无形资产 20×9 年年末计提减值准备 20 万元，采用直线法摊销。甲公司转让该无形资产所获得的净收益为（　　）万元。

A. 110　　B. 120　　C. 125　　D. 140

四、实务题

1. 甲公司为一般纳税企业，适用的增值税税率为 13%，某年购入设备安装某生产线。该设备的购买价格为 1 000 万元，增值税税额为 130 万元，支付保险 50 万元，支付运输费 10 万元（可按 7%抵扣进项税税额）。该生产线安装期间，领用生产用原材料的实际成本为 100 万元，发生安装工人薪酬 10 万元。此外支付为达到正常运转发生的测试费 20 万元、外聘专业人员服务费 10.7 万元，均以银行存款支付。

要求：编制会计分录。

2. 乙公司现有一台设备由于性能等原因决定提前报废，原价为 50 万元，已计提折旧 45 万元，未计提减值准备。报废时的残料变价收入为 2 万元，报废清理过程中发生清理费用 0.35 万元。有关收入、支出均通过银行办理结算。

要求：编制会计分录。

3. 甲上市公司（以下简称甲公司）为增值税一般纳税人，适用的增值税税率为 13%，20×3 年度发生以下业务。

（1）收到 A 公司投入的物资，该物资为 A 公司的产成品，其账面成本为 100 万元，公允价值为 150 万元，按照双方协议，该项投资占甲公司 1 000 万元（含 A 公司投入）所有者权益总额的 15%，甲公司收到后作为建设不动产物资使用，增值税专用发票上注明的 25.5 万元进项税额不得抵扣。

（2）甲公司的一条生产线，原账面价值为 200 万元，已经计提 80 万元累计折旧和 30 万元减值准备，20×3 年 1 月 1 日转入更新改造，改造过程用存款支付改造支出共计 50 万元，另使用本企业成本为 23.5 万元的产品用于该项改造，并领用本企业为生产储备的 17.5 万元的原材料。改造过程中，公司更换生产线某一旧部件，旧部件的账面价值为 40 万元，无使用价值。新部件的买价为 70 万元。该部件购入时专门为建造此生产线准备。至 20×3 年年底更新改造工程尚未完工。

（3）甲公司于 20×3 年 3 月 31 日开始自行建造生产线，以银行存款购买工程物资，其增值税专用发票上注明的货款为 300 万元，增值税税额为 39 万元，实际工程耗用 80%，其余转为生产用材料；发生人工费用 50 万元；耗用水电等 30 万元已经计入生产成本。该生产线于 20×3 年 12 月建造完工并正式投入使用。

（4）甲公司于 20×3 年 6 月 30 日出售 M 设备一台，设备的原价为 200 万元，已计提折旧 120 万元，已计提减值准备 10 万元，出售取得的价款为 56.5 万元（包含增值税税额），另发生相关清理费用 2 万元，以银行存款支付。

要求：编制上述业务的会计分录。（答案中的金额单位用万元表示）

4. 宏达公司有关无形资产业务如下。

(1) 20×3 年 1 月 1 日购入一项无形资产,价款为 810 万元,另发生相关税费 90 万元。该无形资产有效使用年限为 8 年,宏达公司估计其为企业带来经济利益的年限为 6 年,预计净残值为零。

(2) 20×4 年 12 月 31 日,由于与该无形资产相关的经济因素发生不利变化,致使其发生减值,宏达公司估计可收回金额为 375 万元。假定计提减值准备后原预计使用年限、摊销方法和预计净残值均不变。

(3) 20×6 年 12 月 31 日,由于与该无形资产相关的经济因素继续发生不利变化,致使其继续发生减值,宏达公司估计可收回金额为 150 万元。假定计提减值准备后原预计使用年限、摊销方法和预计净残值不变。

(4) 20×7 年 3 月 1 日,宏达公司与甲公司签订协议,宏达公司向甲公司出售该无形资产,价款为 200 万元,已收到并存入银行。

(5) 假定不考虑相关税费,且该企业采用直线法对无形资产进行摊销。

要求:编制与上述经济业务相关的会计分录。(答案中的金额单位用万元表示)

第七章　投资性房地产

本章提点

一、学习内容

1. 投资性房地产的核算范围和初始核算。

2. 投资性房地产的后续核算及核算模式变更。

3. 投资性房地产的转换与处置。

二、学习要求

1. 识记：投资性房地产的核算范围、后续支出的分类及后续核算模式。

2. 领会：投资性房地产的初始核算、后续核算。

3. 应用：投资性房地产核算模式变更、投资性房地产转换的账务处理。

三、课前准备

1. 预习投资性房地产的初始核算、后续核算、核算模式变更，投资性房地产的转换。

2. 准备“课堂互动”的材料。

第一节　投资性房地产概述

一、投资性房地产的定义及特征

投资性房地产是指为赚取租金或资本增值，或两者兼有而持有的房地产。投资性房地产应当能够单独计量和出售。

投资性房地产具有以下特征。

(1) 投资性房地产是一种经营性活动。投资性房地产的主要形式是出租建筑物、出租土地使用权，这实质上属于一种让渡资产使用权行为。房地产租金就是让渡资产使用权取得的使用费收入，是企业为完成其经营目标所从事的经营性活动以及与之相关的其他活动形成的经济利益总流入。投资性房地产的另一种形式是持有并准备增值后转让的土地使用权，尽管其增值收益通常与市场供求、经济发展等因素相关，但目的是为了增值后转让以赚取增值收益，也是企业为完成其经营目标所从事的经营性活动以及与之相关的其他活动形成的经济利益总流入。

(2) 投资性房地产在用途、状态、目的等方面区别于作为生产经营场所的房地产和用于销售的房地产。企业持有的房地产除了用作自身管理、生产经营活动场所和对外销售之外，出现了将房地产用于赚取租金或增值收益的活动,甚至成为个别企业的主营业务。这就需要将投资性房地产单独作为一项资产核算和反映,与自用的厂房、办公楼等房地产和作为存货(已建完工的商品房)的房地产加以区别,从而更加清晰地反映企业所持有房地产的构成情况和盈利能力。

二、投资性房地产的范围

投资性房地产的范围包括已出租的土地使用权、持有并准备增值后转让的土地使用权、已出租的建筑物。

(一) 属于投资性房地产的项目

1. 已出租的土地使用权

已出租的土地使用权是指企业通过出让或转让方式取得的、以经营租赁方式出租的土地使用权。企业取得的土地使用权通常包括在一级市场上以交纳土地出让金的方式取得的土地使用权,也包括在二级市场上接受其他单位转让的土地使用权。

2. 持有并准备增值后转让的土地使用权

持有并准备增值后转让的土地使用权是指企业取得的、准备增值后转让的土地使用权。土地使用权在我国属于稀缺资源,国家严格限制与之相关的投机行为,因此在我国实务中,持有并准备增值后转让的土地使用权这种情况较少。

3. 已出租的建筑物

已出租的建筑物是指企业以经营租赁方式出租的建筑物,主要包括自行建造或开发活动完成后用于出租的建筑物和正在建造或开发过程中将来用于出租的建筑物。这是基于房地产状态或目的的判断。用于出租的建筑物是企业拥有产权的建筑物,以经营租赁方式租入再转租的建筑物不属于投资性房地产。已出租的建筑物是企业已经与其他方签订了租赁协议,约定以经营租赁方式出租的建筑物。对企业持有以备经营出租的空置建筑物或在建建筑物,例如,董事会或类似机构做出书面决议,明确表明将其用于经营出租且持有意图短期内不再发生变化的,即使尚未签订租赁协议,也应视为投资性房地产。

企业将建筑物出租,按租赁协议向承租人提供的相关辅助服务在整个协议中不重大的,应当将该建筑物确认为投资性房地产。例如,企业将其办公楼出租,同时向承租人提供维护、保安等日常辅助服务,企业应当将其确认为投资性房地产。

(二) 不属于投资性房地产的项目

下列房地产不属于投资性房地产。

(1) 自用房地产。自用房地产是指为生产商品、提供劳务或者经营管理而持有的房地产,如企业的厂房和办公楼、企业生产经营用的土地使用权等。

(2) 作为存货的房地产。作为存货的房地产是指房地产开发企业销售的或为销售而正在开发的商品房和土地。这部分房地产属于房地产开发企业的存货。

(3) 某项房地产部分用于赚取租金或资本增值,部分用于生产商品、提供劳务或经营管理,能够单独计量和出售的、用于赚取租金或资本增值的部分,应当确认为投资性房地产;不能够单独计量和出售的、用于赚取租金或资本增值的部分,不确认为投资性房地产。

(三) 需要根据具体情况判断是否属于投资性房地产

(1) 一项房地产,部分用于赚取租金或资本增值,部分用于生产商品、提供劳务或经营管理。用于赚取租金或资本增值的部分,如果能够单独计量和出售的,可以确认为投资性房地产。

(2) 企业将建筑物出租并按出租协议向承租人提供保安和维修等其他服务。所提供的其他服务在整个协议中不重大的,可以将该建筑物确认为投资性房地产;所提供的其他服务在整个协议中重大的,该建筑物应视为企业的经营场所,应当确认为自用房地产。

(3) 关联企业之间租赁房地产。如母公司出租房屋给其子公司,出租方应将出租的房地产确定为投资性房地产。但在编制合并报表时,应将其作为企业集团的自用房地产。

第二节 投资性房地产的初始核算

一、投资性房地产的确认

(一) 投资性房地产的确认条件

投资性房地产只有在符合定义的前提下,同时满足下列条件的,才能予以确认。

(1) 与该投资性房地产有关的经济利益很可能流入企业。

(2) 该投资性房地产的成本能够可靠地计量。

(二) 投资性房地产的确认时点

(1) 对已出租的土地使用权、已出租的建筑物,其作为投资性房地产的确认时点一般为租赁期开始日,即土地使用权、建筑物进入出租状态、开始赚取租金的日期。

(2) 持有并准备增值后转让的土地使用权,其作为投资性房地产的确认时点为企业将自用土地使用权停止自用、准备增值后转让的日期。

(3) 企业持有以备经营出租的空置建筑物或在建建筑物,董事会或类似机构做出书面决议,明确表明将其用于经营出租且持有意图短期内不再发生变化的,即使尚未签订租赁协议,也应视为投资性房地产。这里的“空置建筑物”是指企业新购入、自行建造或开发完工但尚未使用的建筑物,以及不再用于日常生产经营活动且经整理后达到可经营出租状态的建筑物。

二、投资性房地产的初始核算

投资性房地产应当按照成本进行初始核算。

(一) 外购投资性房地产的初始核算

企业外购的房地产,只有在购入的同时开始对外出租或用于资本增值,才能作为投资性房地产加以确认。

企业购入房地产,自用一段时间之后再改为出租或用于资本增值的应当先将外购的房地产确认为固定资产或无形资产,自租赁期开始日或用于资本增值之日起,才能从固定资产或无形资产转换为投资性房地产。

企业外购投资性房地产时，应当按照取得时的实际成本进行初始核算。取得时的实际成本，包括购买价款、相关税费和可直接归属于该资产的其他支出。企业购入的房地产，部分用于出租(或资本增值)、部分自用，用于出租(或资本增值)的部分应当予以单独确认的，应按照不同部分的公允价值占公允价值总额的比例将成本在不同部分之间进行分配。采用成本模式进行初始核算的，企业应当在购入投资性房地产时，借记“投资性房地产”主体科目，贷记“银行存款”等科目；采用公允价值模式进行初始核算的，企业应当在购入投资性房地产时，借记“投资性房地产——成本”主体科目，贷记“银行存款”等科目。

1. 采用成本模式进行初始核算

借：投资性房地产

　　应交税费——应交增值税(进项税额)

　　贷：银行存款

2. 采用公允价值模式进行初始核算

借：投资性房地产——成本

　　应交税费——应交增值税(进项税额)

　　贷：银行存款

(二) 自行建造投资性房地产的初始核算

企业自行建造的房地产，只有在自行建造活动完成(即达到预定可使用状态)的同时开始对外出租或用于资本增值，才能将自行建造的房地产确认为投资性房地产。自行建造投资性房地产的成本，由建造该项房地产达到预定可使用状态前发生的必要支出构成。

企业自行建造的房地产达到预定可使用状态后一段时间才对外出租或用于资本增值的，应当先将自行建造的房地产确认为固定资产、无形资产或存货，自租赁期开始日或用于资本增值之日开始，从固定资产、无形资产或存货转换为投资性房地产。

自行建造投资性房地产，其成本由建造该项资产达到预定可使用状态前发生的必要支出构成，包括土地开发费、建筑成本、安装成本、应予以资本化的借款费用、支付的其他费用和分摊的间接费用等。建造过程中发生的非正常性损失，直接计入当期损益，不计入建造成本。

1. 采用成本模式进行初始核算

借：投资性房地产

　　贷：在建工程、开发成本

还应同时结转土地使用权的账面价值，做如下会计分录。

借：投资性房地产

　　贷：无形资产——土地使用权等

2. 采用公允价值模式进行初始核算

借：投资性房地产——成本

　　贷：在建工程、开发成本

还应同时结转土地使用权的账面价值，做如下会计分录。

借：投资性房地产——成本

　　贷：无形资产——土地使用权等

练一练 20×9年3月1日甲公司自行建造的厂房达到预定可使用状态，甲公司将该厂房用于本公司生产产品。20×0年12月1日，甲公司与乙公司签订协议，将该厂房出租给乙公司，即日起租，租期为2年。

要求编制甲公司会计分录。

（三）非投资性房地产转换为投资性房地产的初始核算

非投资性房地产转换为投资性房地产，实质上是因房地产用途发生改变而对房地产进行的重新分类。如果投资性房地产采用成本模式核算，则按照该项房地产在转换日的账面价值入账；如果投资性房地产采用公允价值模式核算，则按该项房地产在转换日的公允价值入账。

例7.1 公司系增值税一般纳税人，不动产适用的增值税税率为10%。经公司董事会批准，购买一栋写字楼，明确表明将其用于经营出租且持有意图短期内不再发生变化。6月30日，购买一栋写字楼并出租给乙企业，取得增值税专用发票，价款为4 800万元，增值税的进项税额为480万元。公司对投资性房地产采用成本模式进行核算。假设不考虑其他因素，购入写字楼时的账务处理如下（万元）。

借：投资性房地产	4 800	
应交税费——应交增值税（进项税额）	480	
贷：银行存款		5 280

例7.2 沿用例7.1的资料，假设公司的投资性房地产符合采用公允价值模式核算的条件，并采用公允价值模式进行核算，则购入写字楼时的账务处理如下（万元）。

借：投资性房地产——成本	4 800	
应交税费——应交增值税（进项税额）	480	
贷：银行存款		5 280

三、与投资性房地产有关的后续支出

（一）资本化的后续支出

与投资性房地产有关的后续支出，满足投资性房地产确认条件的，应当计入投资性房地产成本。

企业对某项投资性房地产进行改扩建等再开发且将来仍作为投资性房地产的，在再开发期间应继续将其作为投资性房地产，再开发期间不计提折旧或摊销。

转为改扩建时的分录如下。

1. 采用成本模式进行核算

借：投资性房地产——在建

　　投资性房地产累计折旧（摊销）

　　投资性房地产减值准备

　贷：投资性房地产

2. 采用公允价值模式进行核算

借：投资性房地产——在建

　　　　　　　　——公允价值变动（也可能在贷方）

　贷：投资性房地产——成本

例7.3 3月，公司与乙企业的一项厂房经营租赁合同即将到期。该厂房按照成本模式进行核算，原价为2 500万元，已计提折旧800万元。为了提高厂房的租金收入，公司决定在租赁期满后对厂房进行改扩建，并与丙企业签订了经营租赁合同,约定自改扩建完工时将厂房出租给丙企业。3月31日,与乙企业的租赁合同到期,厂房随即进入改扩建工程。12月31日,厂房改扩建工程完工,共发生支出180万元,即日按照租赁合同出租给丙企业。

账务处理如下(万元)。

(1) 3月31日,投资性房地产转入改扩建工程,

借:投资性房地产——厂房(在建)　1 700
　投资性房地产累计折旧　800
　　贷:投资性房地产——厂房　2 500

(2) 3月31日—12月31日,

借:投资性房地产——厂房(在建)　180
　　贷:银行存款　180

(3) 12月31日,改扩建工程完工,

借:投资性房地产——厂房　1 880
　　贷:投资性房地产——厂房(在建)　1 880

例7.4　3月,公司与乙企业的一项厂房经营租赁合同即将到期。为了提高厂房的租金收入,决定在租赁期满后对厂房进行改扩建,并与丙企业签订了经营租赁合同,约定自改扩建完工时将厂房出租给丙企业。3月31日,与乙企业的租赁合同到期,厂房随即进入改扩建工程。3月31日,厂房账面余额为1 600万元,其中成本为1 400万元,累积公允价值变动200万元。12月10日,厂房改扩建工程完工,共发生支出180万元,即日起按照租赁合同出租给丙企业。采用公允价值模式进行核算。

账务处理如下(万元)。

(1) 3月31日,投资性房地产转入改扩建工程,

借:投资性房地产——厂房(在建)　1 600
　　贷:投资性房地产——成本　1 400
　　　　　　　　　——公允价值变动　200

(2) 3月31日—12月10日,

借:投资性房地产——厂房(在建)　180
　　贷:银行存款　180

(3) 12月10日,改扩建工程完工,

借:投资性房地产——成本　1 780
　　贷:投资性房地产——厂房(在建)　1 780

(二) 费用化的后续支出

与投资性房地产有关的后续支出,不满足投资性房地产确认条件的,如企业对投资性房地产进行日常维护所发生的支出,应当在发生时计入当期损益,借记“其他业务成本”等科目,贷记“银行存款”等科目。

想一想　投资性房地产费用化的后续支出与固定资产费用化的后续支出在会计处理上有何不同?

第三节　投资性房地产的后续核算

投资性房地产的后续核算有成本和公允价值两种模式,通常应当采用成本模式进行核算,

满足特定条件时也可以采用公允价值模式进行核算。但是，同一企业只能采用一种模式对所有投资性房地产进行后续核算，不得同时采用两种模式进行核算。

一、采用成本模式的后续核算

在成本模式下，应当按照固定资产或无形资产的有关规定，对投资性房地产进行后续核算，计提折旧或摊销；存在减值迹象的，还应当按照资产减值的有关规定进行处理。已经计提减值准备的投资性房地产，其减值准备在以后的会计期间不得转回。

1. 计提折旧或进行摊销时，

借：其他业务成本

　　贷：投资性房地产累计折旧（摊销）

2. 计提减值准备时，

借：资产减值损失

　　贷：投资性房地产减值准备

3. 投资性房地产取得租金收入，

借：银行存款

　　贷：其他业务收入

　　　　应交税费——应交增值税（销项税额）

例 7.5　12 月 21 日，公司与乙公司签订租赁协议，约定将新建造的一栋写字楼租赁给乙公司使用，租赁期为 3 年。写字楼的工程造价为 8 400 万元。12 月 31 日，该写字楼开始起租，不含税月租金为 60 万元，年末一并收付全年租金。写字楼预计剩余使用年限为 20 年，净残值为零，采用直线法计提折旧。不动产经营租赁服务的增值税税率为 10%。采用成本模式进行核算。

账务处理如下（万元）。

(1) 次年每月计提折旧，

每月计提的折旧＝(8 400÷20)÷12＝35（万元）

借：其他业务成本　　35

　　贷：投资性房地产累计折旧　　35

(2) 次年每月确认租金收入，

借：其他应收款　　66

　　贷：其他业务收入　　60

　　　　应交税费——应交增值税（销项税额）　　6

(3) 次年年末收到租金收入，

借：银行存款　　792

　　贷：其他应收款　　792

二、采用公允价值模式的后续核算

企业存在确凿证据表明其投资性房地产的公允价值能够持续可靠取得的，可以对投资性房地产采用公允价值模式进行后续核算。公允价值模式的最大特点是在会计期末按照公允价值调整投资性房地产的账面价值，并将公允价值变动计入当期损益。从理论上说，采用公允价值模式进行后续核算更符合投资性房地产的特点，但实务中能否持续可靠取得公允价值是较大的挑战。为此，会计准则提出了两种核算模式供企业选择，并对选择公允价值模式所应具备的条件进行了规定。

采用公允价值模式核算的投资性房地产,应当同时满足下列条件。

(1) 投资性房地产所在地有活跃的房地产交易市场。所在地通常指投资性房地产所在的城市。对于大中型城市,应当为投资性房地产所在的城区。

(2) 企业能够从活跃的房地产交易市场上取得同类或类似房地产的市场价格及其他相关信息,从而对投资性房地产的公允价值做出合理的估计。

投资性房地产采用公允价值模式进行后续核算的,不计提折旧或摊销,应当以资产负债表日的公允价值计量。资产负债表日,投资性房地产的公允价值高于其账面余额的差额,借记"投资性房地产——公允价值变动"科目,贷记"公允价值变动损益"科目;对公允价值低于其账面余额的差额做相反的会计分录。一般账务处理如下。

公允价值上升时,

借:投资性房地产——公允价值变动

　　贷:公允价值变动损益

公允价值下降时,

借:公允价值变动损益

　　贷:投资性房地产——公允价值变动

取得租金收入时,

借:银行存款

　　贷:其他业务收入

　　　　应交税费——应交增值税(销项税额)

例 7.6 沿用例 7.5 的资料,该写字楼所在区域有活跃的房地产交易市场,而且能够从房地产交易市场上取得同类房地产的市场报价,公司决定自第三年起,采用公允价值模式对该项出租的房地产进行后续核算。第3年1月31日,该写字楼的公允价值为 8 600 万元。

第3年1月31日,公司的账务处理如下(万元):

借:投资性房地产——公允价值变动　　200

　　贷:公允价值变动损益　　200

三、投资性房地产后续核算模式的变更

为保证会计信息的可比性,企业对投资性房地产的核算模式一经确定,不得随意变更。只有在房地产市场比较成熟、能够满足采用公允价值模式条件的情况下,才允许企业对投资性房地产从成本模式变更为公允价值模式。成本模式转为公允价值模式的,应当作为会计政策变更处理,按计算模式变更时公允价值与账面价值的差额,调整期初留存收益。

投资性房地产由成本模式变更为公允价值模式的账务处理。

借:投资性房地产——成本(变更日公允价值)

　　投资性房地产累计折旧(摊销)

　　(原投资性房地产已计提的折旧或摊销)

　　投资性房地产减值准备

　　贷:投资性房地产(原价)

　　　　利润分配——未分配利润(或借记)

　　　　盈余公积(或借记)

已采用公允价值模式核算的投资性房地产,不得从公允价值模式转为成本模式。

在极少数情况下，采用公允价值对投资性房地产进行后续核算的企业，有证据表明，当企业首次取得某项投资性房地产（或某项现有房地产在完成建造或开发活动或改变用途后首次成为投资性房地产）时，该投资性房地产的公允价值不能持续可靠取得的，应当对该投资性房地产采用成本模式进行核算直至处置，并且假设无残值。但是，采用成本模式对投资性房地产进行后续核算的企业，即使有证据表明，企业首次取得某项投资性房地产时，该投资性房地产的公允价值能够持续可靠取得，该企业仍应对该投资性房地产采用成本模式进行后续核算。

例 7.7　20×9 年公司将完工的一栋写字楼出租给乙企业，并采用成本模式进行核算。20×0 年 1 月 1 日，公司持有的投资性房地产满足采用公允价值进行后续核算的条件。董事会决定将出租给乙企业的写字楼的核算模式从成本模式转换为公允价值模式。20×0 年 1 月 1 日该写字楼的成本为 5 000 万元，已计提折旧 2 000 万元，已计提减值准备 200 万元，投资性房地产的公允价值为 3 000 万元。按净利润的 10%计提盈余公积，不考虑所得税影响。

账务处理如下（万元）。

借：投资性房地产——成本	3 000	
投资性房地产累计折旧	2 000	
投资性房地产减值准备	200	
贷：投资性房地产		5 000
利润分配——未分配利润		180
盈余公积		20

课堂互动　讨论投资性房地产核算模式的变更及其账务处理。

第四节　投资性房地产的转换和处置

一、投资性房地产的转换

房地产的转换是指房地产用途的变更。企业不得随意对自用或作为存货的房地产进行重新分类。企业有确凿证据表明房地产用途发生改变，满足下列条件之一的，才应当将投资性房地产转换为其他资产或者将其他资产转换为投资性房地产。

（1）投资性房地产开始自用，即将投资性房地产转为自用房地产（固定资产或无形资产）。投资性房地产开始自用是指企业将原来用于赚取租金或资本增值的房地产改为用于生产商品、提供劳务或者经营管理，例如，企业将出租的厂房收回，并用于生产本企业的产品。在此种情况下，转换日为房地产达到自用状态，企业开始将其用于生产商品、提供劳务或者经营管理的日期。

（2）作为存货的房地产改为出租，通常指房地产开发企业将其持有的开发产品以经营租赁的方式出租，存货相应地转换为投资性房地产。在此种情况下，转换日为房地产的租赁期开始日。租赁期开始日是指承租人有权行使其使用租赁资产权利的日期。

（3）自用建筑物停止自用，改为出租，即企业将原本用于生产商品、提供劳务或者经营管理的房地产改用于出租，固定资产相应地转换为投资性房地产。在此种情况下，转换日为租赁期开始日。

（4）自用土地使用权停止自用，改用于赚取租金或资本增值，即企业将原本用于生产商品、提供劳务或者经营管理的土地使用权改用于赚取租金或资本增值，该土地使用权相应地转换为投资性房地产。在此种情况下,转换日为自用土地使用权停止自用后,确定用于赚取租金或资本增值的日期。

(5) 房地产企业将用于经营出租的房地产重新开发用于对外销售,从投资性房地产转为存货。在这种情况下,转换日为租赁期满,企业董事会或类似机构做出书面决议明确表明将其重新开发用于对外销售的日期。

以上所指确凿证据包括两个方面:一是企业董事会或类似机构应当就改变房地产用途形成正式的书面决议;二是房地产因用途改变而发生实际状态上的改变,如从自用状态改为出租状态。

二、房地产转换的会计处理

(一) 投资性房地产转换为非投资性房地产

1. 投资性房地产转换为自用房地产

(1) 采用成本模式进行核算

企业将投资性房地产转换为自用房地产,应当按该项投资性房地产在转换日的账面余额、累计折旧或摊销、减值准备等,分别转入"固定资产""累计折旧""固定资产减值准备"等科目;按投资性房地产的账面余额,借记"固定资产"或"无形资产"科目,贷记"投资性房地产"科目;按已计提的折旧或摊销,借记"投资性房地产累计折旧(摊销)"科目,贷记"累计折旧"或"累计摊销"科目;原已计提减值准备的,借记"投资性房地产减值准备"科目,贷记"固定资产减值准备"或"无形资产减值准备"科目。

借:固定资产(无形资产)(原值)
　　投资性房地产累计折旧(投资性房地产累计摊销)
　　投资性房地产减值准备
　　贷:投资性房地产(原值)
　　　　累计折旧(累计摊销)
　　　　固定资产减值准备(无形资产减值准备)

例 7.8　8 月 10 日,公司决定将某出租在外的办公楼收回,用于本公司办公使用。8 月 31 日,该办公楼的账面价值为 650 万元,其中,原价为 8 000 万元,累计已提折旧 150 万元。公司对投资性房地产采用成本模式进行核算。假定不考虑其他因素。

账务处理如下(万元)。

借:固定资产	8 000
投资性房地产累计折旧	150
贷:投资性房地产	8 000
累计折旧	150

(2) 采用公允价值模式进行核算

企业将采用公允价值模式进行核算的投资性房地产转换为自用房地产时,应当以其转换当日的公允价值作为自用房地产的账面价值,公允价值与原账面价值的差额计入当期损益。

转换日,按该项投资性房地产的公允价值,借记"固定资产"或"无形资产"科目;按该项投资性房地产的成本,贷记"投资性房地产——成本"科目;按该项投资性房地产的累计公允价值变动,贷记或借记"投资性房地产——公允价值变动"科目;按其差额,贷记或借记"公允价值变动损益"科目。

借：固定资产(无形资产)(公允价值)
　　公允价值变动损益(借差)
　　贷：投资性房地产——成本
　　　　　　　　　　——公允价值变动
　　　　公允价值变动损益(贷差)

例7.9　在例7.8中，公司对投资性房地产采用公允价值模式进行核算，8月31日，该办公楼的公允价值为8 400万元，原账面价值为8 000万元，其中，成本为7 400万元 公允价值变动为600万元。账务处理如下(万元)。

借：固定资产	8 400
贷：投资性房地产——成本	7 400
——公允价值变动	600
公允价值变动损益	400

2. 投资性房地产转换为存货

(1) 采用成本模式进行核算

企业将投资性房地产转换为存货时，应当按照该项房地产在转换日的账面价值，借记“开发产品”科目；按照已计提的折旧或摊销，借记“投资性房地产累计折旧(摊销)”科目；原已计提减值准备的，借记“投资性房地产减值准备”科目；按其账面余额，贷记“投资性房地产”科目。

借：开发产品 (账面价值)
　　投资性房地产累计折旧(摊销)
　　投资性房地产减值准备
　　贷：投资性房地产 (账面原值)

例7.10　甲房地产开发企业将其开发的部分写字楼用于对外经营租赁。10月31日，因租赁期满，甲房地产开发企业将出租的写字楼收回，并做出书面决议，将该写字楼重新开发用于对外销售，即由投资性房地产转换为存货。该部分写字楼原价为5 600万元，已计提折旧480万元。经减值测试，可回收金额为5 000万元。不考虑其他因素。

甲房地产开发企业的账务处理如下(万元)。

借：开发产品	5 000
投资性房地产累计折旧	480
投资性房地产减值准备	120
贷：投资性房地产	5 600

(2) 采用公允价值模式进行核算

企业将采用公允价值模式进行核算的投资性房地产转换为存货时，应当以其转换当日的公允价值作为存货的账面价值，公允价值与原账面价值的差额计入当期损益。

转换日，按该项投资性房地产的公允价值，借记“开发产品”等科目；按该项投资性房地产的成本，贷记“投资性房地产——成本”科目；按该项投资性房地产的累计公允价值变动，贷记或借记“投资性房地产——公允价值变动”科目；按其差额，贷记或借记“公允价值变动损益”科目。

借：开发产品 (公允价值)
　　公允价值变动损益(借差)
　　贷：投资性房地产——成本
　　　　　　　　　　——公允价值变动
　　　　公允价值变动损益(贷差)

例 7.11 甲房地产开发企业将其开发的部分写字楼用于对外经营租赁。10 月 15 日,因租赁期满,甲房地产开发企业将出租的写字楼收回,并做出书面决议,将该写字楼重新开发用于对外销售,即由投资性房地产转换为存货,当日的公允价值为 5 800 万元。该项房地产在转换前采用公允价值模式计量,原账面价值为 5 600 万元,其中,成本为 5 000 万元,公允价值增值为 600 万元。

甲房地产开发企业的账务处理如下(万元)。

借:开发产品　　5 800

　　贷:投资性房地产——成本　　5 000

　　　　　　　　　　——公允价值变动　　600

　　　　公允价值变动损益　　200

(二) 非投资性房地产转换为投资性房地产

1. 非投资性房地产转换为采用成本模式进行核算的投资性房地产

(1) 作为存货的房地产转换为投资性房地产

作为存货的房地产转换为投资性房地产,通常指房地产开发企业将其持有的开发产品以经营租赁的方式出租,存货相应地转换为投资性房地产。

企业将作为存货的房地产转换为采用成本模式进行核算的投资性房地产,应当按该项存货在转换日的账面价值,借记"投资性房地产"科目,原已计提存货跌价准备的,借记"存货跌价准备"科目,按其账面余额,贷记"开发产品"等科目。

借:投资性房地产(账面价值)

　　存货跌价准备(已计提存货跌价准备)

　　贷:开发产品(账面余额)

例 7.12 甲公司是从事房地产开发业务的企业,6 月 30 日,甲公司与乙公司签订协议,将其开发的原本用于商用出售的一栋写字楼出租给乙公司。租赁期开始日为当日,租赁期限为 2 年,该写字楼的账面余额为 4 500 万元,未计提存货跌价准备。预计使用年限为 30 年。甲公司的账务处理如下(万元)。

借:投资性房地产　　4 500

　　贷:开发产品　　4 500

(2) 自用房地产转换为投资性房地产

企业将原本用于日常生产商品、提供劳务或者经营管理的房地产改用于出租,通常应于租赁期开始日,按照固定资产或无形资产的账面价值,将固定资产或无形资产相应地转换为投资性房地产。对不再用于日常生产经营活动且经整理后达到可经营出租状况的房地产,如果企业董事会或类似机构正式做出书面决议,明确表明其自用房地产用于经营出租且持有意图短期内不再发生变化的,应视为自用房地产转换为投资性房地产,转换日为企业董事会或类似机构正式做出书面决议的日期。

企业将自用土地使用权或建筑物转换为采用成本模式进行核算的投资性房地产时,应当按该项建筑物或土地使用权在转换日的原价、累计折旧、减值准备等,分别转入"投资性房地产""投资性房地产累计折旧(摊销)""投资性房地产减值准备"科目;按其账面余额,借记"投资性房地产"科目,贷记"固定资产"或"无形资产"科目;按已计提的折旧或摊销,借记"累计摊销"或"累计折旧"科目,贷记"投资性房地产累计折旧(摊销)"科目;原已计提减值准备的,借记"固定资产减值准备"或"无形资产减值准备"科目,贷记"投资性房地产减值准备"科目。

借：投资性房地产（原值）

　　累计折旧（累计摊销）

　　固定资产减值准备（无形资产减值准备）

　　贷：固定资产（无形资产）（原值）

　　　　投资性房地产累计折旧（投资性房地产累计摊销）

　　　　投资性房地产减值准备

例 7.13　6月15日，公司与乙公司签订了经营租赁协议，将原本用于办公的写字楼整体出租给乙公司使用，租赁期开始日为6月30日，租赁期限为4年。6月30日，这栋办公楼的账面余额为8 000万元，已计提折旧500万元。假设公司所在城市不存在活跃的房地产交易市场。

账务处理如下（万元）。

借：投资性房地产	8 000	
累计折旧	500	
贷：固定资产		8 000
投资性房地产累计折旧		500

2. 非投资性房地产转换为采用公允价值进行核算的投资性房地产

（1）作为存货的房地产转换为投资性房地产

企业将作为存货的房地产转换为采用公允价值模式进行核算的投资性房地产，应当按该项房地产在转换日的公允价值入账，借记“投资性房地产——成本”科目，原已计提存货跌价准备的，借记“存货跌价准备”科目；按其账面余额，贷记“开发产品”等科目。同时，转换日的公允价值小于账面价值的，按其差额，借记“公允价值变动损益”科目；转换日的公允价值大于账面价值的，按其差额，贷记“其他综合收益”科目。当该项投资性房地产处置时，因转换计入其他综合收益的部分应转入当期损益。

借：投资性房地产——成本（公允价值）

　　存货跌价准备（已计提存货跌价准备）

　　公允价值变动损益（借差）

　　贷：开发产品（账面余额）

　　　　其他综合收益（贷差）

例 7.14　甲公司系房地产开发公司，6月15日，公司董事会形成书面决议，将其开发的一栋写字楼用于出租。公司遂与乙公司签订了租赁协议，租赁期开始日为7月1日，租赁期限为5年。7月1日，该写字楼的账面余额为4 000万元，公允价值为4 500万元。

甲公司的账务处理如下（万元）。

借：投资性房地产——成本	4 500	
贷：开发产品		4 000
其他综合收益		500

（2）自用房地产转换为投资性房地产

企业将自用房地产转换为采用公允价值模式进行核算的投资性房地产，应当按该项土地使用权或建筑物在转换日的公允价值，借记“投资性房地产——成本”科目，按已计提的累计摊销或累计折旧，借记“累计摊销”或“累计折旧”科目；原已计提减值准备的，借记“无形资产减值准备”“固定资产减值准备”科目；按其账面余额 贷记“固定资产”或“无形资产”科目。同时，转换日的公允价值小于账面价值的，按其差额，借记“公允价值变动损益”科目；转换日的公允价值大于账面价值的，按其差额，贷记“其他综合收益”科目。当该项投资性房地产处置时,因转换计入其他综合收益的部分应转入当期损益。

借:投资性房地产——成本(公允价值)

　　累计折旧(累计摊销)

　　固定资产减值准备(无形资产减值准备)

　　公允价值变动损益(借差)

　　贷:固定资产(无形资产)(原值)

　　　　其他综合收益(贷差)

例 7.15　8月,甲公司搬迁至新建办公楼,欲将其原办公楼出租,以赚取租金收入。甲公司与乙企业签订了租赁协议,将其原办公楼租赁给乙企业使用,租赁期开始日为10月30日,租赁期限为4年。10月30日,该办公楼的原价为9 500万元,已计提折旧2 300万元,公允价值为8 200万元。假设甲公司对投资性房地产采用公允价值模式进行核算。

甲公司的账务处理如下(万元)。

借:投资性房地产——成本	8 200	
累计折旧	2 300	
贷:固定资产		9 500
其他综合收益		1 000

想一想　公允价值模式下,为什么非投资性房地产转换为投资性房地产,转换日的公允价值与账面价值的贷方差额计入"其他综合收益"?

三、投资性房地产的处置

当投资性房地产被处置,或者永久退出使用且预计不能从其处置中取得经济利益时,应当终止确认该项投资性房地产。企业出售、转让、报废投资性房地产或者发生投资性房地产毁损时,应当将处置收入扣除其账面价值和相关税费后的金额计入当期损益。此外,企业因其他原因,如非货币性资产交换等而减少投资性房地产,也属于投资性房地产的处置。

(一) 采用成本模式进行核算

处置采用成本模式进行核算的投资性房地产时,应当按实际收到的金额,借记"银行存款"等科目,贷记"其他业务收入"科目;按该项投资性房地产的账面价值,借记"其他业务成本"科目,按其账面余额,贷记"投资性房地产"科目,按照已计提的折旧或摊销,借记"投资性房地产累计折旧(摊销)"科目,原已计提减值准备的,借记"投资性房地产减值准备"科目。

借:银行存款

　　贷:其他业务收入

　　　　应交税费——应交增值税(销项税额)

借:其他业务成本

　　投资性房地产累计折旧(摊销)

　　投资性房地产减值准备

　　贷:投资性房地产

例 7.16　10月30日,公司将其租赁期届满后的一栋写字楼出售给乙公司,合同价款为60 000万元,乙公司已用银行存款付清;该栋写字楼采用成本模式进行核算,出售时,成本为30 000万元,已计提折旧2 500万元,不考虑相关税费。

账务处理如下(万元)。

借：银行存款　　60 000

　　贷：其他业务收入　　60 000

借：其他业务成本　　27 500

　　投资性房地产累计折旧　　2 500

　　贷：投资性房地产　　30 000

(二) 采用公允价值模式进行核算

处置采用公允价值模式进行核算的投资性房地产,应当按实际收到的金额,借记"银行存款"等科目,贷记"其他业务收入""应交税费——应交增值税(销项税额)"科目;按该项投资性房地产的账面余额,借记"其他业务成本"科目,按其成本,贷记"投资性房地产——成本"科目,按其累计公允价值变动,贷记或借记"投资性房地产——公允价值变动"科目。同时结转投资性房地产累计公允价值变动。若存在原转换日计入其他综合收益的金额,也一并结转。

借：银行存款

　　贷：其他业务收入

　　　　应交税费——应交增值税(销项税额)

借：其他业务成本

　　贷：投资性房地产——成本

　　　　　　　　　　——公允价值变动

借：其他综合收益

　　贷：其他业务成本

借：公允价值变动损益

　　贷：其他业务成本

或

借：其他业务成本

　　贷：公允价值变动损益

例 7.17　甲公司为房地产开发企业,6 月 10 日,公司董事会形成书面决议,将其开发的一栋写字楼用于出租。7 月 1 日,甲公司与乙公司签订了租赁协议,租赁期限为 1 年。7 月 1 日,该写字楼的账面余额为 35 000 万元,公允价值为 40 000 万元。12 月 31 日,该写字楼的公允价值为 46 000 万元。次年 7 月 1 日租赁期届满,甲公司收回该写字楼,并将该写字楼出售给丙公司,合同价款为 52 000 万元。不考虑相关税费。

甲公司的账务处理如下(万元)。

(1) 7 月 1 日

借：投资性房地产——成本　　40 000

　　贷：开发产品　　35 000

　　　　其他综合收益　　5 000

(2) 12 月 31 日

借：投资性房地产——公允价值变动　　6 000

　　贷：公允价值变动损益　　6 000

(3) 次年 7 月 1 日

借：银行存款　　52 000

　　贷：其他业务收入　　52 000

借:其他业务成本	46 000	
贷:投资性房地产——成本		40 000
——公允价值变动		6 000
借:公允价值变动损益	6 000	
贷:其他业务成本		6 000
借:其他综合收益	5 000	
贷:其他业务成本		5 000

本章练习题

一、单项选择题

1. 自用房屋建筑物等转换为采用公允价值模式进行核算的投资性房地产时,投资性房地产应当按照转换当日的公允价值计量。转换当日的公允价值大于原账面价值的差额应计入(　　)。
   A. 营业外支出　　B. 公允价值变动损益
   C. 资本公积　　D. 其他综合收益
2. 下列关于投资性房地产核算的表述中,不正确的是(　　)。
   A. 采用成本模式进行核算的投资性房地产不需要确认减值损失
   B. 采用公允价值模式进行核算的投资性房地产不可转换为采用成本模式进行核算
   C. 采用公允价值模式进行核算的投资性房地产,其公允价值的变动金额应计入公允价值变动损益
   D. 采用成本模式进行核算的投资性房地产,符合条件时可转换为采用公允价值模式进行核算
3. 投资性房地产的后续支出,不满足资本化条件的,应当在发生时计入(　　)。
   A. 管理费用　　B. 其他业务成本　　C. 营业外支出　　D. 销售费用
4. 企业采用公允价值模式对投资性房地产进行后续计量的,资产负债表日应将投资性房地产公允价值与其账面价值的差额计入(　　)。
   A. 其他综合收益　　B. 公允价值变动损益　　C. 资本公积　　D. 资产减值损失
5. 关于采用成本模式进行核算的投资性房地产,下列说法正确的是(　　)。
   A. 租金收入通过“其他业务收入”等科目核算
   B. 折旧或摊销金额应记入“管理费用”等科目
   C. 期末的公允价值变动应确认为公允价值变动损益
   D. 一旦确定采用成本模式,则不能再转换为采用公允价值模式进行后续计量
6. 投资性房地产的后续计量从成本模式转为公允价值模式的,转换日投资性房地产的公允价值高于其账面价值的差额会对下列财务报表项目产生影响的是(　　)。
   A. 资本公积　　B. 营业外收入　　C. 未分配利润　　D. 投资收益
7. 企业将自用房地产转为以公允价值模式计量的投资性房地产。下列关于转换日该房地产公允价值小于账面价值的差额的会计处理表述中,正确的是(　　)。
   A. 计入递延收益　　B. 计入当期损益　　C. 计入其他综合收益　　D. 计入资本公积
8. 甲公司为房地产开发商,1月,甲公司将作为存货的商品房转换为采用公允价值模式进行核算的投资性房地产,转换日的商品房账面余额为12 000万元,未计提存货跌价准备,该项房地产在转换日的公允价值为1 100万元,则转换日关于投资性房地产的说法不正确的是(　　)。
   A. 转换日确认投资性房地产
   B. 转换日按公允价值1 100万元计量
   C. 转换日的公允价值小于存货的账面价值的差额100万元,计入公允价值变动损益
   D. 转换日不会产生损益

9. 下列关于投资性房地产初始计量的表述中，不正确的是（　　）。
   A. 外购的投资性房地产按照购买价款、相关税费和可直接归属于该资产的其他支出确认成本
   B. 自行建造投资性房地产的成本，由建造该项资产达到可销售状态前所发生的必要支出构成
   C. 由债务重组取得的投资性房地产按照债务重组的相关规定处理
   D. 由非货币性资产交换取得的投资性房地产按照非货币性资产交换准则的规定处理

10. 甲公司对投资性房地产采用成本模式进行后续计量，从 7 月 1 日开始对一项投资性房地产进行改良，改良后将继续用于经营出租。该投资性房地产的原价为 500 万元，采用直线法计提折旧，使用寿命为 20 年，预计净残值为零，已使用 4 年。改良期间共发生改良支出 100 万元，均满足资本化条件，12 月 31 日改良完成，则年末该项投资性房地产的账面价值为（　　）万元。
   A. 500　　B. 487.5　　C. 475　　D. 100

11. 某企业的投资性房地产采用成本计量模式进行核算。1 月 6 日，该企业将一项投资性房地产转换为固定资产。该投资性房地产的账面余额为 500 万元，已计提折旧 150 万元，已计提减值准备 100 万元。该投资性房地产的公允价值为 300 万元。转换日计入“固定资产”科目的金额为（　　）万元。
   A. 250　　B. 500　　C. 300　　D. 350

12. 甲公司于 20×7 年 12 月 31 日购入一栋办公楼，实际取得成本为 3 000 万元。该办公楼预计使用年限为 20 年，预计净残值为零，采用年限平均法计提折旧。因公司迁址，20×0 年 6 月 30 日甲公司与乙公司签订租赁协议。该协议约定：甲公司将上述办公楼租赁给乙公司，租赁期开始日为协议签订日，租赁期限为 2 年，年租金为 150 万元，每半年支付一次。租赁协议签订日该办公楼的公允价值为 2 800 万元。甲公司对投资性房地产采用公允价值模式进行核算。20×0 年 12 月 31 日，该办公楼的公允价值为 2 200 万元。不考虑其他因素，下列各项关于甲公司上述交易或事项会计处理的表述中，正确的是（　　）。
   A. 出租该办公楼应于 20×0 年计提折旧 150 万元
   B. 出租该办公楼应于租赁期开始日确认其他综合收益 175 万元
   C. 出租该办公楼应于租赁期开始日按其原价 3 000 万元确认为投资性房地产
   D. 出租该办公楼 20×0 年取得的 75 万元租金应冲减投资性房地产的账面价值

二、多项选择题

1. 关于投资性房地产后续支出的会计处理表述中，不正确的有（　　）。
   A. 投资性房地产有关的资本性支出，应通过“在建工程”科目核算
   B. 投资性房地产的后续支出，不满足资本化条件的，应当计入管理费用
   C. 投资性房地产进行改扩建等再开发且将来仍作为投资性房地产的，在再开发期间，需要将投资性房地产的账面价值结转到“投资性房地产——在建”科目
   D. 改扩建完成后，若采用成本模式进行核算，应按原来的预计使用年限、折旧或摊销方法计提折旧或摊销

2. 下列关于投资性房地产转换的会计处理，不正确的有（　　）。
   A. 在成本模式下，将投资性房地产转为自用的固定资产，应按投资性房地产在转换日的账面价值，全部转入“固定资产”科目
   B. 在成本模式下，将自用的建筑物等转换为投资性房地产的，应按其在转换日的原价、累计折旧、减值准备等，分别转入“投资性房地产”“投资性房地产累计折旧”“投资性房地产减值准备”科目
   C. 在公允价值模式下，将投资性房地产转为自用房地产时，应按其在转换日的公允价值，借记“固定资产”等科目，按其账面余额，贷记“投资性房地产——成本、公允价值变动”科目，按其差额，记入“投资收益”科目
   D. 在公允价值模式下，将自用的建筑物等转换为投资性房地产的，按其在转换日的公允价值，借记“投资性房地产——成本”科目，按已计提的累计折旧等，借记“累计折旧”等科目，按其账面余额，贷记“固定资产”等科目，按其差额，记入“其他综合收益”科目

3. 下列有关投资性房地产的表述中，不正确的有（　　）。

A. 成本模式下,当月增加的房屋当月不计提折旧
B. 公允价值模式下,当月增加的房屋下月开始计提折旧
C. 成本模式下,当月增加的土地使用权当月进行摊销
D. 成本模式下,当月增加的土地使用权当月不进行摊销

4. 下列关于投资性房地产后续支出的说法中,不正确的有(　　)。
A. 投资性房地产的后续支出,应于发生时计入当期损益
B. 对投资性房地产进行改扩建时,应将投资性房地产转入"在建工程"科目
C. 投资性房地产再开发期间不计提折旧或摊销
D. 投资性房地产的日常维护支出,应于发生时计入其他业务成本

5. 下列有关投资性房地产的定义与特征的表述中,正确的有(　　)。
A. 投资性房地产是为赚取租金或资本增值,或者两者兼有而持有的房地产
B. 投资性房地产应当能够单独计量和出售
C. 投资性房地产是一种经营活动
D. 投资性房地产有两种核算模式:成本模式和公允价值模式

6. 下列关于投资性房地产的初始核算,表述正确的有(　　)。
A. 采用成本模式进行后续核算的投资性房地产,取得时按照成本进行初始计量
B. 采用公允价值模式进行后续核算的投资性房地产,取得时按照公允价值进行初始计量
C. 自行建造投资性房地产的成本,由建造该项资产达到预定可使用状态前所发生的必要支出构成
D. 外购投资性房地产的成本,包括购买价款、相关税费和可直接归属于该资产的其他支出

7. 下列各项中,不属于投资性房地产的有(　　)。
A. 房地产企业开发的准备出售的商品房　　B. 以经营租赁方式租入后再转租的建筑物
C. 计划用于出租但尚未出租的土地使用权　　D. 持有并准备增值后转让的土地使用权

8. 下列各项中,影响投资性房地产处置损益的有(　　)。
A. 投资性房地产原价　　B. 投资性房地产转换时确认的其他综合收益
C. 投资性房地产处置收入　　D. 投资性房地产持有期间累计计提的折旧

9. 下列各项中,影响企业当期损益的有(　　)。
A. 采用成本模式,期末投资性房地产的可收回金额高于账面价值的差额
B. 采用成本模式,期末投资性房地产的可收回金额低于账面价值的差额
C. 企业将采用公允价值模式进行核算的投资性房地产转为自用的房地产,转换日的公允价值高于账面价值的差额
D. 自用的房地产转换为采用公允价值模式进行核算的投资性房地产时,转换日房地产的公允价值小于账面价值的差额

10. 下列各项中,属于投资性房地产的有(　　)。
A. 待出租的厂房　　B. 已出租的办公楼
C. 以经营租赁方式租入后再转租的写字楼　　D. 已出租的土地使用权

11. 投资性房地产转换日的确定方法,正确的有(　　)。
A. 投资性房地产转为自用房地产,其转换日为房地产达到自用状态,企业开始将房地产用于生产商品、提供劳务或者经营管理的日期
B. 将作为存货的房地产改为出租,其转换日为租赁期开始日
C. 作为自用的建筑物停止自用改为出租,其转换日为租赁期开始日
D. 自用土地使用权停止自用,改用于资本增值,其转换日为自用土地使用权停止自用后确定用于资本增值的日期

12. 下列关于投资性房地产核算的描述中,不正确的有(　　)。
A. 采用公允价值模式进行核算的投资性房地产,其公允价值的变动金额应计入其他综合收益

B. 采用公允价值模式进行核算的投资性房地产可转换为采用成本模式进行核算

C. 采用成本模式进行核算的投资性房地产不需要确认减值损失

D. 采用成本模式进行核算的投资性房地产，符合条件时可转换为采用公允价值模式进行核算

13. 下列关于企业投资性房地产会计处理的表述中，正确的有（　　）。

A. 自行建造的投资性房地产，按达到预定可使用状态前所发生的必要支出进行初始计量

B. 采用成本模式进行后续核算的投资性房地产，计提的减值准备在以后会计期间可以转回

C. 投资性房地产后续核算由成本模式转为公允价值模式时，其公允价值与账面价值的差额应计入当期损益

D. 满足投资性房地产确认条件的后续支出，应予以资本化

三、计算分录选择题

1. 甲公司对投资性房地产采用成本模式进行核算。甲公司的投资性房地产为一栋已出租的写字楼，1月1日，由于该写字楼所在的房地产交易市场比较成熟，甲公司决定对投资性房地产从成本模式变更为公允价值模式进行计量。该写字楼的原价为6 000万元，已计提折旧1 500万元，未计提减值准备。当日该写字楼的公允价值为5 500万元。甲公司按净利润的10%计提盈余公积。不考虑所得税影响，则该事项对甲公司资产负债表上留存收益的影响金额为（　　）万元。

A. 1 000　　B. 900　　C. 1 500　　D. 0

2. 甲公司对投资性房地产按照公允价值模式进行核算，某年1月取得用于经营性出租的房产，其初始成本为6 000万元，12月31日该项投资性房地产的公允价值为6 400万元，次年12月31日该投资性房地产的公允价值为6 300万元，不考虑其他因素，则甲公司次年12月31日该投资性房地产的“公允价值变动”的余额以及公允价值变动对次年损益的影响金额分别是（　　）万元。

A. 300，300　　B. 100，－100　　C. 100，300　　D. 300，－100

3. 企业处置一项采用成本模式进行核算的投资性房地产，实际收到的金额为70万元，投资性房地产的账面余额为120万元，累计计提的折旧金额为60万元，计提的减值准备的金额为20万元。假设不考虑相关税费，处置该项投资性房地产的净收益为（　　）万元。

A. 30　　B. 20　　C. 40　　D. 10

四、实务题

1. 甲公司相关资料如下。

资料一：20×4年12月31日，甲公司以银行存款66 000万元购入一栋达到预定可使用状态的写字楼，立即以经营租赁方式对外出租，租赁期限为2年，并办妥相关手续。该写字楼的预计可使用寿命为22年。

资料二：甲公司对该写字楼采用公允价值模式进行核算。

资料三：20×5年12月31日和20×6年12月31日，该写字楼的公允价值分别为67 500万元和70 000万元。

资料四：20×6年12月31日，租期届满，甲公司收回该写字楼，并供本公司行政管理部门使用。甲公司自20×7年开始对写字楼按年限平均法计提折旧，预计尚可使用20年，预计净残值为零。

资料五：20×0年12月31日，甲公司以68 000万元出售该写字楼，款项收讫并存入银行。

假定不考虑其他因素。

要求：

(1) 编制甲公司20×4年12月31日购入并立即出租该写字楼的相关会计分录。

(2) 编制20×5年12月31日投资性房地产公允价值变动的会计分录。

(3) 计算确定20×5年12月31日投资性房地产的账面价值。

(4) 编制20×6年12月31日甲公司收回该写字楼的相关会计分录。

(5) 计算确定20×7年12月31日该写字楼的账面价值。

(6) 编制20×0年出售固定资产的会计分录。

2. 甲公司的投资性房地产采用公允价值模式进行核算。有关资料如下。

(1) 20×5年12月1日甲公司与A公司签订协议,将自用的办公楼出租给A公司,租赁期限为3年,每年租金为1 000万元,于每年年末收取,20×6年1月1日为租赁期开始日,20×8年12月31日到期。20×6年1月1日转换日该投资性房地产的公允价值为35 000万元,该固定资产的账面原值为25 000万元,已计提的累计折旧为10 000万元,未计提减值准备。各年年末均收到租金。

(2) 20×6年12月31日该投资性房地产的公允价值为37 500万元。

(3) 20×7年12月31日该投资性房地产的公允价值为38 500万元。

(4) 为了提高办公楼的租金收入,甲公司决定在租赁期届满后对办公楼进行改扩建和装修,并与B公司签订经营租赁合同,约定完工时将办公楼出租给B公司,每季度初收取租金600万元。20×8年12月31日租赁协议到期,甲公司收回办公楼并转入改扩建和装修工程。该办公楼的公允价值为30 800万元。

(5) 20×9年1月1日从银行取得利率为5%、3年期的专门借款2 000万元用于改扩建和装修工程,存入银行。20×9年1月1日支付工程款项1 000万元。20×0年3月31日完工,支付工程款项800万元。20×0年3月31日将办公楼出租给B公司。

要求:

(1) 编制20×6年1月1日转换日转换房地产的有关会计分录。

(2) 编制收到A公司租金及公允价值变动的会计分录,说明影响20×6年营业利润的金额。

(3) 编制20×7年12月31日调整投资性房地产的会计分录,说明20×7年资产负债表中投资性房地产的列示金额。

(4) 编制20×8年12月31日租赁协议到期收回办公楼转入改扩建和装修工程的相关会计分录。

(5) 编制20×9年、20×0年3月31日计提长期借款的利息和有关改扩建、装修工程完工的相关会计分录。

第八章　负　债

本 章 提 点

一、学习内容

1. 负债概述。
2. 流动负债。
3. 非流动负债。

二、学习要求

1. 识记：负债、流动负债、非流动负债的概念及种类。
2. 领会：短期借款、长期借款、应付账款、应付票据、预收账款等的核算。
3. 应用：应付职工薪酬、应交税费、应付债券的账务处理。

三、课前准备

1. 复习与应付账款、预收账款、应交税费有联系的预付账款、应收账款、存货等内容。
2. 预习应付职工薪酬、应交增值税、应付债券的账务处理。
3. 准备"课堂互动"的材料。

第一节　负债概述

一、负债的概念、特征及分类

如第一章所述，负债(债权人权益)是指过去的交易、事项形成的现时义务，履行该义务预期会导致经济利益流出企业。负债必须按期偿还，它反映了企业与债权人之间的一种债务债权关系，债权人对企业的资产有求偿权。其特征有以下三点。① 负债是由过去的交易或事项形成的，即由已经发生或完成的交易或事项所导致的结果。② 负债是企业的现时义务，即这种义务是客观存在的，而非潜在的。③ 负债的偿还预期会导致经济利益流出企业，经济利益流出企业通常表现为资产减少。

负债按其流动性可分为流动(短期)负债和非流动(长期)负债。划分流动负债和非流动负债的一个标准是偿付时间。通常以 1 年为界限，将在 1 年内偿付的负债归为流动负债，在 1 年以上偿付的负债归为非流动负债。

二、流动负债

流动负债是指将于 1 年内偿还的债务，包括短期借款、应付票据、应付账款、预收账款、应付职工薪酬、应交税费、1年内到期的长期借款等。

按偿还金额的可确定程度,可将流动负债分为以下三类。

1. 应付金额确定的流动负债

应付金额确定的流动负债是指根据合同、协议或法律规定,在到期日必须偿还,具有确定金额的流动负债。如短期借款、应付账款、应付票据。

2. 应付金额视经营结果而定的流动负债

应付金额视经营结果而定的流动负债是指必须根据企业的经营情况,到会计期末才能计算确定的流动负债。如应交所得税、应付利润。

3. 应付金额不确定需予以估计的流动负债

应付金额不确定需予以估计的流动负债是指金额和到期日都无法准确确定,但确实是由企业过去或目前已完成的经济活动引起的,并必须于未来某一确定日期偿付的经济义务。按谨慎性原则,企业可以根据已掌握的客观资料、以往的经验,予以合理的预计入账。如产品质量担保负债中的应付维修费及损失。

各项流动负债应按实际发生额入账。从理论上讲,对所有负债的计价,都应当考虑货币的时间价值,即应以未来偿付金额的现时价值计价入账,但由于流动负债偿还期限较短,其到期值与现值的差额很小,因此为方便会计处理,我国会计实务中一般按到期值或面值来计量流动负债,并列示于资产负债表上。

三、非流动负债

非流动负债是指偿还期在1年以上的负债,包括长期借款、应付债券、长期应付款等。将于1年内到期偿还的非流动负债,在资产负债表中应当作为一项流动负债,单独反映。

非流动负债除具有负债的共同特征外,与流动负债相比,还具有债务金额大、偿还期限长、可以分期偿还等特点。

企业的非流动负债,一般可分为以下四类。

1. 长期借款

长期借款是指企业向银行或其他金融机构借入的偿还期限在一年以上的各种借款。按借款的用途分类,可分为基本建设借款、技术改造借款、生产经营借款;按借款的币种分类,可分为人民币借款、美元借款、日元借款等;按借款的条件分类,可分为抵押借款、信用借款、担保借款;按借款偿还方式分类,可分为定期一次偿还借款、分期偿还借款等。

2. 应付债券

应付债券是指企业依照法定程序发行,约定在一年以上的一个期限内还本付息的一种有价证券。按有无担保分类,可分为抵押债券和信用债券;按还款方式分类,可分为一次还本债券、分期还本债券和通知还本债券;按是否记名分类,可分为记名债券和无记名债券;按是否可以调换分类,可分为可调换债券和不可调换债券。

3. 长期应付款

长期应付款主要包括企业采用补偿贸易方式引进国外设备的价款和应付融资租入固定资产的租赁费等。

4. 其他非流动负债

其他非流动负债包括专项应付款、预计负债、递延所得税负债等。

第二节　流动负债

一、短期借款

短期借款是指企业向银行或其他金融机构等借入的期限在一年以下（含一年）的各种借款，通常是为了满足正常生产经营的需要。无论借入款项的来源如何，企业均需要向债权人按期偿还借款的本金及利息。企业要及时如实地反映短期借款的借入、利息的计提和本金及利息的偿还情况。

企业应设置“短期借款”主体科目，核算短期借款的取得及偿还情况。该科目贷方登记取得借款的本金数额，借方登记偿还借款的本金数额；余额在贷方，表示尚未偿还的短期借款。本科目可按借款种类、贷款人和币种进行明细核算。

企业从银行或其他金融机构取得短期借款时，借记“银行存款”科目，贷记“短期借款”科目。在实际工作中，银行一般于每季度末收取短期借款利息，为此，企业的短期借款利息一般采用月末预提的方式进行核算。短期借款利息属于筹资费用，应记入“财务费用”科目。企业应当在资产负债表日按照计算确定的短期借款利息费用，借记“财务费用”科目，贷记“应付利息”科目；实际支付利息时，根据已预提的利息，借记“应付利息”科目，根据应计利息，借记“财务费用”科目，根据应付利息总额，贷记“银行存款”科目。短期借款到期偿还本金时，借记“短期借款”科目，贷记“银行存款”科目。

算一算　某公司某年7月1日向银行借入资金60万元，期限为6个月，利率为6%，到期还本，按月计提利息，按季付息。计算该公司7月31日应计提的利息。

二、应付票据

应付票据是指企业购买材料、商品和接受劳务供应等而开出、承兑的商业汇票，包括商业承兑汇票和银行承兑汇票。企业应当设置“应付票据备查簿”科目，详细登记商业汇票的种类、号数和出票日期、到期日、票面余额、交易合同号和收款人姓名或单位名称以及付款日期和金额等资料。应付票据到期结清时，应当在备查簿内予以注销。

企业应设置“应付票据”主体科目，核算应付票据的发生、偿付等情况。该科目贷方登记商业汇票增加的金额及带息票据的预提利息，借方登记商业汇票减少的金额；余额在贷方，表示企业尚未到期的商业汇票的票面金额。

商业汇票的付款期限不超过六个月，因此在会计上应作为流动负债管理和核算。同时，由于应付票据的偿付时间较短，在会计实务中，一般均按照开出、承兑的应付票据的面值入账。

企业因购买材料、商品和接受劳务供应等而开出、承兑的商业汇票，应当按其票面金额作为应付票据的入账金额，借记“材料采购”“库存商品”“应付账款”“应交税费——应交增值税（进项税额）”等科目，贷记“应付票据”科目。

想一想　哪种情况会借记“应付账款”？

企业支付的银行承兑汇票手续费应当计入当期财务费用，借记“财务费用”科目，贷记“银行存款”科目。

对于带息应付票据，企业应于期末计提利息，计入当期财务费用，借记“财务费用”科目，贷记“应付票据”科目。

应付票据到期支付票款时，应按账面余额予以结转，借记“应付票据”科目，贷记“银行存款”科目。

银行承兑汇票到期，如企业无力支付票款，应将应付票据的账面余额转作短期借款，借记“应付票据”科目，贷记“短期借款”科目。

商业承兑汇票到期，如企业无力支付票款，应将应付票据的账面余额转作应付账款，借记“应付票据”科目，贷记“应付账款”科目。

例 8.1 公司和乙公司均为一般纳税企业，适用的增值税税率为 13%。某年 7 月 1 日公司从乙公司购进原材料一批，公司按照实际成本核算，取得增值税发票，价款为 100 万元，增值税税额为 13 万元，公司向乙公司交付一张由公司签发并承兑的商业汇票，面值为 117 万元，期限为 3 个月，票面利率为 6%。原材料已经验收入库。公司的会计处理如下(万元)。

(1) 7 月 1 日，

借：原材料　100

　应交税费——应交增值税(进项税额)　13

　贷：应付票据　113

(2) 7 月末，

借：财务费用　0.565(113×6%÷12×1)

　贷：应付票据　0.565

(3) 8 月末，

借：财务费用　0.565

　贷：应付票据　0.565

(4) 9 月末，

借：财务费用　0.565

　贷：应付票据　0.565

(5) 支付货款，

借：应付票据　114.695(113+0.565×3)

　贷：银行存款　114.695

想一想 根据例 8.1，若汇票到期时，公司无力支付票款，该编制怎样的会计分录？

练一练 甲公司和乙公司均为一般纳税企业，适用的增值税税率为 13%。某年 1 月 10 日甲公司从乙公司购进原材料一批，取得增值税发票，价款为 1 000 万元，增值税税额为 130 万元，甲公司向乙公司交付一张由银行签发的不带息银行承兑汇票，面值为 1 170 万元，期限为 6 个月。以银行存款支付银行承兑手续费 0.6 万元。甲公司原材料按实际成本核算，原材料已经验收入库。

要求：分别编制甲、乙公司的会计分录。

三、应付账款

应付账款是指企业在经营过程中由于赊购商品、材料等而发生的债务，是企业中一种最常见、最普遍的流动负债，也是最基础的商业信用，反映企业经营活动中与交易对方发生的最基本的商业信贷关系。

应付账款一般应在与所购买物资所有权相关的主要风险和报酬已经转移，或者所购买的劳务已经接受时确认。在实务工作中，为了使所购入物资的金额、品种、数量和质量等与合同规定的条款相符，避免因验收时发现所购物资存在数量或质量问题而对入账的物资或应付账款金额进行改动，在物资和发票账单同时到达的情况下，一般在所购物资验收入库后，再根据发票账单登记入账，确认应付账款。在所购物资已经验收入库，但是发票账单未能同时到达的情况下，企业应付物资供应单位的债务已经成立，在会计期末，为了反映企业的负债情况，需要将所购物资和相关的应付账款暂估入账，待下月初做相反分录予以冲回。

存在商业折扣的，企业应按发票价格即已扣除了商业折扣后的金额入账。存在现金折扣的，应先按发票记载的应付金额（按总价法，不扣除现金折扣）入账，待实际付款时，对于实际享有的现金折扣，可将其视为提前付款取得的利息收入，冲减财务费用。

企业应设置"应付账款"主体科目，核算应付账款的发生、偿还、转销等情况。该科目贷方登记企业购买材料、商品等而增加的应付账款；借方登记减少的（包括偿还的、开出商业汇票抵付的、转销无法支付的）应付账款；余额一般在贷方，表示企业尚未支付的应付账款余额。本科目一般应按照债权人设置明细科目进行明细核算。

企业购入的材料、商品等已验收入库，但货款尚未支付的，根据有关凭证（发票账单、随货同行的发票上记载的实际价款或暂估价值），借记"材料采购""在途物资"等科目，按可抵扣的增值税税额，借记"应交税费——应交增值税（进项税额）"科目，按应付的价款，贷记"应付账款"科目。企业接受供应单位提供的劳务而发生的应付未付款项，根据供应单位的发票账单，借记"生产成本""管理费用"等科目，贷记"应付账款"科目。

想一想　哪种情况会借记"在途物资"科目？

企业偿还应付账款或开出商业汇票抵付应付账款时，借记"应付账款"科目，贷记"银行存款""应付票据"等科目。

企业转销确实无法支付的应付账款（比如因债权人撤销等原因而产生无法支付的应付账款）时，应按其账面余额计入营业外收入，借记"应付账款"科目，贷记"营业外收入"科目。

例 8.2　公司于某年 4 月 2 日从甲公司购入一批产品并已验收入库，增值税专用发票上注明该批产品的价款为 100 万元，增值税税额为 13 万元，合同中规定的现金折扣条件为"2/10，1/20，*n*/30"，公司在 4 月 11 日付清货款，假定计算现金折扣时不考虑增值税。

双方的账务处理如下（万元）。

买　方	卖　方
借：库存商品　100 　应交税费——应交增值税（进项税额）　13 　贷：应付账款　113	借：应收账款　113 　贷：主营业务收入　100 　　应交税费——应交增值税（销项税额）　13
借：应付账款　113 　贷：银行存款　111 　　财务费用　2（100×2%）	借：银行存款　111 　财务费用　2（100×2%） 　贷：应收账款　113

想一想　根据例 8.2，编制公司在 4 月 29 日付款的会计分录。

练一练 乙百货商场于2×20年4月2日,从A公司购入一批家电产品并已验收入库。增值税专用发票上列明该批家电产品的价款为100万元,增值税税额为13万元。按照购货协议的规定,乙百货商场如在15天内付清货款,将获得1%的现金折扣(假定计算现金折扣时需要考虑增值税)。乙百货商场于2×20年4月12日,按照扣除现金折扣后的金额,用银行存款付清了欠A公司的货款。

要求:

(1) 编制乙百货商场4月2日购入家电产品的会计分录。

(2) 编制乙百货商场4月12日付款的会计分录。

四、预收账款

预收账款是指企业按照合同规定向购货单位预收的款项。企业在交付商品、提供劳务之前向买方收取部分或全部货款,表明企业承担了会在未来导致经济利益流出企业的应履行的义务,这就成为企业的一项负债。对于卖方而言,预收账款相当于向买方借用资金后再用商品、劳务抵偿。如果企业到期无法履行合同,就须如数退还。等到企业按照合同如期交货或提供劳务以后,预收账款才能转为营业收入,债务才能得以解除。

企业应设置"预收账款"主体科目,核算预收账款的取得、偿付等情况。该科目贷方登记因预收账款、购货方补付账款等增加的金额,借方登记因向购货方发货后转销、退回购货方多付账款等而减少的金额;余额一般在贷方,反映企业向购货方预收款项但尚未向购货方发货的数额,如为借方余额,为企业多发货的金额,即应收账款。企业应当按照购货单位设置明细科目进行明细核算。

对于预收款项情况不多的企业,也可以不设"预收账款"科目核算,将预收的款项直接记入"应收账款"科目的贷方。因为预收账款是在销售环节产生的债务,因此可以和应收账款合并,核算在销售环节产生的债权债务。采用这种方式,"应收账款"所属明细科目可能会有贷方余额,月末应将其列入资产负债表的"预收账款"科目。

企业向购货方预收款项时,借记"银行存款"科目,贷记"预收账款"科目;销售实现时,按实现的收入和应交的增值税销项税额,借记"预收账款"科目,按照实现的营业收入,贷记"主营业务收入"科目,按照增值税专用发票上注明的增值税税额,贷记"应交税费——应交增值税(销项税额)"等科目;企业收到购货方补付的款项时,借记"银行存款"科目,贷记"预收账款"科目;向购货方退回其多付的款项时,借记"预收账款"科目,贷记"银行存款"科目。

五、应付职工薪酬

(一) 应付职工薪酬核算的内容

职工薪酬是指企业为获得职工提供的服务或终止劳动合同关系而给予的各种形式的报酬。企业提供给职工配偶、子女、受赡养人、已故员工遗属及其他受益人等的福利,也属于职工薪酬。职工薪酬主要包括短期薪酬、离职后福利、辞退福利和其他长期职工福利。短期薪酬是指企业预期在职工提供相关服务的年度报告期间结束后12个月内将全部予以支付的职工薪酬,因解除与职工的劳动关系给予的补偿除外,即对应下文职工薪酬内容中的(1)～(8)。本部分所涉及的相关账务处理主要是短期薪酬部分。

1．“职工”的范畴

一是与企业订立劳动合同的所有人员，含全职、兼职和临时职工；

二是未与企业订立劳动合同，但由企业正式任命的企业治理层和管理层人员，如董事会成员、监事会成员等；

三是在企业的计划和控制下，虽未与企业订立劳动合同或未由其正式任命，但为其提供与职工类似服务的人员，也属于职工范畴。

2．职工薪酬的内容

职工薪酬是企业必须付出的人力成本，是吸引和激励职工的重要手段。职工薪酬既是职工对企业投入劳动获得的报酬，也是企业的成本费用。职工薪酬主要包括以下10个方面。

（1）职工工资、奖金、津贴和补贴。它是指按照国家统计局《关于职工工资总额组成的规定》，构成工资总额的计时工资、计件工资、支付给职工的超额劳动报酬和增收节支的劳动报酬、为了补偿职工特殊或额外的劳动消耗和因其他特殊原则支付给职工的津贴，以及为了保证职工工资水平不受物价影响支付给职工的物价补贴等。

（2）职工福利费。它是指企业为职工集体提供的福利，如补助生活困难职工等。

（3）医疗保险费、养老保险费、失业保险费、工伤保险费和生育保险费等社会保险费。它是指企业按照国家规定的基准和比例计算，向社会保险经办机构交纳的医疗保险金、养老保险金、失业保险金、工伤保险费和生育保险费，以及根据《企业年金试行办法》《企业年金基金管理试行办法》等相关规定，向有关单位（企业年金基金账户管理人）交纳的补充养老保险费。此外，以商业保险形式提供给职工的各种保险待遇也属于企业提供的职工薪酬。

（4）住房公积金。它是指企业按照国家《住房公积金管理条例》规定的基准和比例计算，向住房公积金管理机构缴存的住房公积金。

（5）工会经费和职工教育经费。它是指企业为了改善职工文化生活、提高职工业务素质，用于开展工会活动和职工教育及职业技能培训，根据国家规定的基准和比例，从成本费用中提取的金额。

（6）短期带薪缺勤。它是指企业支付工资或提供补偿的职工缺勤，包括年休假、病假、短期伤残、婚假、产假、丧假、探亲假等。

（7）短期利润分享计划，它是指因职工提供服务而与职工达成的基于利润或其他经营成果提供薪酬的协议。

（8）非货币性福利。它包括企业以自己的产品或其他有形资产发放给职工作为福利、企业向职工提供无偿使用自己拥有的资产（如提供给企业高级管理人员的汽车、住房等）、企业为职工无偿提供商品或类似医疗保健的服务等。

（9）其他职工薪酬，如因解除与职工的劳动关系给予的补偿（又称辞退福利）、在职工退休或与企业解除劳动关系后提供的各种形式的报酬和福利（离职后福利）。

（10）其他与获得职工提供的服务相关的支出。

从薪酬的涵盖时间和支付形式来看，职工薪酬包括企业在职工在职期间和离职后给予的所有货币性薪酬和非货币性福利。

从薪酬的支付对象来看，职工薪酬包括提供给职工本人和其配偶、子女或其他被赡养人的福利，如支付给因公伤亡职工的配偶、子女或其他被赡养人的抚恤金。

课后搜阅　职工薪酬具体准则。

(二)应付职工薪酬的核算

企业应设置“应付职工薪酬”主体科目,核算应付职工薪酬的提取、结算、使用等情况。该科目贷方登记已分配计入有关成本费用项目的职工薪酬的数额,借方登记实际发放的职工薪酬的数额;该科目期末贷方余额,为企业应付未付的职工薪酬。“应付职工薪酬”科目应当按照“工资”“职工福利”“社会保险费”“住房公积金”“工会经费”“职工教育经费”“非货币性福利”等应付职工薪酬项目设置明细科目,进行明细核算。

1. 确认应付职工薪酬

(1)货币性职工薪酬

企业应当在职工为其提供服务的会计期间,根据职工提供服务的受益对象,将应确认的职工薪酬(包括货币性薪酬和非货币性福利)计入相关资产成本或当期损益,同时确认为应付职工薪酬。具体分以下情况进行处理:生产部门人员的职工薪酬,借记“生产成本”“制造费用”“劳务成本”等科目,贷记“应付职工薪酬”科目。管理部门人员的职工薪酬,借记“管理费用”科目,贷记“应付职工薪酬”科目。销售人员的职工薪酬,借记“销售费用”科目,贷记“应付职工薪酬”科目。应由在建工程、研发支出负担的职工薪酬,借记“在建工程”“研发支出”科目,贷记“应付职工薪酬”科目。

企业应向社会保险经办机构(或企业年金基金账户管理人)交纳的医疗保险费、养老保险费、失业保险费、工伤保险费、生育保险费等社会保险费,国家(或企业年金计划)统一规定了计提基础和计提比例,应当按照国家规定的标准计提。

职工福利费等职工薪酬,国家(或企业年金计划)没有明确规定计提基础和计提比例,企业应当根据历史经验数据和实际情况,合理预计当期应付职工薪酬。当期实际发生金额大于预计金额的,应当补提应付职工薪酬;当期实际发生金额小于预计金额的,应当冲回多提的应付职工薪酬。

(2)带薪缺勤

企业对各种原因产生的缺勤进行补偿,比如年休假、病假、短期伤残假、婚假、产假、丧假、探亲假等。带薪缺勤应当分为累积带薪缺勤和非累积带薪缺勤两类。

累积带薪缺勤是指带薪权利可以结转下期的带薪缺勤,本期尚未用完的带薪缺勤权利可以在未来期间使用。企业应当在职工提供了服务从而增加了其未来享有的带薪缺勤权利时,确认与累积带薪缺勤相关的职工薪酬,并按因累积未行使的权利而增加的预期支付金额计量。有些累积带薪缺勤在职工离开企业时,对未行使的权利职工有权获得现金支付。如果职工在离开企业时能够获得现金支付,企业就应当确认企业必须支付的、职工全部累积未使用权利的金额。如果职工在离开企业时不能获得现金支付,则企业应当将资产负债表日因累积未使用权利而导致的预期支付的追加金额,作为累积带薪缺勤费用进行预计。

例 8.3 甲公司共有 600 名职工,从 2×19 年 1 月 1 日起,该公司实行累积带薪缺勤制度。该制度规定每个职工每年可享受 10 个工作日的带薪年休假,未使用的年休假只能向后结转一个日历年度,超过一年未使用的权利作废。职工休年休假时,先使用当年可享受的权利,不足部分再从上年结转的带薪年休假中扣除,职工离开公司时,对未使用的累积带薪年休假无权获得现金支付。

2×19 年年末,每个职工当年平均未使用带薪年休假为 3 天。公司预计 2×20 年有 500 名职工将享受不超过 10 天的带薪年休假,剩余 100 名职工每人将平均享受 13 天的年休假(均为管理人员),假定每个职工平均每个工作日的工资为 300 元。

甲公司 2×19 年年末应预计并确认由于职工累积未使用的带薪年休假权利而导致预期将支付的年休假工资金额为 100×3×300=90 000(元)。

财务处理如下(元)

借：管理费用　　90 000

　　贷：应付职工薪酬——累积带薪缺勤　　90 000

非累积带薪缺勤是指带薪权利不能结转下期的带薪缺勤，本期尚未用完的带薪缺勤权利将予以取消，并且职工离开企业时也无权获得现金支付。我国企业职工休婚假、产假、丧假、探亲假、病假期间的工资通常属于非累积带薪缺勤。由于职工提供服务本身不能增加其能够享受的福利金额，企业在职工未缺勤时不应当计提相关费用和负债；企业应在职工缺勤时确认职工享有的带薪权利，即视同职工出勤确认的相关资产成本或当期费用。企业应当在缺勤期间计提应付工资时一并处理。企业应当在职工实际发生缺勤的会计期间确认与非累积带薪缺勤相关的职工薪酬。

(3) 短期利润分享计划

企业制定利润分享计划的，如规定当职工在企业工作了特定期限后，能够享有按照企业净利润的一定比例计算的薪酬，如果职工在企业工作到特定期末，其提供的服务就会增加企业应付职工薪酬金额，或者尽管企业没有支付这类薪酬的法定义务，但是有支付此类薪酬的惯例，或者说企业除了支付此类薪酬外没有其他现实的选择，企业应当及时按照本准则的规定，进行有关会计处理。

利润分享计划同时满足下列条件的，企业应当确认相关的应付职工薪酬，并计入当期损益或者相关资产成本：因过去事项导致现在具有支付职工薪酬的法定义务；因利润分享计划所产生的应付职工薪酬义务能够可靠估计。属于以下三种情形之一的，视为义务金额能够可靠估计：① 在财务报告批准报出之前企业已确定应支付的薪酬金额；② 该利润分享计划的正式条款中包括确定薪酬金额的方式；③ 过去的惯例为企业确定推定义务金额提供了明显证据。

企业根据企业经济效益增长的实际情况提取的奖金，属于奖金计划，应当比照利润分享计划进行处理。职工只有在企业工作一段特定期间才能分享利润的，企业在计量由利润分享计划产生的应付职工薪酬时，应当反映职工因离职而没有得到利润分享计划支付的可能性。

例 8.4　甲公司于 2×19 年年初制订和实施了一项短期利润分享计划，以对公司管理层进行激励。该计划规定，公司全年的净利润指标为 1 000 万元，如果净利润超过 1 000 万元，公司管理层可以分享超过 1 000 万元净利润部分的 20%作为额外报酬。

假定 2×19 年年末，甲公司实际完成净利润 1 700 万元。

根据上述资料，甲公司管理层分享利润的金额为(1 700－1 000)×20%＝140(万元)。

2×19 年 12 月 31 日，应做相关账务处理如下(元)。

借：管理费用　　1 400 000

　　贷：应付职工薪酬——利润分享计划　　1 400 000

(4) 非货币性职工薪酬

企业以其自产产品作为非货币性福利发放给职工的，应当根据受益对象，按照该产品的公允价值计入相关资产成本或当期损益，同时确认应付职工薪酬，借记“管理费用”“生产成本”“制造费用”等科目，贷记“应付职工薪酬——非货币性福利”科目。

将企业拥有的房屋等资产无偿提供给职工使用的，应当根据受益对象，将该住房每期应计提的折旧计入相关资产成本或当期损益，同时确认应付职工薪酬，借记“管理费用”“生产成本”“制造费用”等科目，贷记“应付职工薪酬——非货币性福利”科目，并且同时借记“应付职工薪酬——非货币性福利”科目，贷记“累计折旧”科目。

租赁住房等资产供职工无偿使用的，应当根据受益对象，将每期应付的租金计入相关资产成本或当期损益，并确认应付职工薪酬，借记“管理费用”“生产成本”“制造费用”等科目，贷记“应付职工薪酬——非货币性福利”科目。

难以认定受益对象的非货币性福利，直接计入当期损益和应付职工薪酬。

2. 发放职工薪酬

(1) 支付职工工资、奖金、津贴和补贴。企业按照有关规定向职工支付工资、奖金、津贴等，借记“应付职工薪酬——工资”科目，贷记“银行存款”“库存现金”等科目；企业从应付职工薪酬中扣还的各种款项(代垫的家属药费、个人所得税等)，借记“应付职工薪酬”科目，贷记“银行存款”“库存现金”“其他应收款”“应交税费——应交个人所得税”等科目。

(2) 支付职工福利费。企业向职工食堂、职工医院、生活困难职工等支付职工福利费时，借记“应付职工薪酬——职工福利”科目，贷记“银行存款”“库存现金”等科目。

(3) 支付工会经费、职工教育经费和交纳社会保险费、住房公积金。企业支付工会经费和职工教育经费用于工会运作和职工培训，或按照国家有关规定交纳社会保险费或住房公积金时，借记“应付职工薪酬——工会经费(或职工教育经费、社会保险费、住房公积金)”科目，贷记“银行存款”“库存现金”等科目。

(4) 发放非货币性福利。企业以自产产品作为职工薪酬发放给职工时，应确认主营业务收入，借记“应付职工薪酬——非货币性福利”科目，贷记“主营业务收入”科目，同时结转相关成本，涉及增值税销项税额的，还应进行相应的处理。

企业支付租赁住房等资产供职工无偿使用所发生的租金，借记“应付职工薪酬——非货币性福利”科目，贷记“银行存款”等科目。

应付职工薪酬的账务处理如图 8.1 所示。

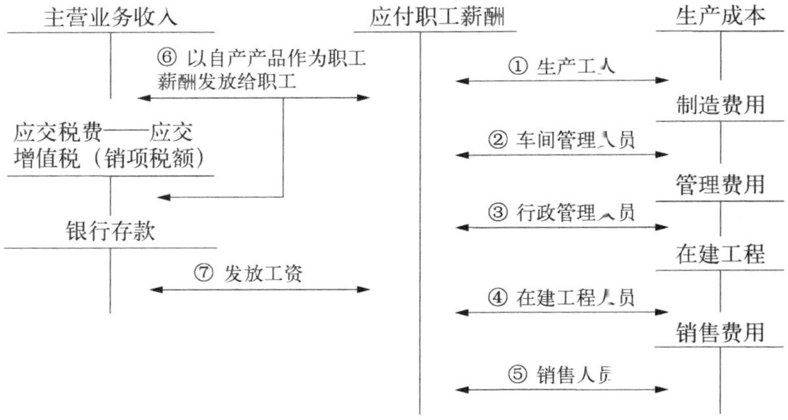

图 8.1　应付职工薪酬的账务处理

例 8.5　公司为增值税一般纳税人，适用的增值税税率为 13%。某年 3 月发生与职工薪酬有关的交易或事项如下。

(1) 对行政管理部门使用的设备进行日常维修，应付企业内部维修人员工资 1.2 万元。

(2) 对以经营租赁方式租入的生产线进行改良，应付企业内部改良工程人员工资 3 万元。

(3) 为公司总部下属 25 位部门经理每人配备汽车一辆免费使用，假定每辆汽车每月计提折旧 0.08 万元。

(4) 将 50 台自产的厨房清洁器作为福利分配给本公司行政管理人员。该厨房清洁器每台生产成本为 1.2 万元，市场售价为 1.5 万元(不含增值税)。

(5) 月末，分配职工工资 150 万元，其中直接生产产品人员的工资为 105 万元，车间管理人员的工资为 15

万元，企业行政管理人员的工资为20万元，专设销售机构人员的工资为10万元。

(6) 以银行存款交纳职工医疗保险费5万元。

(7) 按规定计算代扣代交职工个人所得税0.8万元。

(8) 以现金支付职工李某生活困难补助0.1万元。

(9) 从应付张经理的工资中，扣回上月代垫的应由其本人负担的医疗费0.8万元。

要求：编制3月份公司上述交易或事项的会计分录（“应交税费”科目要求写出明细科目和专栏名称，答案中的金额单位用万元表示）。

会计分录如下(万元)。

(1) 借：管理费用　1.2
　　贷：应付职工薪酬　1.2

(2) 借：长期待摊费用　3
　　贷：应付职工薪酬　3

(3) 借：管理费用　2
　　贷：应付职工薪酬　2
　借：应付职工薪酬　2
　　贷：累计折旧　2

(4) 借：管理费用　87.75
　　贷：应付职工薪酬　87.75
　借：应付职工薪酬　84.75
　　贷：主营业务收入　75
　　　应交税费——应交增值税(销项税额)　9.75
　借：主营业务成本　60
　　贷：库存商品　60

(5) 借：生产成本　105
　　制造费用　15
　　管理费用　20
　　销售费用　10
　　贷：应付职工薪酬　150

(6) 借：应付职工薪酬　5
　　贷：银行存款　5

(7) 借：应付职工薪酬　0.8
　　贷：应交税费——应交个人所得税　0.8

(8) 借：应付职工薪酬　0.1
　　贷：库存现金　0.1

(9) 借：应付职工薪酬　0.8
　　贷：其他应收款　0.8

算一算　某饮料生产企业为增值税一般纳税人，年末将本企业生产的一批饮料发放给职工作为福利。该饮料市场售价为12万元(不含增值税)，增值税适用税率为13%，实际成本为10万元。假定不考虑其他因素，计算该企业应确认的应付职工薪酬。

六、应交税费

企业在一定时期内取得的营业收入和实现利润以及从事其他应税项目，要按照税法规定向国家交纳各种税费,这些应交的税费,要按照权责发生制的原则计入有关科目,在尚未交纳之前暂时留在企业,形成一项流动负债。企业根据税法规定应交纳的各种税费包括增值税、消费税、城市维护建设税、资源税、所得税、土地增值税、房产税、车船使用税、土地使用税、印花税、耕地占用税、教育费附加、矿产资源补偿费等。

企业应设置"应交税费"主体科目,总括核算各种税费的应交与实交情况,并按照应交税费项目进行明细核算。该科目贷方登记应交纳的各种税费等,借方登记实际交纳的税费;期末余额一般在贷方,反映企业尚未交纳的税费,期末余额如在借方,反映企业多交或尚未抵扣的税费。企业交纳的印花税、耕地占用税等不需要预计应交的税金,不通过"应交税费"科目核算。

课后搜阅 增值税转型改革情况。

(一) 应交增值税

1. 增值税概述

增值税是指对我国境内销售货物、进口货物,或提供加工、修理修配劳务的增值额征收的一种流转税,企业购入商品支付的增值税(即进项税额),可以从销售商品按规定收取的增值税(即销项税额)中抵扣。增值税的纳税人是在我国境内销售货物、进口货物,或提供加工、修理修配劳务的单位和个人。按照纳税人的经营规模及会计核算的健全程度,增值税纳税人分为一般纳税人和小规模纳税人。一般纳税人应纳增值税税额,根据当期销项税额减去当期进项税额计算确定;小规模纳税人应纳增值税税额,按照销售额和规定的征收率计算确定,其支付的增值税税额均不计入进项税额,不得由销项税额抵扣,应计入相关成本费用。2019 年增值税改革后,我国现行增值税根据应税行为一共分为 13%、9%、6%三档税率及 5%、3%两档征收率。

我国于 2016 年 5 月 1 日起全面推开营改增试点,扩大试点行业范围,将建筑业、房地产业、金融业、生活服务业纳入试点范围,其中,建筑业和房地产业适用 11%的税率,金融业和生活服务业适用 6%的税率。根据《营业税改征增值税试点实施办法》的规定,适用一般计税方法的纳税人,2016 年 5 月 1 日后取得并在会计制度上按固定资产核算的不动产或者 2016 年 5 月 1 日后取得的不动产在建工程,其进项税额自取得之日起分 2 年从销项税额中抵扣,第一年抵扣比例为 60%,第二年抵扣比例为 40%。

2. 一般纳税人企业的核算

按照《中华人民共和国增值税暂行条例》规定,企业购入货物或接受应税劳务支付的增值税(即进项税额),可从销售货物或提供劳务按规定收取的增值税(即销项税额)中抵扣。准予从销项税额抵扣的进项税额通常包括:① 从销售方取得的增值税专用发票上注明的增值税税额;② 从海关取得的完税凭证上注明的增值税税额。

为了核算企业应交增值税的发生、抵扣、交纳、退税及转出等情况,应在"应交税费"科目下设置"应交增值税""未交增值税"明细科目,并在"应交增值税"明细账内设置"进项税额""已交税金""转出未交增值税""减免税款""出口抵减内销产品应纳税额"(这五项增加记借,减少记贷、登账用红字)"销项税额""出口退税""进项税额转出""转出多交增值税"(这四项增加记贷,减少记借、登账用红字)等专栏。"应交税费——应交增值税"明细账的格式如表 8.1 所示。

表 8.1 “应交税费——应交增值税”明细账的格式

年		借方					贷方				借或贷	余额
月	日	进项税额	已交税金	转出未交增值税	减免税款	出口抵减内销产品应纳税额	销项税额	出口退税	进项税额转出	转出多交增值税		

表 8.1 中 各专栏反映了以下经济内容。

进项税额：记录企业购入货物或接受应税劳务而支付的、准予从销项税额中抵扣的增值税。因退出所购货物而应冲销的进项税额，用红字登记。

已交税金：记录企业已上交税务部门的增值税税额。

转出未交增值税：反映企业月末转出的应交未交的增值税。

减免税款：反映企业本期享受政策减免的税款。

出口抵减内销产品应纳税额：反映企业按照规定计算的出口货物的进项税额抵减内销产品的应纳税额。

销项税额：记录企业销售货物或提供劳务应收取的增值税税额。因退回销售货物应冲销的销项税额，用红字登记。

出口退税：记录企业出口货物，向海关办理报关出口手续后，凭出口报关单等有关凭证向税务机关申报办理出口退税而收到退回的税款。

进项税额转出：记录企业购进的货物、在产品、产成品等发生非常损失或因其他原因不应从销项税额中抵扣，按规定转出的进项税额。

转出多交增值税：反映企业月末转出的多交增值税。

在“应交税费——未交增值税”明细账内设置“转入未交增值税”“转入多交增值税”两个专栏，用以核算一般纳税企业月终时转入的应交未交增值税和转入的多交增值税。这主要是为了反映增值税一般纳税企业欠交增值税款和待抵扣增值税的情况，确保企业及时足额上交增值税，避免出现企业用以前月份欠交的增值税抵扣以后月份未抵扣的增值税的情况。“应交税费——应交增值税”账户的期末借方余额，反映企业尚未抵扣的增值税。“应交税费——未交增值税”账户的期末借方余额，反映企业多交的增值税；期末贷方余额，反映企业未交的增值税。

(1) 采购物资和接受应税劳务。企业从国内采购物资或接受应税劳务等，根据增值税专用发票上记载的应计入采购成本或应计入加工、修理修配等物资成本的金额，借记“材料采购”“在途物资”“原材料”“库存商品”或“生产成本”“制造费用”“委托加工物资”“管理费用”等科目，根据增值税专用发票上注明的可抵扣的增值税税额，借记“应交税费——应交增值税（进项税额）”科目，按照应付或实际支付的总额，贷记“应付账款”“应付票据”“银行存款”等科目。购入货物发生的退货，做相反的会计分录，或用红字冲销。

按照《中华人民共和国增值税暂行条例》,企业购入免征增值税货物,一般不能够抵扣增值税销项税额。但是对于购入的免税农产品,可以按照买价和规定的扣除率计算进项税额,并准予从企业的销项税额中抵扣。企业购入免税农产品,按照买价和规定的扣除率计算进项税额,借记“应交税费——应交增值税(进项税额)”科目,按买价扣除按规定计算的进项税额后的差额,借记“材料采购”“原材料”“库存商品”等科目,按照应付或实际支付的价款,贷记“应付账款”“银行存款”等科目。

企业购进固定资产(如不动产)所支付的不可抵扣的增值税税额,应计入固定资产的成本;购进的货物用于非应税项目,其所支付的增值税税额应计入购入货物的成本。

(2) 进项税额转出。企业购进的货物发生非常损失(因管理不善),以及将购进货物改变用途(如用于非应税项目、集体福利或个人消费等),其进项税额应通过“应交税费——应交增值税(进项税额转出)”科目转入有关科目,借记“待处理财产损溢”“在建工程”“应付职工薪酬”等科目,贷记“应交税费——应交增值税(进项税额转出)”科目;属于转作待处理财产损失的进项税额,应与遭受非常损失的购进货物、在产品或库存商品的成本一并处理。自然灾害造成的物资毁损,其进项税额是可以抵扣的,不需要转出。

购进货物改变用途通常是指购进的货物在没有经过任何加工的情况下,对内改变用途的行为,如不动产在建工程领用原材料、企业下属医务室等福利部门领用原材料等。

例 8.6 公司建造厂房领用生产用原材料 50 000 元,原材料购入时支付的增值税税额为 6 500 元。公司的有关会计分录如下(元)。

借:原材料	50 000	
应交税费——应交增值税(进项税额)	6 500	
贷:银行存款等		56 500
借:在建工程	56 500	
贷:原材料		50 000
应交税费——应交增值税(进项税额转出)		6 500

想一想 根据例 8.6,若是建造产品生产线领用原材料,该编制怎样的会计分录?

(3) 销售物资或者提供应税劳务。企业销售货物或者提供应税劳务,按照营业收入和应收取的增值税税额,借记“应收账款”“应收票据”“银行存款”等科目,按专用发票上注明的增值税税额,贷记“应交税费——应交增值税(销项税额)”科目,按照实现的营业收入,贷记“主营业务收入”“其他业务收入”等科目。发生的销售退回,做相反的会计分录,或用红字冲销。

企业将自产、委托加工或购买的货物分配给股东,应当参照企业销售物资或者提供应税劳务进行会计处理。

(4) 视同销售行为。企业的有些交易和事项从会计角度看不属于销售行为,不能确认为销售收入,但是按照税法规定,应视同对外销售处理,计算应交增值税。视同销售需要交纳增值税的事项,如企业将自产或委托加工的货物用于非应税项目、集体福利或个人消费,将自产、委托加工或购买的货物作为投资、分配给股东或投资者、无偿赠送他人等。在这些情况下,企业应当借记“在建工程”“长期股权投资”“营业外支出”等科目,贷记“库存商品”“应交税费——应交增值税(销项税额)”科目等。

(5) 出口退税。企业出口产品按规定退税的,按应收的出口退税额,借记“其他应收款”科目,贷记“应交税费——应交增值税(出口退税)”科目。

(6) 交纳增值税。月份终了时,企业“应交税费——应交增值税”账户的贷方余额,反映企业当期应交纳的增值税。其计算公式为应交增值税＝销项税额－(进项税额－进项税额转出－出口退税)－出口抵减内销产品应纳税额。企业在规定期限内，以银行存款上交当月的增值税，借记“应交税费——应交增值税(已交税金)”科目，贷记“银行存款”科目。

注意：企业当月交纳以前各期未交的增值税，借记“应交税费——未交增值税”科目，贷记“银行存款”科目。

(7) 企业转出应交或多交的增值税。月份终了时，企业应计算出当月未交的增值税或多交的增值税并将其分别转出。转出当月应交未交的增值税，借记“应交税费——应交增值税(转出未交的增值税)”科目，贷记“应交税费——未交增值税(转入未交的增值税)”科目；转出当月多交的增值税，借记“应交税费——未交增值税(转入多交的增值税)”科目，贷记“应交税费——应交增值税(转出多交的增值税)”科目。结转后，月末“应交税费——应交增值税”科目借方余额，反映企业尚未抵扣的增值税。

例 8.7　公司有自产产品一批，成本是 80 万元，生产产品使用原材料的进项税额为 10 万元；计税价格等于公允价值，为 100 万元，适用增值税税率为 13%。若发生下列业务时，应编制的会计分录如下(万元)。

(1) 销售产品

确认主营业务收入 100 万元，确认增值税销项税额 13 万元。

借：应收账款等　113

　　贷：主营业务收入　100

　　　　应交税费——应交增值税(销项税额)　13

借：主营业务成本　80

　　贷：库存商品　80

(2) 产品用于发放职工福利

视同销售业务，确认主营业务收入 100 万元，确认增值税销项税额 13 万元，按 113 万元计入管理费用等。

借：管理费用等　113

　　贷：应付职工薪酬　113

借：应付职工薪酬　113

　　贷：主营业务收入　100

　　　　应交税费——应交增值税(销项税额)　13

借：主营业务成本　80

　　贷：库存商品　80

(3) 在建工程(安装生产设备)领用产品

成本 80 万元计入在建工程，不确认增值税销项税额。

借：在建工程　80

　　贷：库存商品　80

(4) 在建工程(建造不动产)领用产品

成本 80 万元、增值税销项税额 13 万元计入在建工程。

借：在建工程　93

　　贷：库存商品　80

　　　　应交税费——应交增值税(销项税额)　13

(5) 因意外火灾(管理不善)造成的产品毁损

要将产品使用的原材料中的进项税额转出。

借：待处理财产损溢——待处理流动资产损溢　90

　　贷：库存商品　80

　　　　应交税费——应交增值税(进项税额转出)　10

课堂互动 公司以前某日购进原材料，实际成本是100万元，进项税额为13万元，现在的公允价值是110万元，适用增值税税率是13%。

讨论现在发生下列业务时应编制的会计分录。

(1) 销售原材料。

(2) 在建工程(安装生产设备)领用原材料。

(3) 在建工程(建造不动产)领用原材料。

(4) 因意外火灾(管理不善)造成的原材料毁损。

(5) 自然灾害造成的原材料毁损。

(二) 应交消费税

消费税是指在我国境内生产、委托加工和进口应税消费品的单位和个人，按其流转额交纳的一种税。消费税有从价定率和从量定额两种征收方法。采取从价定率方法征收的消费税，以不含增值税的销售额为税基，按照税法规定的税率计算。企业的销售收入包含增值税的，应将其换算为不含增值税的销售额。采取从量定额计征的消费税，根据按税法确定的企业应税消费品的数量和单位应税消费品应交纳的消费税计算确定。企业应在“应交税费”科目下设置“应交消费税”明细科目，核算应交消费税的发生、交纳情况。该科目的贷方登记应交纳的消费税，借方登记已交纳的消费税。期末贷方余额为尚未交纳的消费税，借方余额为多交纳的消费税。

1. 销售应税消费品

企业销售应税消费品应交的消费税，应借记“税金及附加”科目，贷记“应交税费——应交消费税”科目。

2. 自产自销应税消费品

企业将生产的应税消费品用于在建工程等，按规定应交纳的消费税，借记“在建工程”等科目，贷记“应交税费——应交消费税”科目。

例8.8 公司下设的职工食堂享受企业提供的补贴，本月领用自产产品一批，该产品的账面价值为40 000元，市场价格为60 000元(不含增值税)，适用的消费税税率为10%，增值税税率为13%。公司的有关会计分录如下(元)。

借：管理费用	76 200
贷：应付职工薪酬——非货币性福利	76 200

应记入“应付职工薪酬——非货币性福利”科目的金额＝60 000＋60 000×13%＋60 000×10%＝73 800(元)。

同时，

借：应付职工薪酬——非货币性福利	73 800
贷：主营业务收入	60 000
应交税费——应交增值税(销项税额)	7 800
——应交消费税	6 000
借：主营业务成本	40 000
贷：库存商品	40 000

3. 委托加工应税消费品

企业如有应交消费税的委托加工物资，一般应由受托方代收代交税款，受托方按照应交税款金额，借记“应收账款”“银行存款”等科目，贷记“应交税费——应交消费税”科目。

受托加工或翻新改制金银首饰按照规定由受托方交纳消费税。

委托加工物资收回后直接用于销售的，应将受托方代收代交的消费税计入委托加工物资的成本，借记"委托加工物资"等科目，贷记"应付账款""银行存款"等科目；委托加工物资收回后用于连续生产应税消费品，按规定准予抵扣的，应按已由受托方代收代交的消费税，借记"应交税费——应交消费税"科目，贷记"应付账款""银行存款"等科目。

4. 进口应税消费品

企业进口应税物资在进口环节应交的消费税，计入该项物资的成本，借记"材料采购""固定资产"等科目，贷记"银行存款"科目。

（三）其他应交税费

其他应交税费是指除上述应交税费以外的应交税费，包括应交所得税、应交资源税、应交城市维护建设税、应交土地增值税、应交房产税、应交土地使用税、应交车船使用税、应交教育费附加、应交矿产资源补偿费、应交个人所得税等。企业应当在"应交税费"科目下设置相应的明细科目进行核算，贷方登记应交纳的有关税费，借方登记已交纳的有关税费，期末贷方余额表示尚未交纳的有关税费。

企业按照税法规定计算应交的所得税，借记"所得税费用" 等科目，贷记"应交税费(应交所得税)"科目。交纳的所得税，借记"应交税费(应交所得税)"科目，贷记"银行存款"等科目。

1. 应交资源税

资源税是对在我国境内开采矿产品或者生产盐的单位和个人征收的税。资源税按照应税产品的课税数量和规定的单位税额计算。开采或生产应税产品对外销售的，以销售数量为课税数量；开采或生产应税产品自用的，以自用数量为课税数量。

核算对外销售应税产品应交纳的资源税时，应借记"税金及附加"科目，贷记"应交税费——应交资源税"科目；核算自产自用应税产品应交纳的资源税时，应借记"生产成本""制造费用"等科目，贷记"应交税费——应交资源税"科目。

2. 应交城市维护建设税

城市维护建设税是以流转税(增值税、消费税)为计税依据征收的一种税(以税计税)。其纳税人为交纳增值税、消费税的单位和个人，应纳税额＝(应交增值税＋应交消费税)×适用税率。核算应交的城市维护建设税时，借记"税金及附加"等科目，贷记"应交税费——应交城市维护建设税"科目。

3. 应交教育费附加

教育费附加是为了发展教育事业而向企业征收的附加费用，企业按应交流转税的一定比例计算交纳。应纳教育费附加额＝(应交增值税＋应交消费税)×教育费附加率。核算应交的教育费附加时，借记"税金及附加"等科目，贷记"应交税费——应交教育费附加"科目。

4. 应交土地增值税

土地增值税是指在我国境内有偿转让土地使用权及地上建筑物和其他附着物产权的单位和个人，就其土地增值额征收的一种税。土地增值额是指转让收入减去规定扣除项目金额后的余额。转让收入包括货币收入、实物收入和其他收入。扣除项目主要包括取得土地使用权所支付的金额、开发土地的费用、新建及配套设施的成本、旧房及建筑物的评估价格等。

企业应交的土地增值税视不同情况记入不同科目：兼营房地产业务的企业，应由当期收入负担的土地增值税，借记"税金及附加"科目，贷记"应交税费——应交土地增值税"科目。转让的国有土地使用权与其地上建筑物及其附着物一并在“固定资产”或“在建工程”科目核算的，转让时应交纳的土地增值税，借记“固定资产清理”“在建工程”科目，贷记“应交税费——应交土地增值税”科目。

5. 应交房产税、土地使用税、车船使用税和矿产资源补偿费

房产税是国家对在城市、县城、建制县和工矿区征收的由产权所有人交纳的一种税。房产税依照房产原值一次减除10%～30%后的余额计算交纳。没有房产原值作为依据的，由房产所在地税务机关参考同类房产核定；房产出租的，以房产租金收入为房产税的计税依据。

土地使用税是国家为了合理利用城镇土地、调节土地级差收入、提高土地使用效益、加强土地管理而开征的一种税，以纳税人实际占用的土地面积为计税依据，依照规定税额计算征收。

车船使用税由拥有并且使用车船的单位和个人按照适用税额计算交纳。

矿产资源补偿费是对在我国领域和管辖海域开采矿产资源而征收的费用。矿产资源补偿费按照矿产品销售收入的一定比例计征，由采矿人交纳。

核算应交的房产税、土地使用税、车船使用税、矿产资源补偿费时，借记“税金及附加”科目，贷记“应交税费——应交房产税(或应交土地使用税、应交车船使用税、应交矿产资源补偿费)”科目。

6. 应交个人所得税

企业按规定计算的代扣代交的职工个人所得税，借记“应付职工薪酬”科目，贷记“应交税费——应交个人所得税”科目；企业交纳个人所得税时，借记“应交税费——应交个人所得税”科目，贷记“银行存款”等科目。

算一算 某企业为增值税一般纳税人，某年实际已交纳税金情况如下：房产税850万元、消费税150万元、城市维护建设税70万元、车船税0.5万元、耕地占用税1.5万元、所得税120万元。计算应记入“应交税费”科目的金额。

课后搜阅 流转税和企业所得税相关法规。

七、应付利息

应付利息是指企业按照合同约定应支付的利息，包括短期借款、分期付息到期还本的长期借款、应付债券等应支付的利息。企业应当设置“应付利息”主体科目核算应支付的利息，并按照债权人设置明细科目进行明细核算。资产负债表日，应按摊余成本和实际利率计算确定的利息费用，借记“在建工程”“财务费用”“研发支出”等科目，按票面利率、合同利率等计算确定的应付未付利息，贷记“应付利息”科目，按其差额，借记或贷记“长期借款——利息调整”“应付债券——利息调整”等科目。名义利率与实际利率差异较小的，也可以采用名义利率计算确定利息费用。实际支付利息时，借记“应付利息”科目，贷记“银行存款”等科目。本科目期末贷方余额反映企业应付未付的利息。

八、应付股利

应付股利是指企业根据股东大会或类似机构审议批准的利润分配方案确定分配给投资者的现金股利或利润。企业应设置“应付股利”主体科目，核算企业确定或宣告支付但尚未实际

支付的现金股利或利润。该科目贷方登记应支付的现金股利或利润，借方登记实际支付的现金股利或利润，期末贷方余额反映企业应付未付的现金股利或利润。该科目应按照投资者设置明细科目进行明细核算。

企业董事会或类似机构通过的利润分配方案中拟分配的现金股利或利润，不做账务处理，但应在附注中披露。企业分配的股票股利不通过“应付股利”科目核算。

九、其他应付款

其他应付款是指企业除应付票据、应付账款、预收账款、应付职工薪酬、应交税费、应付利息、应付股利等经营活动以外的其他各项应付、暂收的款项，如应付租入包装物租金、存入保证金、售后回购方式融入的资金等。企业应设置“其他应付款”主体科目，核算其他应付款的增减变动及其结存情况，并按照其他应付款的项目和对方单位（或个人）设置的明细科目进行明细核算。该科目贷方登记发生的各种应付、暂收款项，借方登记偿还或转销的各种应付、暂收款项；该科目期末贷方余额反映企业应付未付的其他应付款项。

企业发生其他各种应付、暂收款项时，借记“管理费用”等科目，贷记“其他应付款”科目；支付或退回其他各种应付、暂收款项时，借记“其他应付款”科目，贷记“银行存款”等科目。

第三节　非流动负债

一、长期借款

（一）长期借款概述

长期借款是指企业向银行或其他金融机构借入的期限在一年以上（不含一年）的各种借款，一般用于固定资产的购建、改扩建工程、大修理工程、对外投资以及为了保持长期经营能力等方面。它是企业长期负债的重要组成部分，必须加强管理与核算。

由于长期借款的使用关系到企业的生产经营规模和效益，企业除了要遵守有关的贷款规定、编制借款计划，并要有不同形式的担保外，还应监督借款的使用、按期支付长期借款的利息以及按规定的期限归还借款本金等。因此，长期借款会计处理的基本要求是反映和监督企业长期借款的借入、借款利息的结算和借款本息的归还情况，促使企业遵守信贷纪律、提高信用等级，同时也要确保长期借款发挥效益。

（二）长期借款的核算

企业应设置“长期借款”主体科目，核算长期借款的借入、归还等情况。该科目可按照贷款单位和贷款种类设置明细账，分“本金”“利息调整”“应计利息”等进行明细核算；该科目的贷方登记长期借款本息的增加额，借方登记本息的减少额，贷方余额表示企业尚未偿还的长期借款。

（1）企业借入长期借款，应按实际收到的金额，借记“银行存款”科目，贷记“长期借款”科目（本金）。如存在差额，还应借记“长期借款”科目（利息调整）。

（2）长期借款的利息，应计入有关成本、费用。属于筹建期间的，计入管理费用；属于生产经营期间的，计入财务费用；如果长期借款用于购建固定资产的，在固定资产尚未达到预定可使用状态前，所发生的利息应当资本化，计入在建工程成本；固定资产达到预定可使用状态后发生的利息以及按规定不予资本化的利息，计入财务费用。资产负债表日，应按期初摊余成本和实际利率计算长期借款的利息费用，借记“在建工程”“管理费用”“财务费用”等科目，按合同利率(名义利率)计算的应付利息，贷记“应付利息”科目，按其差额，贷记“长期借款”科目(利息调整)。

实际利率与合同利率差异较小的，也可以采用合同利率计算确定利息费用①。

(3) 归还的长期借款本金，借记“长期借款”科目(本金)，贷记“银行存款”科目。同时，存在利息调整余额的，借记或贷记“在建工程”“制造费用”“财务费用”“研发支出”等科目，贷记或借记“长期借款”科目(利息调整)。

(4) 本科目期末贷方余额反映企业尚未偿还的长期借款。

例 8.9 公司于 20×0 年 4 月 1 日从银行借入资金 400 万元，借款期限为 3 年，利率为 8%(到期一次还本付息，不计复利)，所借款项已存入银行。公司用该借款于当日购买不需安装的设备一台，价款为 335 万元，增值税税额为 43.55 万元，支付运杂费及保险等费用 8.05 万元，设备已于当日投入使用。按年计提利息。

公司的有关会计处理如下(万元)。

(1) 取得借款时，

借：银行存款	400
贷：长期借款——本金	400

(2) 支付设备款和运杂费、保险费时，

借：固定资产	343.05
应交税费——应交增值税(进项税额)	43.55
贷：银行存款	386.6

20×0 年年末计提长期借款的利息时，

借：财务费用	24
贷：长期借款——应计利息	24(400×8%÷12×9)

(计提固定资产折旧业务的会计分录从略)

20×1 年年末计提长期借款的利息时，

借：财务费用	32
贷：长期借款——应计利息	32(400×8%)

20×2 年年末计提长期借款的利息时

借：财务费用	32
贷：长期借款——应计利息	32

(3) 20×3 年 4 月 1 日归还长期借款本息时，

借：财务费用	8(400×8%÷12×3)
长期借款——本金	400
——应计利息	88(24+32+32)
贷：银行存款	496

二、应付债券

(一) 应付债券概述

应付债券是指企业为筹集(长期)资金而发行的债券。债券是企业为筹集长期使用资金而

① 小企业不采用实际利率法计算利息，一律按照合同约定的名义利率进行计算。

发行的一种书面凭证。企业通过发行债券取得资金是以将来履行归还购买债券者的本金和利息的义务作为保证的。企业应当设置“企业债券备查簿”，详细登记每一企业债券的票面金额、债券票面利率、还本付息期限与方式、发行总额、发行日期和编号、委托代销单位、转换股份等资料。企业债券到期清算时，应当在备查簿内逐笔注销。

企业债券发行价格的高低一般取决于债券票面金额、债券票面利率、发行当时的市场利率和债券期限的长短因素。债券发行有面值发行、溢价发行和折价发行三种情况。企业债券按其面值出售的，称为面值发行。债券还可能按低于或高于其面值的价格出售，即折价发行或溢价发行。折价发行是指债券以低于其面值的价格发行，而溢价发行则是指债券按高于其面值的价格发行。

（二）应付债券的核算

企业应设置“应付债券”主体科目，并在该科目下设置“面值”“利息调整”“应计利息”等明细科目，核算应付债券发行、计提利息、还本付息等情况；该科目贷方登记应付债券的本金和利息，借方登记归还债券的本金和利息，期末贷方余额表示企业尚未偿还的长期债券。

（1）发行债券企业按面值发行债券时，应按实际收到的金额，借记“银行存款”等科目，按债券票面金额，贷记“应付债券——面值”科目；存在差额的，还应借记或贷记“应付债券——利息调整”科目。

（2）资产负债表日，对于分期付息、一次还本的债券，应按期初摊余成本和实际利率计算的债券利息费用，借记“在建工程”“财务费用”等科目，按票面利率计算的应付利息，贷记“应付利息”科目，按其差额，借记或贷记“应付债券”科目（利息调整）。对于一次还本付息的债券，应于资产负债表日按期初摊余成本和实际利率计算的债券利息费用，借记“在建工程”“财务费用”等科目，按票面利率计算的应付利息，贷记“应付债券”科目（应计利息），按其差额，借记或贷记“应付债券”科目（利息调整）。实际利率与票面利率差异较小的，也可以采用票面利率计算确定利息费用。

（3）长期债券到期，支付债券本息，借记“应付债券”（面值、应计利息）、“应付利息”等科目，贷记“银行存款”等科目。同时，存在利息调整余额的，借记或贷记“应付债券”科目（利息调整），贷记或借记“在建工程”“财务费用”等科目。

【提示：学习应付债券的核算，可以与第四章的相关内容进行比对，加深理解。】

例 8.10　公司于 20×0 年 4 月 1 日发行公司债券一批，面值为 1 000 万元，发行价格为 1 060 万元，3 年期，票面利率为 5%，实际利率为 3%，年末计提利息并摊销利息调整，每年 4 月 1 日付息，到期一次还本并支付最后一期利息，支付发行费用 3.43 万元，实际收到发行价款 1 056.57 万元存入银行。要求编制公司的相关会计分录。

公司的会计分录如下（万元）。

（1）20×0 年 4 月 1 日，

借：银行存款	1 056.57	
贷：应付债券——面值		1 000
——利息调整		56.57

（2）20×0 年 12 月 31 日，

实际利息费用＝（1 000＋56.57）×3%÷12×9≈23.77（万元）

应付利息＝1 000×5%÷12×9＝37.5（万元）

利息调整＝37.5－23.77＝13.73（万元）

借：财务费用　　23.77

　　应付债券——利息调整　　13.73

　　贷：应付利息　　37.5

(3) 20×1 年 4 月 1 日，

借：应付利息　　50

　　贷：银行存款　　50

(4) 20×1 年 12 月 31 日，

实际利息费用=(1 000+56.57−13.73)×3%≈31.29(万元)

应付利息=1 000×5%=50(万元)

利息调整=50−31.29=18.71(万元)

借：财务费用　　31.29

　　应付债券——利息调整　　18.71

　　贷：应付利息　　50

(5) 20×2 年 4 月 1 日，

借：应付利息　　50

　　贷：银行存款　　50

(6) 20×2 年 12 月 31 日，

实际利息费用=(1 000+56.57−13.73−18.71)×3%≈30.72(万元)

应付利息=1 000×5%=50(万元)

利息调整=50−30.72=19.28(万元)

借：财务费用　　30.72

　　应付债券——利息调整　　19.28

　　贷：应付利息　　50

(7) 20×3 年 4 月 1 日，

应付利息=1 000×5%÷12×3=12.5(万元)

利息调整=56.57−13.73−18.71−19.28=4.85(万元)

实际利息费用=12.5−4.85=7.65(万元)

借：应付债券——面值　　1 000

　　　　　　——利息调整　　4.85

　　应付利息　　37.5

　　财务费用　　7.65

　　贷：银行存款　　1 050

根据上述会计分录(记账凭证)登记银行存款、财务费用、应付利息、应付债券——面值、应付债券——利息调整 T 型账户(丁字账)并计算期末余额如下(万元)。

借方　　银行存款　　贷方

借方		贷方	
期初余额	200(假定)		
(1)	1 056.57	(3)	50
		(5)	50
		(7)	1 050
发生额	1 056.57	发生额	1 150
期末余额	106.57		

借方　　财务费用　　贷方

借方		贷方	
(2)	23.77		
(4)	31.29		
(6)	30.72		
(7)	7.65		
发生额	93.43	发生额	0
期末余额	93.43(结转前)		

借方	应付利息		贷方
		期初余额	0
(3)	50	(2)	37.5
(5)	50	(4)	50
		(6)	50
(7)	37.5		
发生额	137.5	发生额	137.5
		期末余额	0

借方	应付债券——面值		贷方
		期初余额	0
		(1)	1 000
(7)	1 000		
发生额	1 000	发生额	1 000
		期末余额	0

借方	应付债券——利息调整		贷方
		期初余额	0
(2)	13.73	(1)	56.57
(4)	18.71		
(6)	19.28		
(7)	4.85		
发生额	56.57	发生额	56.57
		期末余额	0

（三）可转换公司债券

企业发行的可转换公司债券（简称“可转债”），既含有负债成分又含有权益成分，应当在初始确认时将负债和权益进行分拆，分别进行处理。企业在进行分拆时，应当先确定负债成分的公允价值（即按合同规定的未来现金流量和贴现利率计算的现值），并以此作为其初始确认金额，确认为应付债券；再按照该可转债整体的发行价款扣除负债成分后的金额确定权益成分的初始确认金额，确认为其他权益工具。

企业发行可转债的有关账务处理如下。

企业发行的可转债在“应付债券”科目下设置“可转换公司债券”明细科目核算。企业应按实际收到的款项，借记“银行存款”等科目，按可转债面值，贷记“应付债券——可转换公司债券——面值”科目，按权益成分的公允价值，贷记“其他权益工具”科目，按其差额，借记或贷记“应付债券——可转换公司债券——利息调整”科目。

对于可转债的负债成分，在转换为股份前，其会计处理与一般公司债券相同，即按照实际利率和期初摊余成本确认利息费用，按照面值和票面利率确认应付利息或应付债券（应计利息），差额作为摊销的利息调整额（即溢价或折价的摊销额）。

可转债持有人行使转换权利，将其持有的债券转换为股票的，按可转债的余额，借记“应付债券——可转换公司债券——面值”科目，按利息调整的余额，借记或贷记“应付债券——可转换公司债券——利息调整”科目，按其权益成分的金额，借记“其他权益工具”科目，按股票面值和转换的股数计算的股票面值总额，贷记“股本”科目，按其差额，贷记“资本公积——股本溢价”科目。如用现金支付不可转换为股票的部分，还应贷记“库存现金”“银行存款”等科目。

例 8.11　某股份公司经批准于 20×9 年 1 月 1 日按每份面值 100 元发行了 100 万份 3 年期一次还本付息的可转债，款项 10 600 万元已收存银行，债券票面利率为 6%。债券发行 1 年后可转换为公司普通股股票，转股时每份债券可转 10 股，股票面值为每股 1 元。假定 20×0 年 1 月 1 日债券持有人将持有的可转债全部转换为公司普通股股票。公司发行可转债时二级市场上与之类似的没有转换权的债券市场利率为 9%。该可转债发生的利息费用不符合资本化条件。

公司有关该可转债的账务处理如下(万元)。

(1) 20×9 年 1 月 1 日,发行可转债时,

确定可转债负债成分的公允价值(计算可转债未来现金流量的现值):

$10\,000/(1+9\%)^3+10\,000\times6\%/(1+9\%)+10\,000\times6\%/(1+9\%)^2+10\,000\times6\%/(1+9\%)^3=10\,000/1.295+600/1.09+600/1.188+600/1.295\approx 9\,240.8$(万元)

或 $10\,000\times(P/F,9\%,3)+10\,000\times6\%\times(P/A,9\%,3)=10\,000\times0.772\,2+600\times2.531\,3\approx9\,240.8$(万元)

可转债权益成分的公允价值为 10 600－9 240.8＝1 359.2(万元)

借:银行存款	10 600
应付债券——可转换公司债券——利息调整	759.2
贷:应付债券——可转换公司债券——面值	10 000
其他权益工具	1 359.2

(2) 20×9 年 12 月 31 日,确认利息费用时,

应计入财务费用的利息＝(10 000－759.2)×9%＝831.672(万元)

当期应付未付的利息＝10 000×6%＝600(万元)

利息调整的摊销额＝831.672－600＝231.672(万元)(贷方)

借:财务费用	831.672
贷:应付债券——可转换公司债券——应计利息	600
——利息调整	231.672

(3) 20×0 年 1 月 1 日,债券持有人行使转换权时,

债券持有人在付息前转换股票,应按债券面值和应计利息之和除以 10,计算转换的股份数。

转换的股份数＝(10 000＋600)÷10＝1 060(万股)

股票面值总额(股本)＝股份数(股)×面值(元/股)＝1 060×1＝1 060(万元)

借:应付债券——可转换公司债券——面值	10 000
——应计利息	600
其他权益工具	1 359.2
贷:股本	1 060
应付债券——可转换公司债券——利息调整	527.528(759.2－231.672)
资本公积——股本溢价	10 371.672

课堂互动 根据例 8.11,若债券票面利率为 10%,该编制怎样的会计分录?

企业发行附有赎回选择权的可转债,其在赎回日可能支付的利息补偿金,即债券约定赎回期届满日应当支付的利息减去应付债券票面利息的差额,应当在债券发行日至债券约定赎回届满日期间计提应付利息,计提的应付利息分别计入相关资产成本或财务费用。

三、长期应付款

长期应付款包括应付融资租入固定资产的租赁费、以分期付款方式购入固定资产发生的应付款项等。

企业应设置"长期应付款"主体科目核算企业除长期借款和应付债券以外的其他各种长期应付款项;本科目可按长期应付款的种类和债权人进行明细核算;本科目期末贷方余额反映企业应付未付的长期应付款项。

企业同时还应设置"未确认融资费用"主体科目("长期应付款"的抵减科目)核算未确认融

资费用；本科目可按债权人和长期应付款项目进行明细核算；本科目期末借方余额反映企业未确认融资费用的摊余价值。

编制资产负债表时，“长期应付款”项目，应根据“长期应付款”科目的期末余额减去相应的“未确认融资费用”科目期末余额后的金额填列。

（1）企业融资租入的固定资产，在租赁期开始日，按应计入固定资产成本的金额（租赁期开始日租赁资产公允价值与最低租赁付款额现值两者中的较低者，加上初始直接费用），借记“在建工程”或“固定资产”科目，按最低租赁付款额，贷记“长期应付款”科目，按发生的初始直接费用，贷记“银行存款”等科目，按其差额，借记“未确认融资费用”科目。

按期支付的租金，借记“长期应付款”科目，贷记“银行存款”等科目。

采用实际利率法分期摊销未确认融资费用，借记“财务费用”“在建工程”等科目，贷记“未确认融资费用”科目。

（2）购入有关资产超过正常信用条件延期支付价款、实质上具有融资性质的，应按购买价款的现值，借记“固定资产”“在建工程”等科目，按应支付的金额，贷记“长期应付款”科目，按其差额，借记“未确认融资费用”科目。

按期支付的价款，借记“长期应付款”科目，贷记“银行存款”科目。

采用实际利率法分期摊销未确认融资费用，借记“在建工程”“财务费用”等科目，贷记“未确认融资费用”科目。

本章练习题

一、单项选择题

1. 某企业发行分期付息、到期一次还本的债券，按其票面利率计算确定的应付未付利息，应该记入（　　）科目。

   A. 应付债券——应计利息　　B. 应付利息

   C. 应付债券——利息调整　　D. 应付债券——面值

2. 企业发生长期借款利息的情况下，借方不可能涉及的科目是（　　）。

   A. 管理费用　　B. 应付利息　　C. 财务费用　　D. 在建工程

3. 下列各项中，应通过“其他应付款”科目核算的是（　　）。

   A. 应付现金股利　　B. 应交教育费附加

   C. 应付租入包装物租金　　D. 应付管理人员工资

4. 某企业对外转让一栋厂房，根据税法规定计算的应交土地增值税，应借记的会计科目是（　　）。

   A. 销售费用　　B. 固定资产清理　　C. 制造费用　　D. 税金及附加

5. 某企业本期实际应上交增值税税额 400 000 元、消费税税额 100 000 元、土地增值税税额 100 000 元。该企业适用的城市维护建设税税率为 7%，则该企业应交的城市维护建设税税额为（　　）元。

   A. 21 000　　B. 35 000　　C. 42 000　　D. 28 000

6. 某工业生产企业为小规模纳税人，采用计划成本对材料进行日常核算，本期购入原材料一批，取得的增值税专用发票上注明原材料价款为 200 000 元，增值税税额为 26 000 元，材料尚未到达，并支付运费 1 200 元，已取得运费发票，其在采购的时候应计入“材料采购”账户的金额为（　　）元。

   A. 201 200　　B. 227 200　　C. 218 116　　D. 217 000

7. SM 公司建造办公楼领用外购原材料，其价款为 10 000 元，原材料购入时支付的增值税税额为 1 300 元；因意外火灾毁损原材料一批，其实际成本为 20 000 元，经确认损失材料的增值税税额为 2 600 元，则 SM 公司计入"应交税费——应交增值税(进项税额转出)"科目的金额为(　　)万元。

A. 680　　B. 1 020　　C. 1 300　　D. 5 100

8. 职工工资中代扣的职工房租,应借记的会计科目是(　　)。

A. 应付职工薪酬　　B. 银行存款　　C. 其他应收款　　D. 其他应付款

9. 下列有关应付票据处理的表述中,不正确的是(　　)。

A. 企业开出并承兑商业汇票时,应按票据的到期值贷记"应付票据"

B. 企业支付的银行承兑手续费,计入当期"财务费用"

C. 应付票据到期支付时,按账面余额结转

D. 企业到期无力支付的商业承兑汇票,应按票面金额转入"应付账款"

10. 企业借入各种长期借款,按实际收到的款项,借记"银行存款"科目,贷记"长期借款——本金"科目,两者之间的差额,记入(　　)科目。

A. 财务费用　　B. 长期借款——利息调整

C. 投资收益　　D. 应付利息

11. YQ股份有限公司于20×4年1月1日发行3年期、每年1月1日付息、到期一次还本的公司债券,债券面值为400万元,票面利率为5%,实际利率为6%,发行价格为384.65万元。按实际利率法确认利息费用,该债券20×5年度确认的利息费用为(　　)万元。

A. 23.08　　B. 22　　C. 20　　D. 23.26

12. XY公司20×5年1月1日发行面值总额为10 000万元的债券,取得的款项专门用于建造厂房。该债券系分期付息、到期还本债券,期限为4年,票面利率为10%,每年12月31日支付当年利息。该债券年实际利率为8%。债券发行价格总额为10 662.10万元,款项已存入银行。厂房于20×5年1月1日开工建造,该年度累计发生建造工程支出4 600万元。20×5年12月31日工程尚未完工,该在建工程的账面余额为(　　)万元。

A. 5 600　　B. 4 906.21　　C. 5 452.97　　D. 4 692.97

13. CX公司20×4年1月1日按面值发行三年期可转债,每年1月1日付息、到期一次还本,面值总额为10 000万元,票面利率为4%,实际利率为6%。债券包含的负债成分的公允价值为9 465.40万元,公司按实际利率法确认利息费用。公司发行此项债券时应确认的"应付债券——利息调整"的金额为(　　)万元。

A. 0　　B. 534.60　　C. 267.3　　D. 9 800

二、多项选择题

1. 企业在筹建期间按面值发行债券、按期计提利息时,可能涉及的会计科目有(　　)。

A. 财务费用　　B. 在建工程　　C. 应付债券　　D. 管理费用

2. 下列对长期借款利息费用的会计处理,正确的有(　　)。

A. 筹建期间不符合资本化条件的借款利息计入管理费用

B. 筹建期间符合资本化条件的借款利息计入长期待摊费用

C. 日常生产经营活动不符合资本化条件的借款利息计入财务费用

D. 符合资本化条件的借款利息计入相关资产成本

3. 关于带薪缺勤,下列说法中正确的有(　　)。

A. 带薪缺勤分为累积带薪缺勤和非累积带薪缺勤

B. 企业应当在职工提供服务从而增加了其未来享有的带薪缺勤权利时,确认与累积带薪缺勤相关的职工薪酬,并以累积未行使权利而增加的预期支付金额计量

C. 企业应当在职工实际发生缺勤的会计期间确认与非累积带薪缺勤相关的职工薪酬

D. 企业应当在职工提供服务期间确认与非累积带薪缺勤相关的职工薪酬

4. A公司为激励管理人员和销售人员,于20×9年年初制订并实施了一项利润分享计划。该计划规定,如果公司全年的净利润达到5 000万元以上,公司管理人员将可以分享超过5 000万元净利润部分的15%作为

额外报酬，公司销售人员将可以分享超过 5 000 万元净利润部分的 5%作为额外报酬。至 20×9 年年末，A 公司实现净利润 8 000 万元。不考虑其他因素，关于 A 公司的会计处理，下列说法中正确的是（　　）。

A. A 公司应借记"管理费用"450 万元　　B. A 公司应贷记"应付职工薪酬"600 万元

C. A 公司应借记"销售费用"150 万元　　D. A 公司应借记"管理费用"1 200 万元

5. 下列各项税金中，影响企业损益的有（　　）。

A. 消费税　　B. 资源税　　C. 增值税销项税额　　D. 所得税

6. "税金及附加"科目核算的内容有（　　）。

A. 增值税　　B. 城市维护建设税

C. 消费税　　D. 教育费附加及房产税

7. 下列经济业务需要计算增值税销项税额的有（　　）。

A. 将自产产品用于集体福利设施建设　　B. 将库存商品对外投资

C. 将自产产品对外捐赠　　D. 原材料由于管理不善被盗

8. 下列各项中，属于企业应付职工薪酬核算的有（　　）。

A. 工会经费　　B. 企业医务人员的工资

C. 住房公积金　　D. 辞退福利

9. 下列关于应付账款的处理中，正确的有（　　）。

A. 货物与发票账单同时到达，待货物验收入库后，按发票账单登记入账

B. 货物已到，但至月末时发票账单还未到达，应在月份终了时暂估入账

C. 应付账款一般按到期时应付金额的现值入账

D. 企业采购业务中形成的应付账款，在确认其入账价值时不需要考虑将要发生的现金折扣

10. 分期付息、一次还本的债券，应于资产负债表日按摊余成本和实际利率计算确定的债券利息，可能借记的会计科目有（　　）。

A. 在建工程　　B. 制造费用　　C. 财务费用　　D. 研发支出

11. 公司债券无论是折价发行，还是溢价发行，都会涉及的科目有（　　）。

A. 财务费用　　B. 应付债券——面值

C. 应付债券——利息调整　　D. 可转换公司债券——利息调整

12. 应通过"长期应付款"科目核算的经济业务有（　　）。

A. 以分期付款方式购入固定资产发生的应付款　　B. 以分期付款方式购入无形资产发生的应付款

C. 具有融资性质的延期付款购买资产　　D. 应付融资租入固定资产的租赁费

三、计算分录选择题

1. LJ 公司于 20×1 年 1 月 1 日发行 5 年期、一次还本分期付息的公司债券，每年 12 月 31 日支付利息。该公司债券票面利率为 5%，面值总额为 1 800 000 万元，发行价格总额为 1 880 082 万元；支付发行费用 720 万元。假定实际利率为 4%。

要求：根据上述资料，不考虑其他因素，回答下列各题。

(1) 公司发行债券的入账价值为（　　）万元。

A. 1 800 000　　B. 1 880 082　　C. 1 879 362　　D. 1 800 720

(2) 20×2 年 12 月 31 日该应付债券的账面价值为（　　）万元。

A. 1 848 049.2　　B. 1 848 157.2　　C. 1 849 896.72　　D. 1 849 117.94

2. WP 公司按照面值发行可转换公司债券 100 万元，债券年利率为 6%，期限为 3 年，每年年末支付利息，结算方式是持有方可以选择付现或转换成发行方的股份。另不附选择权的类似债券的资本市场年利率为 9%。假设(P/F, 3, 9%)＝0.762 6，(P/A, 3, 9%)＝2.712 8，则发行时产生的其他权益工具为（　　）万元。

A. 23.74　　B. 92.54　　C. 175.86　　D. 7.46

3. 甲公司于 20×2 年 1 月 1 日按面值发行 3 年期、每年 1 月 1 日付息、到期一次还本的可转换债券，面值总额

为 10 000 万元,实际收款 10 200 万元,票面利率为 4%,实际利率为 6%。债券包含的负债成分的公允价值为 9 465.40 万元,20×3 年 1 月 1 日,某债券持有人将其持有的 5 000 万元(面值)本公司可转换债券转换为 100 万股普通股(每股面值 1 元)。甲公司按实际利率法确认利息费用。20×3 年 1 月 1 日甲公司应确认的"资本公积——股本溢价"的金额为(　　)万元。

A. 4 983.96　　B. 534.60　　C. 4 716.66　　D. 5 083.96

四、实务题

1. 甲企业委托乙企业代为加工一批应交消费税的材料(非金银首饰)。甲企业的材料成本为 100 万元,加工费为 20 万元,由乙企业代收代交的消费税为 8 万元(不考虑增值税),材料已经加工完成,并由甲企业收回验收入库,加工费尚未支付。甲企业采用实际成本法进行原材料的核算。

要求:编制下列业务的会计分录。

(1) 甲企业收回的委托加工物资用于继续生产应税消费品;

(2) 甲企业收回的委托加工物资直接用于对外销售;

(3) 乙企业确认应收取的受托加工代收代交消费税。

2. 某企业某年 4 月份发生如下经济业务。

(1) 根据供电部门通知,企业本月应付电费 50 000 元,其中生产车间的电费为 40 000 元,企业行政管理部门的电费为 10 000 元。

(2) 购入一批材料,价款为 100 000 元,增值税专用发票上注明的增值税税额为 13 000 元,款项尚未支付。

(3) 管理部门委托外单位修理机器设备,对方开来的专用发票上注明的修理费用为 2 000 元,增值税税额为 340 元,款项已用银行存款支付。

(4) 建造厂房领用生产用原材料 20 000 元,其购入时支付的增值税为 2 600 元。

(5) 出售一栋办公楼,出售收入 640 000 元,已存入银行。该办公楼的账面原价为 800 000 元,已提折旧 200 000 元;出售过程中用银行存款支付清理费用 10 000 元。销售该项固定资产适用的增值税税率为 5%。

要求:编制上述业务的会计分录。

3. 某年 3 月 W 公司发生的部分业务如下。

(1) 3 月 31 日,经计算本月应付职工工资 200 万元,其中生产工人的工资为 120 万元,车间管理人员的工资为 30 万元,厂部管理人员的工资为 50 万元。

(2) 3 月 31 日,计提各项社会保险费 50 万元。

(3) 3 月 31 日,按规定计算的代扣代交职工个人所得税为 8 万元。

(4) 3 月 31 日,以现金支付职工李某生活困难补助 1 万元。

(5) 3 月 31 日,为公司总部 25 位部门经理每人配备汽车一辆免费使用,每辆汽车每月折旧 0.08 万元。

(6) 该公司为其 5 名副总裁以上高级管理人员每人租赁一套公寓免费使用,月租金为每套 0.8 万元,3 月 31 日,支付当月租金 4 万元。

要求:编制上述业务的会计分录。

4. 公司发行债券为建造专用生产线筹集资金,适用的增值税税率为 13%。有关资料如下。

(1) 20×2 年 12 月 31 日,委托证券公司以 8 000 万元的价格发行 3 年期、分期付息公司债券,该债券的面值为 8 000 万元,票面利率为 4.5%,实际利率等于票面利率,每年付息一次,到期后按面值偿还,支付的发行费用与发行期间冻结资金产生的利息收入相等。

(2) 生产线建造工程采用自营方式,于 20×3 年 1 月 1 日开始动工,当日购入需要安装的机器设备,取得增值税专用发票,价款为 7 000 万元,增值税税额为 910 万元,20×3 年 12 月 31 日所建造的生产线达到预定可使用状态,并支付安装费用 100 万元。

(3) 假定各年度利息的实际支付日期均为下年度的 1 月 10 日,20×6 年 1 月 10 日支付 20×5 年度利息,一并偿付面值。

要求:编制有关会计分录。

第九章　所有者权益

本章提点

一、学习内容

1. 所有者权益概述。

2. 实收资本与其他权益工具。

3. 资本公积与其他综合收益。

4. 留存收益。

二、学习要求

1. 识记：所有者权益的含义，资本公积、盈余公积的来源。

2. 领会：实收资本（股本）和其他权益工具的核算、资本公积和其他综合收益的核算。

3. 应用：利润分配的核算。

三、课前准备

1. 复习资产要素核算中与实收资本、资本公积有关的内容。

2. 预习实收资本增加的核算、资本公积和其他综合收益的来源、利润分配的核算。

第一节　所有者权益概述

所有者权益（即净资产、留剩收益、产权）是指企业资产扣除负债后，由所有者享有的剩余权益，是所有者对企业净资产的要求权。所有者因将其依法可支配的财产投入企业，从而在企业资产中享有经济利益，表现为有权分享企业利润、参与经营管理和分享剩余财产等。在数量上，所有者权益是企业所拥有或可控制的具有未来经济利益资源的净额，即所有者权益＝资产－负债。

根据企业组织形式的不同，所有者权益可以分为股东权益、业主权益、合伙人权益。具体来说，股份有限公司的所有者权益叫股东权益，独资企业的所有者权益叫业主权益，合伙企业的所有者权益叫合伙人权益（伙权）。

企业的资金占用（形成各种形态的资产）总额与企业的资金来源总额总是相等的。这是一个事物的两个方面，任何资金占用都必然以特定的来源为基础，特定的资金来源就必然会形成一定的占用形态。一个企业的资金，主要来源于向债权人借入和所有者投入，相应地，债权人和所有者均对企业资产有要求权，这种要求权称之为“权益”。

债权人权益与所有者权益同属权益,都对企业资产有要求权;两者都是企业资金的来源,共同构成企业的资产。两者存在密切联系,但也有区别。

第一,权益性质不同。负债是债权人对企业全部资产的求偿权,债权人和企业之间只有债权债务关系,是一种义务;而所有者权益则是企业所有者对企业净资产的求偿权,包括所有者对企业投入的资本以及其对投入资本的运作所产生的盈余的要求权,是一种权力,其没有明确的偿还期限,只有在减资或企业解散清算或合同期满时,才将偿还债务后的剩余财产退还给投资者。

第二,权利内容不同。债权人通常只享有收回本金和利息的权利,无权参与企业的管理和收益分配;而企业的所有者通常既具有参与企业经营管理的权利,也具有参与企业收益分配的权利。在企业清算中,负债拥有优先求偿权;所有者权益只能在清偿了所有的负债后才能返还给投资者。

第三,风险大小不同。负债由于具有确定的偿还期限,债权人承担的风险较小,相应地债权人获得的收益较小;而所有者投入资本,一般情况下,企业并不需要返还投资本金,因为投资者承担的风险较大,相应地投资者获得的收益也更加不确定,有可能获得较高的收益,但也有可能需要承担更大的损失。

所有者权益按照其核算的内容和要求,可分为实收资本(股本)、其他权益工具、资本公积、其他综合收益、盈余公积和未分配利润等部分。其中,盈余公积和未分配利润统称为留存收益。

第二节　实收资本与其他权益工具

一、实收资本

(一) 实收资本概述

实收资本是指企业按照章程规定或合同、协议约定,接受投资者投入企业的资本,是企业注册登记的法定资本总额的来源,它表明所有者对企业的基本产权关系。实收资本的构成比例即投资者的出资比例或股东的股份比例,是确定所有者在企业所有者权益中所占的份额和参与企业财务经营决策的基础,是企业据以向投资者进行利润或股利分配的主要依据,还是企业清算时确定所有者对净资产的要求权的依据。

投资者对企业投资的形式,可以分为货币投资、实物投资和无形资产投资,即投资者可以用银行存款和现金对企业投资,也可以用机器设备、厂房、材料物资等实物进行投资,还可以用无形资产等作价投资。根据《公司法》相关规定,除国家对采用高新技术成果出资的特别规定外,股东以无形资产作价出资的金额不得超过公司注册资本的20%;对作为出资的非货币性资产应当评估作价,核实财产,不应高估或者低估作价。法律、行政法规对评估作价有规定的,从其规定。企业收到所有者投入企业的资本后,应根据有关原始凭证(如投资清单、银行通知单等),确定资产价值和在注册资本中应享有的份额,分不同的出资方式进行会计处理。当企业接受货币资产投资时,应按实际收到的金额或存入企业开户银行的金额入账;当企业接受非货币性资产投资时,应按投资合同或协议约定的价值入账,但投资合同或协议约定价值不公允的按公允价值入账。

为了反映和监督投资者投入资本的增减变动情况，企业应当设置“实收资本”“股本”“资本公积”“库存股”主体科目。其中，有限责任公司应设置“实收资本”科目核算企业接受投资者投入的实收资本，股份有限公司应将本科目改为“股本”科目。企业收到的投资者出资超过其在注册资本或股本中所占份额的部分，作为资本溢价或股本溢价，在“资本公积”科目核算。企业接受投资者投入的资本时，一般做如下会计处理：借记“银行存款”“原材料”“库存商品”“其他应收款”“固定资产”“无形资产”“长期股权投资”等科目，按其在注册资本或股本中所占的份额，贷记“实收资本”或“股本”科目，按其差额，贷记“资本公积——资本溢价”或“资本公积——股本溢价”科目。

有限责任公司由五十个以下股东出资设立，股东以其认交的出资额为限对公司承担责任。其注册资本为在公司登记机关登记的全体股东认交的出资额，在投资者足额交纳资本后，企业的实收资本应当等于企业的注册资本，即初建有限责任公司时，投入的资本应全部计入“实收资本”科目。公司新增资本时，如果有新的投资者进入，新进投资者交纳的出资额大于其按约定比例计算的在注册资本中所占份额的部分，计入“资本公积——资本溢价”科目。

股份有限公司是指企业全部资本由等额股份构成并通过发行股票筹集资本，股东以其认购的股份为限对公司承担有限责任。股份有限公司的设立，可以采取发起设立或者募集设立的方式。股份有限公司采取发起设立方式设立的，注册资本为在公司登记机关登记的全体发起人认购的股本总额，在发起人认购的股份交足前，不得向他人募集股份。募集设立是指由发起人认购公司应发行股份的一部分，其余股份向社会公开募集或者向特定对象募集而设立公司。股份有限公司采取募集方式设立的，注册资本为在公司登记机关登记的实收股本总额。股票的面值和股数的乘积为股本，股本应当等于企业的注册资本，为了核算股份有限公司的实收资本，应当设置“股本”科目。股份有限公司发行股票时，既可以按面值发行，也可以溢价发行（我国不允许折价发行）。当企业溢价发行股票时，发行的总价格大于股本总额，企业应当按照每股股票面值和发行股票总数的乘积，即股票面值总额的部分贷记“股本”科目，其余部分在扣除手续费、佣金等发行费用后，贷记“资本公积——股本溢价”科目。

例 9.1 甲有限责任公司于设立时收到乙公司作为资本投入的原材料一批，该批原材料投资合同约定其价值（不含可抵扣的增值税进项税额部分）为 100 万元，增值税进项税额为 13 万元。乙公司已开具增值税专用发票。假设合同约定的价值与公允价值相符，该进项税额允许抵扣，乙公司在注册资本中享有的份额为 100 万元，不考虑其他因素，甲公司编制会计分录如下（万元）。

借：原材料	100
应交税费——应交增值税（进项税额）	13
贷：实收资本——乙公司	100
资本公积——资本溢价	13

例 9.2 甲股份有限公司收到乙公司以设备出资，该设备的原价为 100 万元，已提折旧 10 万元，投资合同约定该设备的价值为 80 万元，该设备的公允价值为 75 万元，乙公司在注册资本中占有股份的总面值为 60 万元。

假定不考虑增值税等因素，公司的会计处理如下（万元）。

借：固定资产——某设备	75
贷：股本——乙公司	60
资本公积——股本溢价	15

(二) 实收资本(股本)增加的账务处理

一般情况下,企业的实收资本应相对固定不变,但在某些特定情况下,实收资本也可能发生增减变化。我国企业法人登记管理条例中规定,除国家另有规定外,企业的注册资金应当与实收资本相一致,当实收资本比原注册资金增加或减少的幅度超过20%时,应持资金信用证明或者验资证明,向原登记主管机关申请变更登记。如擅自改变注册资本或抽逃资金,要受到工商行政管理部门的处罚。

(1) 企业增加资本的主要途径。一般企业增加资本主要有三个途径。一是接受投资者追加投资。公司增加注册资本时,股东认交新增资本(新股),依照《公司法》设立有限责任公司(股份有限公司)交纳投资款项的有关规定执行。根据出资方式的不同,会计上应当借记"银行存款""固定资产""原材料""无形资产"等科目,贷记"实收资本"或"股本"等科目。二是资本公积转增资本。会计上应当借记"资本公积——资本溢价"或"资本公积——股本溢价"科目,贷记"实收资本"或"股本"科目。三是盈余公积转增资本。会计上应当借记"盈余公积"科目,贷记"实收资本"或"股本"科目。由于资本公积和盈余公积均属于所有者权益,用其转增资本时,属于所有者权益内部的变化,企业所有者权益总额不发生变化。如果是独资企业,直接结转即可;如果是股份有限公司或有限责任公司,则应当按照原投资者各出资比例相应地增加各投资者的出资额。

例 9.3 某有限责任公司由甲、乙、丙三人分别出资 50 万元、100 万元、150 万元设立。为扩大经营规模,经批准,该有限责任公司按原出资比例,将资本公积 30 万元转增资本。该有限责任公司编制会计分录如下(万元)。

借:资本公积——资本溢价	30
贷:实收资本——甲	5
——乙	10
——丙	15

(2) 发放股票股利。股份有限公司股东大会批准的利润分配方案中分配的股票股利,应在办理增资手续后,借记"利润分配——转作股本的股利"科目,贷记"股本"科目。向股东发放股票股利,一方面增加了股票份额,也就相当于增资,股本增加;另一方面,作为分红的一种形式,相当于将部分留存收益分配给股东,所以留存收益会减少,即发行方向股东分配应当作为利润分配处理,发放的股票股利不影响发行方的所有者权益总额。

(3) 可转换公司债券持有人行使转换权利。可转债持有人将其持有的债券转换为股票的,按可转换公司债券的余额(债务成分),借记"应付债券——可转换公司债券(面值、利息调整)"科目,按权益成分的金额,借记"其他权益工具"科目,按相应转换的股份面值的总额,贷记"股本"科目,按其差额,贷记"资本公积——股本溢价"科目。

(4) 重组债务转为资本。企业将重组债务转为资本的,应按重组债务的账面余额,借记"应付账款"等科目,按债权人因放弃债权而享有本企业股份的面值总额,贷记"实收资本"或"股本"科目,按股份的公允价值总额与相应的实收资本或股本之间的差额,贷记或借记"资本公积——资本溢价"或"资本公积——股本溢价"科目,按其差额,贷记"营业外收入——债务重组利得"科目。

(5) 以权益结算的股份支付行权。以权益结算的股份支付换取职工或其他方提供服务的,应在行权日,按根据实际行权情况确定的金额,借记"资本公积——其他资本公积"科目,按应计入实收资本或股本的金额,贷记"实收资本"或"股本"科目。

实收资本(或股本)增加的账务处理如图 9.1 所示。

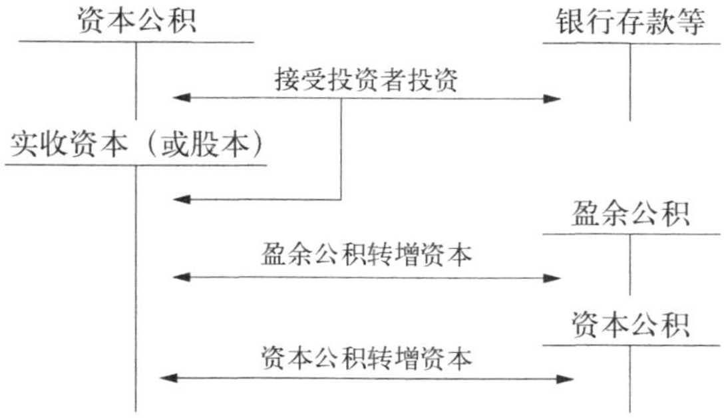

图 9.1　实收资本(或股本)增加的账务处理

(三) 实收资本(股本)减少的账务处理

(1) 有限责任公司和一般企业按法定程序报经批准减少注册资本,借记"实收资本"科目,贷记"库存现金""银行存款"等科目。

(2) 股份有限公司采用收购本公司股票方式减资的,按依据股票面值和注销股数计算的股票面值总额,借记"股本"科目,按所注销库存股的账面余额,贷记"库存股"科目,按其差额,借记"资本公积——股本溢价"科目,股本溢价不足冲减的,应借记"盈余公积""利润分配——未分配利润"科目;购回股票支付的价款低于面值总额的,应按股票面值总额,借记"股本"科目,按所注销库存股的账面余额,贷记"库存股" 科目,按其差额,贷记"资本公积——股本溢价"科目。其账务处理详见本节库存股的内容。

(3) 企业(中外合作经营)根据合同规定在合作期间归还投资者的投资,借记"实收资本——已归还投资"科目,贷记"银行存款"等科目;同时,借记"利润分配——利润归还投资"科目,贷记"盈余公积——利润归还投资"科目。

中外合作经营企业清算,借记"实收资本""资本公积""盈余公积""利润分配——未分配利润"科目,贷记"实收资本——已归还投资""银行存款"等科目。

课后搜阅　1. 股份支付具体准则。
　　　　　　2. 可转换公司债券的有关知识。

(四) 库存股

库存股是指由股份公司购回而暂时没有转让或注销,并由该公司持有的已发行股份。它和未发行的股票类似,没有投票权、分配股利的权利,公司解散时也不能变现。

股份公司采用的是发行股票的方式筹集股本,若要回购发行的股票,由于发行股票的价格与股票面值可能不同,回购股票的价格也可能与发行价格不同,因此,会计处理较为复杂。

企业应设置"库存股"主体科目核算企业收购、转让或注销的本公司股份金额。本科目是权益类科目,属所有者权益的抵减科目。本科目期末余额在借方,反映企业持有尚未转让或注销的本公司股份金额。

(1) 企业为减少注册资本而收购本公司股份的,应按实际支付的金额,借记"库存股"科目,贷记"银行存款"等科目。

(2) 为奖励本公司职工而收购本公司股份的,应按实际支付的金额,借记"库存股"科目,贷记"银行存款"等科目,同时做备查登记。

将收购的股份奖励给本公司职工属于以权益结算的股份支付,如有实际收到的金额,借记"银行存款"科目,按根据职工获取奖励股份的实际情况确定的金额,借记"资本公积——其他资本公积"科目,按奖励库存股的账面余额,贷记"库存股"科目,按其差额,贷记或借记"资本公积——股本溢价"科目。

(3) 股东因对股东大会做出的公司合并、分立决议持有异议而要求企业收购本公司股份的,企业应按实际支付的金额,借记"库存股"科目,贷记"银行存款"等科目。

(4) 转让库存股时,应按实际收到的金额,借记"银行存款"等科目,按转让库存股的账面余额,贷记"库存股"科目,按其差额,贷记"资本公积——股本溢价"科目;为借方差额的,借记"资本公积——股本溢价"科目,股本溢价不足冲减的,应借记"盈余公积""利润分配——未分配利润"科目。

(5) 注销库存股时,应按依据股票面值和注销股数计算的股票面值总额,借记"股本"科目,按注销库存股的账面余额,贷记"库存股"科目,按其差额,借记或贷记"资本公积——股本溢价"科目,股本溢价不足冲减的,应借记"盈余公积""利润分配——未分配利润"科目。

例 9.4 公司 20×8 年 12 月 31 日的股本为 8 000 万股,面值为 1 元,资本公积(股本溢价)为 2 000 万元,盈余公积为 4 000 万元。经股东大会批准,公司以现金回购本公司股票 800 万股并注销。假定公司按每股 3 元溢价回购股票,不考虑其他因素,公司的会计处理如下(万元)。

(1) 回购本公司股票时,

借:库存股　　2 400(800×3)

　　贷:银行存款　　2 400

(2) 注销本公司股票时,

借:股本　　800

　　资本公积——股本溢价　　1 600

　　贷:库存股　　2 400

假定公司按每股 4 元溢价回购股票,其他条件不变,则

(1) 回购本公司股票时,

借:库存股　　3 200(800×4)

　　贷:银行存款　　3 200

(2) 注销本公司股票时,

借:股本　　800

　　资本公积——股本溢价　　2 000

　　盈余公积　　400

　　贷:库存股　　3 200

应冲减的资本公积=800×4-800×1=2 400(万元),由于应冲减的资本公积大于公司现有的资本公积,只能冲减资本公积 2 000 万元,剩余的 400 万元应冲减盈余公积。

假定公司按每股 0.96 元回购股票,其他条件不变,则

(1) 回购本公司股票时,

借:库存股　　768(800×0.96)

　　贷:银行存款　　768

(2) 注销本公司股票时,

借:股本　　800

　　贷:库存股　　768

　　　　资本公积——股本溢价　　32

应增加的资本公积＝800×1－800×0.96＝32(万元)，由于折价回购，股本与库存股成本的差额32万元应作为增加资本公积处理。

想一想　股票回购的意义、时机。

二、其他权益工具

其他权益工具属于所有者权益类科目，核算企业发行的除普通股(作为实收资本或股本)以外的归类为权益工具的各种金融工具。企业发行各种金融工具，应当根据所发行金融工具的合同条款及其所反映的经济实质而非仅以法律形式，运用金融负债和权益工具区分的原则，正确地确定该金融工具或其组成部分的会计分类，不得依据监管规定或工具名称进行会计处理。区分于金融负债，权益工具是指能证明拥有某个企业在扣除所有负债后的资产中的剩余权益的合同，按照以下原则进行会计处理。

(一) 其他权益工具会计处理的基本原则

企业发行的金融工具应当按照金融工具准则进行初始确认和计量，其后，于每个资产负债表日计提利息或者分派股利，按照相关的企业会计准则进行处理。即企业应当以所发行金融工具的分类为基础，确定该工具利息支出或股利分配等的会计处理。① 金融工具或其组成部分属于金融负债的，无论其名称中是否包含“股”，其利息支出或股利分配原则上按照借款费用进行处理，其回购或赎回产生的利得或损失等计入当期损益。② 金融工具或其组成部分属于权益工具的，无论其名称中是否包含“债”，其利息支出或股利分配都应作为发行企业的利润分配，发放的股票股利不影响发行方的所有者权益总额；其发行(含再融资)、回购、出售或注销时，发行方应当作为权益的变动处理。发行方不应当确认权益工具的公允价值变动。

发行方发行金融工具，其发生的手续费、佣金等交易费用，如归类为债务工具且以摊余成本计量的，应当计入所发行工具的初始计量金额；如归类为权益工具的，应当从权益(其他权益工具)中扣除。其中，交易费用是指可直接归属于购买、发行或处置金融工具的增量费用。增量费用是指企业没有发生购买、发行或处置相关金融工具的情形就不会发生的费用，包括支付给代理机构、咨询公司、券商、证券交易所、政府有关部门等的手续费、佣金、相关税费以及其他必要支出，不包括债券溢价、折价、融资费用、内部管理成本和持有成本等与交易不直接相关的费用。

(二) 科目设置

金融工具发行方应当设置下列会计科目，对发行的金融负债、权益工具进行会计核算。

(1) 发行方对于归类为金融负债的金融工具在“应付债券”科目核算。“应付债券”科目应当按照发行的金融工具种类进行明细核算，并在各类工具中按“面值”“利息调整”“应计利息”设置明细账，进行明细核算(发行方发行的符合流动负债特征并归类为流动负债的金融工具，以相关流动性质的负债类科目进行核算，在账务处理部分均以“应付债券”科目为例)。

对于需要分拆且形成衍生金融负债或衍生金融资产的，应将分拆的衍生金融负债或衍生金融资产按照其公允价值在“衍生工具”科目核算。对于发行的且嵌入了非紧密相关的衍生金融资产或衍生金融负债的金融工具，如果发行方选择将其整体指定为以公允价值计量且其变动计入当期损益的，则应将发行的金融工具的整体在“交易性金融负债”等科目核算。

(2) 在所有者权益类科目中增设“其他权益工具”主体科目，核算企业发行的除普通股以外的归类为权益工具的各种金融工具。本科目应按发行金融工具的种类等进行明细核算。

(三) 发行方的账务处理

1. 发行时

(1) 发行方发行的金融工具归类为债务工具并以摊余成本计量的(详见第八章有关应付债券的会计处理的内容)。

借:银行存款等　　　　(实际收到的金额)

　　贷:应付债券——优先股、永续债等(面值)　　　　(债务工具的面值)

　　　　　　　——优先股、永续债等(利息调整)　　　　(差额,也可能在借方)

(2) 发行方发行的金融工具归类为权益工具的。

① 收到发行款时,

借:银行存款等　　　　(实际收到的金额)

　　贷:其他权益工具——优先股、永续债等

② 在存续期间分派股利或利息的,作为利润分配处理。

借:利润分配——应付优先股股利、应付永续债利息等

　　贷:应付股利——优先股股利、永续债利息等

(3) 发行方发行的金融工具为复合金融工具的,将负债成分与权益成分进行分拆,交易费用按负债成分和权益成分的公允价值比例分摊(具体参照第八章有关可转债的会计处理的内容)。

借:银行存款等　　　　(实际收到的金额)

　　贷:应付债券——优先股、永续债(面值)等　　　　(金融工具的面值)

　　　　　　　——优先股、永续债等(利息调整)

　　　　　　　　(负债成分的公允价值与金融工具面值之间的差额)

　　　　其他权益工具——优先股、永续债等

　　　　　　　　(实际收到的金额扣除负债成分的公允价值后的金额)

(4) 发行的金融工具本身是衍生金融负债或衍生金融资产或者内嵌了衍生金融负债或衍生金融资产的,按照金融工具确认和计量准则中有关衍生工具的规定进行处理。

2. 将其他权益工具转换为普通股

借:其他权益工具　　　　(账面价值)

　　贷:实收资本(或股本)　　　　(普通股的面值)

　　　　资本公积——资本溢价(或股本溢价)　　　　(差额)

如果转股时其他权益工具的账面价值不足转换为1股普通股而以现金或其他金融资产支付的,还需按支付的现金或其他金融资产的金额,贷记"银行存款"等科目。

3. 赎回时所发行的其他权益工具

(1) 回购时,

借:库存股——其他权益工具　　　　(赎回价格)

　　贷:银行存款等

(2) 注销所购回的金融工具时,

借:其他权益工具　　　　(其他权益工具的账面价值)

　　贷:库存股——其他权益工具　　　　(该工具的赎回价格)

　　　　资本公积——资本溢价(或股本溢价)　　　　(差额,也可能在借方)

如果资本公积不够冲减，依次冲减盈余公积和未分配利润。

例 9.5　20×8 年 1 月 1 日，甲股份有限公司经批准按总面值 100 万元发行优先股，根据其发行条款，将其归类为其他权益工具。20×8 年 12 月 31 日，经股东大会批准，确定发放 6 万元优先股股利；20×9 年 8 月 31 日，按照转换比例，转为 20 万股普通股，每股股票面值为 1 元。不考虑其他因素，公司的会计处理如下（万元）。

（1）20×8 年 1 月 1 日，发行其他权益工具，

借：银行存款　　100

　　贷：其他权益工具——优先股　　100

（2）20×8 年 12 月 31 日，经股东大会批准，应发放优先股股利 6 万元，

借：利润分配——应付优先股股利　　6

　　贷：应付股利——优先股股利　　6

（3）20×9 年 8 月 31 日，转为 20 万普通股，

借：其他权益工具——优先股　　100

　　贷：股本　　20

　　　　资本公积——股本溢价　　80

（四）投资方的账务处理

投资方购买金融工具，应当按照相关规定进行账务处理。

如果投资方因持有发行方发行的金融工具而对发行方拥有控制、共同控制或重大影响的，按照《企业会计准则第 2 号——长期股权投资》和《企业会计准则第 20 号——企业合并》进行确认和计量；投资方需编制合并财务报表的，按照《企业会计准则第 33 号——合并财务报表》的规定编制合并财务报表。

第三节　资本公积与其他综合收益

一、资本公积

资本公积是指有特定来源而非收益转换形成的、由所有投资者共同享有的资本准备金。企业可以将它作为资本来使用，经过法定程序可以转化为企业实收资本。

（一）资本公积与实收资本（或股本）、留存收益的区别

1. 资本公积与实收资本（或股本）的区别

资本公积具有资本属性，是所有者投入资本的一部分。资本公积与实收资本虽然都属于投入资本，但两者是有区别的。实收资本是投资者投入的、为谋求价值增值的原始投资，与注册资本一致，属于法定资本，有严格的规定；而资本公积有其特定来源，如资本（股本）溢价，是投入资本，只是由于法律的规定而无法直接以资本的名义出现。

（1）从来源和性质看。实收资本（或股本）是指投资者按照企业章程或合同、协议的约定，实际投入企业并依法进行注册的资本，它体现了企业所有者对企业的基本产权关系。资本公积是投资者的出资额超出其在注册资本中所占份额的部分，以及直接计入所有者权益的利得和损失，它不直接表明所有者对企业的基本产权关系。

（2）从用途看。实收资本（或股本）的构成比例是确定所有者参与企业经营财务决策的基础，也是企业进行利润分配或股利分配的依据，同时还是企业清算时确定所有者对净资产的

要求权的依据。资本公积的用途主要是用来转增资本(或股本),不体现各所有者的占有比例,也不能作为所有者参与企业经营财务决策或进行利润分配(或股利分配)的依据。

2. 资本公积与留存收益的区别

资本公积属于投入资本的范畴,与企业的净利润无关,不能作为企业的净利润;资本公积也不是由企业实现的净利润转化而来的,而主要来自资本溢价(或股本溢价)等。留存收益是企业从历年实现的利润中提取或形成的留存于企业的内部积累,来源于企业生产经营活动实现的利润,包括企业的盈余公积和未分配利润两个部分,其中盈余公积是有特定用途的累积盈余,未分配利润是没有指定用途的累积盈余。因此,两者有着本质的区别。

(二) 资本公积的来源

资本公积是企业收到投资者的超出其在企业注册资本(或股本)中所占份额的投资,以及直接计入所有者权益的利得和损失等。资本公积的来源包括资本溢价(或股本溢价)和直接计入所有者权益的利得和损失(即其他资本公积)。

资本溢价(或股本溢价)是指企业收到投资者的超过其在企业注册资本或股本中所占份额的投资,主要是投资者超额交入资本和溢价发行股票等。

一般企业(非股份公司)在创立时,投资者认交的出资额与注册资本一致,不会产生资本溢价。但在企业重组或有新的投资者加入时,常常会出现资本溢价。因为在企业进行正常生产经营后,其资本利润率通常要高于企业初创阶段;同时,企业一般有内部积累,新投资者加入企业后,对这些积累也要分享,所以新加入的投资者往往要付出大于原投资者的出资额,才能取得与原投资者相同的出资比例。投资者多交的部分就形成了资本溢价。

股份有限公司是以发行股票的方式筹集股本的,按规定,股票可按面值发行,也可溢价发行,不准折价发行。与一般企业不同,股份有限公司在成立时可能会溢价发行股票,因而在成立之初,就可能会产生股本溢价。股本溢价的数额等于股份有限公司发行股票时实际收到的款额超过股票面值总额的部分。

在按面值发行股票的情况下,企业发行股票取得的收入,应全部作为股本处理;在溢价发行股票的情况下,企业发行股票取得的收入,以股票面值部分作为股本处理,超出股票面值的溢价收入应作为股本溢价处理。

发行股票相关的手续费、佣金等交易费用,如果是溢价发行股票的,应从溢价中抵扣,冲减资本公积(股本溢价);无溢价发行股票或溢价金额不足以抵扣的,应将不足抵扣的部分冲减盈余公积和未分配利润。

直接计入所有者权益的利得和损失是指不应计入当期损益、会导致所有者权益发生增减变动的、与所有者投入资本或者向所有者分配利润无关的利得或者损失,例如,企业的长期股权投资采用权益法进行核算时,因被投资单位除净损益、其他综合收益以及利润分配以外所有者权益的其他变动,投资企业按应享有份额而增加或减少的资本公积(其他资本公积)。在处置长期股权投资时,应转销与该笔投资相关的其他资本公积。

想一想 下列哪些属于直接计入资本公积的利得或损失?

(1) 出售固定资产、无形资产的损益。

(2) 处置交易性金融资产的收益。

(3) 出租固定资产、无形资产的收入。

（4）企业的长期股权投资采用权益法核算时，对因被投资单位除净损益、其他综合收益、利润分配外的所有者权益的其他变动。

（5）溢价发行股票。

（三）资本公积的会计处理

资本公积的核算包括资本溢价（或股本溢价）的核算、其他资本公积的核算和资本公积转增资本的核算等内容。

企业应设置“资本公积”主体科目核算企业收到投资者出资额超出其在注册资本或股本中所占份额的部分，直接计入所有者权益的利得和损失等。本科目应当设置“资本溢价（股本溢价）”“其他资本公积”科目进行明细核算，期末余额在贷方，为资本公积余额。

1. 资本溢价（或股本溢价）的会计处理

有限责任公司增资时新介入的投资者交纳的资本中，按照其投资比例计算的出资额部分，应记入“实收资本”科目，大于其在注册资本中所占份额的差额，应记入“资本公积——资本溢价”科目。

股份有限公司以超过股票票面金额的发行价格发行股份时，相当于股票面值的部分记入“股本”科目，超出股票面值的溢价收入应按扣除与发行相关的手续费、佣金等费用后的数额记入“资本公积——股本溢价”科目。

以下为较典型的资本溢价（或股本溢价）的会计处理。

（1）企业接受投资者投入的资本、可转换公司债券持有人行使转换权利、将债务转为资本等形成的资本公积，借记有关科目，贷记“实收资本”（或“股本”）科目、“资本公积——资本溢价（或股本溢价）”科目等。

（2）同一控制下控股合并形成的长期股权投资，应在合并日按取得被合并方所有者权益账面价值的份额，借记“长期股权投资”科目，按享有被投资单位已宣告但尚未发放的现金股利或利润，借记“应收股利”科目，按支付的合并对价的账面价值，贷记有关资产科目或有关负债科目，按其差额，贷记“资本公积——资本溢价（或股本溢价）”科目；为借方差额的，借记“资本公积——资本溢价（或股本溢价）”科目，“资本公积——资本溢价（或股本溢价）”不足冲减的，借记“盈余公积”“利润分配——未分配利润”科目（参见第五章长期股权投资）。

（3）与发行权益性证券直接相关的手续费、佣金等交易费用，借记“资本公积——股本溢价”科目等，贷记“银行存款”科目等。

例 9.6　某股份公司首次公开发行普通股 20 000 万股，每股面值 1 元，每股发行价格为 3.6 元。公司以银行存款支付发行手续费、咨询费等费用，共计 2 000 万元。发行款已收存银行，不考虑其他因素，公司的会计处理如下（万元）。

（1）收到发行款时，

借：银行存款	72 000	
贷：股本		20 000
资本公积——股本溢价		52 000

（2）支付发行费用时，

借：资本公积——股本溢价	2 000	
贷：银行存款		2 000

或合二为一

借：银行存款　　70 000
　　贷：股本　　20 000
　　　　资本公积——股本溢价　　50 000

2. 其他资本公积的会计处理

(1) 采用权益法进行核算的长期股权投资

长期股权投资采用权益法进行核算的，在持股比例不变的情况下，被投资单位除净损益、其他综合收益和利润分配以外所有者权益的其他变动，企业按持股比例计算应享有的份额，借记或贷记“长期股权投资——其他权益变动”科目，同时贷记或借记“资本公积——其他资本公积”科目，以此增加或减少长期股权投资的账面价值。

当处置采用权益法进行核算的长期股权投资时，还应结转原计入资本公积的相关金额，借记或贷记“资本公积——其他资本公积”科目，贷记或借记“投资收益”科目(不能转入损益的项目除外)。

(2) 以权益结算的股份支付

以权益结算的股份支付换取职工或其他方提供服务的，在每个资产负债表日，应按照确定的金额，借记“管理费用”等科目，贷记“资本公积——其他资本公积”科目。

在行权日，应按依据实际行权的权益工具数量计算确定的金额，借记“资本公积——其他资本公积”科目，按计入实收资本或股本的金额，贷记“实收资本”(或股本)科目，按其差额，贷记“资本公积——资本溢价(或股本溢价)”科目。

例 9.7　公司于20×8年1月1日以银行存款向乙公司投资3 000万元 拥有该公司26%的股份，当日乙公司净资产的账面价值与公允价值一致，均为12 000万元。公司对乙公司有重大影响。20×8年12月31日，乙公司实现净利润800万元，净损益、其他综合收益、利润分配之外的所有者权益增加了110万元。不考虑其他因素，公司应编制的有关会计分录如下(万元)。

(1) 20×8年1月1日，

借：长期股权投资——成本　　3 000
　　贷：银行存款　　3 000

3 000<12 000×26%，差额为120万元，调整初始成本，确认营业外收入。

借：长期股权投资——成本　　120
　　贷：营业外收入　　120

(2) 20×8年12月31日，

借：长期股权投资——损益调整　　208(800×26%)
　　贷：投资收益　　208
借：长期股权投资——其他权益变动　　28.6(110×26%)
　　贷：资本公积——其他资本公积　　28.6

想一想　根据例9.7，20×8年年末长期股权投资的账面价值为多少？

练一练　C公司于某年1月1日以银行存款向Y公司投资8 000万元，拥有该公司20%的股份，当日Y公司净资产的账面价值与公允价值一致，均为50 000万元。C公司对该公司有重大影响，因而采用权益法进行核算。当年12月31日，Y公司实现净利润3 000万元，除净损益之外的所有者权益增加了1 000万元。C公司的持股比例没有变化，不考虑其他因素，要求编制C公司的会计分录。

3. 资本公积转增资本的会计处理

按照《公司法》的规定，法定公积金(资本公积和盈余公积)转为资本时，所留存的该项公积金不得少于转增前公司注册资本的25%。经股东大会或类似机构决议，用资本公积转增资本（即资本公积减少）时，应冲减资本公积，同时按照转增前的实收资本（或股本）的结构或比例，将转增的金额记入“实收资本（或股本）”科目下各所有者的明细分类账，即会计上应当借记“资本公积——资本溢价（或股本溢价）”科目，贷记“实收资本（或股本）”科目。

二、其他综合收益

其他综合收益是指企业根据其他会计准则规定未在当期损益中确认的各项利得和损失。其他综合收益项目应当根据其他相关会计准则的规定分为下列两类列报：一类是以后会计期间不能重分类进损益的其他综合收益项目；另一类是以后会计期间在满足规定条件时将重分类进损益的其他综合收益项目。

（一）以后会计期间不能重分类进损益的其他综合收益项目

（1）重新计量设定受益计划净负债或净资产所产生的变动，应计入其他综合收益，并且在后续会计期间不允许转回至损益，但企业可以在权益范围内转移这些在其他综合收益中确认的金额。

（2）权益法下因被投资单位重新计量设定收益计划净负债或净资产变动导致的权益变动，投资方按照持股比例计算确认的该部分其他综合收益，即被投资单位不能重分类进损益的其他综合收益，导致投资方相应的变动，也不能重分类进损益。

（3）指定以公允价值计量且其变动计入其他综合收益的金融资产（权益工具，即非交易性权益工具投资）的公允价值变动损益，以及外汇利得和损失均应计入其他综合收益，且后续不得转入当期损益。当其终止确认时，之前计入其他综合收益的利得和损失，应当转留存收益。详见第四章金融资产。

例 9.8 20×8年1月1日，甲公司持有乙公司发行的股票400万股，每股股价为2.5元，且甲公司将其指定为以公允价值计量且其变动计入其他综合收益的非交易性权益工具投资。假设20×8年12月31日，该股票市价为每股3元（此处不考虑现金股利）；20×9年6月30日，甲公司将上述股票全部转让，且盈余公积提取比例为10%，公司应编制的其他综合收益相关分录如下（万元）。

（1）20×8年12月31日确认公允价值变动，

借：其他权益工具投资——公允价值变动　　200（400×3－400×2.5）

　贷：其他综合收益——其他权益工具投资公允价值变动　　200

（2）20×9年6月30日出售股票时，

借：其他综合收益——其他权益工具投资公允价值变动　　200

　贷：盈余公积——法定盈余公积　　20（200×10%）

　　利润分配——未分配利润　　180（200×90%）

（二）以后会计期间在满足规定条件时将重分类进损益的其他综合收益项目

（1）以公允价值计量且其变动计入其他综合收益的金融资产（债务工具，即其他债权投资）产生的其他综合收益。具体来说，其他债权投资产生的利得或损失，除资产减值损失或利得和汇兑损益之外，均应计入其他综合收益，且在终止确认时，累计利得或损失应当从其他综合收益中转出，计入当期损益。

（2）金融资产重分类中，按规定可以将原计入其他综合收益的利得或损失转入当期损益的部分。具体来说，① 以摊余成本计量的金融资产重分类为以公允价值计量且其变动计入其他综合收益的金融资产，应当按照该金融资产在重分类日的公允价值进行计量，原账面价值和公允价值之间的差额应计入其他综合收益。在其他债权投资终止确认时转出，计入当期损益。② 以公允价值计量且其变动计入其他综合收益的金融资产，若重分类为以公允价值计量且其变动计入当期损益的金融资产，应当将之前计入其他综合收益的累计利得或损失，从其他综合收益转入当期损益。

（3）采用权益法进行核算的长期股权投资。当被投资单位其他综合收益发生变动时，投资方应当按照归属于本企业的部分，相应地调整长期股权投资的账面价值，同时增加或减少其他综合收益；在处置长期股权投资时，将原计入其他综合收益的金额，转入当期损益（投资收益）。

（4）存货或自用房地产转换为公允价值模式下的投资性房地产，转换当日的公允价值大于原账面价值的，其差额计入其他综合收益。处置该项投资性房地产时，因转换计入其他综合收益的金额应转入其他业务成本。详见第七章投资性房地产。

（5）现金流量套期工具产生的利得或损失中属于有效套期的部分，作为现金流量套期储备，确认为其他综合收益。其中，现金流量套期储备的金额，是套期工具自套期开始的累计利得或损失，与被套期项目自套期开始的预计未来现金流量现值的累计变动额中绝对值较低者。

（6）外币财务报表折算差额。外币财务报表折算差额为以记账本位币反映的净资产减去以记账本位币反映的实收资本、资本公积、累计盈余公积及累计未分配利润后的余额。按照外币折算的要求，企业在处置境外经营的当期，将已列入合并财务报表所有者权益的外币报表折算差额中和该境外经营相关的部分，自其他综合收益项目转入处置当期损益。如果是部分处置，应当按照处置的比例计算对应的外币折算差额，转入当期损益。

例 9.9 20×8 年 1 月 1 日，甲公司持有乙公司公允价值为 1 000 万元的 3 年期公司债券，并根据其业务模式和合同现金流量特征，将其归类为以公允价值计量且其变动计入其他综合收益的金融资产（即其他债权投资）。假设 20×8 年 12 月 31 日，该债券的公允价值为 1 200 万元（此处不考虑利息）；20×9 年 6 月 30 日，该债券的公允价值为 1 100 万元；20×9 年 12 月 31 日，甲公司将所持债券全部出售。假设不考虑利息等因素，公司应编制的其他综合收益相关的会计分录如下（万元）。

（1）20×8 年 12 月 31 日确认公允价值变动，

借：其他债权投资——公允价值变动	200（1 200－1 000）	
贷：其他综合收益——其他债权投资公允价值变动		200

（2）20×9 年 6 月 30 日确认公允价值变动，

借：其他综合收益——其他债权投资公允价值变动	100（1 200－1 100）	
贷：其他债权投资——公允价值变动		100

（3）20×9 年 12 月 31 日出售债券，

借：其他综合收益——其他债权投资公允价值变动	100	
贷：投资收益		100

例 9.10 20×8 年甲公司持有乙公司 20%的股份，并能对乙公司施加重大影响。当期，乙公司将作为存货的房地产转换为采用公允价值模式计量的投资性房地产，转换日公允价值为 2 000 万元，账面价值为 1 500 万元，公允价值大于账面价值的 500 万元，计入了其他综合收益。假设不考虑其他因素，

（1）乙公司投资性房地产转换的会计分录如下（万元）。

借：投资性房地产——成本	2 000	
贷：开发产品		1 500
其他综合收益		500

（2）甲公司按照权益法核算下的长期股权投资相应的会计分录如下（万元）。

按权益法核算甲公司应确认的其他综合收益＝（2 000－1 500）×20%＝100（万元）

借：长期股权投资——其他综合收益　　100
　　贷：其他综合收益　　100

处置时，应当将其他综合收益转出至损益

借：其他综合收益　　100
　　贷：投资收益　　100

例 9.11　20×8 年 9 月，甲公司搬迁新址，计划将原办公楼出租，以赚取租金收入。20×8 年 12 月 31 日，原办公楼停止自用，并正式签订租赁协议，对外出租。20×8 年 12 月 31 日，该办公楼的原价为 3 000 万元，已计提折旧 600 万元，公允价值为 3 300 万元。假设甲公司对投资性房地产采用公允价值模式计量。相应的会计分录如下（万元）。

借：投资性房地产——成本　　3 300
　　累计折旧　　600
　　贷：固定资产　　3 000
　　　　其他综合收益　　900

若租赁期届满，甲公司对该项投资性房地产进行处置时，应当将其他综合收益转出至损益

借：其他综合收益　　900
　　贷：其他业务成本　　900

第四节　留存收益

一、留存收益概述

留存收益是指企业从其历年经营活动实现的利润中提取积累的，未分配或限制分配给投资者的净利润。它来源于企业的生产经营活动所实现的利润。留存收益包括企业的盈余公积和未分配利润。

（一）利润形成

企业作为独立的经济实体，应以经营收入抵补费用（成本），并实现盈利。企业盈利的大小在很大程度上反映企业生产经营的经济效益，表明企业在每一会计期间的最终经营成果。

企业经营（财务）成果（损益）主要是指企业在一定时期内通过从事生产经营业务（活动）而在财务上所取得的结果，具体表现为盈利或亏损。

利润是指企业在一定会计期间的经营成果，利润包括收入减去费用后的净额、直接计入当期利润的利得和损失等。利润的实现表现为所有者权益增加，而亏损的发生则表现为所有者权益减少。

利得、损失为企业非日常经营活动所产生。利得分直接计入当期损益（作营业外收入）的利得（如接受捐赠）和直接计入所有者权益（作资本公积）的利得（如可供出售的金融资产增值）。损失通常作营业外支出，直接计入当期损益（如捐赠）。

利润分为营业利润、利润总额和净利润。

利润相关计算公式如下。

营业利润＝营业收入－营业成本－税金及附加－销售费用－管理费用－研发费用－财务费用－资产减值损失－信用减值损失＋其他收益＋投资收益（－投资损失）＋净敞口套期收益（－净敞口套期损失）＋公允价值变动收益（－公允价值变动损失）＋资产处置收益（－资产处置损失）

其中：

营业收入是指企业经营业务所实现的收入总额，包括主营业务收入和其他业务收入。

营业成本是指企业经营业务所发生的实际成本总额，包括主营业务成本和其他业务成本。

研发费用是指企业进行研究与开发过程中发生的费用化支出，以及计入管理费用的自行开发无形资产的摊销。

其他收益主要是指与企业日常活动相关，除冲减相关成本费用以外的政府补助。

投资收益(或损失)是指企业以各种方式对外投资所取得的收益(或损失)。

公允价值变动收益(或损失)是指企业交易性金融资产等的公允价值变动形成的应计、当期损益的利得(或损失)。

信用减值损失是指企业计提各项金融工具信用减值准备所确认的信用损失。

资产减值损失是指企业计提有关资产减值准备所形成的损失。

资产处置收益(或损失)反映企业出售划分为持有待售的非流动资产(金融工具、长期股权投资和投资性房地产除外)或处置组(子公司和业务除外)时确认的处置利得或损失，以及处置未划分为持有待售的固定资产、在建工程、生产性生物资产及无形资产而产生的处置利得或损失，还包括债务重组中因处置非流动资产产生的利得或损失和非货币性资产交换中换出非流动资产产生的利得或损失。

利润总额＝营业利润＋营业外收入－营业外支出

其中：

营业外收入是指企业发生的与其日常活动无直接关系的各项利得。

营业外支出是指企业发生的与其日常活动无直接关系的各项损失。

净利润＝利润总额－所得税费用

其中，所得税费用是指企业确认的应从当期利润总额中扣除的所得税费用。

(二) 利润分配

利润分配是指企业根据国家有关规定和企业章程、投资者协议等，对企业当年可供分配的利润所进行的分配。

可供分配的利润＝当年实现的净利润＋年初未分配利润(或－年初未弥补亏损)＋其他转入(即盈余公积补亏)。

利润分配的顺序依次是① 提取法定盈余公积；② 提取任意盈余公积；③ 向投资者分配利润。

想一想 某企业某年1月1日所有者权益构成情况如下：实收资本为1 500万元，资本公积为100万元，盈余公积为300万元，未分配利润为200万元。当年实现利润总额为600万元，企业所得税税率为25%，假定不存在纳税调整事项及其他因素，该企业同年12月31日可供分配的利润为多少万元？

(三) 盈余公积计提

盈余公积是指企业按照规定从净利润(税后利润)中提取的各种积累资金。公司制企业的盈余公积分为法定盈余公积和任意盈余公积。两者的区别就在于其各自计提的依据不同。前者以国家的法律或行政规章为依据提取，后者则由企业自行决定提取。

1. 法定盈余公积

公司制企业的法定盈余公积(法定公积金)按照税后利润的10%提取(非公司制企业也可按照超过10%的比例提取),提取法定盈余公积的基数不应包括企业年初未分配利润。公司法定盈余公积累计额为公司注册资本的50%以上时,可以不再提取。

2. 任意盈余公积

公司从税后利润中提取法定公积金后,经股东会或者股东大会决议,还可以从税后利润中提取任意盈余公积(任意公积金)。非公司制企业经类似权力机构批准,也可提取任意盈余公积。

企业提取的盈余公积经批准可用于弥补亏损、转增资本、分配现金股利或利润等。

企业提取盈余公积,将盈余公积用于弥补亏损、转增资本,只会引起所有者权益结构的变化,并不引起所有者权益总额的变动,相应地,也就不会影响资产总额和负债总额。企业提取盈余公积不是要将这部分资金从企业资金周转过程中抽出,故不会影响企业的生产经营活动所需资金的总量。

(四) 弥补亏损

企业应自行弥补以前年度发生的亏损。弥补亏损的途径主要有三条:一是用以后年度税前利润弥补。按照规定,企业发生亏损时,可以用以后连续五年内实现的税前利润弥补。二是用以后年度税后利润弥补。超过五年仍未弥补的亏损,应用税后利润弥补。在用税前利润弥补亏损的情况下,其弥补的数额可以抵减当期企业应纳税所得额,而用税后利润弥补的数额,则不能作为纳税所得扣除处理。三是以盈余公积弥补亏损。企业以提取的盈余公积弥补亏损时,应当由公司董事会提议,并经股东大会批准。

企业以当年实现的利润弥补以前年度亏损时,不需要进行专门的会计处理。税前利润与税后利润弥补亏损的区别只是所计算的应交所得税不同,两者的会计处理相同。

(五) 向投资者分配利润或股利

公司弥补亏损和提取盈余公积后的税后利润,可以向投资者分配利润或股利。有限责任公司股东按照实交的出资比例分获红利,但是,全体股东约定不按照出资比例分配红利的除外;股份有限公司按照股东持有的股份比例分配,但股份有限公司章程规定不按持股比例分配的除外。

股东会、股东大会或者董事会违反规定,在公司弥补亏损和提取法定盈余公积之前向投资者分配利润的,投资者必须将分获的利润退还公司。

(六) 未分配利润

未分配利润是指企业留待以后年度进行分配的结存利润,也是企业所有者权益的组成部分。未分配利润是经过弥补亏损、提取法定盈余公积、提取任意盈余公积和向投资者分配利润等利润分配之后剩余的利润,有两层含义:一是这部分净利润没有分给企业投资者,二是这部分净利润未指定用途。相比所有者权益的其他部分来说,企业对于未分配利润的使用分配有较大的自主权。从数量上讲,未分配利润是期初未分配利润,加上本期实现的税后利润,减去提取的各种盈余公积和已分出利润后的余额。

想一想　1. 本年利润与利润分配的关系。
　　　　　2. 留存收益多多益善吗?

二、本年利润

利润核算的方法有“账结法”和“表结法”两种，每月月末，企业可以根据实际情况自行选用。年终应采用“账结法”。

1. 账结法

账结法是指企业每月结账时，将损益类科目的余额，全部转入“本年利润”科目，通过“本年利润”科目结出本月份的利润总额或亏损总额，以及本年累计损益。大多数企业采用“账结法”，本书也用此法。

2. 表结法

表结法是指企业每月结账时，不需要把损益类各科目的余额转入“本年利润”科目，而是通过结出各损益类科目的本年累计余额，就可据以逐项填制“利润表” 通过“利润表”计算出从年初到本月止的本年累计利润，然后减去上月止本表中的本年累计利润 就是本月份的利润或亏损。

企业在采用“表结法”的情况下，年终时仍需采用“账结法”，将损益类各科目的全年累计余额转入“本年利润”科目，在“本年利润”科目集中反映本年的全年利润及其构成情况。

企业应设置“本年利润”主体科目，核算企业当期实现的净利润(或发生的净亏损)。期(月)末应将各损益类科目的金额转入本科目，结平各损益类科目。结转后本科目的贷方余额为当期实现的净利润；借方余额为当期发生的净亏损。

年终，将“本年利润”科目的余额转入“利润分配”科目。若为贷方余额，则借记“本年利润”科目，贷记“利润分配——未分配利润”科目；若为借方余额，则借记“利润分配——未分配利润”科目，贷记“本年利润”科目。结转后，“本年利润”科目应无余额。

本年利润的账务处理如图 9.2 所示。

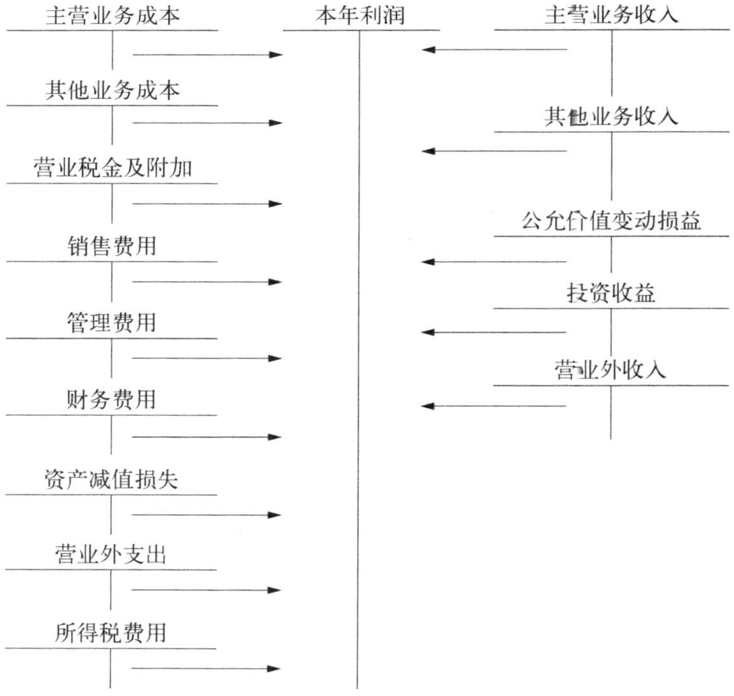

图 9.2　本年利润的账务处理

三、盈余公积

企业应设置“盈余公积”主体科目核算盈余公积的形成及使用，本科目应当分别以“法定盈余公积”“任意盈余公积”进行明细核算。本科目期末余额在贷方，为盈余公积余额。

外商投资企业还应分别以“储备基金”“企业发展基金”进行明细核算。

中外合作经营在合作期间归还投资者的投资，应在本科目设置“利润归还投资”明细科目进行核算。

（1）企业按规定提取的盈余公积，借记“利润分配——提取法定盈余公积、提取任意盈余公积”科目，贷记“盈余公积”科目（法定盈余公积、任意盈余公积）。

外商投资企业按规定提取的储备基金、企业发展基金、职工奖励及福利基金，借记“利润分配——提取储备基金、提取企业发展基金、提取职工奖励及福利基金”科目，贷记“盈余公积”科目（储备基金、企业发展基金）、“应付职工薪酬”科目。

（2）经股东大会或类似机构决议，用盈余公积弥补亏损或转增资本时，借记“盈余公积”科目，贷记“利润分配——盈余公积补亏”“实收资本” 或“股本”科目。

经股东大会决议，用盈余公积派送新股，按派送新股计算的金额，借记“盈余公积”科目，按依据股票面值和派送新股总数计算的股票面值总额，贷记“股本”科目。

中外合作经营根据合同规定在合作期间归还投资者的投资，应按实际归还投资的金额，借记“实收资本——已归还投资”科目，贷记“银行存款”等科目；同时，借记“利润分配——利润归还投资”科目，贷记“盈余公积”科目（利润归还投资）。

盈余公积的账务处理如图 9.3 所示。

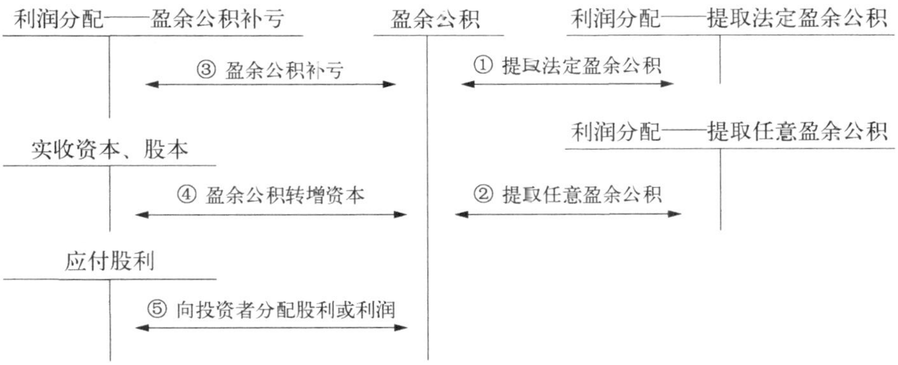

图 9.3　盈余公积的账务处理

四、利润分配

企业应设置“利润分配”主体科目，核算利润的分配（或亏损的弥补）和历年分配（或弥补）后的未分配利润（或未弥补亏损），并设置“提取法定盈余公积”“提取任意盈余公积”“应付现金股利或利润”“转作股本的股利”“盈余公积补亏”和“未分配利润”等进行明细核算。本科目年末余额表示企业的未分配利润（贷方）或未弥补亏损（借方）。

（1）企业应将本年实现的净利润，自“本年利润”科目转入“利润分配”科目，借记“本年利润”科目，贷记本科目（未分配利润），为净亏损的做相反的会计分录。

(2) 企业按规定提取的盈余公积,借记"利润分配"科目(提取法定盈余公积、提取任意盈余公积),贷记"盈余公积——法定盈余公积、任意盈余公积"科目。

外商投资企业按规定提取的储备基金、企业发展基金、职工奖励及福利基金,借记"利润分配"科目(提取储备基金、提取企业发展基金、提取职工奖励及福利基金),贷记"盈余公积——储备基金、企业发展基金""应付职工薪酬"等科目。

(3) 经股东大会或类似机构决议,分配给股东或投资者的现金股利或利润,借记"利润分配"科目(应付现金股利或利润),贷记"应付股利"科目。

经股东大会或类似机构决议,分配给股东的股票股利,应在办理增资手续后,借记"利润分配"科目(转作股本的股利),贷记"股本"科目。

用盈余公积弥补亏损时,借记"盈余公积——法定盈余公积或任意盈余公积"科目,贷记"利润分配"科目(盈余公积补亏)。

(4) 年终,将"利润分配"所属其他明细科目的余额转入"利润分配——未分配利润"明细科目。结转后,"利润分配"除"未分配利润"明细科目外,其他明细科目应无余额。

利润分配的账务处理如图 9.4 所示。

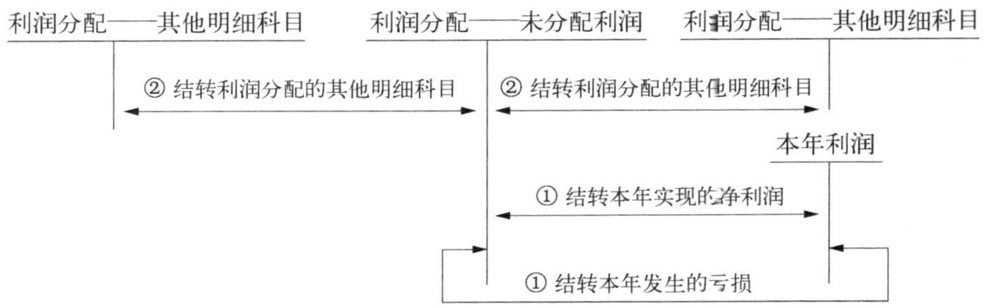

图 9.4 利润分配的账务处理

课后搜阅 企业利润分配的相关法规。

例 9.12 公司年初未分配利润为 0,本年实现净利润 76 万元,按 10%提取法定盈余公积,宣告发放现金股利 15 万元。假定不考虑其他因素,公司会计处理如下(万元)。

(1)结转本年利润,

借:本年利润	76
贷:利润分配——未分配利润	76

(2) 提取法定盈余公积、宣告发放现金股利,

借:利润分配——提取法定盈余公积	7.6
——应付现金股利	15
贷:盈余公积	7.6
应付股利	15

同时,

借:利润分配——未分配利润	22.6
贷:利润分配——提取法定盈余公积	7.6
——应付现金股利	15

例 9.13 公司的股本为 10 000 万元,每股的面值为 1 元。20×8 年年初未分配利润为贷方 8 000 万元,20×5 年实现净利润 5 000 万元。按照 20×8 年实现净利润的 10%提取法定盈余公积,按 5%提取任意盈余公积,宣告向股东按每股 0.2 元派发现金股利,按每 10 股送 3 股的比例派发股票股利。20×9 年 3 月 15 日,公司

以银行存款支付了全部现金股利，新增股本也已经办理完股权登记和相关增资手续。公司的账务处理如下（万元）。

（1）结转本年实现的净利润，

借：本年利润　5 000

　贷：利润分配——未分配利润　5 000

（2）提取法定盈余公积和任意盈余公积，

借：利润分配——提取法定盈余公积　500

　　　　　——提取任意盈余公积　250

　贷：盈余公积——法定盈余公积　500

　　　　　　——任意盈余公积　250

（3）结转“利润分配”的明细科目，

借：利润分配——未分配利润　750

　贷：利润分配——提取法定盈余公积　500

　　　　　　——提取任意盈余公积　250

（4）宣告发放现金股利，

借：利润分配——应付现金股利　2 000

　贷：应付股利　2 000

20×9 年 3 月 15 日，发放现金股利：

借：应付股利　2 000

　贷：银行存款　2 000

（5）20×9 年 3 月 15 日，发放股票股利，

借：利润分配——转作股本的股利　3 000

　贷：股本　3 000

同时，

借：利润分配——未分配利润　3 000

　贷：利润分配——转作股本的股利　3 000

例 9.14　CP 公司为增值税一般纳税人，增值税税率为 13%，有关资料如下。

（1）公司由 A、B、C 三位股东于 20×8 年 1 月 1 日共同出资设立，注册资本为 8 000 万元。出资协议规定，A、B、C 三位股东的出资比例分别为 40%、35% 和 25%。合同约定 A、B、C 三位股东共同控制该公司。

（2）公司收到各位股东的出资，有关法律手续已经办妥。20×7 年 12 月 31 日三位股东的出资方式及出资额如下。

① 公司收到 A 出资者投入的 3 200 万元的银行存款。

② 公司收到 B 出资者投入的 605 万元的银行存款、一项专利权及一项生产用设备。专利权合同约定价值为 500 万元（与公允价值相等），作为无形资产确认；设备合同约定价值为 1 500 万元（与公允价值相等），取得增值税发票，价款为 1 500 万元，增值税税额为 195 万元，生产用设备作为固定资产确认。

③ 公司收到 C 出资者投入的 1 661 万元的银行存款和一批存货，这批存货作为原材料确认，存货合同约定价值为 300 万元（与公允价值相等），取得增值税发票，价款为 300 万元，增值税税额为 39 万元。

（3）20×8 年公司实现净利润 4 000 万元。

（4）20×9 年 2 月 10 日股东大会决定分配现金股利 1 000 万元。

（5）20×9 年 12 月 31 日，吸收 D 股东加入本公司，将公司注册资本由原来的 8 000 万元增加到 10 000 万元。D 股东以 920 万元的银行存款及生产设备出资，生产设备的合同约定价值为 500 万元，收到的增值税专用发票中注明的固定资产计税价格为 500 万元，增值税税额为 65 万元，占增资后注册资本 10% 的股份；其余的 1 000 万元增资由 A、B、C 三位股东按原持股比例以银行存款出资。20×9 年 12 月 31 日，四位股东的出资已全部到位，并取得 D 股东开出的增值税专用发票，有关的法律手续已经办妥，取得的生产设备作为固定资产核算。

要求:

(1) 编制 CP 公司 20×8 年 1 月 1 日收到出资者投入资本的会计分录("实收资本"科目要求写出明细科目)。

(2) 编制 A 股东 20×8 年对 CP 公司投资的有关会计分录,并说明 A 股东长期股权投资后续计量应采用的方法("长期股权投资"科目要求写出明细科目)。

(3) 编制 CP 公司 20×9 年 2 月 10 日股东大会决定分配现金股利的会计分录("应付股利"科目要求写出明细科目)。

(4) 编制 A 股东 20×9 年 2 月 10 日有关现金股利的会计分录。

(5) 计算 CP 公司 20×9 年 12 月 31 日吸收 D 股东出资时产生的资本公积。

(6) 编制 CP 公司 20×9 年 12 月 31 日收到 A、B、C 股东追加投资和 D 股东出资的会计分录。

(7) 计算 CP 公司 20×9 年 12 月 31 日增资扩股后各股东的持股比例。

有关会计主体的账务处理如下(万元)。

(1) 借:银行存款　5 466(3 200+605+1 661)
　　无形资产　500
　　固定资产　1 500
　　原材料　300
　　应交税费——应交增值税(进项税额)　234(195+39)
　　贷:实收资本——A　3 200(8 000×40%)
　　　　　　　——B　2 800(8 000×35%)
　　　　　　　——C　2 000(8 000×25%)

(2) 借:长期股权投资——CP 公司(成本)　3 200
　　贷:银行存款　3 200

初始投资成本 3 200 万元=被投资单位可辨认净资产的公允价值 3 200(8 000×40%)万元。

A 股东长期股权投资后续计量应采用权益法核算。

借:长期股权投资——CP 公司(损益调整)　1 600(4 000×40%)
　贷:投资收益　1 600

(3) 借:利润分配——应付现金股利　1 000
　　贷:应付股利——A　400(1 000×40%)
　　　　　　　——B　350(1 000×35%)
　　　　　　　——C　250(1 000×25%)

(4) 借:应收股利　400(1 000×40%)
　　贷:长期股权投资——CP 公司(损益调整)　400

(5) 20×9 年 D 股东出资时产生的资本公积=(920+565)-10 000×10%=485(万元)

(6) 借:银行存款　1 920(920+1 000)
　　固定资产　500
　　应交税费——应交增值税(进项税额)　65
　　贷:实收资本——A　400(1 000×40%)
　　　　　　　——B　350(1 000×35%)
　　　　　　　——C　250(1 000×25%)
　　　　　　　——D　1 000(10 000×10%)
　　　　资本公积——资本溢价　485

(7) A 股东的持股比例=(3 200+400)÷10 000×100%=36%

B 股东的持股比例=(2 800+350)÷10 000×100%=31.5%

C 股东的持股比例=(2 000+250)÷10 000×100%=22.5%

D 股东的持股比例=10%

本章练习题

一、单项选择题

1. 某股份有限公司委托乙证券公司发行普通股，股票面值总额为 4 000 万元，发行总额为 16 000 万元，发行费按发行总额的 2%计算(不考虑其他因素)，股票发行净收入全部收到。公司该笔业务记入“资本公积”科目的金额为(　　)万元。

A. 4 000　　B. 11 680　　C. 11 760　　D. 12 000

2. 下列经济业务中，不会引起所有者权益总额变动的是(　　)。

A. 所有者投入货币资金　　B. 所有者向企业投入设备

C. 企业向所有者宣告分配现金股利　　D. 企业以盈余公积转增资本

3. 某公司某年年初所有者权益总额为 1 360 万元，当年实现净利润 450 万元，提取盈余公积 45 万元，向投资者分配现金股利 200 万元，本年内以资本公积转增资本 50 万元，投资者追加现金投资 30 万元。该公司年末所有者权益总额为(　　)万元。

A. 1 565　　B. 1 595　　C. 1 640　　D. 1 795

4. 某公司某年年初盈余公积为 260 万元，当年以其中的盈余公积转增资本 60 万元。当年实现净利润 300 万元，提取盈余公积 30 万元，以盈余公积向投资者分配股利 20 万元。该公司年末盈余公积为(　　)万元。

A. 200　　B. 230　　C. 210　　D. 180

5. 某企业某年年初未分配利润的贷方余额为 400 万元，本年度实现的净利润为 200 万元，分别按 10%和 5%提取法定盈余公积和任意盈余公积。假定不考虑其他因素，该企业年末未分配利润的贷方余额应为(　　)万元。

A. 410　　B. 510　　C. 540　　D. 570

6. 甲股份公司 2×18 年按照每股 3 元从股票交易市场收购本公司每股面值 1 元的股票 1 000 万股实现减资，假设甲股份公司有足够的“资本公积——股本溢价”，注销库存股时，甲股份公司的会计处理是(　　)。

A. 冲减库存股 1 000 万元

B. 冲减股本 1 000 万元，冲减资本公积——股本溢价 2 000 万元

C. 冲减股本 1 000 万元，冲减资本公积——股本溢价 1 000 万元

D. 冲减库存股 2 000 万元，冲减资本公积——股本溢价 2 000 万元

7. 企业发生的下列交易或事项，会引起资本公积——其他资本公积发生变动的是(　　)。

A. 可转债转换为股票，其债务成分和权益成分总金额大于相应转换股份面值总额的部分

B. 同一控制下企业合并中取得被合并方净资产在最终控制方合并财务报表中账面价值的份额小于所支付对价的账面价值

C. 授予员工股票期权，在等待期内确认相关费用

D. 接受非控股股东现金捐赠

8. 某股份有限公司按法定程序报经批准后采用收购本公司股票方式减资，购回股票支付价款低于股票面值总额的，所注销库存股账面余额与冲减股本的差额应计入(　　)。

A. 盈余公积　　B. 营业外收入　　C. 资本公积　　D. 未分配利润

9. 某企业盈余公积年初余额为 50 万元，本年利润总额为 600 万元，所得税费用为 150 万元，按净利润的 10%提取法定盈余公积，并将盈余公积 10 万元转增资本。该企业盈余公积年末余额为(　　)万元。

A. 40　　B. 85　　C. 95　　D. 110

10. 某上市公司发行普通股 1 000 万股，每股的面值为 1 元，每股的发行价格为 5 元，支付手续费 20 万元，支付咨询费 60 万元。该公司发行普通股计入股本的金额为(　　)万元。

A. 1 000　　B. 4 920　　C. 4 980　　D. 5 000

11. 企业增资扩股时,投资者实际交纳的出资额大于其按约定比例计算的其在注册资本中所占的份额部分,应作为(　　)。

A. 资本溢价　　B. 实收资本　　C. 盈余公积　　D. 营业外收入

12. 某企业年初未分配利润借方余额为20万元(弥补期限已超过5年),本年度税后利润为160万元,按20%提取盈余公积,则该企业本年可供投资者分配的利润金额为(　　)万元。

A. 160　　B. 140　　C. 112　　D. 108

二、多项选择题

1. 下列各项中,不引起所有者权益总额发生变动的有(　　)。

A. 股东大会宣告分配现金股利　　B. 用盈余公积转增资本

C. 用盈余公积弥补亏损　　D. 实际发放股票股利

2. 下列各项中,通过"资本公积"科目核算的有(　　)。

A. 资本溢价　　B. 股本溢价

C. 交易性金融资产公允价值上升　　D. 向灾区捐赠现金

3. 下列各项中,能够引起企业留存收益总额发生变动的有(　　)。

A. 本年度实现的净利润　　B. 提取法定盈余公积

C. 向投资者宣告分配现金股利　　D. 用盈余公积弥补亏损

4. 下列各项中,引起所有者权益总额发生变动的事项有(　　)。

A. 以低于成本的价格销售产品　　B. 以资本公积转增资本

C. 股东大会宣告分配现金股利　　D. 董事会宣布发放股票股利

5. 企业实收资本或股本增加的途径有(　　)。

A. 接受固定资产捐赠　　B. 经批准用盈余公积转增

C. 发放股票股利　　D. 经批准用资本公积转增

6. 企业吸收投资者出资时,下列会计科目的余额可能发生变化的有(　　)。

A. 盈余公积　　B. 资本公积　　C. 实收资本　　D. 利润分配

7. 下列各项中,年度终了时需要转入"利润分配——未分配利润"科目的有(　　)。

A. 本年利润　　B. 利润分配——应付现金股利

C. 利润分配——盈余公积补亏　　D. 利润分配——提取法定盈余公积

8. 企业发生的未弥补亏损,在符合一定的条件下可以用(　　)进行弥补。

A. 盈余公积　　B. 以后年度实现的税前利润

C. 税后利润　　D. 资本公积

9. 下列各项中,在相关资产处置时不应转入当期损益的有(　　)。

A. 归类为公允价值计量且其变动计入其他综合收益的金融资产(债权投资)公允价值变动计入其他综合收益的部分

B. 权益法核算的股权投资因享有联营企业不能转损益的其他综合收益,而相应计入其他综合收益的部分

C. 同一控制下企业合并中股权投资入账价值与支付对价的差额计入资本公积的部分

D. 现金流量套期工具产生的利得或损失中属于有效套期的部分

三、计算分录选择题

1. 甲公司为股份有限公司,适用所得税税率为25%,法定盈余公积的提取比例是10%,20×1年和20×2年发生的部分交易或事项如下。① 20×1年委托A证券公司发行普通股1 000万股,每股的面值为1元,每股的发行价格为4元。根据约定,股票发行成功后,甲股份有限公司应按发行收入的2%向A证券公司支付发行费,20×1年经营亏损100万元。② 20×2年经营重点转移,年度业绩较去年有所提高,实现税前利润300万元。要求:根据上述资料,不考虑其他因素,回答下列各题。

(1) 甲股份有限公司 20×1 年发行股票计入“资本公积”的金额为(　　)万元。

A. 20　　B. 80　　C. 2 920　　D. 3 000

(2) 甲股份有限公司 20×2 年应提取的法定盈余公积为(　　)万元。

A. 30　　B. 22.5　　C. 15　　D. 15.5

2. 甲公司为上市股份有限公司，发生的部分交易或事项如下。① 20×1 年年初“资本公积”科目的贷方余额为 120 万元。20×1 年 7 月 1 日，甲公司以自用房产用作公允价值模式计量的投资性房地产，房产账面原价为 300 万元，已计提折旧 30 万元，转换日公允价值为 400 万元。甲公司另以 500 万元购入某股票确认为可供出售金融资产，20×1 年 12 月 31 日，房产的公允价值为 420 万元，股票的公允价值为 560 万元。② 20×1 年实现净利润 1 000 万元，发放股票股利 10 万元。③ 甲公司 20×2 年度报表中“盈余公积”科目年初余额为 200 万元，根据 20×2 年董事会方案提取 150 万元，盈余公积转增资本 100 万元。“利润分配——未分配利润”科目年初余额为 1 000 万元，20×2 年实现的净利润为 1 500 万元，根据 20×2 年股东大会方案发放现金股利 300 万元。要求：根据上述资料，不考虑其他因素，回答下列各题。

(1) 20×1 年 12 月 31 日甲公司“资本公积”科目的贷方余额为(　　)万元。

A. 330　　B. 210　　C. 310　　D. 250

(2) 甲公司 20×2 年度报表中留存收益的期末总额为(　　)万元。

A. 2 550　　B. 2 400　　C. 2 300　　D. 2 450

3. 某企业经营第一年亏损 150 万元，第二年实现税前利润 400 万元，所得税税率为 25%，法定盈余公积的提取比例是 10%，则该企业当年应提取的法定盈余公积为(　　)万元。

A. 18.75　　B. 22.5　　C. 62.5　　D. 187.5

四、实务题

1. 甲公司原由投资者 A 和投资者 B 共同出资成立，每人出资 200 万元，各占 50% 的股份。经营两年后，投资者 A 和投资者 B 决定增加公司资本，此时有一新的投资者 C 要求加入甲公司。经有关部门批准后，甲公司实施增资，将实收资本增加到 900 万元。经三方协商，一致同意，完成下述投入后，三方投资者各拥有甲公司 300 万元实收资本，并各占甲公司 1/3 的股份。协议约定投入资产按评估值入账。各投资者的出资情况如下。

(1) 投资者 A 以 5 台小轿车投入甲公司作为增资，原价为 200 万元，已提折旧 20 万元，评估确认价值为 180 万元。

(2) 投资者 B 以一批原材料投入甲公司作为增资，该批材料的账面价值为 100 万元，评估确认价值为 100 万元，税务部门认定应交增值税税额为 13 万元。投资者 B 已开具了增值税专用发票。

(3) 投资者 C 以银行存款投入甲公司 420 万元。

要求：根据以上资料，分别编制甲公司接受投资者 A、投资者 B 增资时以及投资者 C 初次出资时的会计分录。(答案中的金额单位用万元表示，“应交税费”科目要求写出二级和三级明细科目)

2. 甲公司属于工业企业，为增值税一般纳税人，由 A、B、C 三位股东于 20×7 年 12 月 31 日共同出资设立，注册资本为 2 000 万元。出资协议规定，A、B、C 三位股东出资比例分别为 50%、30% 和 20%。有关资料如下。

(1) 20×7 年 12 月 31 日三位股东的出资方式及出资额如表 9.1 所示(各位股东的出资已全部到位，并经中国注册会计师验证，有关法律手续已经办妥)。

表 9.1　三位股东的出资方式及出资额　　单位：万元

出资者	货币资金	无形资产	合计
A	600	400(专利权)	1 000
B	600		600
C	400		400
合计	1 600	400	2 000

(2) 20×8 年甲公司实现净利润 600 万元,决定分配现金股利 200 万元,计划在 20×9 年 2 月 10 日支付。

(3) 20×9 年 12 月 31 日,吸收 D 股东加入本公司,将甲公司注册资本由原 2 000 万元增到 2 200 万元。D 股东以 339 万元原材料(增值税专用发票中注明材料计税价格为 300 万元,增值税税额为 39 万元)出资,占增资后注册资本 10%的股份。甲公司正取得 D 股东开出的增值税专用发票,有关的法律手续已经办妥。

要求:

(1) 编制甲公司 20×7 年 12 月 31 日收到投资者投入资本的会计分录("实收资本"科目要求写出明细科目)。

(2) 编制甲公司 20×8 年决定分配现金股利的会计分录("应付股利"科目要求写出明细科目)。

(3) 计算甲公司 20×9 年 12 月 31 日吸收 D 股东出资时产生的资本公积。

(4) 编制甲公司 20×9 年 12 月 31 日收到 D 股东出资的会计分录。

(5) 计算甲公司 20×9 年 12 月 31 日增资扩股后各股东的持股比例。

(答案中的金额单位用万元表示)

3. A 公司 20×8 年 12 月 31 日的股本为 8 000 万股,面值为 1 元,资本公积(股本溢价)为 2 400 万元,盈余公积为 3 200 万元。经股东大会批准,A 公司以现金回购本公司股票 1 600 万股并注销。

(1) 假定 A 公司按每股 2 元回购股票。

(2) 假定 A 公司按每股 3 元回购股票。

(3) 假定 A 公司按每股 0.8 元回购股票。

不考虑其他因素,做出上述三种情况下回购股票和注销股票的会计分录。

(答案中的金额单位用万元表示)

4. 东方公司 20×4 年年初未分配利润为 30 万元,任意盈余公积为 20 万元,当年实现税后利润为 180 万元,公司股东大会决定按 10%提取法定盈余公积,按 25%提取任意盈余公积,分派现金股利 50 万元。

东方公司现有股东情况如下:A 公司占 25%,B 公司占 30%,C 公司占 10%,D 公司占 5%,其他占 30%。

20×5 年 5 月,经公司股东大会决议,以任意盈余公积 50 万元转增资本,并已办妥转增手续。

20×5 年度东方公司发生亏损 35 万元。

要求:

(1) 根据以上资料,编制 20×4 年有关利润分配的会计处理。

(2) 编制东方公司盈余公积转增资本的会计分录。

(3) 编制 20×5 年年末结转亏损的会计分录,并计算未分配利润的年末金额。

(盈余公积和利润分配的核算写明明细科目)

第十章　收入与费用

本章提点

一、学习内容

1. 收入的核算。

2. 费用的核算。

二、学习要求

1. 识记：收入、费用等具体内容。

2. 领会：合同收入的核算。

3. 应用：特定交易的核算。

三、课前准备

1. 复习之前章节与损益核算相关的知识。

2. 预习合同收入的核算、特定交易的核算。

第一节　收　入

一、收入确认的原则

收入是指企业在日常活动中形成的、会导致所有者权益增加的、与所有者投入资本无关的经济利益的总流入。其中，“日常活动”是指企业为完成其经营目标所从事的经常性活动以及与之相关的活动。例如，制造业企业生产并销售产品、贸易企业销售商品、咨询公司提供咨询服务、软件公司为客户开发软件、建筑企业提供建造服务等，均属于企业的日常活动；日常活动所形成的经济利益的流入应当确认为收入。

企业在确认和计量收入时，应遵循的基本原则是确认收入的方式应当反映其向客户转让商品或提供服务的模式，收入的金额应当反映企业因转让商品或提供服务而预期有权收取的对价金额。通过收入确认和计量能进一步如实地反映企业的生产经营成果，准确核算企业实现的损益。

企业应当在履行了合同中的履约义务，即在客户取得相关商品控制权时确认收入。取得相关商品控制权，是指客户能够主导该商品的使用并从中获得几乎全部经济利益，也包括有能力阻止其他方主导该商品的使用并从中获得经济利益。取得商品控制权包括以下三个要素。

一是客户必须拥有现时权利，能够主导该商品的使用并从中获得几乎全部经济利益。如果客户只能在未来的某一期间主导该商品的使用并从中获益,则表明其尚未取得该商品的控制权。

二是客户有能力主导该商品的使用,即客户在其活动中有权使用该商品,或者能够允许或阻止其他方使用该商品。

三是客户能够获得商品几乎全部的经济利益。商品的经济利益是指商品的潜在现金流量,既包括现金流入的增加,也包括现金流出的减少。客户可以通过使用、消耗、出售、处置、交换、抵押或持有等多种方式直接或间接地获得商品的经济利益。

二、收入核算应设置的会计科目

为了核算企业与客户之间的合同产生的收入,一般需要设置“主营业务收入”“其他业务收入”“合同资产”“合同负债”等主体科目。

“主营业务收入”科目核算企业确认的销售商品、提供服务等主营业务的收入。该科目贷方登记企业主营业务活动实现的收入,借方登记期末转入“本年利润”科目的主营业务收入,结转后该科目应无余额。该科目可按主营业务的种类进行明细核算。

“其他业务收入”科目核算企业确认的除主营业务活动以外的其他经营活动实现的收入,包括出租固定资产、出租无形资产、出租包装物和商品、销售材料、用材料进行非货币性交换(非货币性资产交换具有商业实质且公允价值能够可靠计量)或债务重组等实现的收入。该科目贷方登记企业其他业务活动实现的收入,借方登记期末转入“本年利润”科目的其他业务收入,结转后该科目应无余额。该科目可按其他业务的种类进行明细核算。

“合同资产”科目核算企业已向客户转让商品而有权收取对价的权利,且该权利取决于时间流逝之外的其他因素。合同资产并不是一项无条件收款权,该权利除了时间流逝之外,还取决于其他条件(例如,履行合同中的其他履约义务)才能收取相应的合同对价。该科目借方登记因已转让商品而有权收取的对价金额,贷方登记取得无条件收款权的金额,期末借方余额反映企业已向客户转让商品而有权收取的对价金额。该科目按合同进行明细核算。

“合同负债”科目核算企业已收或应收客户对价而应向客户转让商品的义务。该科目贷方登记企业在向客户转让商品之前,已经收到或已经取得无条件收取合同对价权利的金额;借方登记企业向客户转让商品时冲销的金额;期末贷方余额反映企业在向客户转让商品之前,已经收到的合同对价或已经取得的无条件收取合同对价权利的金额。该科目按合同进行明细核算。

想一想 应收账款和合同资产、预收账款和合同负债有什么区别?

三、合同收入的核算

根据《企业会计准则第14号——收入》,收入核算大致分为五步。第一步,识别与客户订立的合同;第二步,识别合同中的单项履约义务;第三步,确定交易价格;第四步,将交易价格分摊至各单项履约义务;第五步,履行各单项履约义务时确认收入。

(一) 识别与客户订立的合同

1. 合同识别

合同是指双方或多方之间订立有法律约束力的权利义务的协议。合同有书面形式、口头形式和其他形式。合同的存在是企业确认客户合同收入的前提，企业与客户之间的合同一经签订，企业即享有从客户取得与转移商品和服务对价的权利，同时负有向客户转移商品和服务的履约义务。企业与客户之间的合同同时满足下列五项条件的，企业应当在客户取得相关商品控制权时确认收入。

① 合同各方已批准该合同并承诺将履行各自义务；

② 该合同明确了合同各方与所转让商品相关的权利和义务；

③ 该合同有明确的与所转让商品相关的支付条款；

④ 该合同具有商业实质，即履行该合同将改变企业未来现金流量的风险、时间分布或金额；

⑤ 企业因向客户转让商品而有权取得的对价很可能收回。

2．合同合并

企业与同一客户（或该客户的关联方）同时订立或在相近时间内先后订立的两份或多份合同，在满足下列条件之一时，应当合并为一份合同进行会计处理。

① 该两份或多份合同基于同一商业目的而订立并构成一揽子交易（如一份合同在不考虑另一份合同的对价的情况下将会发生亏损）；

② 该两份或多份合同中的一份合同的对价金额取决于其他合同的定价或履行情况（如一份合同如果发生违约，将会影响另一份合同的对价金额）；

③ 该两份或多份合同中所承诺的商品（或每份合同中所承诺的部分商品）构成收入准则中的单项履约义务。

3．合同变更

合同变更是指经合同各方同意对原合同范围或价格（或两者）做出的变更。企业应当区分下列三种情形对合同变更分别进行会计处理。

（1）情形1：合同变更部分作为单独合同

合同变更增加了可明确区分的商品及合同价款，且新增合同价款反映了新增商品单独售价的，此类变更方式下，合同的变更部分与原有合同彼此独立，应当将该合同变更部分作为一份单独的合同进行会计处理。

例 10.1 1月1日，公司向其客户销售120件A产品，每件产品售价100元。该批产品彼此之间可明确区分，且在4个月内分批转让给该客户。4月1日，公司将其中的90件A产品转让给该客户后，双方对合同进行了变更，公司承诺向该客户额外销售30件B产品，这30件产品与原合同中的产品可明确区分，其售价为每件80元（假定该价格反映了合同变更时该产品的单独售价）。

本例中，由于新增的30件B产品是可明确区分的，且新增的合同价款反映了新增产品的单独售价，因此，该合同变更实际上构成了一份单独的、在未来销售30件B产品的新合同，该新合同并不影响对原合同的会计处理。公司应当对原合同中的120件A产品按每件产品100元确认收入，对新合同中的30件B产品按每件产品80元确认收入。

（2）情形2：合同变更作为原合同终止及新合同订立

合同变更不属于上述情形1，且在合同变更日已转让商品与未转让商品之间可明确区分的，应当视为原合同终止，同时，将原合同未履约部分与合同变更部分合并为新合同进行会计处理。新合同的交易价格应当为下列两项金额之和：一是原合同交易价格中尚未确认为收入的部分（包括已从客户处收取的金额）；二是合同变更中客户已承诺的对价金额。

例 10.2 1月1日，公司向其客户销售120件A产品，每件产品售价100元。该批产品彼此之间可明确区分，且在4个月内分批转让给该客户。4月1日，公司将其中的90件A产品转让给该客户后，双方对合同进行了变更,公司承诺向该客户额外销售30件B产品,在协商购买额外30件B产品的过程中,乙公司发现已收到的90件A产品存在独有的瑕疵,公司因这些劣质产品向客户进行赔偿,承诺每件产品优惠30元。合同双方新增每件产品价格为60元(新增合同价款不反映新增商品单独售价)。

本例中,在对额外30件B产品的销售进行处理时,公司确定每件产品60元的协议并不反映这些额外产品的单独售价。将该合同修改作为原合同的终止以及将原合同未履约部分与合同变更部分合并为新合同而进行处理。

对于已售90件存在瑕疵的A产品优惠2700元(90×30)冲减当期销售收入。

剩余产品单价=(100×30+60×30)÷60=80(元/件)。

(3) 情形3:合同变更部分作为原合同的组成部分

合同变更不属于上述情形1,且在合同变更日已转让的商品与未转让的商品之间不可明确区分的,应当将该合同变更部分作为原合同的组成部分,在合同变更日重新计算履约进度,并调整当期收入和相应成本等。

例10.3 1月1日,公司和客户签订了一项总金额为5000万元的房产开发合同,在客户自有土地上建造一幢办公楼,预计合同总成本为4000万元。假定该房地产开发服务属于在某一时段内履行的履约义务,并根据累计发生的合同成本占合同预计总成本的比例确定履约进度。截至年末,公司累计已发生成本2000万元,履约进度为50%。因此,公司全年确认收入2500万元。下年初,由于客户对房产开发的设计进行了调整,使得建造成本增加,因此双方同意更改原合同,合同价格和预计总成本因此而分别增加1000万元和700万元。

在本例中,由于合同变更后拟提供的剩余服务与在合同变更日或之前已提供的服务不可明确区分(即该合同仍为单项履约义务),因此,公司应当将合同变更作为原合同的组成部分进行会计处理。合同变更后的交易价格为6000万元,公司重新估计的履约进度为42.6%,公司在合同变更日应额外确认收入56万元。

(二) 识别合同中的单项履约义务

合同开始日,企业应当识别合同中所包含的各单项履约义务,并确定各单项履约义务是在某一时段内履行,还是在某一时点履行,然后,在履行了各单项履约义务时分别确认收入。履约义务是指合同中企业向客户转让可明确区分商品的承诺。企业应当将下列向客户转让商品的承诺作为单项履约义务。

1. 企业向客户转让可明确区分的商品(或者商品或服务的组合)的承诺

企业向客户承诺的商品在核算中要作为可明确区分的商品的,需满足以下两个条件:一是商品能够明确区分,即客户能够从该商品本身或者从该商品与其他易于获得的资源一起使用中受益;二是转让该商品的承诺在合同中是可明确区分的,即企业向客户转让该商品的承诺与合同中其他承诺可单独区分。

2. 企业向客户转让一系列实质相同且转让模式相同的、可明确区分的商品的承诺

当企业向客户连续转让某项承诺的商品时,如每天提供类似劳务的长期劳务合同等,如果这些商品属于实质相同且转让模式相同的一系列商品,企业应当将这一系列商品作为单项履约义务。其中,转让模式相同是指每一项可明确区分的商品均满足本章所述的在某一时段内履行履约义务的条件,且采用相同方法确定其履约进度。

下列情形通常表明企业向客户转让该商品的承诺与合同中其他承诺不可单独区分。

(1) 企业需提供重大的服务以将该商品与合同中承诺的其他商品整合成合同约定的组合产出转让给客户。

(2) 该商品将对合同中承诺的其他商品予以重大修改或定制。

（3）该商品与合同中承诺的其他商品具有高度关联性。

（三）确定交易价格

交易价格是指企业因向客户转让商品而预期有权收取的对价金额，不包括企业代第三方收取的款项（如增值税）以及企业预期将退还给客户的款项。合同条款所承诺的对价，可能是固定金额、可变金额或两者兼有。

1．可变对价

企业与客户的合同中约定的对价金额可能会因折扣、价格折让、返利、退款、奖励积分、激励措施、业绩奖金、索赔等因素而发生变化。此外，根据一项或多项或有事项的发生而收取不同对价金额的合同，也属于可变对价的情形。合同中存在可变对价的，企业应当对计入交易价格的可变对价进行估计。

确定可变对价最佳估计数的原则是按照期望值或最可能发生金额确定可变对价的最佳估计数。企业所选择的方法应当能够更好地预测其有权收取的对价金额，并且对于类似的合同，应当采用相同的方法进行估计。对于某一事项的不确定性对可变对价金额的影响，企业应当在整个合同期间一致采用同一种方法进行估计。但是，当存在多个不确定性事项均会影响可变对价金额时，企业可以采用不同的方法对其进行估计。期望值是按照各种可能发生的对价金额及相关概率计算确定的金额。如果企业拥有大量具有类似特征的合同，并估计可能产生多个结果时，通常按照期望值估计可变对价金额。最可能发生金额是一系列可能发生的对价金额中最可能发生的单一金额，即合同最可能产生的单一结果。当合同仅有两个可能结果时，通常按照最可能发生金额估计可变对价金额。

企业按照期望值或最可能发生金额确定可变对价金额之后，计入交易价格的可变对价金额还应该满足限制条件，即包含可变对价的交易价格，应当不超过在相关不确定性消除时，累计已确认的收入极可能不会发生重大转回的金额。其中，“极可能”发生的概率应远高于“很可能（即可能性超过50%）”，但不要求达到“基本确定（即可能性超过95%）”；在评估收入转回金额的比重时，应同时考虑合同中包含的固定对价和可变对价。企业应当将满足上述限制条件的可变对价的金额，计入交易价格。每一资产负债表日，企业应当重新估计可变对价金额（包括重新评估对可变对价的估计是否受到限制），以如实反映报告期末存在的情况以及报告期内发生的情况变化。

例10.4　1月1日，公司与乙公司签订合同，向其销售A产品。合同约定，乙公司全年采购量不超过2 000件时，每件产品的价格为100元；采购量超过2 000件时，每件产品的价格为90元。乙公司在第1季度的采购量为200件，公司预计乙公司全年的采购量不会超过2 000件。4月，由于市场需求急速增加，乙公司增加了原材料的采购量，第2季度共采购A产品1 000件，公司预计乙公司全年的采购量将超过2 000件，因此，全年采购量适用的产品单价均将调整为90元。

本例中，第1季度，公司根据以往经验估计乙公司全年的采购量将不会超过2 000件，公司按照100元的单价确认收入，满足在不确定性消除之后（即乙公司全年的采购量确定之后），累计已确认的收入将极可能不会发生重大转回的要求，因此，公司在第1季度确认的收入为20 000元。第2季度，公司对交易价格进行重新估计，由于预计乙公司全年的采购量将超过2 000件，按照90元的单价确认收入，才满足极可能不会导致累计已确认的收入发生重大转回的要求。因此，公司在第2季度确认收入88 000[90×(1 000+200)－20 000]元。

2．合同中存在的重大融资成分

当合同各方以在合同中（或者以隐含的方式）约定的付款时间为客户或企业就该交易提供了重大融资利益时，合同中即包含了重大融资成分。合同中存在重大融资成分的，企业应当按照假定客户在取得商品控制权时即以现金支付的应付金额(即现销价格)确定交易价格。在评估合同中是否存在融资成分以及该融资成分对于该合同而言是否重大时,企业应当考虑所有相关的事实和情况,包括以下两点。① 已承诺的对价金额与已承诺商品的现销价格之间的差额。② 下列两项的共同影响:一是企业将承诺的商品转让给客户与客户支付相关款项之间的预计时间间隔;二是相关市场的现行利率。

合同中存在重大融资成分的,企业在确定该重大融资成分的金额时,应使用将合同对价的名义金额折现为商品的现销价格的折现率。该折现率一经确定,不得因后续市场利率或客户信用风险等情况的变化而变更。企业确定的交易价格与合同承诺的对价金额之间的差额,应当在合同期间内采用实际利率法摊销。为简化实务操作,如果在合同开始日,企业预计客户取得商品控制权与客户支付价款间隔不超过一年的,可以不考虑合同中存在的重大融资成分。

合同中存在企业为客户提供重大融资利益的,企业应按照应收合同价款,借记"长期应收款"等科目,按照假定客户在取得商品控制权时即以现金支付而需支付的金额(即现销价格)确定的交易价格,贷记本科目,按其差额,贷记"未实现融资收益"科目;合同中存在客户为企业提供重大融资利益的,企业应按照已收合同价款,借记"银行存款"等科目,按照假定客户在取得商品控制权时即以现金支付的应付金额(即现销价格)确定的交易价格,贷记"合同负债"等科目,按其差额,借记"未确认融资费用"科目。涉及增值税的,还应进行相应的处理。

例 10.5 1月1日,公司与乙公司签订合同,向其销售一批产品。合同约定,该批产品将于2年之后交货。合同中包含两种可供选择的付款方式,即乙公司可以在2年后交付产品时支付605万元,或者在合同签订时支付500万元。乙公司选择在合同签订时支付货款。该批产品的控制权在交货时转移。公司于1月1日收到乙公司支付的货款。上述价格均不包含增值税,且假定不考虑相关税费影响。

本例中,按照上述两种付款方式计算的内含利率为10%。考虑到乙公司付款时间和产品交付时间之间的间隔以及现行市场利率水平,公司认为该合同包含重大融资成分,在确定交易价格时,应当对合同承诺的对价金额进行调整,以反映该重大融资成分的影响。假定该融资费用不符合借款费用资本化的要求,公司的账务处理如下(元)。

(1) 1月1日收到货款,

借:银行存款	5 000 000	
未确认融资费用	1 050 000	
贷:合同负债		6 050 000

(2) 12月31日确认融资成分的影响,

借:财务费用	500 000(5 000 000×10%)	
贷:未确认融资费用		500 000

(3) 下年12月31日交付产品,

借:财务费用	550 000(5 500 000×10%)	
贷:未确认融资费用		550 000
借:合同负债	6 050 000	
贷:主营业务收入		6 050 000

3. 非现金对价

非现金对价包括实物资产、无形资产、股权、客户提供的广告服务等。客户支付非现金对价的,通常情况下,企业应当按照非现金对价在合同开始日的公允价值确定交易价格。非现金对价公允价值不能合理估计的,企业应当参照其承诺向客户转让商品的单独售价间接确定交易价格：非现金对价的公允价值可能会因对价的形式而发生变动（如市场上流通的股票），也可能会因为其形式以外的原因而发生变动。合同开始日后，非现金对价的公允价值因对价形式以外的原因而发生变动的，应当作为可变对价，按照与计入交易价格的可变对价金额的限制条件相关的规定进行处理；合同开始日后，非现金对价的公允价值因对价形式而发生变动的，该变动金额不应计入交易价格。

企业收到的对价为非现金资产时，应按该非现金资产在合同开始日的公允价值，借记“库存商品”“固定资产”“无形资产”等有关科目，贷记本科目。涉及增值税的，还应进行相应的处理。

例 10.6 公司为客户生产一台专用设备。双方约定，如果公司能够在 30 天内交货，则可以额外获得 100 股客户的股票作为奖励。合同开始日，该股票的价格为每股 5 元；由于缺乏执行类似合同的经验，当日，公司估计该 100 股股票的公允价值计入交易价格将不满足累计已确认的收入极可能不会发生重大转回的限制条件。合同开始日之后的第 25 天，公司将该设备交付给客户，从而获得了 100 股股票，该股票在此时的价格为每股 6 元。

本例中，合同开始日，由于缺乏执行类似合同的经验，公司估计该股票的公允价值计入交易价格将不满足限制条件，不应将该 100 股股票的公允价值 500 元计入交易价格。合同开始日之后的第 25 天，公司获得了 100 股股票，该股票在此时的价格为每股 6 元，应当将股票（非现金对价）的公允价值因对价形式以外的原因而发生的变动，即 500（5×100）元确认为收入；因对价形式原因而发生的变动，即 100（600－500）元计入公允价值变动损益。

4. 应付客户对价

企业存在应付客户对价的，应当将该应付对价冲减交易价格，但应付客户对价是为了自客户处取得其他可明确区分的商品的除外。企业应付客户对价是为了向客户取得其他可明确区分的商品的，应当采用与企业其他采购相一致的方式确认所购买的商品。企业应付客户对价超过向客户取得可明确区分的商品的公允价值的，超过金额应当冲减交易价格。向客户取得的可明确区分的商品的公允价值不能合理估计的，企业应当将应付客户对价全额冲减交易价格。在将应付客户对价冲减交易价格处理时，企业应当在确认相关收入与支付（或承诺支付）客户对价两者孰晚的时点冲减当期收入。

（四）将交易价格分摊至各单项履约义务

当合同中包含两项或多项履约义务时，需要将交易价格分摊至各单项履约义务，分摊的方法是在合同开始日，按照各单项履约义务所承诺商品的单独售价（企业向客户单独销售商品的价格）的相对比例，将交易价格分摊至各单项履约义务。通过分摊交易价格，使企业分摊至各单项履约义务的交易价格能够反映其因向客户转让已承诺的相关商品而有权收取的对价金额。

单独售价是指企业向客户单独销售商品的价格。单独售价无法直接观察的，企业应当综合考虑其能够合理取得的全部相关信息，采用市场调整法、成本加成法、余值法等方法合理估计单独售价。企业在估计单独售价时，应当最大限度地采用可观察的输入值，并对类似情况采用一致的估计方法。

（1）市场调整法是指企业根据某商品或类似商品的市场售价，考虑本企业的成本和毛利等进行适当调整后的金额，确定其单独售价的方法。

（2）成本加成法是指企业根据某商品的预计成本加上其合理毛利后的金额，确定其单独售价的方法。

（3）余值法是指企业根据合同交易价格减去合同中其他商品可观察的单独售价后的余额，确定某商品单独售价的方法。企业在商品近期售价波动幅度巨大，或者因未定价且未曾单独销售而使售价无法可靠确定时，可采用余值法估计其单独售价。

例 10.7 1月1日，公司与客户签订合同，向其销售 A、B 两项商品，合同价款为 2 000 元。合同约定，A 商品于合同开始日交付，B 商品在 1 个月之后交付，只有当 A、B 两项商品全部交付之后，公司才有权收取 2 000 元的合同对价。假定 A 商品和 B 商品构成两项履约义务，其控制权在交付时转移给客户，A 商品和 B 商品市场上的公允价值分别为 500 元和 2 000 元。

本例中，根据交易价格分摊原则，A 商品应当分摊的交易价格为 400(500÷2 500×2 000)元，B 商品应当分摊的交易价格为 1 600(2 000÷2 500×2 000)元，公司将 A 商品交付给客户之后，与该商品相关的履约义务已经履行，但是需要等到后续交付 B 商品时，才具有无条件收取合同对价的权利，因此，公司应当将因交付 A 商品而有权收取的对价 400 元确认为合同资产，而不是应收账款，相应的账务处理如下(元)。

（1）交付 A 商品时，

借：合同资产	400	
贷：主营业务收入		400

（2）交付 B 商品时，

借：应收账款	2 000	
贷：合同资产		400
主营业务收入		1 600

1. 分摊合同折扣

合同折扣是指合同中各单项履约义务所承诺商品的单独售价之和高于合同交易价格的金额。对于合同折扣，企业应当在各单项履约义务之间按比例分摊。有确凿证据表明合同折扣仅与合同中一项或多项(而非全部)履约义务相关的，企业应当将该合同折扣分摊至相关的一项或多项履约义务。

同时满足下列条件时，企业应当将合同折扣全部分摊至合同中的一项或多项(而非全部)履约义务。

（1）企业经常将该合同中的各项可明确区分的商品单独销售或者以组合的方式单独销售。

（2）企业经常将其中部分可明确区分的商品以组合的方式按折扣价格单独销售。

（3）上述第(2)项中的折扣与该合同中的折扣基本相同，且针对每一组合中的商品的分析为将该合同的全部折扣归属于某一项或多项履约义务提供了可观察的证据。有确凿证据表明合同折扣仅与合同中的一项或多项(而非全部)履约义务相关，且企业采用余值法估计单独售价的，企业应当首先在该一项或多项(而非全部)履约义务之间分摊合同折扣，然后再采用余值法估计单独售价。

例 10.8 公司与客户签订合同，向其销售 A、B、C 三种产品，合同总价款为 120 万元，这三种产品构成 3 个单项履约义务。公司经常单独出售 A 产品，其可直接观察的单独售价为 50 万元；B 产品和 C 产品的单独售价不可直接观察，公司采用市场调整法估计 B 产品的单独售价为 25 万元，采用成本加成法估计 C 产品的单独售价为 75 万元，并且经常将 B 产品和 C 产品组合在一起以 70 万元的价格销售。假定上述价格均不包含增值税。

本例中，这三种产品的单独售价合计为 150 万元，而该合同的价格为 120 万元，因此该合同的折扣为 30 万元。由于公司经常将 B 产品和 C 产品组合在一起以 70 万元的价格销售，该价格与其单独售价的差额为 30 万元，与该合同的折扣一致，而 A 产品单独销售的价格与其单独售价一致，证明该合同的折扣仅应归属于 B 产品和 C 产品。因此，在该合同下，分摊至 A 产品的交易价格为 50 万元，分摊至 B 产品和 C 产品的交易价格合计为 70 万元，公司应当进一步按照 B 产品和 C 产品的单独售价的相对比例将该价格在两者之间进行分摊。因此，

A、B、C 三种产品分摊的交易价格分别为 50 万元、17.5(25÷100×70)万元和 52.5(75÷100×70)万元。

2. 分摊可变对价

合同中包含可变对价的，该可变对价可能与整个合同相关，也可能仅与合同中的某一特定组成部分有关，后者包括两种情形：一是可变对价可能与合同中的一项或多项(而非全部)履约义务有关；二是可变对价可能与企业向客户转让的构成单项履约义务的一系列可明确区分的商品中的一项或多项(而非全部)商品有关。同时满足下列两项条件的，企业应当将可变对价及可变对价的后续变动额全部分摊至与之相关的某项履约义务，或者构成单项履约义务的一系列可明确区分的商品中的某项商品。

(1) 可变对价的条款专门针对企业为履行该项履约义务或转让该项可明确区分的商品所做的努力(或者是履行该项履约义务或转让该项可明确区分的商品所导致的特定结果)。

(2) 企业在考虑了合同中的全部履约义务及支付条款后，将合同对价中的可变金额全部分摊至该项履约义务或该项可明确区分的商品符合分摊交易价格的目标。

对于不满足上述条件的可变对价及可变对价的后续变动额，以及可变对价及其后续变动额中未满足上述条件的剩余部分，企业应当按照分摊交易价格的一般原则，将其分摊至合同中的各单项履约义务。对于已履行的履约义务，应当按其分摊的可变对价的后续变动额调整变动当期的收入。

3. 交易价格的后续变动

交易价格发生后续变动的，企业应当按照在合同开始日所采用的基础将该后续变动金额分摊至合同中的履约义务。企业不得因合同开始日之后单独售价的变动而重新分摊交易价格。

对于合同变更导致的交易价格后续变动，应当按照本节有关合同变更的要求进行会计处理。合同变更之后发生可变对价后续变动的，企业应当区分下列三种情形分别进行会计处理。

(1) 合同变更属于本节合同变更情形 1 的，企业应当判断可变对价后续变动与哪一项合同相关，并按照分摊可变对价的相关规定进行会计处理。

(2) 合同变更属于本节合同变更情形 2 的，且可变对价后续变动与合同变更前已承诺可变对价相关的，企业应当首先将该可变对价后续变动额以原合同开始日确定的单独售价为基础进行分摊，然后再将分摊至合同变更日尚未履行履约义务的该可变对价后续变动额以新合同开始日确定的基础进行二次分摊。

(3) 合同变更之后发生除上述第 1 和第 2 种情形以外的可变对价后续变动的，企业应当将该可变对价的后续变动额分摊至合同变更日尚未履行(或部分未履行)的履约义务。

例 10.9　20×8 年 9 月 1 日，公司与乙公司签订合同，向其销售 A 产品和 B 产品。A 产品和 B 产品均为可明确区分的商品，其单独售价相同，且均属于在某一时点履行的履约义务。合同约定，A 产品和 B 产品分别于 20×8 年 11 月 1 日和 20×9 年 3 月 31 日交付给乙公司。合同约定的对价包括 1 000 元的固定对价和估计金额为 200 元的可变对价。假定公司将 200 元的可变对价计入交易价格，满足本节有关将可变对价金额计入交易价格的限制条件。因此，该合同的交易价格为 1 200 元。上述价格均不包含增值税。

20×8 年 12 月 1 日，双方对合同范围进行了变更，乙公司向公司额外采购 C 产品，合同价格增加 300 元，C 产品与 A、B 两种产品可明确区分，但该增加的价格不反映 C 产品的单独售价。C 产品的单独售价与 A 产品和 B 产品相同。C 产品将于 20×9 年 6 月 30 日交付给乙公司，20×8 年 12 月 31 日，企业预计有权收取的可变对价的估计金额由 200 元变更为 240 元，该金额符合计入交易价格的条件。因此，合同的交易价格增加 40 元，且公司认为该增加额与合同变更前已承诺的可变对价相关。

假定上述三种产品的控制权均随产品交付而转移给乙公司。

本例中，在合同开始日，该合同包含两个单项履约义务，公司应当将估计的交易价格分摊至这两项履约义务。由于两种产品的单独售价相同,且可变对价不符合分摊至其中一项履约义务的条件,因此,公司将交易价格1 200元平均分摊至A产品和B产品,即A产品和B产品各自分摊的交易价格均为600元。

20×8年11月1日,当A产品交付给客户时,公司相应确认收入600元。

20×8年12月1日,双方进行了合同变更。该合同变更属于本节合同变更的情形,因此该合同变更应当作为原合同终止,并将原合同的未履约部分与合同变更部分合并为新合同进行会计处理。在该新合同下,合同的交易价格为900(600+300)元,由于B产品和C产品的单独售价相同,分摊至B产品和C产品的交易价格的金额均为450元。

20×8年12月31日,公司重新估计可变对价,增加了交易价格40元。由于该增加额与合同变更前已承诺的可变对价相关,因此应首先将该增加额分摊给A产品和B产品,之后再将分摊给B产品的部分在B产品和C产品形成的新合同中进行二次分摊。在本例中,由于A、B和C产品的单独售价相同,在将40元的可变对价后续变动分摊至A产品和B产品时,各自分摊的金额为20元。由于公司已经转让了A产品,在交易价格发生变动的当期即应将分摊至A产品的20元确认为收入。之后,将分摊至B产品的20元平均分摊至B产品和C产品,即各自分摊的金额为10元,经过上述分摊后,B产品和C产品的交易价格金额均为460(450+10)元。因此,公司分别在B产品和C产品控制权转移时确认收入460元。

(五) 履行各单项履约义务时确认收入

当企业将商品转移给客户时,客户取得了相关商品的控制权,这意味着企业履行了合同履约义务,此时,企业应确认收入。企业将商品控制权转移给客户,可能是在某一时段内(即履行履约义务的过程中)发生,也可能在某一时点(即履约义务完成时)发生。对于在某一时段内履行的履约义务,企业应当选取恰当的方法来确定履约进度;对于在某一时点履行的履约义务,企业应当综合分析控制权转移的迹象,判断其转移时点。

1. 在某一时段内履行的履约义务

属于在某一时段内履行的履约义务,应满足下列条件之一:

(1) 客户在企业履约的同时即取得并消耗企业履约所带来的经济利益;

(2) 客户能够控制企业履约过程中在建的商品;

(3) 企业履约过程中所产出的商品具有不可替代用途,且该企业在整个合同期间内有权就累计至今已完成的履约部分收取款项。

在判断商品是否具有不可替代用途时,企业既应当考虑合同限制,也应当考虑实际可行性限制,但无须考虑合同被终止的可能性。企业在判断商品是否具有不可替代用途时,需要注意以下四点。

一是企业应当在合同开始日判断所承诺的商品是否具有不可替代用途。在此之后,除非发生合同变更,且该变更显著改变了原合同约定的履约义务,否则,企业无须重新进行评估。

二是合同中是否存在实质性限制条款,导致企业不能将合同约定的商品用于其他用途。保护性条款不应被视为实质性限制条款。

三是是否存在实际可行性限制,例如,虽然合同中没有限制,但是企业将合同中约定的商品用作其他用途,将遭受重大的经济损失或发生重大的返工成本。

四是企业应当根据最终转移给客户的商品的特征判断其是否具有不可替代用途。例如,某商品在生产的前期可以满足多种用途需要的,从某一时点或某一流程开始,才进入定制化阶段,此时,企业应当根据该商品在最终转移给客户时的特征来判断其是否满足“具有不可替代用途”的条件。

对于在某一时段内履行的履约义务,企业应当在该段时间内按照履约进度确认收入,履约进度不能合理确定的除外。企业应当采用恰当的方法确定履约进度，以使其如实反映企业向客户转让商品的履约情况。

（1）产出法。产出法主要是根据已转移给客户的商品对于客户的价值确定履约进度，包括按照实际完工进度、评估已实现的结果、时间进度、已完工或交付的产品等确定履约进度的方法。企业在评估是否采用产出法确定履约进度时，应当考虑所选择的产出指标是否能够如实地反映向客户转移商品的进度。

（2）投入法。投入法是根据企业为履行履约义务的投入确定履约进度，通常可采用投入的材料数量、花费的人工工时或机器工时、发生的成本和时间进度等投入指标确定履约进度。当企业从事的工作或发生的投入是在整个履约期间内平均发生时，企业也可以按照直线法确认收入。

在下列两种情形下，企业在采用成本法确定履约进度时，可能需要对已发生的成本进行适当的调整。

（1）已发生的成本并未反映企业履行履约义务的进度

例如，因企业生产效率低下等原因而导致的非正常消耗，包括非正常消耗的直接材料、直接人工及制造费用等，不应包括在累计实际发生的成本中，除非企业和客户在订立合同时已经预见会发生这些成本并将其包括在合同价款中。

（2）已发生的成本与企业履行履约义务的进度不成比例

对于施工中尚未安装、使用或耗用的商品（本段中的商品不包括服务）或材料成本等，当企业在合同开始日就预期能够满足下列所有条件时，应在采用成本法确定履约进度时不包括这些成本：第一，该商品或材料不可明确区分，即不构成单项履约义务；第二，客户先取得该商品或材料的控制权，之后才接受与之相关的服务；第三，该商品或材料的成本相对于预计总成本而言是重大的；第四，企业自第三方采购该商品或材料，且未深入参与其设计和制造，对于包含该商品的履约义务而言，企业是主要责任人。

例 10.10　10 月，公司与客户签订合同，为客户装修一栋办公楼并安装一部电梯，合同总金额为 100 万元。公司预计的合同总成本为 80 万元，其中包括电梯的采购成本 30 万元。12 月，公司将电梯运达施工现场并经过客户验收，客户已取得对电梯的控制权，但是根据装修进度，预计到下年 2 月才会安装该电梯。截至 12 月，累计发生成本 40 万元，其中包括支付给电梯供应商的采购成本 30 万元以及因采购电梯发生的运输和人工等相关成本 5 万元。

若计算履约进度时考虑了电梯成本，则已发生的成本和履约进度不成比例，所以计算履约进度时应将电梯成本扣除。

履约进度：（40－30）÷（80－30）×100％＝20％。

收入：（100－30）×20％＋30＝44（万元）。

成本：40 万元。

2. 在某一时点履行的履约义务

对于不属于在某一时段内履行的履约义务，应当属于在某一时点履行的履约义务，企业应当在客户取得相关商品控制权的时点确认收入。在判断控制权是否转移时，企业应当考虑下列五个迹象。

（1）企业就该商品享有现时收款权利，即客户就该商品负有现时付款义务。

（2）企业已将该商品的法定所有权转移给客户，即客户已拥有该商品的法定所有权。

（3）企业已将该商品实物转移给客户，即客户已占有该商品实物。

（4）企业已将该商品所有权上的主要风险和报酬转移给客户，即客户已取得该商品所有权上的主要风险和报酬。

(5) 客户已接受该商品。

但针对上述第(3)条,值得注意的是,客户占有了某项商品实物并不意味着其就一定取得了该商品的控制权。下面介绍两种特殊情况。

(1) 委托代销安排

这一安排是指委托方和受托方签订代销合同或协议,委托受托方向终端客户销售商品。在此安排下,受托方没有获得该商品的控制权,企业通常应当在受托方售出商品后,按合同或协议约定的方法计算确定的手续费确认收入。

例 10.11 甲公司委托丙公司销售 200 件 A 商品,A 商品已经发出,每件成本为 50 元。合同约定丙公司应按每件 100 元对外销售,甲公司按不含增值税售价的 10% 向丙公司支付手续费。丙公司对外实际销售 100 件,开出的增值税专用发票上注明的销售额为 10 000 元,增值税税额为 1 300 元,款项已经收到。甲公司收到丙公司开具的代销清单时,向丙公司开具一张相同金额的增值税专用发票。假定除上述情况外,不考虑其他因素。

根据上述资料,甲公司的账务处理如下(元)。

(1) 发出商品,

借:发出商品——丙公司	10 000	
贷:库存商品——A 商品		10 000

(2) 收到代销清单,同时发生增值税纳税义务,

借:应收账款——丙公司	11 300	
贷:主营业务收入——销售 A 商品		10 000
应交税费——应交增值税(销项税额)		1 300
借:主营业务成本——销售 A 商品	5 000	
贷:发出商品——丙公司		5 000
借:销售费用——代销手续费	1 000	
贷:应收账款——丙公司		1 000

(3) 收到丙公司支付的货款,

借:银行存款	10 300	
贷:应收账款——丙公司		10 300

丙公司的账务处理如下(元)。

(1) 收到商品,

借:受托代销商品——甲公司	20 000	
贷:受托代销商品款——甲公司		20 000

(2) 对外销售,

借:银行存款	11 300	
贷:受托代销商品——甲公司		10 000
应交税费——应交增值税(销项税额)		1 300

(3) 收到增值税专用发票,

借:受托代销商品款——甲公司	10 000	
应交税费——应交增值税(进项税额)	1 300	
贷:应付账款		11 300

(4) 支付货款并计算代销手续费,

借:应付账款——甲公司	11 300	
贷:银行存款		10 300
其他业务收入——代销手续费		1 000

（2）售后代管商品安排

售后代管商品是指根据企业与客户签订的合同，企业已经就销售的商品向客户收款或取得了收款权利，但是直到在未来某一时点将该商品交付给客户之前，企业仍然继续持有该商品实物的安排。

在售后代管商品安排下，除了应当考虑客户是否取得商品控制权的迹象之外，还应当同时满足下列四项条件，才表明客户取得了该商品的控制权：一是该安排必须具有商业实质，例如，该安排是应客户的要求而订立的；二是属于客户的商品必须能够单独识别，例如，将属于客户的商品单独存放在指定地点；三是该商品可以随时应客户要求交付给客户；四是企业不能自行使用该商品或将该商品提供给其他客户。实务中，越是通用的可以和其他产品相互替换的商品，越有可能难以满足上述条件。

例 10.12 公司与B公司签订销售合同，对B公司销售1万个精密零件。由于B公司的仓储能力有限，无法在年底之前接收该批精密零件，合同约定公司在次年按照B公司的指令按时发货，并将商品运送至指定的地点，货物运到后将承担相应仓储费用。12月31日，B公司支付了精密零件的合同价款，并对其进行了验收。公司对上述精密零件1万个，专门安排一个仓库进行管理，该精密零件可明确识别属于B公司，公司无权使用，且不能将其给他人使用。

本例中，12月31日，公司已经收取精密零件的合同价款，但是B公司尚未要求发货，B公司已拥有精密零件的法定所有权并且对其进行了验收，虽然精密零件实物尚由公司持有，但是其满足在“售后代管商品”的安排下客户取得商品控制权的条件，精密零件的控制权也已经转移给了B公司。因此，公司应当确认销售精密零件的收入。除此之外，公司还为B公司提供了仓储保管服务，该服务与精密零件可明确区分，构成单项履约的义务。

想一想 在例10.12中，如果这1万个精密零件与公司的其他产品可以相互替换，且未单独存放，公司在向B公司交付之前，能够将其提供给其他客户或者自行使用。请问是否应按“售后代管商品”安排进行会计处理？如果不是，应如何进行会计处理？

需要强调的是，在上述五个迹象中，并没有哪一个或哪几个迹象是决定性的，企业应当根据合同条款和交易实质进行分析，综合判断其是否将商品的控制权转移给客户以及何时转移的，从而确定收入确认的时点。此外，企业应当从客户的角度进行评估，而不应当仅考虑企业自身的看法。

四、特定交易的核算

（一）附有销售退回条款的销售

对于附有销售退回条款的销售，企业应在客户取得相关商品控制权时，按照因向客户转让商品而预期有权收取的对价金额（即不包含预期因销售退回将退还的金额）确认收入，按照预期因销售退回而退还的金额确认“预计负债”；同时，按照预期将退回商品转让时的账面价值，扣除收回该商品预计发生的成本（包括退回商品的价值减损）后的余额，确认为“应收退货成本”，按照所转让商品转让时的账面价值，扣除上述资产成本的净额结转成本。每一资产负债表日，企业应当重新估计未来销售退回情况，如有变化，应当作为会计估计变更进行会计处理。

附有销售退回条款的销售，在客户要求退货时，如果企业有权向客户收取一定金额的退货费，则企业在估计预期有权收取的对价金额时，应当将该退货费包括在内。

例 10.13 公司向客户销售 10 台空调,每台空调的价格为 5 000 元,成本为 4 000 元。根据合同约定,客户有权在收到空调的 30 天内退货,但是需要向公司支付 10%的退货费(即每台空调的退货费为 500 元)。根据历史经验,公司预计的退货率为 10%(即估计退货 1 台空调),且退货过程中,公司预计为每台退货的空调发生的成本为 500 元。上述价格均不包含增值税,假定不考虑相关税费影响,公司在将空调的控制权转移时的账务处理如下(元)。

借:应收账款	50 000(10×5 000)
贷:主营业务收入	45 500(9×5 000+500)
预计负债——应付退货款	4 500(1×5 000−500)
借:主营业务成本	36 500(9×4 000+500)
应收退货成本	3 500(1×4 000−500)
贷:库存商品	40 000(10×4 000)

(二) 附有质量保证条款的销售

企业在向客户销售商品时,可能会为所销售的商品提供质量保证,其中,有一些质量保证是为了向客户保证所销售的商品符合既定标准,即保证类质量保证(三包服务);而另一些质量保证则是在向客户保证所销售的商品符合既定标准之外提供了一项单独的服务,即服务类质量保证。

企业应当对其所提供的质量保证的性质进行分析,对于客户能够选择单独购买质量保证的,表明该质量保证构成单项履约义务;对于客户虽然不能选择单独购买质量保证,但是,如果该质量保证在向客户保证所销售的商品符合既定标准之外提供了一项单独服务的,也应当作为单项履约义务。作为单项履约义务的质量保证应当按本节三所述进行会计处理,并将部分交易价格分摊至该项履约义务。对于不能作为单项履约义务的质量保证,企业应当按或有事项准则的规定,确定合理的估计数计入“预计负债”科目。

例 10.14 公司与乙公司签订一项销售合同,合同约定公司向乙公司销售一台生产设备,售价为 1 100 万元。公司承诺生产设备售出后 1 年内如出现非意外事件造成的故障或质量问题,公司免费负责保修(含零部件的更换),同时公司还向乙公司提供一项延保服务,即在法定保修期 1 年之外,延长保修期 2 年。该生产设备和延保服务的单独标价分别为 1 000 万元和 100 万元。公司根据以往经验估计在法定保修期(1 年)内将发生的保修费用为 40 万元。

该生产设备的成本为 800 万元。合同签订当日,公司将该生产设备交付给乙公司,同时乙公司向公司支付了 1 100 万价款。

公司的会计处理如下(万元)。

借:银行存款	1 100
贷:主营业务收入	1 000
合同负债	100
借:主营业务成本	800
贷:库存商品	800
借:销售费用	40
贷:预计负债	40

公司确认的延保服务费用 100 万元应当在延保期间根据延保服务进度确认为收入。

(三) 主要责任人和代理人

企业应当根据其在向客户转让商品前是否拥有对该商品的控制权,来判断其从事交易时的身份是主要责任人还是代理人。企业在向客户转让商品前能够控制该商品的,该企业为主要责任人，应当按照已收或应收对价总额确认收入，否则，该企业为代理人，应当按照预期有权收取的佣金或手续费的金额确认收入，该金额应当按照已收或应收对价总额扣除应支付给其他相关方的价款后的净额，或者按照既定的佣金金额或比例等确定。

企业作为主要责任人的情形包括：① 企业自第三方取得商品或其他资产的控制权后，再转让给客户；② 企业能够主导第三方代表本企业向客户提供服务；③ 企业自第三方取得商品控制权后，通过提供重大的服务将该商品与其他商品整合成合同约定的某组合产出转让给客户。

实务中，企业在判断其在向客户转让特定商品之前是否已经拥有对该商品的控制权时，不应仅局限于合同的法律形式，而应当综合考虑所有相关事实和情况进行判断，这些事实和情况包括但不仅限于：① 转让商品的主要责任是企业还是第三方；② 该商品的存货风险在商品转让前后由企业还是第三方承担；③ 所交易商品的价格由企业还是第三方决定。

（四）附有客户额外购买选择权的销售

企业在销售商品的同时，有时会向客户授予选择权，允许客户据此免费或者以折扣价格购买额外的商品，此种情况称为附有客户额外购买选择权的销售。企业向客户授予的额外购买选择权的形式包括销售激励、客户奖励积分、未来购买商品的折扣券以及合同续约选择权等。企业提供额外购买选择权的，应当作为单项履约义务，按照有关交易价格分摊的要求将交易价格分摊至该履约义务，在客户未来行使购买选择权取得相关商品控制权时，或者该选择权失效时，确认相应的收入。

例 10.15　公司签订合同，以 500 元的价格销售 A 产品，并且在合同中约定，如果客户在未来 30 天内额外购买任何产品，在限额 200 元的范围内，可以享受 6 折优惠。公司估计客户兑现折扣券的可能性为 80%，且每位客户将平均购买 100 元的额外产品。

折扣券的单独售价＝100×40%×80%＝32(元)

分摊后的交易价格：

A 产品的交易价格＝500÷532×500＝469.92(元)

折扣券＝32÷532×500＝30.08(元)

会计分录如下(元)。

借：银行存款	500
贷：主营业务收入	469.92
合同负债	30.08

（五）授予知识产权许可

企业向客户授予的知识产权，常见的包括软件和技术、影视和音乐等的版权、特许经营权以及专利权、商标权和其他版权等。企业向客户授予知识产权许可的，应当按照要求评估该知识产权许可是否构成单项履约义务。授予客户的知识产权许可不构成单项履约义务的，企业应当将该知识产权许可和所售商品一起作为单项履约义务进行会计处理。知识产权许可与所售商品不可明确区分的情形包括两项：一是该知识产权许可构成有形商品的组成部分并且对于该商品的正常使用不可或缺，例如，企业向客户销售设备和相关软件，该软件内嵌于设备之中，该设备必须安装了该软件之后才能正常使用；二是客户只有将该知识产权许可和相关服务一起使用才能够从中获益，例如，客户取得授权许可，但是只有通过企业提供的在线服务才能访问相关内容。

授予客户的知识产权许可构成单项履约义务的,企业应当根据该履约义务的性质,进一步确定其是在某一时段内履行还是在某一时点履行。企业向客户授予的知识产权许可,同时满足下列三项条件的,应当作为在某一时段内履行的履约义务确认相关收入,否则,应当作为在某一时点履行的履约义务确认相关收入。

(1) 合同要求或客户能够合理预期企业将从事对该项知识产权有重大影响的活动。

(2) 该活动对客户将产生有利或不利影响。

(3) 该活动不会导致向客户转让商品。

企业向客户授予知识产权许可,并约定按客户实际销售或使用情况收取特许权使用费的,应当在客户后续销售或使用行为实际发生与企业履行相关履约义务两者孰晚的时点确认收入。

(六) 售后回购

售后回购是指企业销售商品的同时承诺或有权选择日后再将该商品购回的销售方式。对于不同类型的售后回购交易,企业应当按下列两种情形分别进行会计处理。

1. 销售企业有回购义务或权利

在销售时点,客户并没有取得该商品的控制权。在这种情况下,企业应根据下列情况分别进行相应的会计处理。一是回购价格低于原售价的,应当视为租赁交易,按照《企业会计准则第 21 号——租赁》的相关规定进行会计处理。二是回购价格不低于原售价的,应当视为融资交易,在收到客户款项时确认金融负债,而不是终止确认该资产,并将该款项和回购价格的差额在回购期间内确认为利息费用等。

2. 企业应客户要求回购商品的

企业负有应客户要求回购商品义务的,应当在合同开始日评估客户是否具有行使该要求权的重大经济动因。客户具有行使该要求权的重大经济动因的,企业应当将回购价格与原售价进行比较,并按照上述第 1 种情形下的原则将该售后回购作为租赁交易或融资交易进行相应的会计处理;否则,企业应当将该售后回购作为附有销售退回条款的销售交易进行相应的会计处理。

(七) 客户未行使的权利

企业因销售商品向客户收取的预收款,赋予了客户一项在未来从企业取得该商品的权利,并使企业承担了向客户转让该商品的义务,因此,企业应当将预收的款项确认为"合同负债",待未来履行了相关履约义务,即向客户转让相关商品时,再将该负债转为收入。

当企业预收款项无须退回,且客户可能会放弃其全部或部分合同权利时,例如,放弃储值卡的使用等,企业预期将有权获得与客户所放弃的合同权利相关的金额的,应当按照客户行使合同权利的模式按比例将上述金额确认为收入;否则,企业只有在客户要求其履行剩余履约义务的可能性极低时,才能将上述负债的相关余额转为收入。

(八) 无须退回的初始费

企业在合同开始(或接近合同开始)日向客户收取的无须退回的初始费(如俱乐部的入会费等)应当计入交易价格。

企业应当评估该初始费是否与向客户转让已承诺的商品相关。

(1) 该初始费与向客户转让已承诺的商品相关,并且该商品构成单项履约义务的,企业应当在转让该商品时，按照分摊至该商品的交易价格确认收入。

（2）该初始费与向客户转让已承诺的商品相关，但该商品不构成单项履约义务的，企业应当在包含该商品的单项履约义务履行时，按照分摊至该单项履约义务的交易价格确认收入。

（3）该初始费与向客户转让已承诺的商品不相关的，该初始费应当作为未来将转让商品的预收款，在未来转让该商品时确认为收入。

课后搜阅 收入具体准则。

例 10.16 （综合题）公司某年度发生的有关的经济事项如下：

（1）1月1日，公司与乙公司签订销售合同，根据合同约定，公司向乙公司销售A设备，售价为2 000万元，成本为1 500万元（未计提存货跌价准备）。同时协议约定，公司将于两年后将该设备回购，回购价格为1 800万元。当日设备已发出，货款已收存银行。

（2）4月1日，公司与丙公司签订销售合同，约定公司向丙公司销售B产品5 000件，每件单位成本为1万元（未计提存货跌价准备）。当日公司已将商品发出。根据合同约定，丙公司以自身股票作为对价进行支付，向公司支付普通股股票100万股，分两次等额支付，第一次在公司发货时支付，第二次在丙公司验收合格时支付。当日丙公司普通股股票价值为60元/股。4月15日，丙公司验收合格，再次向公司支付50万股普通股股票，当日丙公司普通股股票价值为70元/股。公司B产品的每件售价为1.2万元，取得丙公司股票作为交易性金融资产核算。

（3）5月1日，公司向丁公司销售一批C产品，售价为1 500万元，该批库存商品的账面余额为1 200万元，已计提存货跌价准备200万元。当日商品已发出。合同约定公司需向丁公司支付促销费100万元。5月30日公司收到扣除促销费后的净价款，并存入银行。

（4）8月1日，公司与戊公司签订远期销售合同，根据合同约定，公司将于两年后交货，戊公司有两种可选付款方案，即在签订合同时支付400万元，或者两年后产品交付时支付449.44万元。戊公司选择在签订合同时支付货款。当日款项已收存银行，相关商品在交货时控制权转移。公司两种付款方式计算的内含利率为6%，且不满足资本化条件。

（5）9月1日，公司与己公司签订合同，约定公司在12月31日前向己公司陆续交付1 000台D产品，每台售价1.2万元，成本为1万元（未计提存货跌价准备）。

12月1日，公司与己公司签订补充合同，约定公司在12月31日前再向己公司交付100台D产品，每台售价1.1万元（未反映单独售价）。截至11月30日，公司已向己公司交付D产品800台。截至12月31日，公司已按合同约定交付剩余的200台D产品。

（6）12月1日，庚公司委托公司为其代销10 000件E产品，与庚公司约定的结算价款为2万元/件，同时公司按代销价款的10%向庚公司收取代销手续费，未代销的E产品毁损、灭失的风险由庚公司承担（但因公司责任除外）。当日公司已收到10 000件E产品。至12月31日公司已销售5 000件。

其他资料：计入交易价格的可变对价金额满足限制条件，且不考虑相关税费。

要求：根据上述资料，逐项分析公司应该如何进行会计处理。

（1）根据合同约定，公司负有在两年后回购该设备的义务，因此，乙公司并未取得该设备的控制权。假定不考虑货币时间价值，该交易的实质是乙公司支付了200（2 000－1 800）万元的对价取得了该设备两年的使用权。公司应当将该交易作为租赁交易进行会计处理。

（2）公司应当按照非现金对价（股票）在合同开始日的公允价值确定交易价格，即按6 000（100×60）万元确认收入。合同开始日后，非现金对价的公允价值因对价形式而发生变动的（股票公允价值变动），该变动金额不应计入交易价格。交易性金融资产公允价值的变动计入公允价值变动损益。

（3）公司在向丁公司转让商品的同时需要向丁公司支付对价的，应当将该应付对价冲减交易价格，但应付客户对价是为了自客户处取得其他可明确区分的商品的除外。本题中公司未从丁公司处确定可明确区分的商品，所以应确认收入1 400（1 500－100）万元，不确认销售费用。

(4) 公司与戊公司的合同包含重大融资成分,在确定交易价格时,应当对合同承诺的对价金额进行调整,以反映该重大融资成分的影响。同时,商品并未转移给戊公司,所以公司不能确认收入,应将现销价(449.44 万元)确认为合同负债,将收到的款项与合同负债的差额确认为未确认融资费用,并按 6%的实际利率摊销未确认融资费用。

(5) 公司与己公司的合同变更增加了可明确区分的商品及合同价款,但新增合同价款不能反映新增商品的单独售价,应当视为原合同终止,同时,将原合同未履约部分与合同变更部分合并为新合同进行会计处理,所以公司 12 月应确认收入 200×1.2+100×1.1=350(万元),结转成本为 300×1=300(万元)。

(6) 根据合同约定条款(未代销的 E 产品毁损、灭失的风险由庚公司承担,但因公司责任除外)进行分析,可知公司属于代理人,所以,公司应按净额 1 000(2×5 000×10%)万元确认收入,按实际发生代销支出确认成本。

练一练 根据例 10.16 的会计处理,写出会计分录。

五、销售材料等业务

企业在日常活动中还可能发生对外销售不需用的原材料、随同商品对外销售单独计价的包装物等业务。企业销售原材料、包装物等存货也视同商品销售,其收入确认和计量比照商品销售。企业销售原材料、包装物等存货实现的收入作为其他业务收入处理,结转的相关成本作为其他业务成本处理。

例 10.17 公司销售一批原材料,开出的增值税专用发票上注明的售价为 11 000 元,增值税税额为 1 430 元,款项已由银行收妥。该批原材料的实际成本为 9 000 元。公司会计处理如下(元)。

(1) 取得原材料销售收入,

借:银行存款　　12 430

　贷:其他业务收入　　11 000

　　应交税费——应交增值税(销项税额)　　1 430

(2) 结转已销原材料的实际成本,

借:其他业务成本　　9 000

　贷:原材料　　9 000

六、让渡资产使用权业务

让渡资产使用权收入包括利息收入和使用费收入。使用费收入主要指让渡无形资产等资产使用权的使用费收入;出租固定资产取得的租金,进行债权投资收取的利息,进行股权投资取得的现金股利等,也构成让渡资产使用权收入。这里主要介绍让渡无形资产使用权的使用费收入的核算。

企业让渡无形资产使用权的使用费收入,一般作为其他业务收入处理;让渡无形资产所计提的摊销额等,一般作为其他业务成本处理。

如果合同或协议规定一次性收取使用费,且不提供后续服务的,应一次性确认收入;提供后续服务的,应在合同或协议规定的有效期内分期确认收入。如果合同或协议规定分期收取使用费的,应按合同或协议规定的收款时间和金额或规定的收费方法计算确定的金额分期确认收入。

例 10.18 公司于某年 1 月 1 日向丙公司转让某专利权的使用权,协议约定转让期为 5 年,每年年末收取使用费 41 万元。同年该专利权计提的摊销额为 24 万元,每月计提金额为 2 万元。假定不考虑其他因素,公司会计处理如下(万元)。

（1）年末确认使用费收入，

借：应收账款（或银行存款）　41

　　贷：其他业务收入　41

（2）每月计提专利权摊销额，

借：其他业务成本　2

　　贷：累计摊销　2

七、营业外收入

营业外收入是指企业发生的与其日常业务无直接关系的、计入当期损益的各项利得。营业外收入并不是企业经营资金耗费所产生的，不需要企业付出代价，实际上是经济利益的净流入，不可能也不需要与有关的费用进行配比。营业外收入主要包括非流动资产处置利得、盘盈利得、罚没利得、捐赠利得、确实无法支付而按规定程序经批准后转作营业外收入的应付款项等。

非流动资产处置利得包括固定资产处置利得和无形资产出售利得。固定资产处置利得是指企业出售固定资产所取得的价款或报废固定资产的材料价值和变价收入等，扣除处置固定资产的账面价值、清理费用、处置相关税费后的净收益；无形资产出售利得是指企业出售无形资产所取得的价款，扣除无形资产的账面价值、出售相关税费后的净收益。

盘盈利得主要是指对现金等的清查盘点中盘盈的现金等，报经批准后计入营业外收入的金额。

罚没利得是指企业取得的各项罚款，在弥补由于违反合同或协议而造成的经济损失后的罚款净收益。

捐赠利得是指企业接受捐赠产生的利得。

营业外收入的核算见本书相关章节内容。

第二节　费　用

一、费用的确认

费用是指企业为销售商品、提供劳务等日常业务所发生的，与向所有者分配利润无关的经济利益流出。费用主要指企业为取得营业收入进行产品销售等营业活动所发生的营业成本、税金及附加和期间费用。企业为生产产品、提供劳务等发生的可归属于产品成本、劳务成本等的费用，应当在确认销售商品收入、提供劳务收入等时，将已销售商品、已提供劳务的成本确认为营业成本（包括主营业务成本和其他业务成本）。期间费用包括销售费用、管理费用和财务费用。

在确认费用时，首先，应当划分生产费用与非生产费用的界限。生产费用是指与企业日常生产经营活动有关的费用，如生产产品所发生的原材料费用、人工费用等；非生产费用是指不属于生产费用的费用，如用于购建固定资产所发生的费用等。其次，应当分清生产费用与产品成本的界限。生产费用与一定的期间相联系，而与生产的产品无关；产品成本与一定品种和数量的产品相联系，而不论发生在哪一期。最后，应当分清生产费用与期间费用的界限。生产费用应当计入产品成本，而期间费用直接计入当期损益。

二、费用确认的原则

费用的实质是资产的耗费,但并不是所有的资产耗费都是费用。因此,就需明确什么样的资产耗费应确认为费用。由于发生费用的目的是为了取得收入,那么费用的确认就应当与收入确认相联系。因此,确认费用应遵循划分收益性支出与资本性支出原则、权责发生制原则和配比原则。

(1) 划分收益性支出与资本性支出原则。收益性支出在一个会计期间内确认为费用;资本性支出应先予以资本化(形成长期资产),再分期转作费用。正确地区分收益性支出与资本性支出,能保证正确地计量资产的价值和正确地计算各期的产品成本、期间费用及损益。

(2) 权责发生制原则。划分收益性支出与资本性支出原则,只是为费用的确认做出时间上的大致区分,而权责发生制原则规定了具体在什么时点确认费用。凡是当期已经发生或应当负担的费用,不论款项是否支付,都应作为当期的费用;凡是不属于当期的费用,即使款项已在当期支付,也不应当作为当期的费用。

(3) 配比原则。按照配比原则,为产生当期收入所发生的费用,应当确认为该期的费用。配比原则的基本含义在于,当收入已经实现时,某些资产(如物料用品)已被消耗,或已被出售(如商品),以及劳务已经提供(如专设的销售部门人员提供的劳务),已被耗用的这些资产和劳务的成本,应当在确认有关收入的期间予以确认。如果收入要到未来期间实现,相应的费用应递延分配于未来的实际受益期间。因此,费用的确认要根据费用与收入的相关程度,确定哪些资产耗费或负债的增加应从本期收入中扣减。

企业应设置"生产成本""制造费用""劳务成本""发出商品""主营业务成本""其他业务成本""合同取得成本""合同履约成本""税金及附加""销售费用""管理费用""研发费用""财务费用""信用减值损失""资产减值损失""合同履约成本减值准备""合同取得成本减值准备""合同资产减值准备""营业外支出""所得税费用"等主体科目,用来核算费用及损失。

三、营业成本

营业成本是指企业为生产产品、提供服务等发生的可归属于产品成本、服务成本等的费用,应当在确认销售商品收入、提供服务收入等时,将已销售商品、已提供服务的成本等计入当期损益。

(一) 主营业务成本

主营业务成本是指企业销售商品、提供服务等经常性活动所发生的成本。企业一般在确认销售商品、提供服务等主营业务收入时,或在月末,将已销售商品、已提供服务的成本转入主营业务成本。企业应当设置"主营业务成本"科目,用于核算企业因销售商品、提供服务等日常活动而发生的实际成本,该科目按主营业务的种类进行明细核算。企业结转已销售商品或提供服务成本时,借记"主营业务成本"科目,贷记"库存商品""合同履约成本"等科目。期末,将主营业务成本的余额转入"本年利润"科目,借记"本年利润"科目,贷记"主营业务成本"科目,结转后,"主营业务成本"科目无余额。

(二) 其他业务成本

其他业务成本是指企业确认的除主营业务活动以外的其他日常经营活动所发生的支出。

其他业务成本包括销售材料的成本、出租固定资产的折旧额、出租无形资产的摊销额、出租包装物的成本或摊销额等。采用成本模式计量投资性房地产的，其投资性房地产计提的折旧额或摊销额，也构成其他业务成本。

企业应当设置“其他业务成本”科目，核算企业确认的除主营业务活动以外的其他日常经营活动所发生的支出。“其他业务成本”科目按其他业务成本的种类进行明细核算。企业发生的其他业务成本，借记“其他业务成本”科目，贷记“原材料”“周转材料”“累计折旧”“累计摊销”“应付职工薪酬”“银行存款”等科目。期末，“其他业务成本”科目余额转入“本年利润”科目，结转后，“其他业务成本”科目无余额。

四、合同成本

（一）合同履约成本

企业为履行合同可能会发生各种成本，企业在确认收入的同时应当对这些成本进行分析，不属于其他会计准则范围（如存货、固定资产、无形资产等）且同时满足下列条件的，应当作为合同履约成本确认为一项资产。

（1）该成本与一份当前或预期取得的合同直接相关，包括直接人工、直接材料、制造费用（或类似费用）、明确由客户承担的成本以及仅因该合同而发生的其他成本。

（2）该成本增加了企业未来用于履行履约义务的资源。

（3）该成本预期能够收回。

企业应当在下列支出发生时，将其计入当期损益。一是管理费用，除非这些费用明确由客户承担。二是非正常消耗的直接材料、直接人工和制造费用（或类似费用），这些支出为履行合同发生，但未反映在合同价格中。三是与履约义务中已履行部分（包括已全部履行或部分履行）相关的支出，即该支出与企业过去的履约活动相关。四是无法在尚未履行的与已履行（或已部分履行）的履约义务之间区分的相关支出。

满足上述条件确认为资产的合同履约成本，初始确认时摊销期限不超过一年或一个正常营业周期的，在资产负债表中列示为存货；初始确认时摊销期限在一年或一个正常营业周期以上的，在资产负债表中列示为其他非流动资产。

“合同取得成本”科目核算企业为取得合同发生的、预计能够收回的增量成本。该科目借方登记发生的合同取得成本，贷方登记摊销的合同取得成本，期末借方余额反映企业尚未结转的合同取得成本。该科目可按合同进行明细核算。

（二）合同取得成本

企业为取得合同发生的增量成本预期能够收回的，应当作为合同取得成本确认为一项资产。

增量成本是指企业不取得合同就不会发生的成本，如销售佣金等。企业发生上述合同取得成本时，借记本科目，贷记“银行存款”“其他应付款”等科目；对合同取得成本进行摊销时，按照其相关性借记“销售费用”等科目，贷记本科目。涉及增值税的，还应进行相应的处理。

为了简化实务操作，该资产摊销期限不超过一年的，可以在发生时计入当期损益。企业采用该简化处理方法的，应当对所有类似合同一致采用。企业为取得合同发生的、除预期能够收回的增量成本之外的其他支出,例如,无论是否取得合同均会发生的差旅费、投标费、为准备投标资料发生的相关费用等,应当在发生时计入当期损益,除非这些支出明确由客户承担。实务中,涉及合同取得成本的安排可能会比较复杂,例如,合同续约或合同变更时需要支付额外的佣金、企业支付的佣金金额取决于客户未来的履约情况或者取决于累计取得的合同数量或金额等,企业需要进行判断,对发生的合同取得成本进行恰当的会计处理。企业因现有合同续约或发生合同变更需要支付的额外佣金,也属于为取得合同发生的增量成本。

“合同履约成本”科目核算企业为履行当前或预期取得的合同所发生的、不属于其他企业会计准则规范范围且按照收入准则应当确认为一项资产的成本。该科目借方登记发生的合同履约成本,贷方登记摊销的合同履约成本,期末借方余额反映企业尚未结转的合同履约成本。该科目可按合同分“服务成本”“工程施工”等科目进行明细核算。

(三)合同履约成本和合同取得成本的摊销和减值

1. 摊销

确认为企业资产的合同履约成本或合同取得成本(以下称“与合同成本有关的资产”),应当采用与该资产相关的商品收入确认相同的基础(即在履约义务履行的时点或按照履约义务的履约进度)进行摊销,计入当期损益。

2. 减值

与合同成本有关的资产,如果其账面价值高于下列两项的差额,超出部分应当计提减值准备,并确认为资产减值损失。

(1)企业因转让与该资产相关的商品预期能够取得的剩余对价。

(2)为转让该相关商品估计将要发生的成本。

以前期间减值的因素之后发生变化,使得第(1)项减去第(2)项的差额高于该资产账面价值的,应当转回原已计提的资产减值准备,并计入当期损益,但转回后的资产账面价值不应超过假定不计提减值准备情况下该资产在转回日的账面价值。具体来说,即与合同取得成本有关的资产发生减值的,按应减记的金额,借记“资产减值损失”科目,贷记本科目;转回已计提的资产减值准备时,做相反的会计分录。

五、税金及附加

税金及附加是指企业经营活动应负担的相关税费,包括消费税、城市维护建设税、教育费附加、资源税、环境保护税、土地增值税、房产税、城镇土地使用税、车船税、印花税、耕地占用税、契税、车辆购置税等。

企业应当设置“税金及附加”科目,核算企业经营活动发生的消费税、城市维护建设税、教育费附加、资源税、房产税、城镇土地使用税、车船税、环境保护税、印花税等相关税费。其中,按规定计算确定的与经营活动相关的消费税、城市维护建设税、资源税、教育费附加、房产税、城镇土地使用税、车船税、环境保护税等税费,企业应借记“税金及附加”科目,贷记“应交税费”科目。期末,应将“税金及附加”科目余额转入“本年利润”科目,结转后,“税金及附加”科目无余额。企业交纳的印花税,不会发生应付未付税款的情况,不需要预计应纳税金额,同时也不存在与税务机关结算或者清算的问题。因此,企业交纳的印花税不通过“应交税费”科目核算,于购买印花税票时,直接借记“税金及附加”科目,贷记“银行存款”科目。

六、期间费用

期间费用是指本期发生的、不能直接或间接归入某种产品成本的、直接计入损益的各项费用。期间费用是企业日常活动中所发生的经济利益的流出，通常不计入特定的成本核算对象。因为期间费用是企业为组织和管理整个经营活动所发生的费用，与可以确定特定成本核算对象的材料采购、产成品生产等没有直接关系，所以期间费用不计入有关核算对象的成本，而是直接计入当期损益。期间费用包含以下两种情况。一是企业发生的不符合或者不再符合资产确认条件的支出，应当在发生时确认为费用，计入当期损益。二是企业发生的交易或者事项导致其承担了一项负债，而又不确认为一项资产的，应当在发生时确认为费用计入当期损益。期间费用具体包括管理费用、销售费用和财务费用。

（一）管理费用

管理费用是指企业为组织和管理企业生产经营所发生的管理费用，包括企业在筹建期间发生的开办费、董事会和行政管理部门在企业的经营管理中发生的或者应由企业统一负担的公司经费（包括行政管理部门职工工资及福利费、物料消耗、低值易耗品摊销、办公费和差旅费等）、工会经费、董事会费（包括董事会成员津贴、会议费和差旅费等）、聘请中介机构费、咨询费（含顾问费）、诉讼费、业务招待费、技术转让费、矿产资源补偿费、研究费用、排污费以及行政管理部门等发生的固定资产修理费用等。期末，“管理费用”科目的余额结转“本年利润”科目后无余额。

（二）销售费用

销售费用是指企业在销售商品和材料、提供劳务的过程中发生的各种费用，包括企业在销售商品过程中发生的保险费、包装费、展览费和广告费、商品维修费、装卸费等以及为销售本企业商品而专设的销售机构（含销售网点、售后服务网点等）的职工薪酬、业务费、折旧费、固定资产修理费用等。期末，“销售费用”科目的余额结转“本年利润”科目后无余额。

（三）财务费用

财务费用是指企业为筹集生产经营所需资金等而发生的筹资费用，包括利息支出（减利息收入）、汇兑损益以及相关的手续费、企业发生的现金折扣或收到的现金折扣等。期末，“财务费用”科目的余额结转“本年利润”科目后无余额。

七、营业外支出

营业外支出是指企业发生的与其日常活动无直接关系的各项损失，主要包括非流动资产毁损报废损失、债务重组损失、盘亏损失（主要指固定资产盘亏，但现金盘亏计入管理费用）、公益性捐赠支出、非常损失等。企业应通过“营业外支出”科目进行核算。期末，应将该科目余额转入“本年利润”科目，结转后该科目无余额。

八、所得税费用

企业的所得税费用包括当期所得税和递延所得税两个部分，其中，当期所得税是指当期应交所得税。递延所得税包括递延所得税资产和递延所得税负债。递延所得税资产是指以未来期间很可能取得用来抵扣可抵扣暂时性差异的应纳税所得额为限确认的一项资产。递延所得税负债是指根据应纳税暂时性差异计算的未来期间应付所得税的金额。

企业根据企业会计准则的规定,计算确定的当期所得税和递延所得税之和,即应从当期利润总额中扣除的所得税费用。

企业应设置“所得税费用”科目,核算企业所得税费用的确认及其结转情况。期末,应将“所得税费用”科目的余额转入“本年利润”科目,借记“本年利润”科目,贷记“所得税费用”科目,结转后,“所得税费用”科目应无余额。

【注:上述费用类主体科目的核算应用,已在本章及之前相关章节作为对应账户介绍,此处不再重复。】

课后搜阅 本章对所得税的核算不做要求,感兴趣的同学可以搜索《企业会计准则第18号——所得税》,了解所得税核算的详细内容。

本章练习题

一、单项选择题

1. 下列各项交易或事项中,应执行《企业会计准则第14号——收入》的是(　　)。

A. 出租资产收取租金　　B. 以存货换取客户的固定资产

C. 以固定资产换取客户的无形资产　　D. 进行债权投资取得的利息

2. 某企业第一年10月承接一项设备安装劳务,劳务合同总收入为200万元,预计合同总成本为140万元,合同价款在签订合同时已收取,采用完工百分比法确认劳务收入。当年已确认劳务收入80万元,截至第二年12月31日,该劳务的累计完工进度为60%。第二年该企业应确认的劳务收入为(　　)万元。

A. 36　　B. 40　　C. 72　　D. 120

3. 甲公司销售一批商品,商品的销售价款为1 000元,商业折扣为10%,增值税税率为13%,现金折扣条件为2/10,1/20,n/30。甲公司销售商品时为对方代垫运费100元(不考虑运费的增值税抵扣问题),则应收账款的入账金额为(　　)元。

A. 1 117　　B. 1 130　　C. 1 094.66　　D. 1 107.4

4. 对于在合同中规定了买方有权退货条款的销售,如无法合理确定退货的可能性,则符合商品销售收入确认条件的时点是(　　)。

A. 发出商品时　　B. 收到货款时

C. 签订合同时　　D. 买方正式接受商品或退货期满时

5. 下列各项中,应计入管理费用的是(　　)。

A. 预计产品质量保证损失　　B. 聘请中介机构年报审计费

C. 专设售后服务网点的职工薪酬　　D. 企业负担的生产职工养老保险费

6. 1月1日,甲公司与乙公司签订了一项总额为50 000万元的房产开发合同,在乙公司自有土地上为乙公司建造一栋办公楼。截至12月1日,甲公司累计已发生成本30 000万元,12月30日,经协商合同双方同意变更合同范围,附加装修办公楼的服务内容,合同价格相应增加10 000万元,假定上述新增合同价款不能反映装修服务的单独售价。不考虑其他因素,下列各项关于上述合同变更会计处理的表述中,正确的是(　　)。

A. 合同变更部分作为单独合同进行会计处理

B. 合同变更部分作为单项履约义务于完成装修时确认收入

C. 原合同未履约部分与合同变更部分作为新合同进行会计处理

D. 合同变更部分作为原合同组成部分进行会计处理

7. 下列项目影响企业营业利润的是(　　)。

A. 外币财务报表折算过程中产生的外币报表折算差额

B. 其他权益工具投资公允价值下跌的金额

C. 其他债权投资公允价值上升的金额

D. 交易性金融负债确认的公允价值变动金额

8. 1月1日,甲公司与乙公司签订合同,向乙公司销售一台生产设备和一件精密仪器,总价款为400万元。合同约定,生产设备于10日内交付,精密仪器于15日内交付,且在两台设备全部交付后,甲公司才有权收取全部合同对价。假定上述两台设备分别构成单项履约义务,设备交付给乙公司时,乙公司即取得其控制权。上述生产设备的单独售价为200万元,精密仪器的单独售价为300万元。甲公司两台设备均按时交付。不考虑其他因素,甲公司的下列会计处理中,正确的是(　　)。

A. 交付生产设备时

借:应收账款　160

　贷:主营业务收入　160

B. 交付生产设备时

借:合同资产　160

　贷:主营业务收入　160

C. 交付组装设备时

借:应收账款　500

　贷:合同资产　200

　　主营业务收入　300

D. 交付组装设备时

借:合同资产　240

　贷:主营业务收入　240

9. 关于收入的确认,下列表述不正确的是(　　)。

A. 对于在合同开始日即满足收入确认条件的合同,企业在后续期间无需对其进行重新评估,除非有迹象表明相关事实和情况发生重大变化

B. 对于在合同开始日不满足收入确认条件的合同,企业应当在后续期间对其进行持续评估,以判断其能否满足收入确认条件

C. 企业在评估其因向客户转让商品而有权取得的对价是否很可能收回时,仅应考虑客户到期时支付的能力和意图

D. 没有商业实质的非货币性资产交换,如果涉及资产的公允价值能够可靠计量,则需确认相关损益

10. 10月1日,甲公司向乙公司销售A产品10万件,每件不含税价格为1 000元,每件成本为860元,增值税专用发票已开出,当日A产品已发出,且实际控制权已经转移给乙公司;当日收到乙公司支付的货款。协议约定,购货方于次年1月31日之前有权退货。甲公司根据经验,估计退货率为10%。12月31日,甲公司对退货率进行了重新评估,认为只有8%的A产品会被退回。假定不考虑增值税的影响,12月31日应调整营业收入的金额是(　　)。

A. 1 000万元　　B. 200万元　　C. 800万元　　D. 2 000万元

11. 甲公司为增值税一般纳税人。12月1日,甲公司与乙公司签订销售合同,以赊销方式向乙公司销售一批成本为70万元的商品,签订合同当日开出的增值税专用发票上注明的价款为80万元,增值税销项税额为10.4万元,商品控制权已经转移给乙公司。合同约定乙公司有权在三个月内退货。12月31日,甲公司尚未收到上述款项。根据以往经验估计退货率为12%。不考虑其他因素,甲公司应当确定的收入为(　　)

万元。

A. 70　B. 80　C. 70.4　D. 79.55

12. 甲公司201×年发生如下业务：(1) 生产用设备发生日常维护支出50万元；(2) 厂房所在地块的土地使用权摊销200万元；(3) 收到联营企业分派的现金股利150万元；(4) 因出租房屋取得租金收入180万元；(5) 持有的以公允价值计量且其变动计入其他综合收益的金融资产(债务工具)公允价值上升100万元；(6) 处置无形资产取得净收益300万元；(7) 因存货市价上升转回上年计提的存货跌价准备为120万元。不考虑其他因素，上述事项影响甲公司营业利润的金额为(　　)万元。

A. 350　B. 600　C. 50　D. 230

13. 某年度，某商场销售各类商品共取得货款6 000万元，同时共授予客户奖励积分60万分，每个积分在日后购物时可抵减1元，该商场估计全年授予的奖励积分将有90%使用。当年客户实际兑换奖励积分共计45万分，仍预计有90%积分会被使用。不考虑其他因素，该商场该年应确认的收入总额是(　　)万元。

A. 5 991.08　B. 6 045　C. 5 946.48　D. 6 060

二、多项选择题

1. 下列各项费用，应通过“管理费用”科目核算的有(　　)。

A. 诉讼费　B. 研究费用

C. 业务招待费　D. 日常经营活动聘请中介机构费

2. 下列各项中，应计入财务费用的有(　　)。

A. 银行承兑汇票的手续费　B. 购买交易性金融资产的手续费

C. 外币应收账款汇兑损失　D. 商业汇票贴现发生的贴现息

3. 下列各项中，不应计入管理费用的有(　　)。

A. 总部办公楼折旧　B. 生产设备改良支出

C. 经营租出专用设备的修理费　D. 专设销售机构房屋的修理费

4. 额外购买选择权的情况主要包括(　　)。

A. 销售激励　B. 客户奖励积分

C. 未来购买商品的折扣券　D. 合同续约选择权

5. 企业向客户授予知识产权时，将其作为在某一时段内履行的履约义务确认相关收入的，需要满足的条件有(　　)。

A. 合同要求或客户能够合理预期企业将从事对该项知识产权有重大影响的活动

B. 该活动对客户将产生有利或不利影响

C. 该活动对客户不会产生不利影响

D. 该活动不会导致向客户转让商品

6. 下列各项中，属于企业增量成本的有(　　)。

A. 支付给直接为客户提供所承诺服务的人员的工资

B. 支付给销售人员的销售佣金

C. 取得合同发生的投标费用

D. 企业因现有合同续约或发生合同变更需要支付的额外佣金

7. 企业将符合收入准则规定的合同履约成本确认为一项资产时，需要同时满足的条件有(　　)。

A. 该成本与一份当前或预期取得的合同直接相关

B. 该成本增加了企业未来用于履行(或持续履行)履约义务的资源

C. 该成本预期低于收到的经济利益

D. 该成本预期能够收回

8. 下列关于售后回购交易的会计处理不符合企业会计准则规定的有(　　)。

A. 企业因存在与客户的远期安排而负有回购义务或企业享有回购权利的，回购价格低于售价，应当视为租

赁交易

B. 企业到期未行使回购权利的，应当在该回购权利到期时终止确认金融负债，但无须确认收入

C. 企业负有应客户要求回购商品义务的，客户具有行使该要求权重大经济动因的，企业应当将售后回购作为融资交易

D. 企业负有应客户要求回购商品义务的，客户不具有行使该要求权重大经济动因的，应当将其作为正常销售交易

9. 1月，甲公司向乙公司销售一批货物，销售价款为50万元，当月甲公司确认了相关销售收入。3月，乙公司在使用过程中发现该批货物不符合规定标准，遂要求甲公司以10万元的价格购买乙公司的一批办公耗材，甲公司同意了乙公司的要求。上述价格均不包含增值税。甲公司3月份的会计处理正确的有(　　)。

A. 若该批耗材的公允价值无法估计，甲公司不冲减当期销售收入

B. 若该批耗材的公允价值为5万元，甲公司应当冲减当期收入5万元

C. 若该批耗材的公允价值为5万元，甲公司取得后入账价值也为5万元

D. 若该批耗材的公允价值无法估计，甲公司冲减当期销售收入10万元

10. 下列各项中应计入营业外收入的有(　　)。

A. 出售固定资产的净收益

B. 债务重组利得

C. 与企业日常活动无关的政府补助(假定企业以总额法确认政府补助)

D. 控股股东的现金捐赠

11. 10月1日，甲公司与乙公司签订合同，向其销售A产品和B产品。A产品和B产品均为可明确区分的商品，A产品的单独售价为500元，B产品的单独售价为1 000元，A、B产品均属于在某一时点履行的履约义务。合同约定，A产品和B产品分别于12月1日和次年4月1日交付给乙公司。合同约定的对价包括800元的B产品的固定对价和估计金额为400元的A产品的可变对价。400元的可变对价符合计入交易价格的条件。上述价格均不包含增值税。

次年2月1日，双方对合同范围进行了变更，乙公司向甲公司额外采购C产品，合同价格增加600元，C产品与A、B两种产品可明确区分，但该增加的价格不反映C产品的单独售价。C产品的单独售价为750元。C产品将于次年5月30日交付给乙公司。

次年3月1日，企业预计有权收取的可变对价的估计金额由400元变更为490元，该金额符合计入交易价格的条件。甲公司认为该增加额与合同变更前已承诺的可变对价相关。

假定上述三种产品的控制权均随产品交付而转移给乙公司。下列说法正确的有(　　)。

A. 12月1日确认合同收入400元　　　　B. 次年3月1日确认合同收入30元

C. 次年4月1日确认合同收入834.29元　　D. 次年5月30日确认合同收入625.71元

三、计算分录选择题

1. 甲公司为增值税一般纳税人，销售商品适用的增值税税率为13%，某年发生与A产品销售相关的如下交易。(单位：万元)

1月1日，向乙公司销售A产品1 000件，每件售价2万元，每件的成本为1.5万元。当日收到乙公司支付的全部货款，并开出增值税专用发票。甲公司销售该商品的同时，约定该产品在3个月内如出现质量问题，可以将其退回。根据历史经验，甲公司预计其退货率为15%。

1月31日，该商品尚未发生退回，甲公司根据对乙公司使用情况的回访，以及产品质量抽样，重新估计其退货率为10%。

(1) 甲公司1月1日销售发生时应确认销售收入为(　　)万元

A. 2 000　　B. 2 260　　C. 1 921　　D. 1 700

(2) 1月31日甲公司因重新估计退货率对营业利润的影响金额为(　　)万元

A. 25　　B. −25　　C. 100　　D. −75

2. 甲公司委托乙公司代销一批商品,代销价款为200万元。本年度收到乙公司交来的代销清单,列明已销售代销商品的60%,乙公司按代销价款(不含税)的10%收取手续费,款项尚未收到。甲公司对消费者承担商品的主要责任,该批商品的实际成本为120万元。假设增值税税率为13%,不考虑所得税等其他税种的影响,上述事项对甲公司的本年利润的影响金额是(　　)万元。

A. 2.04　　B. 36　　C. −12　　D. 50.04

3. 甲公司对其生产的A产品实行售后包修的销售政策,协议约定,甲公司销售A产品后,提供一年的免费保修改服务,在此期间内,无论客户因为什么原因造成产品出现故障或损坏,甲公司均提供免费维修。同时甲公司还向客户承诺,除法定保修期1年之外,还延长保修期3年。甲公司本年度共销售A产品1 000件,销售价款共计550万元,款项均已收存银行。假定该批产品和延保服务的单独标价分别为500万元和50万元,甲公司根据以往经验估计在法定保修期(1年)内将发生的保修费用为20万元。该批产品的成本为300万元。合同签订当日,甲公司将该批A产品交付给客户,同时收到了全部价款550万元。假定不考虑增值税及货币时间价值因素。上述事项对甲公司的本年利润的影响金额是(　　)万元。

A. 250　　B. 200　　C. 180　　D. 230

4. 甲公司向客户销售了10 000张储值卡,每张卡的面值为1万元,总额为10 000万元。客户可在甲公司经营的任何一家门店使用该储值卡进行消费。根据历史经验,甲公司预期客户购买的储值卡中将有大约相对于储值卡面值金额4%(即400万元)的部分不会被消费。截至12月31日,客户使用该储值卡消费的金额为6 000万元。该项储值卡业务应确认的收入为(　　)万元。

A. 10 000　　B. 6 250　　C. 6 000　　D. 3 750

四、实务题

1. 甲公司为通信服务运营企业,12月发生的有关交易或事项如下。

(1) 12月1日,甲公司推出预交话费送手机活动,客户只需预交话费5 000元,即可免费获得市价为2 400元、成本为1 700元的手机一部,并从参加活动的当月起未来24个月内每月享受价值为150元、成本为90元的通话服务。当月共有10万名客户参与了此项活动。

(2) 11月30日,甲公司董事会批准了管理层提出的客户忠诚度计划。具体如下:客户在甲公司消费价值满100元的通话服务时,甲公司将在下月向其免费提供价值10元的通话服务。12月,客户消费了价值10 000万元的通话服务(假定均符合下月享受免费通话服务的条件),甲公司已收到相关款项。

(3) 12月25日,甲公司与丙公司签订合同,甲公司以2 000万元的价格向丙公司销售市场价格为2 200万元、成本为1 600万元的通信设备一套。作为与该设备销售合同相关的一揽子合同的一部分,甲公司同时还与丙公司签订通信设备维护合同,约定甲公司将在未来10年内为丙公司的该套通信设备提供维护服务,每年收取固定维护费用200万元。类似维护服务的市场价格为每年180万元。销售的通信设备已发出,价款至年末尚未收到。

本题不考虑货币时间价值以及税费等其他因素。

要求:根据资料(1)~(3),分别说明所包含的履约义务并计算甲公司于12月份应确认的收入金额,说明理由,并编制与收入确认相关的会计分录(无须编制与成本结转相关的会计分录)。

2. A公司为增值税一般纳税人,适用的增值税税率为13%。20×8年1月1日,A公司与B公司签订一项购货合同,A公司向其销售一台大型机器设备。合同约定,A公司采用分期收款方式收取价款。该设备价款共计6 000万元(不含增值税),分6期平均收取,首期款项1 000万元于20×8年1月1日收取,其余款项在未来5年期间平均收取,每年的收款日期为当年12月31日。收取款项时开出增值税发票。商品成本为3 000万元。假定折现率为10%;(P/A,10%,5)=3.790 8。(计算结果保留两位小数)

(1) 计算A公司应确认的收入金额。

(2) 编制20×8年1月1日的相关会计分录。

(3) 计算20×8年应摊销的未实现融资收益,编制20×8年12月31日的相关会计分录,并计算20×8年12月31日长期应收款不含增值税的账面价值。

（4）计算 20×9 年年未实现融资收益的摊销额，编制 20×9 年 12 月 31 日的相关会计分录，并计算 20×9 年 12 月 31 日长期应收款不含增值税的账面价值。

3. 甲公司有关设备安装任务资料如下。

资料一：甲公司于 12 月 1 日接受一项设备安装任务，安装期为 4 个月，合同总收入为 1 000 万元，至年底已预收安装费 700 万元，实际发生安装费用 500 万元（假定均为安装人员薪酬），估计还将发生安装费用 300 万元。

资料二：次年 3 月 31 日设备安装完毕，当年实际发生安装费用 250 万元（假定均为安装人员薪酬），客户验收合格，并收到其余全部价款。

假定甲公司按实际发生的成本占估计总成本的比例确定安装的履约进度，不考虑增值税等其他因素。

要求：（1）根据资料一，编制甲公司 12 月的相关会计分录。

（2）根据资料二，编制甲公司次年 3 月的相关会计分录。

第十一章　财务报告

本章提点

一、学习内容

1. 财务报告概述。
2. 资产负债表。
3. 利润表与所有者权益变动表。
4. 现金流量表。

二、学习要求

1. 识记：财务报告的概念、作用与组成，所有者权益变动表的编制。
2. 领会：资产负债表、利润表、现金流量表附表的编制。
3. 应用：经营活动现金流量的分析计算，现金流量表主表的编制。

三、课前准备

1. 预习经营活动现金流量的分析计算，现金流量表主表的编制。
2. 准备“课堂互动”的材料。

第一节　财务报告概述

一、财务报告的含义

财务报告(又称财务会计报告)是指企业对外提供的反映企业某一特定日期的财务状况和某一会计期间的经营成果、现金流量等会计信息的文件。财务报告包括财务报表和其他应当在财务报告中披露的相关信息和资料，财务报表是其核心内容。

财务报告至少包括以下几层含义：① 财务报告应当是对外报告，其服务对象主要是投资者、债权人等外部使用者，专门为了内部管理需要的报告不属于财务报告的范畴；② 财务报告应当综合反映企业的生产经营状况，包括某一时点的财务状况和某一时期的经营成果与现金流量等信息；③ 财务报告必须形成一套系统的文件，不应是零星的或者不完整的信息。

财务报告是企业财务会计确认与计量的最终结果体现，是向投资者等财务报告使用者提供决策有用信息的媒介和渠道，是沟通投资者、债权人等使用者与企业管理层之间信息的桥梁和纽带。

二、财务报表的定义和构成

财务报表是对企业财务状况、经营成果和现金流量的结构性表述。财务报表由报表本身及其附注两部分构成。一套完整的财务报表至少应当包括“四表一注”，即资产负债表、利润表、所有者权益变动表和现金流量表以及附注。财务报表的这些组成部分具有同等的重要程度。

财务报表可以按照不同的标准进行分类。① 按财务报表编报期间的不同，可以分为中期财务报表和年度财务报表。中期财务报表是以短于一个完整会计年度的报告期间为基础编制的财务报表，包括月报、季报和半年报等；年度财务报表是以一个完整会计年度的报告期间为基础编制的财务报表。② 按财务报表编报主体的不同，可以分为个别财务报表和合并财务报表。个别财务报表是指独立核算单位根据本单位的会计账簿编制的财务报表；合并财务报表是指母公司和其全部子公司形成的企业集团整体财务状况、经营成果和现金流量的财务报表。

三、财务报表列报的基本要求

（一）依据各项会计准则进行确认和计量的结果编制财务报表

企业应当根据实际发生的交易和事项，遵循各项具体会计准则的规定进行确认和计量，在此基础上编制财务报表。企业应当在附注中对这一情况做出声明，只有遵循了企业会计准则的所有规定时，财务报表才应当被称为“遵循了企业会计准则”。同时，企业不应以在附注中披露代替对交易和事项的确认和计量，不恰当的确认和计量也不能通过充分披露相关会计政策而纠正。

（二）列报基础

持续经营是会计的基本前提，也是会计确认、计量及编制财务报表的基础。在编制财务报表的过程中，企业管理层应当利用其所有可获得的信息来评价企业自报告期末起至少 12 个月的持续经营能力。评价时需要考虑的因素包括宏观政策风险、市场经营风险、企业目前或长期的盈利能力和偿债能力、财务弹性以及企业管理层改变经营政策的意向等。评价结果表明对持续经营能力产生重大怀疑的，应当在附注中披露导致对持续经营能力产生重大怀疑的重大因素。

（三）权责发生制

除现金流量表按照收付实现制编制外，企业应当按照权责发生制编制其他财务报表。

（四）列报的一致性

可比性是会计信息质量的一项重要质量要求，目的是使同一企业不同期间和不同企业同一期间的财务报表相互可比。为此，财务报表项目的列报应当在各个会计期间保持一致，不得随意变更，但下列情况下财务报表项目的列报可以改变：① 会计准则要求改变财务报表项目的列报；② 企业经营业务的性质发生重大变化后，变更财务报表项目的列报能够提供更可靠、更相关的会计信息。

（五）依据重要性原则单独或汇总列报项目

关于项目在财务报表中是单独列报还是合并列报，应当依据重要性原则来判断。具体而言：① 性质或功能不同的项目，应当在财务报表中单独列报，但是不具有重要性的项目可以合并列报;② 性质或功能类似的项目,一般可以合并列报,但是对其具有重要性的类别,应当按其类别在财务报表中单独列报;③ 项目单独列报的原则不仅适用于报表,还适用于附注;④ 企业会计准则规定单独列报的项目,企业都应当予以单独列报。

(六) 财务报表金额间的相互抵销

财务报表项目应当以总额列报,资产和负债、收入和费用、直接计入当期利润的利得和损失项目的金额不能相互抵销,即不得以净额列报,但企业会计准则另有规定的除外。下列三种情况不属于抵销,可以净额列示:① 一组类似交易形成的利得和损失以净额列示的,不属于抵销;② 资产或负债项目按扣除备抵项目后的净额列示,不属于抵销;③ 非日常活动产生的利得和损失,以同一交易形成的收益扣减相关费用后的净额列示更能反映交易实质的,不属于抵销。

(七) 比较信息的列报

企业在列报当期财务报表时,至少应当提供所有列报项目上一可比会计期间的比较数据,以及与理解当期财务报表相关的说明。在财务报表项目的列报确需发生变更的情况下,应当对上期比较数据按照当期的列报要求进行调整,并在附注中披露调整的原因和性质,以及调整的各项目金额。对上期比较数据进行调整不切实可行的,应当在附注中披露不能调整的原因,以及假设金额重新分类可能进行的调整的性质。

(八) 财务报表表首的列报要求

财务报表一般分为表首、正表两部分,其中,在表首部分企业应概括说明下列基本信息:① 编报企业的名称;② 资产负债表日或财务报表涵盖的会计期间;③ 货币名称和金额单位;④ 财务报表是合并财务报表的,应当予以标明。

(九) 报告期间

企业至少应当按年编制财务报表。会计年度自公历 1 月 1 日起至 12 月 31 日止,年度财务报表涵盖的期间短于一年的,应当披露年度财务报表的涵盖期间,以及短于一年的原因。

第二节　资产负债表

一、资产负债表概述

资产负债表是指反映企业在某一特定日期财务状况的报表。它反映企业在某一特定日期所拥有或控制的经济资源、所承担的现时义务和所有者对净资产的要求权。这是一张静态的会计报表,根据基本会计等式(资产=负债+所有者权益),依照一定的分类标准和一定的顺序,把企业一定日期的资产、负债和所有者权益予以适当的排列,按一定的编制要求编制而成。

通过对资产负债表的分析,可以全面综合地了解企业资产的规模和结构、负债的规模和结构以及所有者权益的构成情况,了解企业的资产实力、偿债能力和变动情况,以及财务状况的大致变化趋势。

二、资产负债表的结构和内容

(一) 资产负债表的结构

在我国,资产负债表采用账户式结构,报表分为左右两方,左方列示资产各项目,反映全部资产的分布及存在形态;右方列示负债和所有者权益各项目,反映全部负债和所有者权益的内容及构成情况。为使使用者通过比较不同时点资产负债表的数据,掌握企业财务状况的变动情况及发展趋势,资产负债表就各项目再分为"上年年末余额"和"期末余额"两栏分别填列。资产负债表格式如表 11.1 所示。

表 11.1 资产负债表

会企 01 表

编制单位: 年 月 日 单位:万元

资 产	期末余额	上年年末余额	负债和所有者权益(或股东权益)	期末余额	上年年末余额
流动资产			流动负责		
货币资金			短期借款		
交易性金融资产			交易性金融负债		
衍生金融资产			衍生金融负债		
应收票据			应付票据		
应收账款			应付账款		
应收款项融资			预收款项		
预付款项			合同负债		
其他应收款			应付职工薪酬		
存货			应交税费		
合同资产			其他应付款		
持有待售资产			持有待售负债		
一年内到期的非流动资产			一年内到期的非流动负债		
其他流动资产			其他流动负债		
流动资产合计			流动负债合计		
非流动资产			非流动负债		
债权投资			长期借款		
其他债权投资			应付债券		
长期应收款			其中:优先股		
长期股权投资			永续债		
其他权益工具投资			租赁负债		
其他非流动金融资产			长期应付款		
投资性房地产			预计负债		
固定资产			递延收益		

续 表

资　　产	期末余额	上年年末余额	负债和所有者权益(或股东权益)	期末余额	上年年末余额
在建工程			递延所得税负债		
生产性生物资产			其他非流动负债		
油气资产			非流动负债合计		
无形资产			负债合计		
开发支出			所有者权益(或股东权益)		
商誉			实收资本(或股本)		
长期待摊费用			其他权益工具		
递延所得税资产			其中:优先股		
其他非流动资产			永续债		
非流动资产合计			资本公积		
			减:库存股		
			其他综合收益		
			专项储备		
			盈余公积		
			未分配利润		
			所有者权益(或股东权益)合计		
资产总计			负债和所有者权益(或股东权益)总计		

(二) 资产和负债按流动性列报

根据财务报表列报准则的规定,资产负债表上资产和负债应当按照流动性分别分为流动资产和非流动资产、流动负债和非流动负债列示。流动性通常按照资产的变现或耗用时间长短或者负债的偿还时间长短来确定。

(1) 资产的流动性划分。资产满足下列条件之一的,应当归类为流动资产:① 预计在一个正常营业周期中变现、出售或耗用;② 主要为交易目的而持有;③ 预计自资产负债表日起一年内(含一年)变现;④ 自资产负债表日起一年内,交换其他资产或清偿负债的能力不受限制的现金或现金等价物。同时,流动资产以外的资产应当归类为非流动资产。

(2) 负债的流动性划分。负债满足下列条件之一的,应当归类为流动负债:① 预计在一个正常营业周期中清偿;② 主要为交易目的而持有;③ 自资产负债表日起一年内到期应予以清偿;④ 企业无权自主地将清偿推迟至资产负债表日后一年以上。

三、资产负债表的填列

资产负债表以资产、负债和所有者权益等实账户的期末余额填列,且要求在资产、负债和所有者权益之间保持恒等关系。一般来说,资产类项目应根据资产类账户的期末借方余额填列,负债和所有者权益类项目应根据负债类、所有者权益类账户的期末贷方余额填列，但这并不意味着账簿信息全部可以直接进入报表。由于报表项目与账户并不是完全一一对应的，所以，将各账户中的数据转化为报表项目时，有相当一部分数据必须进行合并、分拆等重新整理。

（一）资产负债表项目填列的一般方法

（1）根据总账余额直接填列，如“其他权益工具投资”“递延所得税资产”“长期待摊费用”“短期借款”“持有待售负债”“预计负债”“递延收益”“递延所得税负债”“实收资本（或股本）”“其他权益工具”“资本公积”“库存股”“其他综合收益”和“盈余公积”等项目。其中，长期待摊费用摊销年限（或期限）中剩一年或不足一年的，或者预计在一年内（含一年）进行摊销的部分，仍在“长期待摊费用”项目中列示，不转入“一年到期的非流动资产”。

（2）根据总账余额计算填列，如“货币资金”项目，应根据“库存现金”“银行存款”和“其他货币资金”三个总账账户期末余额之和填列；“其他应付款”项目，应根据“其他应付款”“应付股利”“应付利息”三个总账账户期末余额之和填列。

（3）根据有关明细账余额分析计算填列，如“交易性金融资产”“开发支出”“交易性金融负债”“应付票据”“应付账款”“预收款项”“合同负债”“应交税费”“应付职工薪酬”“长期借款”“应付债券”“预计负债”“未分配利润”等项目。

（4）根据总账和明细账的余额分析计算填列，如“其他债权投资”、“一年内到期的非流动资产”和“长期应收款”、“一年内到期的非流动负债”和“长期借款”、“应付债券”、“长期应付款”、“其他流动资产”、“其他流动负债”、“其他非流动负债”等项目。

（5）根据总账与其备抵账户余额抵销后的净额填列。“其他应收款”“持有待售资产”“债权投资”“长期股权投资”“长期应收款”“投资性房地产”“固定资产”“无形资产”“在建工程”“生产性生物资产”“油气资产”“商誉”等项目，均应根据有关总账账户的期末余额减去“减值准备”等相关备抵账户余额后的净额填列。

（6）综合运用上述填列方法分析填列。“应收票据”“应收账款”“合同资产”“预付款项”“合同资产”“合同负债”“存货”等项目，均应根据有关总账账户或明细账户的期末余额分析计算并减去相关“减值准备”后的金额填列。

（二）资产负债表部分项目的计算填列

资产负债表中的“年初数”栏内各项目的金额，应根据上年年末资产负债表的“期末数”栏内各项目的金额填列。如果本年度资产负债表规定的各个项目的名称和内容同上年度不一致，应对上年年末资产负债表各项目的名称和数字按本年度的规定进行调整，按调整后的数字填入本表“年初数”栏内。

资产负债表中的“期末数”栏内各项目的金额，应根据期末资产类、负债类、所有者权益类等账户的期末余额填列。如果企业在编制资产负债表前编制了工作底稿，可根据工作底稿中的“资产负债表”栏内各项目的金额填列。

（1）“货币资金”项目反映企业现金、银行存款等货币资金的合计数，应根据库存现金、银行存款、其他货币资金账户期末余额合计数填列。

（2）“交易性金融资产”项目反映资产负债表日企业归类为以公允价值计量且其变动计入当期损益的金融资产，以及企业持有的指定为以公允价值计量且其变动计入当期损益的金融资产的期末账面价值。该项目应根据“交易性金融资产”科目的相关明细科目的期末余额分析填列。自资产负债表日起超过一年到期且预期持有超过一年的以公允价值计量且其变动计入当期损益的非流动金融资产的期末账面价值,在"其他非流动金融资产"项目反映。

(3)"应收账款"项目反映资产负债表日以摊余成本计量的,企业因销售商品、提供服务等经营活动应收取的款项。存在以下三种情形:① 如果企业没有预收款项业务,"应收账款"项目应根据该账户的期末余额减去"坏账准备"账户中相关期末余额后的差额填列。② 如果企业有预收款项业务且将预收款项的内容并入"应收账款"账户进行核算,"应收账款"账户既核算应收的各种款项,又核算预收的各种款项,其总账的期末余额是借贷方相抵后的差额,不能说明是应收款还是预收款。在这种情况下,"应收账款"项目应根据"应收账款"账户所属各明细账的期末借方余额的合计数减去"坏账准备"账户中相关期末余额后的差额填列。③ 如果企业设置"预收款项"账户对预收款项业务进行核算,当预收的各种款项少于提供产品或劳务应收的款项时,"预收款项"账户可能是借方余额,它具有应收的性质。在这种情况下,"应收账款"项目应根据"应收账款""预收款项"两账户所属明细账的期末借方余额的合计数减去"坏账准备"账户中相关期末余额后的差额填列。如果"应收账款"账户所属明细账期末有贷方余额,则应填入"预收款项"项目内。

(4)"预付款项"项目反映企业预付给供应单位的款项。① 如果企业的预付款项通过"预付款项"账户核算,"预付款项"项目应根据"预付款项""应付账款"账户所属明细账借方余额的合计数填列。当预付的款项小于购进材料等应付的款项时,"预付款项"账户可能出现贷方余额,它具有应付款的性质,应填入"应付账款"项目内。② 如果企业不单独设置"预付款项"账户而将预付款项业务并入"应付账款"账户核算,"应付账款"账户既核算各种应付的款项,又核算各种预付的款项,其总分类账户不论是借方余额,还是贷方余额,都不能说明是应付款还是预付款。"预付款项"项目只能根据"应付账款"账户所属明细账借方余额的合计数填列。

(5)"其他应收款"项目应根据"应收利息""应收股利"和"其他应收款"科目的期末余额合计数减去"坏账准备"科目中相关坏账准备期末余额后的金额填列。其中"应收利息"科目仅反映相关金融工具已到期可收取但于资产负债表日尚未收到的利息。基于实际利率法计提的金融工具的利息应包含在相应金融工具的账面余额中。如果通过"其他应收款"账户核算其他应付款业务,则应根据"其他应收款"账户所属明细账期末借方余额的合计数减去"坏账准备"账户中相关期末余额后的差额填列。

(6)"存货"项目反映企业期末库存的各项存货的实际成本,包括原材料、在产品、库存商品等。应根据材料采购、原材料、生产成本、库存商品、周转材料、委托加工物资、在途物资、发出商品等的期末余额合计减去存货跌价准备期末余额后的金额填列。材料采用计划成本核算,以及库存商品采用计划成本核算或采用售价核算的企业,还应按加上或减去材料成本差异、减去商品进销差价的金额填列。

(7)"债权投资"项目反映资产负债表日企业以摊余成本计量的长期债权投资的期末账面价值。该项目应根据"债权投资"科目的相关明细科目期末余额,减去"债权投资减值准备"科目中相关减值准备的期末余额后的金额分析填列。自资产负债表日起一年内到期的长期债权投资的期末账面价值,在"一年内到期的非流动资产"项目反映。企业购入的以摊余成本计量的一年内到期的债权投资的期末账面价值,在"其他流动资产"项目反映。

(8)"其他债权投资"项目反映资产负债表日企业归类为以公允价值计量且其变动计入其他综合收益的长期债权投资的期末账面价值。该项目应根据"其他债权投资"科目的相关明细科目的期末余额分析填列。自资产负债表日起一年内到期的长期债权投资的期末账面价值,在“一年内到期的非流动资产”项目反映。企业购入的以公允价值计量且其变动计入其他综合收益的一年内到期的债权投资的期末账面价值，在“其他流动资产”项目反映。

(9)“其他权益工具投资”项目反映资产负债表日企业指定为以公允价值计量且其变动计入其他综合收益的非交易性权益工具投资的期末账面价值。该项目应根据“其他权益工具投资”科目的期末余额填列。

(10)“固定资产”项目反映资产负债表日企业固定资产的期末账面价值和企业尚未清理完毕的固定资产清理净损益。该项目应根据“固定资产”科目的期末余额，减去“累计折旧”和“固定资产减值准备”科目的期末余额后的金额，以及“固定资产清理”科目的期末余额填列。

算一算　某企业某年12月31日结账后的“固定资产”科目的余额为100万元，“累计折旧”科目的余额为9万元，“固定资产减值准备”科目的余额为2万元，“固定资产清理”科目的余额为5万元。该企业12月31日资产负债表中的“固定资产”项目金额为多少？

(11)“开发支出”项目应根据“研发支出”科目中所属的“资本化支出”明细科目的期末余额填列。

(12)“应付账款”项目反映企业购买材料或接受劳务供应而应付给供应单位的款项。应根据“应付账款”“预付款项”所属明细账贷方余额的合计数填列。如“应付账款”明细账有借方余额，它具有预付款的性质，应填入“预付款项”项目内。

(13)“预收款项”项目反映企业预收的购买单位的货款。应根据“预收款项”“应收账款”所属明细账贷方余额的合计数填列。如果“预收款项”账户所属明细账期末有借方余额，则应填入“应收款项”项目内。

(14)“其他应付款”项目反映企业除应付账款、预收款项、应付职工薪酬等之外的其他各种应付和暂收的款项，应根据“其他应付款”“应付股利”“应付利息”总账账户期末余额之和填列。

(15)“其他权益工具”项目反映资产负债表日企业发行在外的除普通股以外归类为权益工具的金融工具的期末账面价值。对于资产负债表日企业发行的金融工具，归类为金融负债的，应在“应付债券”项目填列，对于优先股和永续债，还应在“应付债券”项目下的“优先股”项目和“永续债”项目分别填列；归类为权益工具的，应在“其他权益工具”项目填列，对于优先股和永续债，还应在“其他权益工具”项目下的“优先股”项目和“永续债”项目分别填列。

(16)“未分配利润”项目反映企业尚未分配的利润。1—11月应根据本年利润账户和利润分配账户相加减后的余额填列。如果本年利润账户和利润分配账户的余额方向一致，将其合计数填入报表；如果本年利润和利润分配账户的余额方向不一致，将其差额填入报表。12月末时，利润已结转，可直接根据利润分配账户的年末余额填列，贷方余额表示未分配利润，借方余额为未弥补亏损，以“—”号填列。

例11.1　公司20×9年12月31日结账后相关科目所属明细科目借贷方余额(万元)如表11.2所示。

表11.2　公司相关科目所属明细科目借贷方余额

科目名称	明细科目借方余额合计/万元	明细科目贷方余额合计/万元
应收账款	170	26
预付款项	9	1

续 表

科 目 名 称	明细科目借方余额合计/万元	明细科目贷方余额合计/万元
应付账款	24	110
预收款项	32	0

12 月 31 日资产负债表中相关项目的金额如下。

“应收账款”项目的金额为：170＋32＝202(万元)

“预付款项”项目的金额为：9＋24＝33(万元)

“应付账款”项目的金额为：110＋1＝111(万元)

“预收款项”项目的金额为：0＋26＝26(万元)

例 11.2 资料：公司 20×9 年 12 月 31 日的账户余额表及 20×8 年 12 月 31 日(即 20×9 年年初)的资产负债表分别见表 11.3 和表 11.4。

表 11.3 账户余额表

20×9 年 12 月 31 日　　单位：万元

账 户 名 称	借方余额	账 户 名 称	贷方余额
库存现金	40	短期借款	4 001
银行存款	15 722	应付票据	2 000
其他货币资金	146	应付账款	19 076
交易性金融资产	0	其他应付款	1 000
应收票据	1 320	应付职工薪酬	600
应收账款	12 000	应交税费	4 534
坏账准备	－36	应付利息	0
预付款项	2 000	应付股利	644
其他应收款	100	一年内到期的非流动负债	0
材料采购	5 500	长期借款	23 200
原材料	900	股本	100 000
生产成本	761	盈余公积	2 495
库存商品	42 448	未分配利润	3 814
材料成本差异	85		
其他流动资产	1 800		
长期股权投资	5 000		
固定资产	48 020		
累计折旧	－3 400		
固定资产减值准备	－600		
工程物资	3 000		
在建工程	11 560		
无形资产	12 000		

续　表

账户名称	借方余额	账户名称	贷方余额
累计摊销	−1 200		
递延所得税资产	198		
其他非流动资产	4 000		
合计	161 364	合计	161 364

要求：根据上述资料，编制公司20×9年年末的资产负债表。

编制公司20×9年年末的资产负债表如表11.4所示，其中：

货币资金＝40＋15 722＋146＝15 908(万元)

存货＝5 500＋900＋761＋42 448＋85＝49 694(万元)

固定资产＝48 020－3 400－600＝44 020(万元)

无形资产＝12 000－1 200＝10 800(万元)

表11.4　资产负债表

会企01表

××公司　　20×9年12月31日　　单位：万元

资　　产	年末	年初	负债和股东权益	年末	年初
流动资产：			流动负债：		
货币资金	15 908	28 126	短期借款	4 001	6 000
交易性金融资产	0	300	交易性金融负债	0	0
衍生金融资产	0	0	衍生金融负债	0	0
应收票据	1 320	4 920	应付票据	2 000	4 000
应收账款	11 964	5 982	应付账款	19 076	19 076
应收账款融资	0	0	预收款项	0	0
预付款项	2 000	2 000	合同负债	0	0
其他应收款	100	100	应付职工薪酬	600	2 200
存货	49 694	51 600	应交税费	4 534	732
合同资产	0	0	其他应付款	1 644	1 020
持有待售资产	0	0	持有待售负债	0	0
一年内到期的非流动资产	0	0	一年内到期的非流动负债	0	20 000
其他流动资产	1 800	2 000	其他流动负债	0	0
流动资产合计	82 786	95 028	流动负债合计	31 855	53 028
非流动资产：			非流动负债：		
债权投资	0	0	长期借款	23 200	12 000
其他债权投资	0	0	应付债券	0	0
长期应收款	0	0	租赁负债	0	0
长期股权投资	5 000	5 000	长期应付款	0	0
其他权益工具投资	0	0	预计负债	0	0

续 表

资　　产	年末	年初	负债和股东权益	年末	年初
其他非流动金融资产	0	0	递延所得税负债	0	0
投资性房地产	0	0	其他非流动负债	0	0
固定资产	44 020	22 000	非流动负债合计	23 200	12 000
在建工程	11 560	30 000	负债合计	55 055	65 028
工程物资	3 000	0	股东权益：		
固定资产清理	0	0	股本	100 000	100 000
生产性生物资产	0	0	其他权益工具	0	0
油气资产	0	0	资本公积	0	0
无形资产	10 800	12 000	减：库存股	0	0
开发支出	0	0	其他综合收益	0	0
商誉	0	0	专项储备	0	0
长摊待摊费用	0	0	盈余公积	2 495	2 000
递延所得税资产	198	0	未分配利润	3 814	1 000
其他非流动资产	4 000	4 000	股东权益合计	106 309	103 000
非流动资产合计	78 578	73 000			
资产合计	161 364	168 028	负债和股东权益合计	161 364	168 028

练一练　某企业采用计划成本核算材料，某年 5 月 31 日结账后有关科目余额如下。“材料采购”科目的余额为 14 万元，“原材料”科目的余额为 240 万元，“周转材料”科目的余额为 180 万元，“库存商品”科目的余额为 160 万元，“生产成本”科目的余额为 60 万元，“材料成本差异”科目的余额为 12 万元(贷方)，“存货跌价准备”科目的余额为 21 万元。该企业 5 月 31 日资产负债表中的“存货”项目的金额为多少？

第三节　利润表与所有者权益变动表

一、利润表概述

利润表又称损益表、收益表，是反映企业一定期间(月、季、半年、年)经营成果的会计报表，属于动态报表。它是根据动态会计等式(收入－费用＝利润)，依照一定的标准和顺序，把企业一定时期内的收入、费用和利润项目予以适当排列编制而成的。

通过该表可以从总体上了解企业收入、费用和净利润(或亏损)的实现和构成情况，用以分析企业的盈利能力和亏损原因。企业的外部使用者可以根据报表提供的信息，进行各自的经济决策；企业的内部管理人员则可以据此分析企业利润计划的完成情况，并从利润的构成入手，分析影响利润的主要因素，发现存在的问题，采取有效的措施，加强和改善内部经营管理，以进一步提高企业的经济效益。

二、利润表的结构和内容

利润表中对利润形成的排列格式有多步式和单步式两种。单步式利润表首先列示所有的收入，然后再列示所有的费用，最后按照收入减费用计算利润。这种利润表格式虽然能够反映企业当期实现的收入和费用总额，但不能反映各项收入和费用在利润总额中所占地位。单步式利润表如表 11.5 所示。

表 11.5　单步式利润表

编制单位：　　　　20×9 年 8 月　　　　单位：元

项　　目	本月数	本年累计数
一、收入		
主营业务收入	略	略
其他业务收入		
投资收益等		
营业外收入		
收入合计		
二、费用		
主营业务成本		
税金及附加		
其他业务成本		
销售费用等		
营业外支出		
所得税费用		
费用合计		
三、净利润		

多步式利润表通过多步法计算求出当期损益，在我国，企业利润表采用的基本上是多步式结构。一般分为以下几步。

1. 计算营业利润

营业利润＝营业收入(主营业务收入＋其他业务收入)－营业成本(主营业务成本＋其他业务成本)－税金及附加－销售费用－管理费用－研发费用－财务费用－资产减值损失－信用减值损失＋其他收益＋投资收益(－损失)＋净敞口套期收益(－损失)＋公允价值变动收益(－损失)＋资产处置收益（－损失）

2. 计算利润总额

利润总额＝营业利润＋营业外收入－营业外支出

3. 计算净利润

净利润＝利润总额－所得税费用

4. 计算其他综合收益的税后净额

具体分为"不能重分类进损益的其他综合收益"和"将重分类进损益的其他综合收益"两类，并以扣除所得税影响后的净额列报。

5. 计算综合收益总额

综合收益总额=净利润+其他综合收益税后净额

6. 列示每股收益

普通股或潜在普通股已公开交易的企业，以及正处于公开发行普通股或潜在普通股过程中的企业，还应当在利润表中列示每股收益信息(包括基本每股收益和稀释每股收益)。

多步式利润表中利润形成的排列格式注意了收入与费用支出配比的层次性，这样便于对企业生产经营情况进行分析，有利于不同企业之间进行比较，更重要的是利用多步式利润表有利于预测企业今后的盈利能力。

利润表中反映的各项收入和费用，要严格按照权责发生制原则和收入与费用相互配比的原则进行确认，才能保证利润表所提供的经营成果资料是正确可靠的。利润表项目的设置和列示方法，是按照重要性和明晰性等会计核算原则设计的，反映企业经营成果的资料既概括，又突出重点，层次清楚，便于报表使用者理解和利用。同时，利润表不仅列示了报告期金额，还列示了上期金额，实现同一企业不同期间的可比性。多步式利润表如表 11.6 所示。

表 11.6　多步式利润表

编制单位：　　　　20×9 年 8 月　　　　单位：万元

项　　目	本期金额	上期金额
一、营业收入		
减：营业成本	略	略
税金及附加		
销售费用		
管理费用		
研发费用		
财务费用		
其中：利息费用		
利息收入		
资产减值损失		
信用减值损失		
加：其他收益		
投资收益(损失以"—"号填列)		
其中：对联营企业和合营企业的投资收益		
以摊余成本计量的金融资产终止确认收益		
净敞口套期收益(损失以"—"号填列)		
公允价值变动收益(损失以"—"号填列)		
资产处置收益(损失以"—"号填列)		
二、营业利润(亏损以"—"号填列)		
加：营业外收入		
减：营业外支出		
三、利润总额(亏损总额以"—"号填列)		
减：所得税费用		

续　表

项　　目	本期金额	上期金额
四、净利润(亏损以"—"号填列) (一) 持续经营净利润(净亏损以"—"号填列) (二) 终止经营净利润(净亏损以"—"号填列)		
五、其他综合收益的税后净额 (一) 不能重分类进损益的其他综合收益 1. 重新计量设定受益计划变动额 2. 权益法下不能转损益的其他综合收益 3. 其他权益工具公允价值变动 4. 企业自身信用风险公允价值变动 …… (二) 将重分类进损益的其他综合收益 1. 权益法下可转损益的其他综合收益 2. 其他债权投资公允价值变动 3. 金融资产重分类计入其他综合收益的金额 4. 其他债权投资信用减值准备 5. 现金流量套期储备 6. 外币财务报表折算差额 ……		
六、综合收益总额		
七、每股收益 (一) 基本每股收益 (二) 稀释每股收益		

三、利润表的编制

(一) 利润表的填列方法

(1) 根据账户的发生额分析填列。利润表中与账户同名的项目,可以根据账户的发生额分析填列,如税金及附加、销售费用、管理费用、财务费用、投资收益、营业外收入、营业外支出、所得税费用等。

(2) 根据账户、报表项目之间的关系计算填列。利润表中与账户不同名的项目,需要根据账户、项目之间的关系计算填列,如营业收入、营业成本、营业利润、利润总额、净利润等。

(二) 利润表部分项目的计算填列

(1) "研发费用"项目反映企业进行研究与开发过程中发生的费用化支出,以及计入管理费用的自行开发无形资产的摊销。该项目应根据"管理费用"科目下的"研究费用"明细科目的发生额,以及"管理费用"科目下的"无形资产摊销"明细科目的发生额分析填列。

(2) "财务费用"项目下的"利息费用"项目反映企业为筹集生产经营所需资金等而发生的应予费用化的利息支出。该项目应根据"财务费用"科目的相关明细科目的发生额分析填列。该项目作为"财务费用"项目的其中项,以正数填列。

(3) "财务费用"项目下的"利息收入"项目反映企业按照相关会计准则确认的应冲减财务费用的利息收入。该项目应根据"财务费用"科目的相关明细科目的发生额分析填列。该项目作为“财务费用”项目的其中项,以正数填列。

(三)“上期金额”栏填列方法

“上期金额”栏应根据上年同期利润表“本期金额”栏内所列数字填列。

例 11.3 资料:公司 20×9 年度有关损益类账户本年累计发生净额如表 11.7 所示。

表 11.7 20×9 年度有关损益类账户本年累计发生净额 单位:万元

账户名称	借方发生额	贷方发生额
主营业务收入		37 500
其他业务收入		120
主营业务成本	22 500	
其他业务成本	101	
税金及附加	60	
销售费用	2 100	
管理费用	2 200	
研发费用	800	
财务费用	1 245	
资产减值损失	1 040	
信用减值损失	200	
其他收益		50
投资收益		1 545
资产处置收益		400
营业外支出	4 649	
所得税费用	1 180	

要求:根据上述资料,编制公司 20×9 年度的利润表。

编制公司 20×9 年度的利润表如表 11.8 所示,其中:

营业收入=37 500+120=37 620(万元)

营业成本=22 500+101=22 601(万元)

表 11.8 利润表 会企 02 表

××公司 20×9 年度 单位:万元

项目	本期金额	上期金额(略)
一、营业收入	37 620	
减:营业成本	22 601	
税金及附加	60	
销售费用	2 100	
管理费用	2 200	
研发费用	800	
财务费用	1 245	

续　表

项　　　目	本期金额	上期金额(略)
资产减值损失	1 040	
信用减值损失	200	
加：其他收益	50	
投资收益(损失以“—”号填列)	1 545	
公允价值变动收益(损失以“—”号填列)	0	
资产处置收益(损失以“—”号填列)	400	
二、营业利润(亏损以“—”号填列)	9 369	
加：营业外收入	0	
减：营业外支出	4 649	
三、利润总额(亏损总额以“—”号填列)	4 720	
减：所得税费用	1 180	
四、净利润(净亏损以“—”号填列)	3 540	
五、其他综合收益的税后净额	0	
六、综合收益总额	3 540	
七、每股收益	(略)	
(一) 基本每股收益		
(二) 稀释每股收益		

四、所有者权益变动表概述

(一) 所有者权益变动表的内容

所有者权益变动表是指反映构成所有者权益各组成部分当期增减变动情况的报表。所有者权益变动表应当全面反映一定时期所有者权益变动的情况，不仅包括所有者权益总量的增减变动，还包括所有者权益增减变动的重要结构性信息，特别是要反映直接计入所有者权益的利得和损失，让报表使用者准确理解所有者权益增减变动的根源。

在所有者权益变动表中，企业至少应当单独列示反映下列信息的项目：① 综合收益总额；② 会计政策变更和差错更正的累积影响金额；③ 所有者投入资本和向所有者分配利润等；④ 提取的盈余公积；⑤ 所有者权益各组成部分的期初和期末余额及其调节情况。

(二) 所有者权益变动表的结构

为了清楚地表明构成所有者权益的各组成部分当期的增减变动情况，所有者权益变动表应当以矩阵的形式列示。一方面，列示导致所有者权益变动的交易或事项，改变了以往仅仅按照所有者权益的各组成部分反映所有者权益变动情况的方式，而是从所有者权益变动的来源对一定时期所有者权益变动情况进行全面反映；另一方面，按照所有者权益各组成部分(包括实收资本、资本公积、盈余公积、未分配利润和库存股)及其总额列示交易或事项对所有者权益的影响。此外，企业还需要提供比较所有者权益变动表，所有者权益变动表就各项目再分为

"本年金额"和"上年金额"两栏分别填列。所有者权益变动表的具体格式如表 11.9 所示。

五、所有者权益变动表的填列方法

(一)"上年金额"栏的列报方法

所有者权益变动表"上年金额"栏内各项数字,应根据上年度所有者权益变动表"本年金额"栏内所列数字填列。如果上年度所有者权益变动表规定的项目的名称和内容与本年度不一致,应对上年度所有者权益变动表各项目的名称和金额按本年度的规定进行调整,填入所有者权益变动表"上年金额"栏内。

(二)"本年金额"栏的列报方法

所有者权益变动表"本年金额"栏内各项数字一般应根据"实收资本(或股本)""其他权益工具""资本公积""盈余公积""其他综合收益""利润分配""库存股""以前年度损益调整"等科目的发生额分析填列。

例 11.4 续例 11.2 和例 11.3,公司 20×9 年年末宣告分派现金股利 231 万元,按净利润的 10%提取法定盈余公积,股东大会决议提取任意盈余公积 141 万元。假定无其他事项,公司编制的所有者权益变动表如表 11.9 所示。

表 11.9 所有者权益变动表

会企 04 表

编制单位:××公司　　　　20×9 年度　　　　单位:万元

项目	本年金额											上年金额										
	实收资本(或股本)	其他权益工具			资本公积	减:库存股	其他综合收益	专项储备	盈余公积	未分配利润	所有者权益合计	实收资本(或股本)	其他权益工具			资本公积	减:库存股	其他综合收益	专项储备	盈余公积	未分配利润	所有者权益合计
		优先股	永续债	其他									优先股	永续债	其他							
一、上年年末余额	100 000	0	0	0	0	0	0	0	2 000	1 000	103 000											
加:会计政策变更																						
前期差错更正																						
其他																						
二、本年年初余额	100 000	0	0	0	0	0	0	0	2 000	1 000	103 000											
三、本年增减变动金额(减少以"—"号填列)																						
(一) 综合收益总额										3 540	3 540											
(二) 所有者投入和减少资本																						
1. 所有者投入的普通股																						
2. 其他权益工具持有者投入资本																						
3. 股份支付计入所有者权益的金额																						

续 表

项　目	本年金额											上年金额										
	实收资本（或股本）	其他权益工具			资本公积	减：库存股	其他综合收益	专项储备	盈余公积	未分配利润	所有者权益合计	实收资本（或股本）	其他权益工具			资本公积	减：库存股	其他综合收益	专项储备	盈余公积	未分配利润	所有者权益合计
		优先股	永续债	其他									优先股	永续债	其他							
4. 其他																						
（三）利润分配									495	−726	−231											
1. 提取盈余公积									495	−495	0											
2. 对所有者（或股东）的分配										−231	−231											
3. 其他																						
（四）所有者权益内部结转																						
1. 资本公积转增资本（或股本）																						
2. 盈余公积转增资本（或股本）																						
3. 盈余公积弥补亏损																						
4. 设定受益计划变动额结转留存收益																						
5. 其他综合收益结转留存收益																						
6. 其他																						
四、本年年末余额	100 000	0	0	0	0	0	0	0	2 495	3 814	106 309											

第四节　现金流量表

一、现金流量表概述

现金流量表是反映企业在一定会计期间现金和现金等价物流入和流出的报表。它从现金的流入和流出两个方面，揭示企业一定期间经营、投资、筹资活动所产生的现金流量。现金流量表按照收付实现制原则编制，将权责发生制下的盈利信息调整为收付实现制下的现金流量信息，便于信息使用者了解企业净利润的质量。通过现金流量表，报表使用者能够了解现金流量的影响因素，评价企业的支付能力、偿债能力和周转能力，预测企业未来现金流量，为其决策提供有力依据。

（一）现金的含义

现金流量是指一定会计期间内企业现金和现金等价物的流入和流出。企业从银行提取现金、用现金购买短期国债等现金和现金等价物之间的转换不属于现金流量。

广义的现金包括现金以及现金等价物;狭义的现金是指企业库存现金以及可以随时用于支付的存款,包括库存现金、银行存款和其他货币资金(如外埠存款、银行汇票存款、银行本票存款等)等。不能随时用于支付的存款不属于现金,因此,不能随时支取的定期存款不属于此处的现金,而提前通知金融企业便可支取的定期存款则应包括在此处现金范围内。

现金等价物是指企业持有的期限短、流动性强、易于转换为已知金额现金、价值变动风险很小的投资。期限短一般是指从购买日起三个月内到期。现金等价物通常包括三个月内到期的债券投资等。权益性投资变现的金额通常不确定,因而不属于现金等价物。企业应当根据具体情况,确定现金等价物的范围,一经确定不得随意变更。

(二) 现金流量的分类

1. 经营活动产生的现金流量

经营活动是指企业投资和筹资活动以外的所有交易或事项,主要包括销售商品或提供劳务、购买商品或接受劳务、收到返还的税费、经营性租赁、支付工资、支付广告费用、交纳各项税款等。

2. 投资活动产生的现金流量

投资活动是指企业长期资产的购建和不包括在现金等价物范围内的投资及其处置活动,主要包括取得和收回投资、购建和处置固定资产、购买和处置无形资产等。

3. 筹资活动产生的现金流量

筹资活动是指导致企业资本及债务规模和构成发生变化的活动,主要包括发行股票或接受投入资本、分派现金股利、取得和偿还银行借款、发行和偿还公司债券等。

二、现金流量表的结构和内容

(一) 现金流量表正表

现金流量表正表采用报告式的结构,分类反映经营活动产生的现金流量、投资活动产生的现金流量和筹资活动产生的现金流量,最后汇总反映企业现金及现金等价物净增加额。在有外币现金流量及境外子公司的现金流量折算为人民币的企业,正表中还应单设“汇率变动对现金的影响”项目。现金流量表如表11.10所示。

表11.10　现金流量表

会企03表

编制单位:　　　　年　月　日　　　　单位:万元

项　　目	本期金额	上期金额
一、经营活动产生的现金流量		
销售商品、提供劳务收到的现金		
收到的税费返还		
收到其他与经营活动有关的现金		
经营活动现金流入小计		
购买商品、接受劳务支付的现金		
支付给职工以及为职工支付的现金		

续　表

项　　目	本期金额	上期金额
支付的各项税费		
支付其他与经营活动有关的现金		
经营活动现金流出小计		
经营活动产生的现金流量净额		
二、投资活动产生的现金流量		
收回投资收到的现金		
取得投资收益收到的现金		
处置固定资产、无形资产和其他长期资产收回的现金净额		
处置子公司及其他营业单位收到的现金净额		
收到其他与投资活动有关的现金		
投资活动现金流入小计		
购建固定资产、无形资产和其他长期资产支付的现金		
投资支付的现金		
取得子公司及其他营业单位支付的现金净额		
支付其他与投资活动有关的现金		
投资活动现金流出小计		
投资活动产生的现金流量净额		
三、筹资活动产生的现金流量		
吸收投资收到的现金		
取得借款收到的现金		
收到其他与筹资活动有关的现金		
筹资活动现金流入小计		
偿还债务支付的现金		
分配股利、利润和偿付利息支付的现金		
支付其他与筹资活动有关的现金		
筹资活动现金流出小计		
筹资活动产生的现金流量净额		
四、汇率变动对现金及现金等价物的影响		
五、现金及现金等价物净增加额		
加：期初现金及现金等价物余额		
六、期末现金及现金等价物余额		

（二）现金流量表补充资料

现金流量表补充资料主要包括三部分内容：① 将净利润调节为经营活动的现金流量（间接法编制的经营活动的现金流量）；② 不涉及现金收支的投资和筹资活动；③ 现金及现金等价物净增加情况。现金流量表补充资料如表 11.11 所示。

表 11.11　现金流量表补充资料

本　期　金　额	本期金额	上期金额
1.将净利润调节为经营活动现金流量		
净利润		
加：资产损失准备		
固定资产折旧等		
无形资产摊销		
长期待摊费用摊销		
处置固定资产、无形资产和其他长期资产的损失(收益以"—"填列)		
固定资产报废损失(收益以"—"填列)		
公允价值变动损失(收益以"—"填列)		
财务费用(收益以"—"填列)		
投资损失(收益以"—"填列)		
递延所得税资产减少(增加以"—"填列)		
递延所得税负债增加(减少以"—"填列)		
存货的减少(增加以"—"填列)		
经营性应收项目的减少(增加以"—"号填列)		
经营性应付项目的增加(减少以"—"号填列)		
其他		
经营活动产生的现金流量净额		
2. 不涉及现金收支的重大投资和筹资活动		
债务转为资本		
一年内到期的可转换公司债券		
融资租入固定资产		
3. 现金及现金等价物净变动情况		
现金的期末余额		
减：现金的期初余额		
加：现金等价物的期末余额		
减：现金等价物的期初余额		
现金及现金等价物净增加额		

三、现金流量表的填列

(一) 直接法与间接法

主表中的"经营活动产生的现金流量"项目采用直接法填列。直接法是指通过现金收入和现金支出的主要类别反映来自企业经营活动的现金流量，一般以利润表中营业收入为起点，调整与经营活动有关的项目的增减变动，然后计算出经营活动的现金流量。

附表中的"经营活动产生的现金流量"项目采用间接法填列。在间接法下，是以本期净利润为起算点，调整不涉及现金的收入、费用、营业外收支等有关项目的增减变动，据此计算出经营活动的现金流量。

采用直接法编报的现金流量表，便于分析企业经营活动产生的现金流量的来源和用途，预测企业现金流量的未来前景；采用间接法编报现金流量表，便于将净利润与经营活动产生的现金流量净额进行比较，了解净利润与经营活动产生的现金流量差异的原因，从现金流量的角度分析净利润的质量。我国企业会计准则规定企业应当采用直接法编报现金流量表，同时要求在附注中提供以净利润为基础调节到经营活动现金流量的信息。

（二）现金流量表的编制方法

1. 工作底稿法

（1）工作底稿的基本结构

采用工作底稿法编制现金流量表，就是以工作底稿为手段，以利润表和资产负债表数据为基础，结合有关的账簿资料（主要是有关的明细资料和备查账簿），对利润表项目和资产负债表项目逐一进行分析，并编制调整分录，进而编制出现金流量表。现金流量表工作底稿基本格式如表 11.12 所示。

表 11.12　现金流量表工作底稿基本格式

项　目	期初数	调整分录		期末数
		借方	贷方	
资产负债表项目				
……				
利润表项目				本期数
……				
现金流量表项目				
……				
调整分录借贷合计				

（2）工作底稿法的程序

第一步：将利润表本期数过入底稿期末数栏目，将资产负债表的期初数和期末数过入底稿有关栏目。

第二步：对当期业务进行分析并编制调整分录。

第三步：将调整分录过入底稿中的相应部分。

第四步：核对调整分录，借贷合计应当相等，利润表项目调整分录的借贷金额合计应等于期末数，资产负债表项目期初数加减调整分录中的借贷金额以后，应当等于期末数。

第五步：根据底稿中的现金流量表项目部分编制正式的现金流量表。

（3）编制调整分录的基本方法

调整分录是依据权责发生制账簿数据与收付实现制数据间的关系，以报表项目为借贷对象,遵循"有借必有贷、借贷必相等"的规则,利用利润表和资产负债表数据计算现金流量表数据的记录。编制调整分录是编制现金流量表的核心和难点。

2. T型账户法

这是一种采用T型账户,以利润表和资产负债表数据为基础,对每一项进行分析并编制调整分录,进而编制出现金流量表的方法。采用T型账户法编制程序包括以下五步。

第一步,为所有的非现金项目分别开设T型账户,将期末期初变动数过入各该类账户。

第二步,开设一个大的"现金及现金等价物"T型账户,每边分为经营活动、投资活动、筹资活动三个部分,左边记现金流入,右边记现金流出,然后过入期末期初变动数。

第三步,以利润表项目为基础,结合资产负债表分析每一个非现金项目的增减变动,并据此编制调整分录。

第四步,将调整分录金额过入各个T型账户,并进行核对,各账户借贷相抵后的余额与原先过入的期末期初变动数应当一致。

第五步,根据大的"现金及现金等价物"T型账户编制正式的现金流量表。

3. 分析填列法

分析填列法是直接根据资产负债表、利润表和有关会计科目明细账的记录,分析计算出现金流量表各项目的金额,并据以编制现金流量表的一种方法。本书采用此方法。

四、现金流量表主表重点项目的内容及计算确定

(一)经营活动产生的现金流量

1. 销售商品、提供劳务收到的现金

本项目包括本期销售商品和提供劳务本期收到的现金;前期销售商品和提供劳务(含应收账款和应收票据)本期收到的现金;本期预收的商品款和劳务款等;本期收回前期核销的坏账损失;本期发生销货退回而支付的现金(从本项目中扣除)。

注意:本项目包括收到的增值税销项税额;销售材料、代销业务收到的现金也在本项目反映。

销售商品、提供劳务收到的现金=营业收入+本期发生的增值税销项税额+应收账款[①](期初余额-期末余额)(不扣除坏账准备)+应收票据(期初余额-期末余额)+合同资产(期初余额-期末余额)+合同负债(期末余额-期初余额)-本期收回的非现金资产抵偿应收账款、应收票据的金额-本期核销的坏账+本期收回前期已核销的坏账+收到的带息票据的利息±其他特殊调整业务。

想一想 "应收账款"账户余额与资产负债表"应收账款"项目余额在什么情况下可能不同?

例 11.5 公司某年年初"应收账款"账户余额为700万元,"坏账准备"账户余额为35万元。当年发生以下业务:

(1)销售商品1 000万元,增值税税额为130万元,款未收;

(2)收回上年货款420万元,已存银行;

① 注意:"应收账款"账户余额与资产负债表"应收账款"项目余额可能不同。

(3) 确认上年坏账 10 万元；

(4) 上年已作坏账中的 5 万元又于当年收回；

(5) 年末按"应收账款"账户余额的 5%计提调整坏账准备。

要求：根据上述资料，编制会计分录，计算当年现金流量表中销售商品、提供劳务收到的现金。

(1) 编制会计分录(万元)

① 借：应收账款　　1 130

　　贷：主营业务收入　　1 000

　　　　应交税费——应交增值税——销项税额　　130

② 借：银行存款　　420

　　贷：应收账款　　420

③ 借：坏账准备　　10

　　贷：应收账款　　10

④ 借：应收账款　　5

　　贷：坏账准备　　5

　借：银行存款　　5

　　贷：应收账款　　5

⑤ 借：资产减值损失　　40(应收账款年末余额 1 400×5%－30，补提)

　　贷：坏账准备　　40

(2) 现金计算

① 根据"银行存款"账户分析计算

销售商品收到的现金＝420＋5＝425(万元)

② 根据"应收账款"账户分析计算

销售商品收到的现金＝435－10＝425(万元)(应收账款本期减少 435 万元，有 10 万元为坏账，未收到现金)

③ 根据报表项目及"坏账准备"账户分析计算

销售商品收到的现金＝1 130＋(665－1 330)＋(35－10＋5－70)＝425(万元)

课堂互动　根据例 11.5，(1)若年初"坏账准备"账户余额为 80 万元，销售商品收到的现金为多少？

(2)登记相关账户(用丁字账)，结出各账户余额。

2. 收到的税费返还

本项目反映企业收到返还的各种税费，如收到的减免增值税退税、出口退税、减免消费税退税、减免所得税退税和收到的教育费附加返还等。应根据实际收到的金额填列。

3. 收到的其他与经营活动有关的现金

本项目反映企业除上述各项目外，收到的其他与经营活动有关的现金流入，包括企业收到的罚款收入、属于流动资产的现金赔款收入、企业收到经营租赁的租金和押金、银行存款的利息收入等。

4. 购买商品、接受劳务支付的现金

本项目包括本期购买商品、接受劳务本期支付的现金；本期支付前期购买商品、接受劳务的未付款项(含应付账款、应付票据等)；本期预付的购货款；本期发生购货退回而收到的现金(从本项目中扣除)。

注意：本项目包括付出的增值税进项税额。

购买商品、接受劳务支付的现金=营业成本+本期发生的增值税进项税额+存货(期末余额-期初余额)(不扣除存货跌价准备)+应付账款(期初余额-期末余额)+应付票据(期初余额-期末余额)+预付款项(期末余额-期初余额)-本期以非现金资产抵偿的应付账款、应付票据的金额-本期结转无法偿还的应付账款+本期支付的应付票据的利息+本期毁损的外购商品成本-本期销售产品成本和期末存货的产品成本中所包含的不属于购买商品、接受劳务支付现金的费用(如未支付的工资、职工福利费和制造费用中除材料以外的其他费用)±其他特殊调整业务

5. 支付给职工以及为职工支付的现金

本项目包括本期实际支付给职工的工资、奖金、各种津贴和补贴等,为职工支付的养老、失业等社会保险基金、补充养老保险,为职工支付的商业保险金、住房公积金,支付给职工的住房困难补助,以及支付给职工或为职工支付的福利费用等。

注意:支付给离退休人员的工资在“支付其他与经营活动有关的现金”项目反映;支付给在建工程人员的工资在“购建固定资产、无形资产和其他长期资产支付的现金”项目反映。

支付给职工以及为职工支付的现金=本期产品成本及管理费用、销售费用等项目中的职工薪酬(除非货币性薪酬)+应付职工薪酬(除在建工程人员)(期初余额-期末余额)。

6. 支付的各项税费

本项目包含当期支付当期的各项税费、当期支付前期的各项税费和当期预付的各项税费。

注意:本项目不包括支付的计入固定资产价值的耕地占用税,本期退回的增值税、所得税等,在“收到的税费返还”项目中反映。

支付的各项税费=税金及附加+所得税+已交纳的增值税+应交税费项目(不包括增值税)(期初余额-期末余额)。

7. 支付的其他与经营活动有关的现金

本项目反映企业除上述各项目外,支付的其他与经营活动有关的现金流出,如罚款支出、支付的差旅费、经营租赁的租金、业务招待费现金支出、支付的保险费、支付给离退休人员的各种费用等。

支付的其他与经营活动有关的现金=“管理费用”中除工资性费用和未支付现金的费用外的费用(即支付的其他费用)+“制造费用”中除工资性费用和未支付现金的费用外的费用(即支付的其他费用)+“销售费用”中除工资性费用和未支付现金的费用外的费用(即支付的其他费用)+“财务费用”中支付的结算手续费+“其他应收款”中支付职工预借的差旅费等+“其他应付款”中支付的经营租赁的租金等+“营业外支出”中支付的罚款支出和现金捐赠支出等。

例 11.6 公司某年有关会计报表和补充资料如下。

(1) 资产负债表部分资料(表 11.13)

表 11.13 部分资产负债表 单位:万元

项 目	年初余额	期末余额
应收票据	450	480
应收账款	360	320

续　表

项　　目	年初余额	期末余额
合同负债	100	200
存货	9 760	7 840
应付票据	750	890
应付账款	670	540

（2）利润表部分资料（表 11.14）

表 11.14　部分利润表　　单位：万元

项　　目	本期金额
营业收入	50 000
营业成本	26 500

（3）补充资料

① 本期核销坏账准备 10 万元。

② 本期增值税的销项税额为 6 500 万元，本期增值税的进项税额为 465 万元。

③ “营业成本”项目中包括计提车间折旧费 50 万元，分配生产车间工人薪酬 130 万元。

④ “存货”项目中包括计提车间折旧费 20 万元，分配生产车间工人薪酬 80 万元。

要求：根据上述资料，不考虑其他因素，回答下列第(1)～(2)题。

(1) 现金流量表中“销售商品、提供劳务收到的现金”项目的金额为(　　)万元。

A. 56 620　　B. 5 510　　C. 56 510　　D. 56 600

(2) 现金流量表中“购买商品、接受劳务支付的现金”项目的金额为(　　)万元。

A. 24 755　　B. 25 035　　C. 58 510　　D. 24 965

答案：(1) D。“销售商品、提供劳务收到的现金”项目的金额＝50 000＋6 500＋(450－480)＋(360－320)＋(200－100)－10＝56 600(万元)

(2) A。“购买商品、接受劳务支付的现金”项目的金额＝26 500＋465＋(7 840－9 760)＋(750－890)＋(670－540)－70－210＝24 755(万元)

（二）投资活动产生的现金流量

1. 收回投资收到的现金

本项目反映企业出售、转让或到期收回除现金等价物以外的以公允价值计量且其变动计入当期损益的金融资产、以摊余成本计量的金融资产、以公允价值计量且其变动计入其他综合收益的金融资产、长期股权投资等收到的现金。

注意：本项目不包括债权性投资收回的利息、收回的非现金资产，以及处置子公司及其他营业单位收到的现金净额。债权性投资收回的本金在本项目中反映，债权性投资收回的利息在“取得投资收益收到的现金”项目中反映。

例 11.7　公司某年度与处置股权投资有关资料如下：① “交易性金融资产”科目本期贷方发生额为 100 万元，“投资收益——转让交易性金融资产收益”科目贷方发生额为 5 万元；② “长期股权投资”科目本期贷方发生额为 200 万元，该项投资未计提减值准备，“投资收益——转让长期股权投资收益”科目贷方发生额为 10 万元。假定转让上述投资均收到现金。当年“收回投资收到的现金”项目中反映的金额为(　　)万元。

A. 315　　B. 105　　C. 210　　D. 300

答案：A。“收回投资收到的现金”项目中反映的金额=(100+5)+(200+10)=315(万元)。

会计分录如下：

借：银行存款　105

　贷：交易性金融资产　100

　　投资收益　5

借：银行存款　210

　贷：长期股权投资　200

　　投资收益　10

2. 取得投资收益收到的现金

本项目反映企业因股权性投资而分得的现金股利、因债权性投资而取得的利息收入。股票股利由于不产生现金流量，不在本项目中反映。包括在现金等价物范围内的债权性投资，其利息收入在本项目中反映。

3. 处置固定资产、无形资产和其他长期资产收回的现金净额

本项目反映企业出售固定资产、无形资产和其他长期资产(如投资性房地产)所取得的现金，减去为处置这些资产而支付的有关税费后的净额。本项目包括固定资产等因损失而收到的保险赔款等。

注意：净额与“固定资产清理”科目核算的结果不同时，如为负数，则填入“支付其他与投资活动有关的现金”项目。

4. 处置子公司及其他营业单位收到的现金净额

本项目反映企业处置子公司及其他营业单位所取得的现金减去子公司或其他营业单位持有的现金和现金等价物以及相关处置费用后的净额。

注意：净额如为负数，则填入“支付其他与投资活动有关的现金”项目。

5. 收到其他与投资活动有关的现金

本项目反映企业除上述各项目外，收到的其他与投资活动有关的现金流入，如，收到购买股票和债券时，支付实际价款中包含的已宣告但尚未领取的现金股利或已到付息期但尚未领取的债券利息，在实际收到时计入该项目。

6. 购置固定资产、无形资产和其他长期资产支付的现金

该项目反映企业购买、建造固定资产，购买无形资产和其他长期资产所支付的现金。

注意：本项目不包括以下三项：① 资本化的借款利息；② 融资租入固定资产所支付的租赁费；③ 分期付款购建固定资产支付的款项(注：含首期支付的款项)。这些项目在筹资活动产生的现金流量中反映。其中，为购建固定资产、无形资产和其他长期资产而发生的借款利息资本化部分，在“分配股利、利润或偿付利息支付的现金”项目中反映；融资租入固定资产所支付的租赁费，在“支付其他与筹资活动有关的现金”项目中反映。

7. 投资支付的现金

本项目反映企业进行权益性投资和债权性投资所支付的现金，包括企业取得的除现金等价物以外的以公允价值计量且其变动计入当期损益的金融资产、以摊余成本计量的金融资产、以公允价值计量且其变动计入其他综合收益的金融资产、长期股权投资以及支付的佣金、手续费等交易费用，但不包括购买股票和债券时，买价中所包含的已宣告发放但尚未领取的现金股利或已到付息期但尚未领取的利息等。其应在投资活动中“支付其他与投资活动有关的现金”项目中反映。

8．取得子公司及其他营业单位支付的现金净额

本项目反映企业取得子公司及其他营业单位购买出价中以现金支付的部分，减去子公司或其他营业单位持有的现金和现金等价物后的净额。

注意：净额如为负数，则填入“收到其他与投资活动有关的现金”项目。

9．支付其他与投资活动有关的现金

本项目反映企业除上述各项目外，支付的其他与投资活动有关的现金，如购买股票和债券时，支付的买价中所包含的已宣告发放但尚未领取的现金股利或已到付息期但尚未领取的利息等。

（三）筹资活动产生的现金流量

1．吸收投资收到的现金

本项目反映企业以发行股票、债券等方式筹集资金实际收到的款项净额（发行收入减去扣除的佣金等发行费用后的净额）。

注意：以发行股票等方式筹集资金而由企业直接支付的审计、咨询等费用等，在“支付其他与筹资活动有关的现金”项目中反映，不从本项目内扣除。

2．取得借款收到的现金

本项目反映企业本期实际借入短期借款、长期借款所收到的现金，以及发行债券实际收到的款项净额（发行收入减去直接支付的佣金等发行费用后的净额）。

注意：本期偿还借款支付的现金不能从本项目中扣除。

3．收到其他与筹资活动有关的现金

本项目反映企业除上述各项目外，收到的其他与筹资活动有关的现金。

4．偿还债务支付的现金

本项目反映企业以现金偿还短期借款、长期借款和应付债券的本金。

注意：该项目仅指本金，不包括偿还的借款利息、债券利息。

5．分配股利、利润和偿付利息支付的现金

本项目反映企业实际支付的现金股利、利润和支付的借款利息、债券利息等。

6．支付其他与筹资活动有关的现金

本项目反映企业除上述各项目外，支付的其他与筹资活动有关的现金，如，以发行股票、债券等方式筹集资金而由企业直接支付的审计、咨询等费用，融资租赁各期支付的现金，以分期付款方式购入固定资产、无形资产等各期支付的现金等。

例 11.8　公司 20×9 年度涉及现金流量的交易或事项如下：

(1) 因购买子公司的少数股权支付现金 680 万元；

(2) 为建造厂房发行债券收到现金 8 000 万元；

(3) 附追索权转让应收账款收到现金 200 万元；

(4) 因处置子公司收到现金 350 万元，处置时该子公司的现金余额为 500 万元；

(5) 支付上年度融资租入固定资产的租赁费 60 万元；

(6) 因购买子公司支付现金 780 万元，购买时该子公司的现金余额为 900 万元；

(7) 因购买交易性权益工具支付现金 160 万元，其中已宣告但尚未领取的现金股利为 10 万元；

(8) 因持有的债券到期收到现金 120 万元，其中本金为 100 万元，利息为 20 万元；

(9) 支付在建工程人员工资 300 万元。

要求：根据上述资料，不考虑其他因素，回答下列各题。

(1) 下列各项关于公司现金流量分类的表述中,正确的有(　　)。

A. 因发行债券收到的现金作为筹资活动现金流入

B. 支付在建工程人员工资作为投资活动现金流出

C. 因持有的债券到期收到的现金作为投资活动现金流入

D. 支付融资租入固定资产的租赁费作为筹资活动现金流出

E. 附追索权转让应收账款收到的现金作为投资活动现金流入

(2) 下列各项关于甲公司合并现金流量表列报的表述中,正确的有(　　)。

A. 投资活动现金流入 240 万元

B. 投资活动现金流出 610 万元

C. 经营活动现金流入 320 万元

D. 筹资活动现金流出 740 万元

E. 筹资活动现金流入 8 120 万元

答案:(1) ABCD。选项 E 中附追索权转让应收账款收到的现金属于筹资活动的现金流入。

(2) ABD。投资活动的现金流入=120+120=240(万元);

投资活动的现金流出=150+160+300=610(万元);

经营活动的现金流入=0;

筹资活动的现金流出=680+60=740(万元);

筹资活动的现金流入=8 000+200=8 200(万元);

故本题选项 A、B、D 正确,选项 C、E 错误。

注意现金流量表填列的简化思路。会计分录有三类:借贷方双方都是现金账户;借贷双方都是非现金账户;一方是现金、一方是非现金账户。编制现金流量表时不考虑前两类,只考虑第三类。

(四) 汇率变动对现金的影响

汇率变动对现金的影响是指企业外币现金流量及境外子公司的现金流量折算成记账本位币时,所采用的是现金流量发生日的汇率或按照系统合理的方法确定的、与现金流量发生日即期汇率近似的汇率,而现金流量表"现金及现金等价物净增加额"项目中的外币现金净增加额是按资产负债表日的即期汇率折算的。这两者的差额即为汇率变动对现金的影响。

五、现金流量表附表项目的内容及计算确定

附表中的"将净利润调节为经营活动现金流量"项目,实际上是以间接法编制的经营活动的现金流量。间接法是以净利润为出发点,通过对若干项目的调整,最终计算确定经营活动产生的现金流量净额。

采用间接法将净利润调节为经营活动的现金流量净额时,主要需要调整四大类项目:

(1) 实际没有支付现金的费用。

(2) 实际没有收到现金的收益。

(3) 不属于经营活动的损益。

(4) 经营性应收应付项目的增减变动。

其基本原理是

经营活动产生的现金流量净额=净利润+不影响经营活动现金流量但减少净利润的项目-不影响经营活动现金流量但增加净利润的项目+与净利润无关但增加经营活动现金流量

的项目—与净利润无关但减少经营活动现金流量的项目

具体各项目的调整如表 11.15 所示。

表 11.15 各项目的调整情况

调 整 项 目	调 整 思 路
资产损失准备	调增
固定资产折旧	调增
无形资产摊销	调增
长期待摊费用摊销	调增
处置固定资产、无形资产和其他长期资产的损失	调增(收益调减)
固定资产报废损失	调增(收益调减)
公允价值变动损失	调增(收益调减)
财务费用	调增 该项目应加的是"不属于经营活动的财务费用"
投资损失	调增(收益调减)
递延所得税资产减少	调增(递延所得税资产增加调减)
递延所得税负债增加	调增(递延所得税负债减少调减)
存货的减少	调增(存货增加调减) 若存货的增减变动不属于经营活动,则不能对其进行调整
经营性应收项目的减少	调增(经营性应收项目的增加调减) 若经营性应收项目的增减变动不属于经营活动,则不能对其进行调整
经营性应付项目的增加	调增(经营性应付项目的减少调减) 若经营性应付项目的增减变动不属于经营活动,则不能对其进行调整,如债务重组业务中以固定资产抵债减少的应付账款等业务

记忆技巧:对于资产负债表项目,加资产的减少和负债的增加、减资产的增加和负债的减少。对于利润表项目,加损失、减收益。

调整原理说明,如以下两项举例。

(1) 资产损失准备

资产损失准备包括坏账准备、存货跌价准备、长期股权投资减值准备、债权投资减值准备、投资性房地产减值准备、固定资产减值准备、无形资产减值准备、持有待售资产减值准备、合同履约成本减值准备、合同取得成本减值准备等。本期资产计提减值准备时,记入当期利润表中的"损益类"项目,但实际上并未影响经营活动现金流量,因此,应在净利润的基础上进行调整。

本项目可根据利润表中"资产减值损失""信用减值损失"项目的金额填列,或根据"资产减值损失""信用减值损失"账户的发生额填列。

(2) 固定资产折旧

企业计提固定资产折旧时,有的计入管理费用等期间费用,有的计入制造费用。计入期间费用部分已列入利润表,计入制造费用部分则可能通过销售成本列入利润表,也可能形成企业的存货。企业计提的固定资产折旧,并不影响经营活动现金流量,应在净利润的基础上将其全部加回。

当计提的固定资产折旧费包含在存货中时，虽然未影响净利润，但是增加了存货，这里也将其加回，然后在“存货的减少（减：增加）”项目中再将其以相同金额扣除，形成自动平衡。

本项目可根据“累计折旧”账户的贷方发生额填列，或根据有关费用账户借方发生额中的折旧费计算填列。

例 11.9 公司某年度共发生财务费用 45 000 元，其中，短期借款利息为 30 000 元，票据贴现息为 9 000 元(不附追索权)，发行公司债券手续费为 6 000 元，则现金流量表补充资料中的“财务费用”项目应填列的金额为(　　)元。

A. 45 000　　B. 35 000　　C. 39 000　　D. 36 000

答案：D。票据贴现息为 9 000 元(不附追索权)在“经营性应收项目的减少”项目中已加回。

例 11.10 公司 20×9 年度资产负债表和利润表如表 11.16 和表 11.17 所示。

表 11.16　资产负债表(简表)

编制单位：××公司　　20×9 年 12 月 31 日　　单位：元

资　　产	年初数	期末数	负债和股东权益	年初数	期末数
流动资产			流动负债		
货币资金	73 500	55 500	应付票据	120 000	0
交易性金融资产	20 000	18 000	应付账款	49 500	93 000
应收账款	54 000	39 000	流动负债合计	169 500	93 000
预付款项	7 000	9 000	非流动负债		
存货	80 000	165 000	应付债券	80 000	225 000
流动资产合计	234 500	286 500	非流动负债合计	80 000	225 000
非流动资产			负债合计	249 500	318 000
固定资产	235 000	475 500	股东权益		
非流动资产合计	235 000	475 500	股本	190 000	240 000
			未分配利润	30 000	204 000
			股东权益合计	220 000	444 000
资产总计	469 500	762 000	负债和股东权益总计	469 500	762 000

表 11.17　利润表(简表)

编制单位：××公司　　20×9 年度　　单位：元

项　　目	本年累计数
一、营业收入	738 000
减：营业成本	360 000
管理费用	61 000
财务费用	10 000
加：投资收益(亏损以“—”号填列)	3 000
二、营业利润(亏损以“—”号填列)	310 000
加：营业外收入	3 000

续　表

项　　目	本年累计数
减：营业外支出	10 000
三、利润总额(亏损以“—”号填列)	303 000
减：所得税费用	75 750
四、净利润(净亏损以“—”号填列)	227 250
五、其他综合收益的税后净额	0
六、综合收益总额	227 250

其他有关资料如下。

(1) 本年度支付了 27 000 元现金股利。

(2) 主营业务成本 360 000 元中,包括工资费用 165 000 元。管理费用 61 000 元中,包括折旧费用 21 500 元,预付款项结转 3 000 元,支付其他费用 36 500 元。

(3) 本年度出售固定资产一台,原价为 60 000 元,已提折旧 5 000 元,处置价格为 58 000 元,已收到现金。

(4) 本年度购入固定资产,价款为 317 000 元,以银行存款支付。

(5) 本年度购入股票作为交易性金融资产,支付价款 13 000 元。

(6) 本年度出售交易性金融资产(股票)收到现金 18 000 元,成本为 15 000 元。

(7) 本年度偿付应付公司债券 70 000 元;新发行债券 215 000 元,已收到现金。

(8) 本年度发生火灾造成存货损失 10 000 元,已计入营业外支出。

(9)本年度预付保险费 5 000 元(记入预付款项)。

(10) 本年度发行新股 50 000 元,已收到现金。

(11) 财务费用 10 000 元系支付的债券利息。

(12) 期末存货均为外购原材料。

为简便起见,不考虑流转税,假定该公司没有现金等价物,应收账款全部为应收销货款,应付账款全部为应付购货款。

要求:根据上述资料编制公司的现金流量表。

分析:

(1) 销售商品、提供劳务收到的现金=主营业务收入+增值税销项税额 0+应收账款的减少额=738 000+0+54 000−39 000=753 000(元)。

(2) 购买商品、接受劳务支付的现金=主营业务成本−主营业务成本中包含的工资费用(工资费用应计入“支付给职工以及为职工支付的现金”项目中)+本期存货的增加额+应付账款的减少额+应付票据的减少额+火灾造成的存货损失额(火灾造成的存货损失导致期末存货减少,在计算本期存货的增加额时少计了,但该部分存货购入时确实是支付了现金的,所以在计算购买商品、接受劳务支付的现金时要调增)=360 000−165 000+165 000−80 000+49 500−93 000+120 000+10 000=366 500(元)。

(3) 支付给职工以及为职工支付的现金为支付给职工的工资费用 165 000 元(因为资产负债表中没有应付职工薪酬项目,说明没有尚未支付的工资,所以题目中的工资费用是已经支付了的)。

(4) 本题不考虑各种流转税,因此支付的各项税费项目中只有所得税,利润表中给出了所得税的金额为 75 750 元,因此“支付各项税费”项目的金额为 75 750 元。

(5) 支付其他与经营活动有关的现金=支付的其他费用+预付的保险费=36 500+5 000=41 500(元)。

(6) 收回投资收到的现金为出售股票所收到的现金 18 000 元(包括成本 15 000 元和出售所产生的投资收益 3 000 元)。

(7) 根据资料(3)中的说明,可知固定资产的处置价格为 58 000 元,已收到现金,这是处置固定资产、无形资产和其他长期资产而收回的现金净额。而该固定资产的原价为 60 000 元,已计提折旧 5 000 元,则其账面净值为 60 000－5 000＝55 000(元)。收到了 58 000 元,则获得的收益是 58 000－55 000＝3 000(元),因此处置固定资产、无形资产和其他长期资产的损失为－3 000 元。

(8) 资料(7)中本年度新发行债券 215 000 元,已收到现金;资料(10)中本年度发行新股 50 000 元,已收到现金。这两项都属于吸收投资所收到的现金,共计 265 000 元。

(9) 分配股利、利润和偿付利息支付的现金为资料(1)中本年度支付的 27 000 元的现金股利和资料(11)中支付的债券利息 10 000 元,共计 37 000 元。

补充资料:

(1) 根据资产负债表中存货项目的年初数和期末数得出本年度存货增加额为 165 000－80 000＝85 000(元),所以"存货的减少"项目应填列－85 000。这里的－85 000 中已经包含了火灾毁损的部分,在购买商品、接受劳务支付的现金中加上了火灾损毁的存货。

(2) 经营性应收项目的减少:应收账款本期减少 54 000－39 000＝15 000(元),预付款项本期增加 9 000－7 000＝2 000(元),所以"经营性应收项目的减少"项目应填列的金额是 15 000－2 000＝13 000(元)。

(3) 应付票据本期减少 120 000,应付账款本期增加 93 000－49 500＝43 500(元),所以"经营性应付项目的增加"项目应填列的金额是 43 500－120 000＝－76 500(元)。

根据资料和分析的数据,编制该公司的现金流量表如表 11.18 所示。

表 11.18　现金流量表

编制单位:××公司　　　　20×9 年度　　　　单位:元

项　　目	本期金额	上期金额(略)
一、经营活动产生的现金流量		
销售商品、提供劳务收到的现金	753 000	
收到的税费返还		
收到其他与经营活动有关的现金		
经营活动现金流入小计	753 000	
购买商品、接受劳务支付的现金	366 500	
支付给职工以及为职工支付的现金	165 000	
支付的各项税费	75 750	
支付其他与经营活动有关的现金	41 500	
经营活动现金流出小计	648 750	
经营活动产生的现金流量净额	104 250	
二、投资活动产生的现金流量		
收回投资收到的现金	18 000	
取得投资收益收到的现金		
处置固定资产、无形资产和其他长期资产收回的现金净额	58 000	
处置子公司及其他营业单位收到的现金净额		
收到其他与投资活动有关的现金		
投资活动现金流入小计	76 000	
购建固定资产、无形资产和其他长期资产支付的现金	317 000	
投资支付的现金	13 000	

续　表

项　　目	本期金额	上期金额(略)
取得子公司及其他营业单位支付的现金净额		
支付其他与投资活动有关的现金		
投资活动现金流出小计	330 000	
投资活动产生的现金流量净额	—254 000	
三、筹资活动产生的现金流量		
吸收投资收到的现金	265 000	
取得借款收到的现金		
收到其他与筹资活动有关的现金		
筹资活动现金流入小计	265 000	
偿还债务支付的现金	70 000	
分配股利、利润和偿付利息支付的现金	37 000	
支付其他与筹资活动有关的现金		
筹资活动现金流出小计	107 000	
筹资活动产生的现金流量净额	158 000	
四、汇率变动对现金及现金等价物的影响		
五、现金及现金等价物净增加额	—18 000	
加：期初现金及现金等价物余额	73 500	
六、期末现金及现金等价物余额	55 500	
补充资料		
1. 将净利润调节为经营活动现金流量		
净利润	227 250	
加：资产损失准备		
固定资产折旧等	21 500	
无形资产摊销		
长期待摊费用摊销		
处置固定资产、无形资产和其他长期资产的损失(收益以“—”填列)	—3 000	
固定资产报废损失(收益以“—”填列)		
公允价值变动损失(收益以“—”填列)		
财务费用(收益以“—”填列)	10 000	
投资损失(收益以“—”填列)	—3 000	
递延所得税资产减少(增加以“—”填列)		
递延所得税负债增加(减少以“—”填列)		
存货的减少(增加以“—”填列)	—85 000	
经营性应收项目的减少(增加以“—”号填列)	13 000	

续 表

项　　　目	本期金额	上期金额(略)
经营性应付项目的增加(减少以"—"号填列)	—76 500	
其他		
经营活动产生的现金流量净额	104 250	
2. 不涉及现金收支的重大投资和筹资活动		
债务转为资本		
一年内到期的可转换公司债券		
融资租入固定资产		
3. 现金及现金等价物净变动情况		
现金的期末余额	55 500	
减：现金的期初余额	73 500	
加：现金等价物的期末余额	0	
减：现金等价物的期初余额	0	
现金及现金等价物净增加额	—18 000	

本章练习题

一、单项选择题

1. 在资产负债表中，资产是按照(　　)排列的。
   A. 清偿时间的先后顺序　　B. 会计人员的填写习惯
   C. 金额大小　　D. 流动性大小
2. 企业财务会计报告所提供的信息资料应具有时效性，这是指编制财务会计报告应符合(　　)的要求。
   A. 真实可靠　　B. 相关可比　　C. 全面完整　　D. 编报及时
3. 将分散的、零星的日常会计资料归纳整理为更集中、更系统、更概括的会计资料，以总括反映企业财务状况和经营成果的方法是(　　)。
   A. 编制会计凭证　　B. 编制记账凭证　　C. 编制会计报表　　D. 登记会计账簿
4. 某企业应付账款明细账期末余额情况如下：应付账款——X 企业贷方余额为 200 000 元，应付账款——Y 企业借方余额为 180 000 元，应付账款——Z 企业贷方余额为 300 000 元。假如该企业预付款项明细账均为借方余额，则根据以上数据计算的反映在资产负债表上应付账款项目的数额为(　　)元。
   A. 680 000　　B. 320 000　　C. 500 000　　D. 80 000
5. 下列经济事项中，能导致企业经营活动的现金流量发生变化的是(　　)。
   A. 交纳所得税　　B. 购买工程物资　　C. 赊销商品　　D. 支付现金股利
6. 下列经济业务所产生的现金流量中，属于企业经营活动产生的现金流量的是(　　)。
   A. 变卖固定资产所产生的现金流量　　B. 取得债券利息收入所产生的现金流量
   C. 支付经营租赁费用所产生的现金流量　　D. 支付融资租赁费用所产生的现金流量
7. 某企业原材料的期末余额为 100 000 元，生产成本的期末余额为 50 000 元，库存商品的期末余额为 120 000 元，存货跌价准备的期末余额为 10 000 元，则资产负债表中"存货"项目应填列(　　)元。
   A. 210 000　　B. 260 000　　C. 280 000　　D. 270 000

8. 某日，大宇公司的负债为 7 455 万元，非流动资产合计为 4 899 万元，所有者权益合计为 3 000 万元，则当日该公司的流动资产合计应当为（　　）万元。

A. 2 556　　B. 4 455　　C. 1 899　　D. 5 556

9. 下列各项中，应在现金流量表“投资活动产生的现金流量”中反映的是（　　）。

A. 以经营租赁方式租出固定资产所收到的现金

B. 出售固定资产所收到的现金

C. 以经营租赁方式租入固定资产所支付的租金

D. 以融资租赁方式租入固定资产所支付的租金

10. 多步式利润表中的利润总额是以（　　）为基础来计算的。

A. 营业收入　　B. 营业成本　　C. 投资收益　　D. 营业利润

11. 关于资产负债表的格式，下列说法不正确的是（　　）。

A. 资产负债表主要有账户式和报告式

B. 我国的资产负债表采用报告式

C. 账户式资产负债表分为左右两方，左方为资产，右方为负债和所有者权益

D. 负债和所有者权益按照求偿权的先后顺序排列

12. 下列各项中，属于筹资活动产生的现金流量的是（　　）。

A. 接受其他企业捐赠的现金

B. 取得交易性金融资产而支付的现金

C. 分期付款购建固定资产方式下各期支付的现金

D. 为管理人员交纳商业保险而支付的现金

13. 应收账款所属明细账如有贷方余额，应在资产负债表的（　　）项目中反映。

A. 预付款项　　B. 预收款项　　C. 应收账款　　D. 应付账款

14. 资产负债表的下列项目中，需要根据几个总账期末余额汇总填列的是（　　）。

A. 应付职工薪酬　　B. 短期借款　　C. 货币资金　　D. 资本公积

15. 以“收入－费用＝利润”这一会计等式作为编制依据的财务报表是（　　）。

A. 利润表　　B. 所有者权益变动表

C. 资产负债表　　D. 现金流量表

二、多项选择题

1. 下列账户中，可能影响资产负债表中“预付款项”项目金额的有（　　）。

A. 预收款项　　B. 应收账款　　C. 应付账款　　D. 预付款项

2. 期末，下列（　　）账户的余额应转入“本年利润”账户。

A. 主营业务成本　　B. 制造费用　　C. 管理费用　　D. 投资收益

3. 现金流量表中的“支付给职工以及为职工支付的现金”项目包括（　　）。

A. 支付给职工的奖金　　B. 支付给退休人员的退休金

C. 支付给职工的津贴　　D. 支付给在建工程人员的工资

4. 借助利润表提供的信息，可以帮助管理者（　　）。

A. 分析企业资产的结构及其状况　　B. 分析企业的债务偿还能力

C. 分析企业的获利能力　　D. 分析企业利润的未来发展趋势

5. 企业提供的财务会计报告的使用者有（　　）。

A. 投资者　　B. 债权人

C. 政府及相关机构　　D. 企业管理人员、职工和社会公众等

6. 下列等式正确的有（　　）。

A. 资产＝负债＋所有者权益

B. 营业利润=主营业务收入+其他业务收入-主营业务成本-其他业务成本+投资收益+公允价值变动收益

C. 利润总额=营业利润+营业外收入-营业外支出

D. 净利润=利润总额-所得税费用

7. 资产负债表中应收账款项目应根据(　　)之和减去“坏账准备”账户中有关应收账款计提的坏账准备期末余额后的金额填列。

A. 应收账款所属明细账的借方余额　　B. 预收款项所属明细账的贷方余额

C. 应付账款所属明细账的借方余额　　D. 预收款项所属明细账的借方余额

8. 资产负债表中的“存货”项目反映的内容包括(　　)。

A. 发出商品　　B. 材料成本差异　　C. 委托加工物资　　D. 生产成本

9. 编制资产负债表时,需根据有关总账期末余额分析、计算填列的项目有(　　)。

A. 货币资金　　B. 预付款项　　C. 存货　　D. 短期借款

10. 利润表中的营业成本项目填列的依据有(　　)。

A. 营业外支出发生额　　B. 主营业务成本发生额

C. 其他业务成本发生额　　D. 税金及附加发生额

11. 利润表的特点有(　　)。

A. 根据相关账户的本期发生额编制　　B. 根据相关账户的期末余额编制

C. 属于静态报表　　D. 属于动态报表

12. 企业中期财务报表至少应当包括(　　)。

A. 资产负债表　　B. 利润表　　C. 现金流量表　　D. 附注

13. 下列各项中,属于企业经营活动产生的现金流量的有(　　)。

A. 收到的出口退税款　　B. 收到交易性金融资产的现金股利

C. 转让无形资产所有权取得的收入　　D. 出租无形资产使用权取得的收入

14. 下列各项关于甲公司交易产生的现金流量列报的表述中,正确的有(　　)。

A. 支付股东的现金股利作为筹资活动的现金流出

B. 对外销售商品收到的现金作为经营活动的现金流入

C. 收到联营企业分派的现金股利作为投资活动的现金流入

D. 出售子公司收到的现金作为筹资活动现金流入

15. 下列事项中,影响筹资活动现金流量的项目有(　　)。

A. 支付费用化借款利息　　B. 发行债券收到现金

C. 融资租入固定资产　　D. 支付发行债券印刷费

16. 按照我国企业会计准则规定,在现金流量表补充资料中将净利润调整为经营活动的现金流量时,需要调减的项目有(　　)。

A. 固定资产处置收益　　B. 计提应付债券利息

C. 无形资产摊销　　D. 递延所得税资产的增加

三、计算分录选择题

1. 某企业某年发生的主营业务收入为800万元,主营业务成本为500万元,其他业务收入为100万元,其他业务成本为20万元,销售费用为30万元,管理费用为80万元,财务费用为5万元,投资收益为100万元,资产减值损失为20万元(损失),交易性金融资产当期市价上升230万元,其他债权投资当期市价上升260万元,营业外收入为50万元,营业外支出为5万元,所得税费用为3万元。该企业该年度的营业利润为(　　)万元。

A. 835　　B. 575　　C. 265　　D. 345

2. 甲公司某年度发生的管理费用为2 200万元,其中,以现金支付退休职工统筹退休金350万元和管理人员工资950万元,存货盘亏损失为25万元,计提固定资产折旧570万元,无形资产摊销为200万元,其余均以现金支付。假定不考虑其他因素，甲公司该年度现金流量表中"支付其他与经营活动有关的现金"项目的金额为(　　)万元。

A. 105　　B. 455　　C. 475　　D. 675

3. 某企业当期净利润为 600 万元，投资收益为 100 万元，与筹资活动有关的财务费用为 50 万元，经营性应收项目增加 75 万元，经营性应付项目减少 25 万元，固定资产折旧为 40 万元，无形资产摊销为 10 万元。假设没有其他影响经营活动现金流量的项目，该企业当期经营活动产生的现金流量净额为(　　)万元。

A. 400　　B. 850　　C. 450　　D. 500

4. 甲公司的主营业务是销售商品，当年利润表中"营业收入"为 5 150 万元，销项税发生额为 765 万元。资产负债表中"应收账款"年初数为 700 万元，年末数为 660 万元，"应收票据"年初数为 120 万元，年末数为 150 万元，"合同负债"年初数为 89 万元，年末数为 66 万元。本年不带息应收票据贴现 400 万元，贴现息为 5 万元，坏账准备的年初余额为 35 万元，年末余额为 72 万元，本年收回上年的坏账 4 万元。根据以上资料，本期现金流量表中的"销售商品、提供劳务收到的现金"项目填列的金额是(　　)万元。

A. 5 784　　B. 4 790　　C. 5 864　　D. 5 809

5. 甲企业本期支付离退休人员工资 30 万元，支付离退休人员活动费 5 万元，支付在建工程人员工资 6 万元；支付广告费 200 万元，支付生产车间经营租金 25 万元，支付本企业财产保险费 60 万元；支付业务招待费 2 万元；执行法院判决，支付购买商品的欠款 500 万元，支付合同违约金 8 万元；发生坏账 10 万元；支付利息 56 万元；支付购买股票款 90 万元。上述支出中，现金流量表中"支付其他与经营活动有关的现金"项目列示的金额是(　　)万元。

A. 330　　B. 830　　C. 305　　D. 130

四、实务题

1. 资料：XY 公司 20×9 年度有关资料如表 11.19 所示。

表 11.19　XY 公司 20×9 年度有关账户的累计发生额

账　　户	1～12 月累计发生额/元
主营业务收入	1 750 000
主营业务成本	910 000
税金及附加	133 000
其他业务收入	77 000
其他业务成本	66 500
销售费用	140 000
管理费用	98 000
财务费用	−3 500
研发费用	2 000
投资收益	210 000
营业外收入	25 200
营业外支出	52 500
所得税费用	165 925

要求：(1) 计算该公司的营业利润、利润总额和净利润(写出计算过程)。

(2) 资料中"财务费用"账户"−3 500 元"表示的内容是什么?

2. 资料：XP 公司 20×9 年 12 月 31 日资产负债表(简表)如表 11.20 所示。

表 11.20 资产负债表(简表)

编制单位：XP公司　　　　20×9年12月31日　　　　单位：元

资　　产	期　末　数	负债及所有者权益	期　末　数
货币资金	105 600	短期借款	180 000
交易性金融资产	30 000	应付账款	83 000
应收账款	13 000	预收款项	18 600
预付款项	27 000	应付职工薪酬	66 800
其他应收款	8 400	应交税费	28 000
存货	334 000	其他应付款	1 600
固定资产	647 800	长期借款	40 000
		实收资本	560 000
		盈余公积	48 000
		未分配利润	139 800
总　计	1 165 800	总　计	1 165 800

要求：据所给资料计算并回答问题。

(1) 该公司应收账款所属明细账户“A公司”12月31日有贷方余额1 000元，其他明细账户的余额都在借方；该公司预收款项所属明细账户的余额均在贷方。请分别计算应收账款和预收款项总账账户的余额。

(2) 该公司累计折旧总账账户贷方余额为175 000元，固定资产减值准备总账账户余额为零，计算固定资产总账账户的余额。

(3) 该公司本年实现的可分配利润为179 560元，年初未分配利润为8 500元，该年已分配利润是多少？

练习题参考答案

第一章

一、单项选择题

1. A 2. A 3. D 4. B 5. A 6. D 7. A 8. A

二、多项选择题

1. ACD 2. BD 3. ABC 4. ABD 5. BC 6. ABC 7. ABCD 8. ACD

三、计算分录选择题。

1. B。选项 A、C 不影响所有者权益，属于所有者权益内部的变动；选项 D 影响的是资产和负债，不影响所有者权益。

选项 A 的分录：

借：本年利润

　　贷：利润分配——未分配利润

选项 B 的分录：

借：长期股权投资——损益调整

　　贷：投资收益（最终影响所有者权益）

选项 C 的分录：

借：资本公积

　　贷：实收资本（股本）

选项 D 的分录：

借：银行存款

　　贷：长期借款（或短期借款）

2. B。选项 A 会同时引起负债和所有者权益发生变化，

借：利润分配——应付现金股利

　　贷：应付股利

选项 B 能同时影响资产和负债发生变化，

借：应付股利

　　贷：银行存款

选项 C 会引起资产和所有者权益同时发生变化，

借：固定资产

　　贷：实收资本

选项 D 不会影响所有者权益总额发生变化，只会引起所有者权益内部项目之间发生变化，

借：利润分配——转作股本的股利

　　贷：应付股利

借：应付股利

　　贷：股本（可合二为一）

3. A。选项 B、C、D 均未使企业所有者权益总额发生变化，只是所有者权益内部结构发生变化。而可供出

售金融资产公允价值增加,将使资产增加、资本公积增加,从而使所有者权益总额增加。

选项 A 的分录:

借:其他权益工具投资——公允价值变动

　　贷:其他综合收益

选项 B 的分录:

借:利润分配——提取法定盈余公积

　　贷:盈余公积——法定盈余公积

选项 C 的分录:

借:资本公积

　　贷:实收资本(股本)

选项 D 的分录:

借:利润分配——转作股本的股利

　　贷:股本

四、实务题

1.(1)分析经济业务的发生对会计要素的影响,如下表所示。

CD 公司业务发生情况

单位:元

会计要素及数量关系	资产 375 000	负债 112 000	所有者权益 263 000
(1)	固定资产+30 000 银行存款-30 000		
(2)	原材料+10 000		实收资本+10 000
(3)	银行存款-5 000	应付账款-5 000	
(4)	银行存款+8 000 应收账款-8 000		
(5)		长期借款-50 000	实收资本+50 000
(6)			实收资本+20 000 资本公积-20 000
期末余额	380 000	57 000	323 000

(2)从上表可以看出,6 月末该公司的资产总额为 380 000 元,负债总额为 57 000 元,所有者权益总额为 323 000 元;380 000=57 000+323 000,会计等式仍成立。

2. 计算如下表所示(单位:元)。

记账基础	收　　入		费　　用		利　润
权责发生制	收到本月的营业收入	8 000	本月应负担的办公费	900	31 500
	应收营业收入	25 000	负担保险费	600	
	收入小计	33 000	费用小计	1 500	
收付实现制	收到上个月的应收账款	10 000	支付上个月的电费	5 000	15 300
	收到本月的营业收入款	8 000	支付本月的办公费	900	
	预收客户货款	5 000	支付下季度保险费	1 800	
	收入小计	23 000	费用小计	7 700	

第二章

一、单项选择题

1. A 2. B 3. B 4. C 5. A 6. B 7. C 8. A 9. C 10. A 11. C 12. B 13. A 14. B 15. B

二、多项选择题

1. AD 2. ABCD 3. BC 4. ABC 5. ABD 6. CD 7. ABC 8. ABCD 9. BC 10. CD 11. AC 12. BCD 13. ABD 14. ABC

三、计算分录选择题

1. D。应收账款入账价值包括价款、增值税、代垫的运杂费，所以应收账款为 50＋50×13%＋3＝59.5（万元）。

会计分录（万元）：

借：应收账款	59.5	
贷：主营业务收入		50
应交税费——应交增值税（销项税额）		6.5
银行存款		3

2. C。应计提的坏账准备＝1 000－960＝40（元）

应补提的坏账准备＝40－15＝25（万元）

会计分录（万元）：

借：信用减值损失——计提的坏账准备	25	
贷：坏账准备		25

3.（1）B。5－8＋2＝－1（万元）（借方）。

（2）A。4＋1＝5（万元）。

会计分录（万元）：

① 发生坏账（即确认坏账）

借：坏账准备	8	
贷：应收账款		8

② 收回坏账（做两笔或一笔分录）

借：应收账款	2	
贷：坏账准备		2
借：银行存款	2	
贷：应收账款		2
或 借：银行存款	2	
贷：坏账准备		2

③ 计提（补提）坏账准备（冲减做反分录）

借：信用减值损失——计提的坏账准备	5	
贷：坏账准备		5

4. D。年末应计提坏账准备＝（600－550）－80＝－30（万元），所以应转回坏账准备 30 万元，减少信用减值损失 30 万元。

会计分录（万元）：

借：坏账准备	30	
贷：信用减值损失——计提的坏账准备		30

5. B。10＋10×6%÷12×4＝10.2（万元）。

会计分录（万元）：

借：应收票据　10
　贷：应收账款等　10
借：应收利息　0.2
　贷：财务费用　0.2

6. B。应给予客户的现金折扣=(1 000−100)×200×2%=3 600(元)。

会计分录(万元)：

借：应收账款——某客户　20.34
　贷：主营业务收入　18
　　应交税费——应交增值税(销项税额)　2.34
借：银行存款　19.98
　财务费用　0.36
　贷：应收账款　20.34

四、实务题

1. 会计分录如下(元)。

(1) 借：应收票据　113 000
　贷：主营业务收入　100 000
　　应交税费——应交增值税(销项税额)　13 000
(2) 借：银行存款　22 600
　贷：主营业务收入　20 000
　　应交税费——应交增值税(销项税额)　2 600
(3) 借：银行存款　11 300
　贷：主营业务收入　10 000
　　应交税费——应交增值税(销项税额)　1 300
(4) 借：应付账款　50 000
　贷：银行存款　50 000
(5) 借：其他货币资金——外埠存款　10 000
　贷：银行存款　10 000
(6) 借：原材料　8 000
　应交税费——应交增值税(进项税额)　1 040
　贷：其他货币资金——外埠存款　9 040
借：银行存款　960
　贷：其他货币资金——外埠存款　960
(7) 借：库存现金　50 000
　贷：银行存款　50 000
(8) 借：管理费用　2 000
　贷：银行存款　2 000

2. 会计分录如下(元)。

(1) 借：应收票据　22 600
　贷：主营业务收入　20 000
　　应交税费——应交增值税(销项税额)　2 600
(2) 借：应收票据　67 800
　贷：主营业务收入　60 000
　　应交税费——应交增值税(销项税额)　7 800
(3) 借：银行存款　22 600
　贷：应收票据　22 600

(4) 借：应收票据　45 200
　　贷：主营业务收入　40 000
　　　　应交税费——应交增值税(销项税额)　5 200

(5) 票据利息＝(67 800×10%)÷(12×2)＋(45 200×9%)÷(12×1)＝1 469(元)
　借：应收利息——C　1 130
　　　　　　——D　339
　　贷：财务费用　1 469

(6) 借：银行存款　69 495
　　贷：应收票据　68 930
　　　　财务费用　565

(7) 借：应收账款　45 878
　　贷：应收利息　45 878

(8) 借：应收票据　50 850
　　贷：主营业务收入　45 000
　　　　应交税费——应交增值税(销项税额)　5 850

(9) 借：应收票据　90 400
　　贷：主营业务收入　80 000
　　　　应交税费——应交增值税(销项税额)　10 400

(10) 票据到期值＝90 400＋(90 400×10%)÷12×3≈92 660(元)
　贴现息＝(92 660×12%)÷360×21≈648.62(元)
　贴现所得＝92 660－648.62＝92 011.38(元)

借：银行存款　92 011.38
　贷：应收票据　90 400
　　财务费用　1 611.38

(11) 借：原材料　10 000
　　应交税费——应交增值税(进项税额)　1 300
　　贷：应收票据　11 300

3. 会计分录如下(元)。

(1) 不做分录。

(2) 借：应收账款——B公司　2 373 000
　　贷：主营业务收入　2 100 000
　　　　应交税费——应交增值税(销项税额)　273 000
　借：主营业务成本　1 260 000
　　贷：库存商品　1 260 000

(3) 借：应收账款——B公司　113 000(红字)
　　贷：主营业务收入　100 000(红字)
　　　　应交税费——应交增值税(销项税额)　13 000(红字)

或做反分录，

借：主营业务收入　100 000
　应交税费——应交增值税(销项税额)　13 000
　贷：应收账款——B公司　113 000

借：主营业务成本　60 000(红字)
　贷：库存商品　60 000(红字)

或做反分录，

借：库存商品　60 000

　　贷：主营业务成本　60 000

(4) 借：坏账准备　30 000

　　　贷：应收账款　30 000

(5) 借：应收账款　20 000

　　　贷：坏账准备　20 000

　　借：银行存款　20 000

　　　贷：应收账款　20 000

　　或借：银行存款　20 000

　　　　贷：坏账准备　20 000

(6) 年末应收账款余额＝100＋237.3－11.3－3＝323(万元)

应计提坏账准备＝323×2%＝6.46(万元)

年末坏账准备余额＝2－3＋2＝1(万元)

年末需补提坏账准备＝6.46－1＝5.46(万元)

借：资产减值损失——计提的坏账损失　54 600

　　贷：坏账准备　54 600

4. 会计分录如下(元)。

(1) 不含税销售收入＝50 000÷1.13≈44 247.79(元)

增值税销项税额＝50 000－44 247.79＝5 752.21(元)

借：应收账款　50 500

　　贷：主营业务收入　44 247.79

　　　　应交税费——应交增值税(销项税额)　5 752.21

　　　　银行存款　500

借：主营业务成本　40 000

　　贷：库存商品　40 000

(2) 借：银行存款　500

　　　　应收票据　50 000

　　　贷：应收账款　50 500

(3) 因为票据到期日为 9 月 20 日，所以贴现天数为 35 天。

到期值＝50 000×(1＋6%×4÷12)＝51 000(元)

贴现利息＝51 000×7%×35÷360≈347.08(元)

贴现所得＝51 000－347.08＝50 652.92(元)

借：银行存款　50 652.92

　　贷：应收票据　50 000

　　　　财务费用　652.92

(4) 借：预付账款　10 000

　　　贷：银行存款　10 000

(5) 借：原材料　20 000

　　　　应交税费——应交增值税(进项税额)　2 600

　　　贷：预付账款　22 600

(6) 借：预付账款　12 600

　　　贷：银行存款　12 600

(7) 借：其他应收款　3 000

　　　贷：库存现金　3 000

(8) 借：管理费用 2 500

贷：库存现金 2 500

(9) 借：其他应收款 2 000

贷：银行存款 2 000

第三章

一、单项选择题

1. D 2. A 3. C 4. D 5. C 6. D 7. A 8. B 9. C 10. A 11. C 12. B

二、多项选择题

1. AB 2. ABC 3. ABCD 4. ABC 5. AB 6. ABD 7. ABD 8. BD 9. AC 10. ABCD 11. AD

三、计算分录选择题

1. B。可变现净值＝230－140－8＝82(万元)。

会计分录(万元)：

借：资产减值损失 28

贷：存货跌价准备 28

2. (1) D。12月4日购入A材料后的单位成本＝(30 000＋300×140)÷(150＋300)＝160(元/千克)。

会计分录(元)：

借：原材料 42 000

应交税费——应交增值税(进项税额) 5 460

贷：银行存款等 47 460

借：生产成本等 56 000

贷：原材料 56 000

12月10日结存材料的实际成本＝(150＋300—350)×160＝16 000(元)。

(2) B。12月15日购入A材料后的加权平均成本＝(16 000＋500×150)÷(100＋500)＝152(元/千克)；

年末结存A材料的实际成本＝(100＋500—300—100)×152＝30 400(元)；

年末A材料的可变现净值＝200×210＝42 000(元)；

所以年末A材料的账面价值＝30 400(元)。

会计分录(元)：

借：原材料 75 000

应交税费——应交增值税(进项税额) 9 750

贷：银行存款等 84 750

借：生产成本等 60 800

贷：原材料 60 800

3. (1) C。A公司收回材料后直接对外销售，所以消费税应该计入产品的成本。该委托加工材料收回后的入账价值＝50 000＋2 000＋80 000×10%＝60 000(元)。注意消费税计算分两种情况：如果存在同类消费品的销售价格，首选同类消费品的销售价格计算；没有同类消费品销售价格的，按组成计税价格计算纳税，组成计税价格＝(材料成本＋加工费)/(1－消费税税率)。

会计分录(元)：

① 发出原材料

借：委托加工物资 50 000

贷：原材料 50 000

② 支付加工费等

借：委托加工物资 10 000

应交税费——应交增值税(进项税额) 260

贷：银行存款 10 260

③ 加工物资验收入库

借：原材料　60 000

　贷：委托加工物资　60 000

(2) D。因为收回的加工材料用于连续生产应税消费品，所以消费税可以抵扣，不计入收回的委托加工物资的成本中，乙材料加工完毕入库时的成本＝500 000＋50 000＝550 000(元)。

会计分录(元)：

① 发出原材料

借：委托加工物资　500 000

　贷：原材料　500 000

② 支付加工费等

借：委托加工物资　50 000

　应交税费——应交增值税(进项税额)　6 500

　　　　——应交消费税　50 000

　贷：银行存款　106 500

③ 加工物资验收入库

借：原材料　550 000

　贷：委托加工物资　550 000

4. C。原材料入账价值＝800＋10×(1－9%)＋2＝811.1(万元)。

增值税一般纳税人采购材料过程中发生的增值税不计入原材料的成本。

会计分录(万元)：

借：原材料　811.1

　应交税费——应交增值税(进项税额)　104.9

　贷：银行存款等　916

5. (1) D。

(2) C。会计分录(万元)：

借：存货跌价准备　30

　贷：资产减值损失　30

(3) C。有合同的乙产品的可变现净值＝(56－1)×6＝330(万元)(比成本低，用)；

无合同的乙产品的可变现净值＝(60－1)×2＝118(万元)(比成本高，不用；用成本 112)；

账面价值＝330＋112＝442(万元)，应计提存货跌价准备 6 万。

会计分录(万元)：

借：资产减值损失　6

　贷：存货跌价准备　6

四、实务题

1. 本期销售收入＝7 800＋16 900＝24 700(元)

本期购货成本＝5 500＋6 300＋5 950＋2 400＝20 150(元)

本期可供销售商品成本合计＝2 000＋20 150＝22 150(元)

本期销售成本：

永续盘存制＝22 150/(200＋500＋700＋700＋200)×(600＋1 300)＝18 297.83(元)

实地盘存制＝22 150－22 150/(200＋500＋700＋700＋200)×398＝18 317.09(元)

本期销售毛利：

永续盘存制＝24 700－18 297.83＝6 402.17(元)

实地盘存制＝24 700－18 317.09＝6 382.91(元)

2. 会计分录如下(元)。

(1) 批准处理前，

借：待处理财产损溢　　30 000
　　贷：原材料　　30 000
(2) 批准处理后，
① 由过失人赔款部分
借：其他应收款　　20 000
　　贷：待处理财产损溢　　20 000
② 残料入库
借：原材料　　2 000
　　贷：待处理财产损溢　　2 000
③ 材料毁损净损失
借：管理费用　　8 000
　　贷：待处理财产损溢　　8 000

3. 会计分录如下(元)。
(1) 4 月 5 日收到材料时，
借：原材料　　10 000
　　材料成本差异　　600
　　贷：材料采购　　10 600
(2) 4 月 15 日从外地购入材料时，
借：材料采购　　59 000
　　应交税费——应交增值税(进项税额)　　7 670
　　贷：银行存款　　66 670
(3) 4 月 20 日收到 4 月 15 日购入的材料时，
借：原材料　　59 600
　　贷：材料采购　　59 000
　　　　材料成本差异　　600
(4) 4 月 30 日计算材料成本差异率和发出材料应负担的材料成本差异。
材料成本差异率＝(－500＋600－600)÷(40 000＋10 000＋59 600)＝－0.456 2%
发出材料应负担的材料成本差异＝70 000×(－0.456 2%)＝－319.34(元)
借：生产成本　　70 000
　　贷：原材料　　70 000
借：材料成本差异　　319.34
　　贷：生产成本　　319.34
(5) 月末结存材料的实际成本＝(40 000＋10 000＋59 600－70 000)－(500－319.34)＝39 419.34(元)。

4. (1) 编制相关的会计分录(万元)。
① 借：原材料　　180
　　　应交税费——应交增值税(进项税额)　　23.4
　　　贷：应付票据　　203.4
② 借：长期股权投资　　67.8
　　　贷：其他业务收入　　60
　　　　　应交税费——应交增值税(销项税额)　　7.8
　借：其他业务成本　　40
　　　贷：原材料　　40
③ 借：应收账款　　113
　　　贷：主营业务收入　　100
　　　　　应交税费——应交增值税(销项税额)　　13

借：主营业务成本　80
　　贷：库存商品　80
借：销售费用　2
　　贷：银行存款　2
④ 借：在建工程　22.6
　　贷：原材料　20
　　　　应交税费——应交增值税(进项税额转出)　2.6
⑤ 借：生产成本　70
　　贷：原材料　70
借：生产成本　10
　　贷：应付职工薪酬　10
借：库存商品　80
　　贷：生产成本　80
⑥ 借：待处理财产损溢　10
　　贷：原材料　10
借：营业外支出　10
　　贷：待处理财产损溢　0

⑦ 7 月末，库存原材料的账面成本＝180－40－20－70－10＝40(万元)，可变现净值为 50 万元，不需计提存货跌价准备。

库存丙产品的账面成本＝100－80＋80＝100(万元)，可变现净值为 90 万元，
需计提存货跌价准备 10 万元。

借：资产减值损失　10
　　贷：存货跌价准备　10

(2) 7 月末资产负债表中“存货”项目的金额＝40＋90＝130(万元)。

5. (1) 发出 A 材料的单位成本＝(20 000－2 000＋2 200＋37 000＋51 500－600)÷(2 000＋2 950＋5 000＋50)
＝109 300÷10 000＝10.93(元/千克)

(2) 会计分录如下(元)。

① 借：应付账款　2 000
　　贷：原材料　2 000
② 借：原材料　2 200
　　应交税费——应交增值税(进项税额)　234
　　贷：银行存款　2 434
③ 借：在途物资　37 000
　　应交税费——应交增值税(进项税额)　4 810
　　贷：银行存款　41 810
④ 借：原材料　37 000
　　贷：在途物资　37 000
⑤ 借：原材料　51 500
　　应交税费——应交增值税(进项税额)　6 435
　　银行存款　22 065
　　贷：其他货币资金　80 000
⑥ 借：原材料　600
　　贷：生产成本　600
⑦ 借：生产成本　65 580
　　制造费用　10 930
　　管理费用　10 930
　　贷：原材料　87 440

第四章

一、单项选择题

1. A　2. A　3. D　4. B　5. D　6. D　7. D　8. A　9. A　10. B　11. C

二、多项选择题

1. BD　2. AC　3. ABCD　4. BCD　5. BC　6. AC　7. ABCD　8. BCD　9. BCD　10. BCD

三、计算分录选择题

1. B。交易性金融资产影响20×1年投资损益的金额为−10+45+200=235(万元)。

会计分录(万元)：

借：交易性金融资产——成本	1 200	
投资收益	10	
贷：银行存款		1 210
借：银行存款	45(1 500×3%)	
贷：投资收益		45
借：银行存款	1 400	
贷：交易性金融资产——成本		1 200
投资收益		200

2.(1) B。入账价值=860−4−100×0.16=840(万元)。

(2) B。应确认的投资收益=−4+[960−(860−4−100×0.16)]=116(万元)。

会计分录(万元)：

借：交易性金融资产——成本	840	
应收股利	16	
投资收益	4	
贷：银行存款		860
借：银行存款	16	
贷：应收股利		16
借：银行存款	960	
贷：交易性金融资产——成本		840
投资收益		120

3.(1) A。① 108−106=2(万元)；② 原公允价值变动损益：106−100=6(万元)。

(2) C。入账累计损益价值=104−4=100(万元)。

(3) B。−0.5+(106−100)+4+(108−106)=11.5(万元)。

注意：出售时将公允价值变动损益6万元转入投资收益的处理，因为借贷方都是损益类科目，合计是不影响累计损益的。

会计分录(万元)：

借：交易性金融资产——成本	100	
应收利息	4	
投资收益	0.5	
贷：银行存款		104.5
借：银行存款	4	
贷：应收利息		4
借：交易性金融资产——公允价值变动	6	
贷：公允价值变动损益		6

借:应收利息　4
　贷:投资收益　4
借:银行存款　4
　贷:应收利息　4
借:银行存款　108
　公允价值变动损益　6
　贷:交易性金融资产——成本　100
　　　　——公允价值变动　6
　　投资收益　8

4. B。会计分录(万元):

借:其他权益工具投资　160
　应收股利　5
　贷:银行存款　165
借:其他权益工具投资——公允价值变动　10
　贷:其他综合收益　10

5. A。150×3.75÷10－[(150×9＋22.5)－150×7]＝－266.25(万元)。

会计分录(万元):

借:其他权益工具投资　1 372.5
　贷:银行存款　1 372.5
借:应收股利　56.25
　贷:投资收益　56.25
借:银行存款　56.25
　贷:应收股利　56.25
借:其他综合收益　135
　贷:其他权益工具投资——公允价值变动　135
借:其他综合收益　187.5
　贷:其他权益工具投资——公允价值变动　187.5

6. D。20×1 年年末摊余成本(账面价值)＝3 060＋(3 060×4.28%－3 000×5%)＝3 040.97(万元);20×2 年年末摊余成本＝3 040.97＋(3 040.97×4.28%－3 000×5%)＝3 021.12(万元)。

会计分录(万元):

借:债权投资——成本　3 000
　　　——利息调整　60
　贷:银行存款　3 060
借:应收利息　150
　贷:投资收益　130.97
　　债权投资——利息调整　19.03
借:银行存款　150
　贷:应收利息　150
借:应收利息　150
　贷:投资收益　130.15
　　债权投资——利息调整　19.85
借:银行存款　150
　贷:应收利息　150

7. (1) B。1 050＋12＝1 062(万元)。

(2) C。确认的利息调整的金额＝12×100－1 062＝138(万元)，且为贷方金额。

(3) B。其中，应收利息＝12×100×5%×2＝120(万元)；

债权投资——利息调整＝138(万元)，

故累计投资收益＝120＋138＝258(万元)。

会计分录(万元)：

借：债权投资——成本　1 200

　贷：银行存款　1 062

　　债权投资——利息调整　138

借：应收利息　120

　债权投资——利息调整　138

　贷：投资收益　258

注意：本题表明对于债权投资，若仅要求计算累计投资收益，则不需计算实际利率。提示：投资收益＝应收利息＋(或－)利息调整的摊销额。

四、实务题

1. 甲公司的有关账务处理如下(元)。

(1) 20×1 年 1 月 1 日购入股票。

借：其他权益工具投资——成本　3 000 000

　贷：银行存款　3 000 000

(2) 20×1 年 5 月 10 日确认现金股利。

借：应收股利　40 000

　贷：投资收益　40 000

借：银行存款　40 000

　贷：应收股利　40 000

(3) 20×1 年 12 月 31 日确认股票公允价值变动。

借：其他权益工具投资——公允价值变动　200 000

　贷：其他综合收益　200 000

(4) 20×2 年 12 月 31 日确认股票投资的公允价值变动。

借：其他综合收益　1 400 000

　贷：其他权益工具投资——减值准备　1 400 000

(5) 20×3 年 12 月 31 日确认股票价格上涨。

借：其他权益工具投资——公允价值变动　400 000

　贷：其他综合收益　400 000

(6) 20×4 年 1 月 15 日出售该金融资产。

借：银行存款　3 100 000

　其他权益工具投资——公允价值变动　800 000

　贷：其他权益工具投资——成本　3 000 000

　　盈余公积　90 000

　　利润分配——未分配利润　810 000

借：盈余公积　80 000

　利润分配——未分配利润　710 000

　贷：其他综合收益　800 000

2. 甲企业有关的账务处理如下(万元)。

(1) 20×2 年 1 月 2 日

借：债权投资——成本　2 000

　应收利息　80(2 000×4%)

　贷：银行存款　2 005.54

　　债权投资——利息调整　74.46

(2) 20×2 年 1 月 5 日

借：银行存款　80

　贷：应收利息　80

(3) 20×2 年 12 月 31 日

应确认的投资收益＝1 925.54×5%＝96.28(万元)

“债权投资——利息调整”的金额＝96.28－2 000×4%＝16.28(万元)

借：应收利息　80

　债权投资——利息调整　16.28

　贷：投资收益　96.28

(4) 20×3 年 1 月 5 日

借：银行存款　80

　贷：应收利息　80

(5) 20×3 年 12 月 31 日

应确认的投资收益＝(1 925.54＋16.28)×5%＝97.09(万元)

“债权投资——利息调整”的金额＝97.09－80＝17.09(万元)

借：应收利息　80

　债权投资——利息调整　17.09

　贷：投资收益　97.09

(6) 20×4 年 1 月 5 日

借：银行存款　80

　贷：应收利息　80

(7) 20×4 年 12 月 31 日

应确认的投资收益＝(1 925.54＋16.28＋17.09)×5%＝97.95(万元)

“债权投资——利息调整”的金额＝97.95－80＝17.95(万元)

借：应收利息　80

　债权投资——利息调整　17.95

　贷：投资收益　97.95

(8) 20×5 年 1 月 5 日

借：银行存款　80

　贷：应收利息　80

(9) 20×5 年 12 月 31 日

“债权投资——利息调整”的金额＝74.46－16.28－17.09－17.95＝23.14(万元)

应确认的投资收益＝80＋23.14＝103.14(万元)

借：应收利息　80

　债权投资——利息调整　23.14

　贷：投资收益　103.14

(10) 20×6 年 1 月 1 日

借：银行存款　2 080

　贷：债权投资——成本　2 000

　　应收利息　80

3. 因为105.6＝100×(PV,2%,6)＋100×6%÷2×(PVA,2%,6)，故实际利率＝2%。

会计分录如下(万元)。

(1) 借：其他债权投资——成本　100
　　其他债权投资——利息调整　7.6
　　贷：银行存款　107.6

(2) 借：其他债权投资——公允价值变动　0.4
　　贷：其他综合收益——其他债权投资公允价值变动　0.4

(3) 借：信用减值损失　20
　　贷：其他综合收益——信用减值准备　20

(4) 借：应收利息　3
　　贷：投资收益　2.2(107.6×2%)
　　　其他债权投资——利息调整　0.8

(5) 借：银行存款　3
　　贷：应收利息　3

(6) 借：银行存款　90
　　投资收益　17.2
　　贷：其他债权投资——成本　100
　　　其他债权投资——利息调整　6.8
　　　其他债权投资——公允价值变动　0.4
　借：其他综合收益——信用减值准备　20
　　其他综合收益——其他债权投资公允价值变动　0.4
　　　贷：投资收益　20.4

第五章

一、单项选择题

1. D　2. D　3. A　4. C　5. C　6. C　7. B　8. D　9. C　10. C　11. D

二、多项选择题

1. AD　2. ABD　3. AB　4. BD　5. AC　6. AC　7. AC　8. BCD　9. AD　10. ABD　11. ACD　12. ABC

三、计算分录选择题

1. B。甲公司应确认的资本公积＝3 000×70%－(2 500－500)＝100(万元)(贷方)。

会计分录(万元)：

借：长期股权投　2 100
　累计摊销　500
　贷：无形资产　2 500
　　资本公积——股本溢价　100

借：管理费用　20
　贷：银行存款　20

2. B。A公司长期股权投资的入账价值为300×(1＋13%)＋40＝379(万元)，因企业合并发生的评估费、律师咨询费等5万元应计入管理费用(现行准则解释中，非同一控制下的企业合并中，购买方为企业合并发生的审计、法律服务、评估咨询等中介费用以及其他相关管理费用，应当于发生时计入当期损益)。

会计分录(万元)：

借：固定资产清理　310
　累计折旧　90
　贷：固定资产　400

借：长期股权投资　379
　资产处置损益　10
　贷：固定资产清理　310
　　应交税费——应交增值税(销项税额)　39
　　短期借款　40
借：管理费用　5
　贷：银行存款　5

3. B。A公司能够对B公司施加重大影响，对该长期股权投资采用权益法核算。由于初始投资成本1 800万元小于应享有被投资单位可辨认净资产公允价值份额2 100(6 000×35%)万元，所以应该调整长期股权投资的初始投资成本，A公司应进行以下账务处理(万元)。

20×1年1月1日，
借：长期股权投资　1 800
　贷：银行存款　1 800
借：长期股权投资　300
　贷：营业外收入　300
20×1年12月31日，
借：长期股权投资　210
　贷：投资收益　210(600×35%)

因此，20×1年年末A公司该项长期股权投资的账面价值为1 800+300+210=2 310(万元)，选项B正确。

四、实务题

1. A公司有关的账务处理如下(万元)。

(1) 借：长期股权投资——B公司(成本)　1 035
　　贷：银行存款　1 035

长期股权投资的初始投资成本1 035万元，大于投资时应享有被投资方可辨认净资产公允价值份额900(3 000×30%)万元，不调整长期股权投资的初始投资成本。

(2) A公司应确认的投资收益=180×30%=54(万元)。
借：长期股权投资——B公司(损益调整)　54
　贷：投资收益　54

(3) 借：长期股权投资——B公司(其他综合收益)　30
　　贷：其他综合收益　30

(4) 在调整亏损前，A公司对B公司长期股权投资的账面余额为1 035+54+30=1 119(万元)。当被投资企业发生亏损时，投资企业应以投资账面价值减记至零为限，因此应调整的“损益调整”的数额为1 119万元，而不是1 206(4 020×30%)万元。
借：投资收益　1 119
　贷：长期股权投资——B公司(损益调整)　1 119

备查登记中应记录未减记的长期股权投资87(1 206−1 119)万元。

(5) 借：长期股权投资——B公司(损益调整)　63(500×30%−87)
　　贷：投资收益　63

2. 甲公司有关的账务处理如下(万元)。

(1) 20×1年2月25日，
借：长期股权投资　11 980
　应收股利　40
　贷：银行存款　12 020

长期股权投资采用成本法核算，不调整初始投资成本。

(2) 20×1 年 3 月 10 日，

借：银行存款　40

　　贷：应收股利　40

(3) 不做分录。

(4) 20×2 年 2 月 16 日，

借：应收股利　270

　　贷：投资收益　270

(5) 20×2 年 3 月 12 日，

借：银行存款　270

　　贷：应收股利　270

(6) 20×2 年 12 月 31 日，

长期股权投资的账面价值为 11 980 万元，可收回金额为 11 300 万元，发生减值。

借：资产减值损失　180

　　贷：长期股权投资减值准备　180

(7) 20×3 年 2 月 1 日，

借：银行存款　11 900

　　长期股权投资减值准备　180

　　贷：长期股权投资　11 980

　　　　投资收益　100

第六章

一、单项选择题

1. A　2. D　3. B　4. B　5. D　6. A　7. A　8. B　9. A　10. B　11. A　12. C　13. C　14. D　15. C　16. A

二、多项选择题

1. ACD　2. AC　3. AB　4. ABCD　5. BC　6. ABD　7. AD　8. ACD　9. AB　10. ABD　11. ABC

三、计算分录选择题

1. B。入账价值＝2 500＋25＋100＋33＝2 658(万元)。

会计分录(万元)：

借：在建工程　2 525

　　应交税费——应交增值税(进项税额)　325

　　贷：银行存款　2 850

借：在建工程　133

　　贷：原材料　100

　　　　应付职工薪酬　33

借：固定资产　2 658

　　贷：在建工程　2 658

2. B。改良后固定资产价值＝(200－80－30)＋32＋50－(50－50×110÷200)＝149.5(万元)。

会计分录(万元)：

借：在建工程　90

　　累计折旧　80

　　固定资产减值准备　30

　　贷：固定资产　200

借：在建工程　82

　　贷：原材料　50

　　　　银行存款　32

借：营业外支出　22.5

　　贷：在建工程　22.5

借：固定资产　149.5

　　贷：在建工程　149.5

3. B。该设备报废时从“固定资产清理”转入“营业外支出”的余额为60－(20＋16＋6)(累计折旧额)－1.5＋0.5＝17(万元)。

会计分录(万元)：

借：固定资产　60

　　贷：银行存款　60

借：制造费用　42

　　贷：累计折旧　42

借：固定资产清理　18

　　累计折旧　42

　　贷：固定资产　60

借：固定资产清理　0.5

　　贷：银行存款　0.5

借：银行存款　1.5

　　贷：固定资产清理　1.5

借：营业外支出　17

　　贷：固定资产清理　17

4. D。第1年折旧额＝(80 000－5 000)×5÷(1＋2＋3＋4＋5)＝25 000(元)；

第2年折旧额＝(80 000－5 000)×4÷15＝20 000(元)；

第3年折旧额＝(80 000－5 000)×3÷15＝15 000(元)；

第3年年末计提减值前的账面价值＝(80 000－25 000－20 000－15 000)＝20 000(元)；

计提固定资产减值准备：20 000－18 000＝2 000(元)；

计提减值后的账面价值为18 000元。

会计分录(万元)：

借：固定资产　8

　　贷：银行存款　8

借：管理费用　6

　　贷：累计折旧　6

借：资产减值损失　0.2

　　贷：固定资产减值准备　0.2

5. B。该项无形资产的入账成本＝300＋700＋40＋60＋100＋300＋10＋30＋120＝1 660(万元)。

按5年摊销，20×3年应摊销金额＝1 660÷5÷2＝166(万元)。

会计分录(万元)：

借：研发支出　1 050

　　贷：原材料　100

　　　　应付职工薪酬　900

　　　　银行存款　50

借：管理费用　1 050

　　贷：研发支出　1 050

借：研发支出　1 660

　贷：原材料　400

　　应付职工薪酬　1 000

　　财务费用　50

　　银行存款　210

借：无形资产　1 660

　贷：研发支出　1 660

借：管理费用　166

　贷：累计摊销　166

6. C。转让净收益＝(300－15)－(360－360÷10×5－20)＝125(万元)。

会计分录(万元)：

借：无形资产　360

　贷：银行存款　360

借：管理费用　180

　贷：累计摊销　180

借：资产减值损失　20

　贷：无形资产减值准备　20

借：银行存款　300

　累计摊销　180

　无形资产减值准备　20

　贷：无形资产　360

　　应交税费——应交增值税(销项税额)　15

　　资产处置损益　125

四、实务题

1. 会计分录如下(万元)。

借：在建工程　1 059.3(1 000＋50＋10×93%)

　应交税费——应交增值税(进项税额)　130.7(130＋10×7%)

　贷：银行存款　1 190

借：在建工程　140.7

　贷：原材料　100

　　应付职工薪酬　10

　　银行存款　30.7(20＋10.7)

其入账价值＝1 000＋50＋10×93%＋100＋10＋20＋10.7＝1 200(万元)。

借：固定资产　1 200

　贷：在建工程　1 200

2. 乙公司应做如下会计处理(万元)。

(1) 将报废固定资产转入清理时，

借：固定资产清理　5

　累计折旧　45

　贷：固定资产　50

(2) 收回残料变价收入时，

借：银行存款　2

　贷：固定资产清理　2

(3) 支付清理费用时，

借：固定资产清理	0.35	
贷：银行存款		0.35

(4) 结转报废固定资产发生的净损失时，

借：营业外支出——非流动资产处置损失	3.35	
贷：固定资产清理		3.35

3. 会计分录如下(万元)。

(1) 接受投资

借：工程物资	175.5(150×117%)	
贷：实收资本		150(1 000×15%)
资本公积——股本溢价		25.5

(2) 更新改造

① 转入更新改造

借：在建工程	90	
累计折旧	80	
固定资产减值准备	30	
贷：固定资产		200

② 支付改造项目款和领用本企业存货

借：在建工程	50	
贷：银行存款		50
借：在建工程	41	
贷：库存商品		23.5
原材料		17.5
借：在建工程	70	
贷：工程物资		70
借：营业外支出	40	
贷：在建工程		40

(3) 自行建造

① 在建工程

借：工程物资	300	
应交税费——应交增值税(进项税额)	39	
贷：银行存款		339
借：在建工程	320	
贷：工程物资		240(300×80%)
应付职工薪酬		50
生产成本		30

② 完工结转

借：固定资产	320	
贷：在建工程		320
借：原材料	60	
贷：工程物资		60

(4) 出售设备结转账面价值

借：固定资产清理	70	
累计折旧	120	
固定资产减值准备	10	
贷：固定资产		200

借：银行存款 56.5

　　贷：固定资产清理 50

　　　　应交税费——应交增值税(销项税额) 6.5

借：固定资产清理 2

　　贷：银行存款 2

借：资产处置损益 22

　　贷：固定资产清理 22

4. 会计分录如下(万元)。

(1) 20×3 年 1 月 1 日购入该项无形资产

借：无形资产 900

　　贷：银行存款 900

(2) 20×3 年 12 月 31 日摊销无形资产

借：管理费用 (900÷6)150

　　贷：累计摊销 150

(3) 20×4 年 12 月 31 日摊销无形资产

借：管理费用 150

　　贷：累计摊销 150

20×4 年 12 月 31 日计提无形资产减值准备＝900－150×2－375＝225(万元)。

借：资产减值损失 225

　　贷：无形资产减值准备 225

(4) 20×5 年 12 月 31 日无形资产摊销的金额＝375÷4＝93.75(万元)。

借：管理费用 93.75

　　贷：累计摊销 93.75

(5) 20×6 年 12 月 31 日计提无形资产减值准备的金额＝375－375÷4×2－150＝37.5(万元)。

借：管理费用 93.75

　　贷：累计摊销 93.75

借：资产减值损失 37.5

　　贷：无形资产减值准备 37.5

(6) 20×7 年 3 月 1 日出售无形资产

借：管理费用 12.5(150÷2×2÷12)

　　贷：累计摊销 12.5

借：银行存款 200

　　累计摊销 500(150×2＋93.75×2＋12.5)

　　无形资产减值准备 262.5(225＋37.5)

　　贷：无形资产 900

　　　　资产处置损益 62.5

第七章

一、单项选择题

1. D　2. A　3. B　4. B　5. A　6. C　7. B　8. D　9. B　10. A　11. B　12. B

二、多项选择题

1. ABD　2. ACD　3. BD　4. AB　5. ABCD　6. ACD　7. ABC　8. ABCD　9. BCD　10. BD　11. ABCD　12. ABC　13. AD

三、计算分录选择题

1. A。

该事项对甲公司留存收益的影响金额=5 500-(6 000-1 500)=1 000(万元)。

会计分录(万元):

借:投资性房地产——成本 5 500

　　投资性房地产累计折旧 1 500

　　贷:投资性房地产 6 000

　　　　利润分配——未分配利润 900

　　　　盈余公积 100

2. D。

次年该项投资性房地产的"公允价值变动"余额=6 300-6 000=300(万元),对次年损益的影响金额=300-400=-100(万元)。

会计分录(万元):

借:投资性房地产——成本 6 000

　　贷:银行存款 6 000

借:投资性房地产——公允价值变动 400

　　贷:公允价值变动损益 400

借:公允价值变动损益 100

　　贷:投资性房地产——公允价值变动 100

3. A。

会计分录(万元):

借:银行存款 70

　　贷:其他业务收入 70

借:其他业务成本 40

　　投资性房地产累计折旧 60

　　投资性房地产减值准备 20

　　贷:投资性房地产 120

处置当期的净损益=70-40=30(万元)。

四、实务题

1. (1) 会计分录如下(万元)。

借:投资性房地产 66 000

　　贷:银行存款 66 000

(2) 会计分录如下(万元)。

借:投资性房地产 1 500

　　贷:公允价值变动损益 1 500

(3) 20×5 年 12 月 31 日投资性房地产的账面价值为 67 500 万元。

(4) 会计分录如下(万元)。

借:固定资产 70 000

　　贷:投资性房地产 67 500

　　　　公允价值变动损益 2 500

(5) 20×7 年 12 月 31 日该写字楼的账面价值为 70 000-70 000÷20=66 500(万元)

(6) 会计分录如下(万元)。

借:固定资产清理 56 000

　　累计折旧 14 000

　　贷:固定资产 70 000

借：银行存款　68 000
　　贷：固定资产清理　56 000
　　　　资产处置损益　12 000

2. (1) 会计分录如下(万元)。

借：投资性房地产——成本　35 000
　　累计折旧　10 000
　　贷：固定资产　25 000
　　　　其他综合收益　20 000

(2) 会计分录如下(万元)。

借：银行存款　1 000
　　贷：其他业务收入　1 000
借：投资性房地产——公允价值变动　2 500
　　贷：公允价值变动损益　2 500(37 500－35 000)

影响 20×6 年营业利润的金额＝1 000＋2 500＝3 500(万元)。

(3) 会计分录如下(万元)。

借：投资性房地产——公允价值变动　1 000(38 500－37 500)
　　贷：公允价值变动损益　1 000

20×7 年资产负债表中投资性房地产的列示金额为 38 500 万元。

(4) 会计分录如下(万元)。

借：投资性房地产——在建　38 500
　　贷：投资性房地产——成本　35 000
　　　　　　　　　　——公允价值变动　3 500

(5) 会计分录如下(万元)。

① 20×9 年 1 月 1 日计提长期借款的利息＝2 000×5%＝100(万元)，

借：投资性房地产——在建　1 100
　　贷：银行存款　1 000
　　　　应付利息　100

② 20×0 年 3 月 31 日完工计提长期借款的利息＝2 000×5%×3÷12＝25(万元)，

借：投资性房地产——在建　25
　　贷：应付利息　25

③ 支付工程款项，

借：投资性房地产——在建　800
　　贷：银行存款　800

④ 20×0 年 3 月 31 日完工，

借：投资性房地产——成本　40 425
　　贷：投资性房地产——在建　40 425

第八章

一、单项选择题

1. B　2. B　3. C　4. B　5. B　6. B　7. C　8. A　9. A　10. B　11. D　12. C　13. B

二、多项选择题

1. BCD　2. ACD　3. ABC　4. ABC　5. ABD　6. BCD　7. ABC　8. ABCD　9. ABD　10. ABCD　11. BC　12. ABCD

三、计算分录选择题

1. (1) C。入账价值＝1 880 082－720＝1 879 362(万元)

(2) D。20×1 年年末的账面价值=1 879 362+1 879 362×4%-1 800 000×5%=1 864 536.48(万元)；20×2 年年末账面价值=1 864 536.48+1 864 536.48×4%-1 800 000×5%=1 849 117.94(万元)。

会计分录(万元)：

借：银行存款	1 879 362
贷：应付债券——面值	1 800 000
——利息调整	79 362
借：财务费用	75 174.48
应付债券——利息调整	14 825.52
贷：银行存款	90 000
借：财务费用	74 581.46
应付债券——利息调整	15 418.54
贷：银行存款	90 000

2. D。该债券负债部分的初始入账价值为 92.54(100×0.762 6+100×6%×2.712 8)万元，所以其他权益工具的入账价值为 100-92.54=7.46(万元)。

会计分录(万元)：

借：银行存款	100
应付债券——利息调整	7.46
贷：应付债券——面值	100
其他权益工具	7.46

3. D。甲公司应确认的“资本公积——股本溢价”=转销的“应付债券——可转换公司债券”余额+转销的“其他权益工具”-股本=[9 465.40+(9 465.40×6%-10 000×4%)]÷2+(10 200-9 465.40)÷2-100=4 816.66+367.30-100=5 083.96(万元)。

账务处理如下(万元)。

(1) 20×2 年 1 月 1 日，权益成分的公允价值为 10 200-9 465.4=734.6(万元)

借：银行存款	10 200
应付债券——可转换公司债券(利息调整)	534.6
贷：应付债券——可转换公司债券(面值)	10 000
其他权益工具	734.6

(2) 20×2 年 12 月 31 日应付利息=10 000×4%=400(万元)；

应确认的利息费用=9 465.4×6%=567.924(万元)。

借：财务费用	567.924
贷：应付利息	400
应付债券——可转换公司债券(利息调整)	167.924

(3) 20×3 年 1 月 1 日支付利息的账务处理。

借：应付利息	400
贷：银行存款	400

(4) 20×3 年 1 月 1 日

借：应付债券——可转换公司债券(面值)	5 000
其他权益工具	367.3(734.6×50%)
贷：应付债券——可转换公司债券(利息调整)	183.338[(534.6-167.924)×50%]
股本	100
资本公积——股本溢价	5 083.962

四、实务题

1. 有关会计分录如下(万元)：

(1) 借：委托加工物资　100

　　贷：原材料　100

　借：委托加工物资　20

　　应交税费——应交消费税　8

　　贷：应付账款　28

　借：原材料　120

　　贷：委托加工物资　120

(2) 借：委托加工物资　100

　　贷：原材料　100

　借：委托加工物资　28

　　贷：应付账款　28

　借：原材料　128

　　贷：委托加工物资　128

(3) 借：应收账款　8

　　贷：应交税费——应交消费税　8

2. 会计分录如下(元)。

(1) 计算本月应付电费。

借：制造费用　40 000

　管理费用　10 000

　贷：应付账款　50 000

(2) 购入一批材料。

借：原材料　100 000

　应交税费——应交增值税(进项税额)　13 000

　贷：应付账款　113 000

(3) 管理部门委托外单位修理机器设备。

借：管理费用　2 000

　应交税费——应交增值税(进项税额)　340

　贷：银行存款　2 340

(4) 建造厂房领用生产用原材料。

借：在建工程　22 600

　贷：原材料　20 000

　　应交税费——应交增值税(进项税额转出)　2 600

(5) 出售一栋办公楼。

注销固定资产原值及已提折旧：

借：固定资产清理　600 000

　累计折旧　200 000

　贷：固定资产　800 000

收到出售收入 640 000 元：

借：银行存款　640 000

　贷：固定资产清理　640 000

支付清理费用 10 000 元：

借：固定资产清理　10 000

　贷：银行存款　10 000

计算应交增值税税额：

应交增值税税额=640 000×5%=32 000(元)

借：固定资产清理　32 000

　贷：应交税费——应交增值税(销项税额)　32 000

结转销售该固定资产的净损失：

借：资产处置损益　2 000

　贷：固定资产清理　2 000

3. 会计分录如下(万元)。

(1) 借：生产成本　120

　　制造费用　30

　　管理费用　50

　　贷：应付职工薪酬　200

(2) 借：生产成本　30

　　制造费用　7.5

　　管理费用　12.5

　　贷：应付职工薪酬　50

(3) 借：应付职工薪酬　8

　　贷：应交税费——应交个人所得税　8

(4) 借：应付职工薪酬　1

　　贷：库存现金　1

(5) 借：管理费用　2

　　贷：应付职工薪酬　2

　借：应付职工薪酬　2

　　贷：累计折旧　2

(6) 借：管理费用　4

　　贷：应付职工薪酬　4

　借：应付职工薪酬　4

　　贷：银行存款　4

4. 会计分录如下(万元)。

(1) 20×2 年 12 月 31 日，

借：银行存款　8 000

　贷：应付债券——面值　8 000

(2) 20×3 年 1 月 1 日，

借：在建工程　7 000

　应交税费——应交增值税(进项税额)　910

　贷：银行存款　7 910

(3) 20×3 年 12 月 31 日，

借：在建工程　100

　贷：银行存款　100

借：在建工程　360

　贷：应付利息　360(8 000×4.5%)

固定资产的入账价值=7 000+100+360=7 460(万元)

借：固定资产　7 460

　贷：在建工程　7 460

(4) 20×4 年 1 月 10 日，

借：应付利息　　360

　　贷：银行存款　　360

(5) 20×4 年 12 月 31 日，

借：财务费用　　360

　　贷：应付利息　　360(8 000×4.5%)

(6)20×5 年 1 月 10 日，

借：应付利息　　360

　　贷：银行存款　　360

(7)20×5 年 12 月 31 日，

借：财务费用　　360

　　贷：应付利息　　360(8 000×4.5%)

(8)20×6 年 1 月 10 日，

借：应付债券——面值　　8 000

　　应付利息　　360

　　贷：银行存款　　8 360

第九章

一、单项选择题

1. B　2. D　3. C　4. C　5. D　6. B　7. C　8. C　9. B　10. A　11. A　12. C

二、多项选择题

1. BCD　2. AB　3. AC　4. AC　5. BCD　6. BC　7. ABCD　8. ABC　9. BC

三、计算分录选择题

1. (1) C。应计入股本的金额＝1×1 000＝1 000(万元)；

应计入资本公积的金额＝(4×1 000－4 000×2%)－1 000＝2 920(万元)。

(2) C。盈余公积＝(300－100)×(1－25%)×10%＝15(万元)。

会计分录(万元)：

(1) 借：银行存款等　　3 920

　　贷：股本　　1 000

　　　　资本公积　　2 920

　借：利润分配——未分配利润　　100

　　贷：本年利润　　100

(2) 借：所得税费用　　50

　　贷：应交税费——应交所得税　　50

　借：本年利润　　50

　　贷：所得税费用　　50

　借：本年利润　　250

　　贷：利润分配——未分配利润　　250

　借：利润分配——提取法定盈余公积　　15

　　贷：盈余公积——法定盈余公积　　15

　借：利润分配——未分配利润　　15

　　贷：利润分配——提取法定盈余公积　　15

2. (1) C。“资本公积”科目的贷方余额＝120＋(400－270)＋(560－500)＝310(万元)。

(2) C。留存收益的期末总额＝200＋150－100＋1 000＋1 500－150－300＝2 300(万元)。

会计分录(万元)：

(1) 借：投资性房地产——成本　400
　　累计折旧　30
　　　贷：固定资产　300
　　　　资本公积——其他资本公积　130
　借：投资性房地产——公允价值变动　20
　　贷：公允价值变动损益　20
　借：可供出售金融资产——成本　500
　　贷：银行存款　500
　借：可供出售金融资产——公允价值变动　60
　　贷：资本公积——其他资本公积　60
(2) 借：本年利润　1 000
　　贷：利润分配——未分配利润　1 000
　借：利润分配——应付股利　10
　　贷：应付股利　10
　借：应付股利　10
　　贷：股本　10
　借：利润分配——未分配利润　10
　　贷：利润分配——应付股利　10
(3) 借：本年利润　1 500
　　贷：利润分配——未分配利润　1 500
　借：利润分配——应付股利　300
　　贷：应付股利　300
　借：应付股利　300
　　贷：银行存款　300
　借：利润分配——未分配利润　300
　　贷：利润分配——应付股利　300
　借：利润分配——提取法定盈余公积　150
　　贷：盈余公积——法定盈余公积　150
　借：利润分配——未分配利润　150
　　贷：利润分配——提取法定盈余公积　150
　借：盈余公积　100
　　贷：股本　100

3. A。盈余公积=(400−150)×(1−25%)×10%=18.75(万元)。

会计分录(万元)：

借：利润分配——未分配利润　150
　贷：本年利润　150
借：所得税费用　62.5
　贷：应交税费——应交所得税　62.5
借：本年利润　62.5
　贷：所得税费用　62.5
借：本年利润　337.5
　贷：利润分配——未分配利润　337.5
借：利润分配——提取法定盈余公积　18.75
　贷：盈余公积——法定盈余公积　18.75

借：利润分配——未分配利润　18.75

　贷：利润分配——提取法定盈余公积　18.75

四、实务题

1.（1）甲公司接受投资者A增资的会计分录（万元）：

借：固定资产　180

　贷：实收资本　100

　　资本公积　80

（2）甲公司接受投资者B增资的会计分录（万元）：

借：原材料　100

　应交税费——应交增值税（进项税额）　13

　贷：实收资本　100

　　资本公积　13

（3）甲公司接受投资者C初次出资时的会计分录（万元）：

借：银行存款　420

　贷：实收资本　300

　　资本公积　120

2.（1）会计分录如下（万元）。

借：银行存款　1 600

　无形资产　400

　贷：实收资本——A　1 000

　　　——B　600

　　　——C　400

（2）会计分录如下（万元）。

借：利润分配——应付现金股利　200

　贷：应付股利——A　100

　　　——B　60

　　　——C　40

（3）甲公司20×9年12月31日吸收D股东出资时产生的资本公积＝339－2 200×10%＝119（万元）。

（4）会计分录如下（万元）。

借：原材料　300

　应交税费——应交增值税（进项税额）　39

　贷：实收资本——D　220

　　资本公积　119

（5）甲公司20×9年12月31日增资扩股后各股东的持股比例：

A股东的持股比例＝50%×90%＝45%

B股东的持股比例＝30%×90%＝27%

C股东的持股比例＝20%×90%＝18%

D股东的持股比例＝10%

3. 会计分录如下（万元）。

（1）① 回购本公司股票时

借：库存股　3 200

　贷：银行存款　3 200

② 注销

借：股本　1 600
　　资本公积——股本溢价　1 600
　　贷：库存股　3 200

(2) ① 回购本公司股票时

借：库存股　4 800
　　贷：银行存款　4 800

② 注销

借：股本　1 600
　　资本公积——股本溢价　2 400
　　盈余公积　800
　　贷：库存股　4 800

(3) ① 回购本公司股票时

借：库存股　1 280
　　贷：银行存款　1 280

② 注销

借：股本　1 600
　　贷：库存股　1 280
　　　　资本公积——股本溢价　320

4. (1) 会计处理如下(万元)：

借：本年利润　180
　　贷：利润分配——未分配利润　180

借：利润分配——提取法定盈余公积　18
　　　　　　——提取任意盈余公积　45
　　　　　　——应付现金股利　50
　　贷：盈余公积——法定盈余公积　18
　　　　　　　　——任意盈余公积　45
　　　　应付股利　50

借：利润分配——未分配利润　113
　　贷：利润分配——提取法定盈余公积　18
　　　　　　　　——提取任意盈余公积　45
　　　　　　　　——应付现金股利　50

(2) 会计分录如下。(万元)：

借：盈余公积——任意盈余公积　50
　　贷：股本　50

(3) 会计分录如下。(万元)：

结转20×5年发生的亏损

借：利润分配——未分配利润　35
　　贷：本年利润　35

20×5年年未分配利润的年末余额＝30＋180－113－35＝62(万元)。

第十章

一、单项选择题

1. B　2. B　3. A　4. D　5. B　6. D　7. D　8. B　9. D　10. B　11. C　12. A　13. A

二、多项选择题

1. ABCD 2. ACD 3. BCD 4. ABCD 5. ABD 6. BD 7. ABD 8. BCD 9. BCD 10. BC 11. ABCD

三、计算分录选择题

1. (1) D。

(2) A。对营业利润的影响金额=100−75=25(万元)。

会计分录(万元):

① 借:银行存款　2 260

贷:主营业务收入　1 700

应交税费——应交增值税(销项税额)　260(1 000×2×13%)

预计负债——应付退货款　300(1 000×2×15%)

借:主营业务成本　1 275

应收退货成本　225(1 000×1.5×15%)

贷:库存商品　1 500(1 000×1.5)

② 借:预计负债——应付退货款　100

贷:主营业务收入　100[1 000×2×(15%−10%)]

借:主营业务成本　75[1 000×1.5×(15%−10%)]

贷:应收退货成本　75

2. B。对甲公司的本年利润的影响金额=120−72−12=36(万元)。

会计分录(万元):

借:发出商品(或委托代销商品)　120

贷:库存商品　120

借:应收账款　135.6

贷:主营业务收入　120(200×60%)

应交税费——应交增值税(销项税额)　15.6

借:主营业务成本　72(120×60%)

贷:发出商品(或委托代销商品)　72

借:销售费用　12

应交税费——应交增值税(进项税额)　1.56

贷:应收账款　13.56

3. C。对甲公司的本年利润的影响金额=500−300−20=180(万元)。

会计分录(万元):

借:银行存款　550

贷:主营业务收入　500

合同负债　50

借:主营业务成本　300

贷:库存商品　300

借:销售费用　20

贷:预计负债　20

4. B。

会计分录(万元):

销售储值卡:

借:银行存款　10 000

贷:合同负债　10 000

同时,根据储值卡的消费金额确认收入为10 000×(6 000÷9 600)=6 250(万元)。

借：合同负债　　6 250

　　贷：主营业务收入　　6 250

四、实务题

1. (1) 根据资料(1)，履约义务包括提供手机和通话服务。

甲公司每部手机的公允价值为 2 400 元，每名客户享受通话服务的公允价值为 150×24＝3 600(元)，12 月手机应确认的收入为 2 400÷(2 400＋3 600)×5 000×10＝20 000(万元)，未来 24 个月通话服务应确认的收入为 3 600÷(2 400＋3 600)×5 000×10＝30 000(万元)，12 月份通话服务应确认的收入为 30 000÷24＝1 250(万元)，甲公司于 12 月应确认的收入为 20 000＋1 250＝21 250(万元)。

会计分录如下(万元)。

借：银行存款　　50 000

　　贷：合同负债　　28 750

　　　　主营业务收入　　21 250

(2) 根据资料(2)，履约义务包括当期通话服务及客户下期通话服务。

甲公司 12 月应确认的收入金额为 100÷(100＋10)×10 000＝9 090.91(万元)。

会计分录如下(万元)。

借：银行存款　　10 000

　　贷：主营业务收入　　9 090.91

　　　　合同负债　　909.09

(3) 根据资料(3)，履约义务包括提供通信设备和通信设备维护。

甲公司应确认的收入金额为(2 000＋200×10)×2 200÷(2 200＋180×10)＝2 200(万元)。

会计分录如下(万元)。

借：应收账款　　2 200

　　贷：主营业务收入　　2 200

2. (1) A 公司应确认的收入金额＝1 000＋1 000×(P/A，10%，5)＝1 000＋1 000×3.790 8＝4 790.8(万元)。

(2) 20×8 年 1 月 1 日的相关会计分录(万元)：

借：长期应收款　　6 780(1 000×6×1.13)

　　贷：主营业务收入　　4 790.8

　　　　未实现融资收益　　1 209.2

　　　　应交税费——待转销项税额　　780

借：银行存款　　1 130

　　应交税费——待转销项税额　　130

　　贷：长期应收款　　1 130

　　　　应交税费——应交增值税(销项税额)　　130

借：主营业务成本　　3 000

　　贷：库存商品　　3 000

(3) 20×8 年 12 月 31 日，本年未实现融资收益的摊销额＝(5 000－1 209.2)×10%＝379.08(万元)。

20×8 年 12 月 31 日的相关会计分录(万元)：

借：未实现融资收益　　379.08

　　贷：财务费用　　379.08

借：银行存款　　1 130

　　应交税费——待转销项税额　　130

　　贷：长期应收款　　1 130

　　　　应交税费——应交增值税(销项税额)　　130

20×8 年 12 月 31 日，长期应收款不含增值税的账面价值＝(5 000－1 000)－(1 209.2－379.08)＝3 169.88(万元)。

(4) 20×9 年 12 月 31 日，未实现融资收益的摊销额＝3 169.88×10%＝316.99(万元)。

20×9 年 12 月 31 日的相关会计分录(万元)：

借：未实现融资收益　316.99

　贷：财务费用　316.99

借：银行存款　1 130

　应交税费——待转销项税额　130

　贷：长期应收款　1 130

　　应交税费——应交增值税(销项税额)　130

20×9 年 12 月 31 日，长期应收款不含增值税的账面价值＝(5 000－1 000×2)－(1 209.2－379.08－316.99)＝2 486.87(万元)。

3. (1) 会计分录如下(万元)。

① 实际发生劳务成本。

借：合同履约成本——设备安装　500

　贷：应付职工薪酬　500

② 预收劳务款。

借：银行存款　700

　贷：合同负债　700

③ 12 月 31 日确认劳务收入并结转劳务成本。

实际发生的成本占估计总成本的比例＝500÷(500＋300)×100%＝62.5%

12 月 31 日确认的劳务收入＝1 000×62.5%－0＝625(万元)

借：合同负债　625

　贷：主营业务收入　625

借：主营业务成本　500

　贷：合同履约成本　500

(2) 会计分录如下(万元)。

① 实际发生劳务成本。

借：合同履约成本——设备安装　250

　贷：应付职工薪酬　250

② 次年确认劳务收入并结转劳务成本。

实际发生的成本占估计总成本的比例＝100%

确认的劳务收入＝1 000×100%－625＝375(万元)

借：合同负债　75

　银行存款　300

　贷：主营业务收入　375

③ 借：主营业务成本　250

　　贷：合同履约成本　250

第十一章

一、单项选择题

1. D　2. D　3. C　4. C　5. A　6. C　7. B　8. D　9. B　10. D　11. B　12. C　13. B　14. C　15. A

二、多项选择题

1. CD　2. ACD　3. AC　4. CD　5. ABCD　6. ACD　7. AD　8. ABCD　9. AC　10. BC　11. AD　12. ABCD　13. AD　14. ABC　15. ABD　16. AD

三、计算分录选择题

1. B。营业利润＝800－500＋100－20－30－80－5＋100－20＋230＝575(万元)，其他债权投资公允价值

变动计入其他综合收益,不影响营业利润。

会计分录(万元):

	借方	贷方
借:交易性金融资产——公允价值变动	230	
贷:公允价值变动损益		230
借:其他债权投资——公允价值变动	260	
贷:其他综合收益		260
借:主营业务收入	800	
其他业务收入	100	
投资收益为	100	
公允价值变动损益	230	
营业外收入	50	
贷:本年利润		1 280
借:本年利润	663	
贷:主营业务成本		500
其他业务成本		20
销售费用为		30
管理费用		80
财务费用		5
资产减值损失		20
营业外支出		5
所得税费用		3
借:本年利润	617	
贷:利润分配——未分配利润		617

2. B。支付其他与经营活动有关的现金=管理费用-管理人员工资-存货盘亏损失-计提固定资产折旧-无形资产摊销=2 200-950-25-570-200=455(万元)。

3. D。企业当期经营活动产生的现金流量净额=600-100+50-75-25+40+10=500(万元)。

4. C。销售商品、提供劳务收到的现金=5 150+765+(700-660)+[(120+35)-(150+72)]+(66-89)+4-5=5 864(万元)。(注意区分资产负债表"应收账款"项目余额与"应收账款"账户余额)

5. A。支付其他与经营活动有关的现金=30+5+200+25+60+2+8=330(万元)。

四、实务题

1. (1) 营业利润=主营业务收入-主营业务成本-税金及附加+其他业务收入-其他业务成本-销售费用-管理费用-财务费用-研发费用+投资收益

=1 750 000-910 000-133 000+77 000-66 500-140 000-98 000+3 500-2 000+210 000

=691 000(元)

利润总额=营业利润+营业外收入-营业外支出

=691 000+25 200-52 500=663 700(元)

净利润=利润总额-所得税费用=663 700-165 925=497 775(元)

(2) 资料中财务费用累计发生额为-3 500 元,表明该企业银行存款利息收入大于同期的利息支出和金融机构手续费 3 500 元。

2. (1) 应收账款总账账户的余额=13 000-1 000=12 000(元)

预收款项总账账户的余额=18 600-1 000=17 600(元)

(2) 固定资产总账账户的余额=647 800+175 000+0=822 800(元)

(3) 已分配利润=年初未分配利润+本年实现的可分配利润-年末未分配利润

=8 500+179 560-139 800=48 260(元)

附录　企业常用会计科目表

一、资产类	固定资产减值准备	资本公积
库存现金	在建工程	其他综合收益
银行存款	工程物资	盈余公积
其他货币资金	固定资产清理	本年利润
交易性金融资产	无形资产	利润分配
应收票据	累计摊销	库存股
应收账款	无形资产减值准备	五、成本类
预付账款	研发支出	生产成本
应收股利	商誉	制造费用
应收利息	长期待摊费用	劳务成本
其他应收款	递延所得税资产	研发费用
坏账准备	待处理财产损溢	合同取得成本
材料采购	二、负债类	合同取得成本减值准备
在途物资	短期借款	合同履约成本
原材料	应付票据	合同履约成本减值准备
材料成本差异	应付账款	六、损益类
库存商品	预收账款	主营业务收入
发出商品	应付职工薪酬	其他业务收入
商品进销差价	应交税费	公允价值变动损益
委托加工物资	应付股利	投资收益
包装物及低值易耗品	应付利息	资产处置损益
存货跌价准备	应付账款	其他收益
合同资产	其他应付款	营业外收入
合同资产减值准备	合同负债	主营业务成本
债权投资	长期借款	其他业务成本
债权投资损失准备	应付债券	税金及附加
其他债权投资	长期应付款	销售费用
其他权益工具投资	未确认融资费用	管理费用
长期股权投资	专项应付款	财务费用
长期股权投资减值准备	预计负债	资产减值损失
长期应收款	递延所得税负债	信用减值损失
未实现融资收益	三、共同类(略)	营业外支出
固定资产	四、所有者权益类	所得税费用
累计折旧	实收资本(股本)	以前年度损益调整

参考文献

[1] 中国注册会计师协会. 会计. 北京：中国财政经济出版社，2020.
[2] 财政部会计资格评价中心. 初级会计实务. 北京：经济科学出版社，2019.
[3] 财政部会计资格评价中心. 中级会计实务. 北京：经济科学出版社，2020.
[4] 刘永泽，陈立军. 中级财务会计. 6 版. 大连：东北财经大学出版社，2018.
[5] 陈小平. 精编财务会计. 上海：华东理工大学出版社，2013.
[6] 陈小平. 财务管理教程. 2 版. 上海：华东理工大学出版社，2012.
[7] 陈小平. 初级会计学同步辅导与习题全解. 上海：华东理工大学出版社，2012.